高中数学

典例探析

熊廷卫　程伟　李宇斌◎编著

安徽师范大学出版社

ANHUI NORMAL UNIVERSITY PRESS

·芜湖·

图书在版编目(CIP)数据

高中数学典例探析 / 熊廷卫,程伟,李宇斌编著.— 芜湖:安徽师范大学出版社,2023.12
ISBN 978-7-5676-6537-8

Ⅰ.①高… Ⅱ.①熊… ②程… ③李… Ⅲ.①中学数学课—高中—教学参考资料 Ⅳ.①G634.603

中国国家版本馆CIP数据核字(2023)第236115号

高中数学典例探析

熊廷卫　　程伟　　李宇斌◎编著

责任编辑:李子旻　　　　　　责任校对:孔令清
装帧设计:王晴晴　冯君君　　责任印制:桑国磊
出版发行:安徽师范大学出版社
　　　　　芜湖市北京中路2号安徽师范大学赭山校区　　　邮政编码:241000
网　　　址:http://www.ahnupress.com/
发 行 部:0553-3883578　5910327　5910310(传真)
印　　　刷:安徽联众印刷有限公司
版　　　次:2023年12月第1版
印　　　次:2023年12月第1次印刷
规　　　格:787 mm×1092 mm　　　1/16
印　　　张:17.75
字　　　数:300千字
书　　　号:ISBN 978-7-5676-6537-8
定　　　价:68.00元

凡发现图书有质量问题,请与我社联系(联系电话:0553-5910315)

《高中数学典例探析》编委会

序

多年的教学经历让我们深刻感受到学生学习了很多知识、解题方法和思维模式，也很想解决问题，可是面对问题时常常不知所措．我们认为这种现象的根源在于问题的结构特征(已知、条件、未知)并未激发学生大脑里的知识以及相应的思维模式．于是我们提出了这样一个命题——如何教会学生思考和解决问题．

在"新高考"形势下，这个问题逐渐凸显出来，因为"新高考"坚持将对创新思维和学习能力的考查渗透到命题全过程中，落实"重思维、重应用、重创新"的命题要求．为此，我们设计了多种探究学生大脑知识存储状态的试卷和问卷，发现了一些极具代表性的现象：学生能默写出不少的知识点和公式；部分学生厌倦数学不是学生不愿意主动思考和解决问题，而是因为学生的知识体系和思维模式处于一种无感的状态，从而丢失了对数学学习的热情和兴趣；试卷上有些题目学生是会做的，但考试的时候却做错了，学生为此感到自责；普通学生解常规题得心应手，但是在面对新颖的问题时却思维迟缓，难以通过列举、特殊化、一般化、不完全归纳等数学思维进行探究，难以发现问题的本质，难以解决问题．

我们通过对学生学习状态和方式的探究、询问和研讨，得到如下结论：

1.部分学生大脑里的知识是零乱的，难以被激活并应用．

2.学生有强烈的意愿去思考和解决问题．

3.同一个知识点只有在不同题型中考查后，才能激活学生对该知识点的领悟．

4.学生在学习知识和解决问题时所遇到的试题过于繁杂，这使得学生大脑内的知识不具备系统的结构性．

5.同一类问题通过多次精准练习后，学生解决此类问题花费的时间明显变短，且运算和操作更顺畅，准确性更高．学生通过系统的训练后，大脑内的知识体系更具完整性，面对问题时他们能在试题结构与思维模式之间建立良好的对应关系．

在这些结论的基础上，我们一致认为解决问题的本质是试题结构与学生大脑所储备的知识和思维模式的对应．要使学生大脑内的知识体系更具完整性并能主动思考和解决问题，就需要一套精心设计并系统归类的学习材料，因此我们编著了本书．本书并不是关于难点或难题的讲解，更不阐述解题技巧和奇招，而是舍弃那些毫无意义的偏题和怪题，从教学实际出发，并基于理论分析和实践研究，合理归纳了高中数学常考的典型例题、解题方法和思维模式.我们认为知识体系和思维模式的系统性是学生具备良好数学素养的基本表现,也是学生在面对问题时能准确把握试题结构并激发大脑中储备的知识,以及应用正确的思维模式进行解题运算的根本.

希望本书能给一线教学的老师和正在学习高中数学的学生带来更多的帮助.

编 者

2023年8月

目　　录

第1章 集合 简易逻辑 复数

DI YI ZHANG

一、集合常考题型

1.集合的基本运算

例1.(2021·新高考Ⅱ卷)若全集$U=\{1,2,3,4,5,6\}$，$A=\{1,3,6\}$，$B=\{2,3,4\}$，则$A\cap\complement_U B=(\quad)$

　　A.$\{3\}$　　　　B.$\{1,6\}$　　　　C.$\{5,6\}$　　　D.$\{1,3\}$

解:由题可得$\complement_U B=\{1,5,6\}$，则$A\cap\complement_U B=\{1,6\}$.选B.

例2.(2022·新高考Ⅰ卷)若集合$M=\{x\mid\sqrt{x}<4\}$，$N=\{x\mid 3x\geqslant 1\}$，则$M\cap N=(\quad)$

　　A.$\{x\mid 0\leqslant x<2\}$　　　　B.$\{x\mid\frac{1}{3}\leqslant x<2\}$

　　C.$\{x\mid 3\leqslant x<16\}$　　　　D.$\{x\mid\frac{1}{3}\leqslant x<16\}$

解:由题可得$M=\{x\mid 0\leqslant x<16\}$，$N=\{x\mid x\geqslant\frac{1}{3}\}$，则$M\cap N=\{x\mid\frac{1}{3}\leqslant x<16\}$.选D.

例3. 设全集$U=\mathbf{R}$，集合$A=\{x\mid y=\ln(x-1)\}$，$B=\{x\mid x^2-2x<0\}$，则$A\cup\complement_U B=(\quad)$

　　A.$\{x\mid 1<x<2\}$　　　　B.$\{x\mid x\geqslant 2\}$

　　C.$\{x\mid x\leqslant 0$或$x>1\}$　　　D.$\{x\mid x<0$或$x\geqslant 1\}$

解:由题可得$A=\{x\mid x>1\}$，$B=\{x\mid 0<x<2\}$，

于是$\complement_U B=\{x\mid x\leqslant 0$或$x\geqslant 2\}$，则$A\cup\complement_U B=\{x\mid x\leqslant 0$或$x>1\}$.选C.

点拨 在集合的基本运算中,注意集合中各元素的意义.

2.韦恩图

例1.(2019·新高考Ⅲ卷)《西游记》《三国演义》《水浒传》和《红楼梦》是中国古典文学瑰宝,并称为中国古典小说四大名著.某中学为了解本校学生阅读四大名著的情况,随机调查了100位学生,其中阅读过《西游记》或《红楼梦》的学生共有90位,阅读过《红楼梦》的学生共有80位,阅读过《西游记》且阅读过《红楼梦》的学生共有60位,则该校阅读过《西游记》的学生人数与该校学生总数比值的估计值为(　　)

　　A.0.5　　　　B.0.6　　　　C.0.7　　　　D.0.8

解:由题可得,韦恩图表示如图1.1,则阅读过《西游记》的学生人数与该校学生总数比值的估计值为$\frac{70}{100}=0.7$.选C.

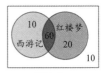

图1.1

例2.设全集 $U=\mathbf{R}$，$A=\{x\,|\,x^2>9\}$，$B=\{x\,|\,\log_{\frac{1}{2}}x\leqslant-1\}$，则图1.2中阴影部分表示的

集合为（ ）

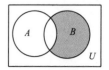

图1.2

A.$[2,3]$ 　　　　　B.$(-3,2]$

C.$[2,+\infty)$ 　　　　D.$[\frac{1}{2},3]$

解：由题可得 $A=\{x\,|\,x<-3\text{或}x>3\}$，$B=\{x\,|\,x\geqslant2\}$，从而 $\complement_UA=\{x\,|\,-3\leqslant x\leqslant3\}$.

图1.2中阴影部分表示的集合为 $B\bigcap\complement_UA=\{x\,|\,2\leqslant x\leqslant3\}$.选A.

点拨 用韦恩图可以分析集合中元素的关系，同时也能表示集合间的关系.

3.集合的包含关系

例1.设全集 $U=\mathbf{Z}$，集合 $A=\{x\,|\,x=2k-1,k\in\mathbf{Z}\}$，$B=\{x\,|\,x=4k+1,k\in\mathbf{Z}\}$，下列结论正确的是（ ）

A.$A\subseteq\complement_UB$ 　　B.$B\subseteq\complement_UA$ 　　C.$A\subseteq B$ 　　D.$B\subseteq A$

解：$A=\{\cdots,-1,1,3,5,7,9,\cdots\}$，$B=\{\cdots,5,9,\cdots\}$，则 $B\subseteq A$.选D.

例2.设全集 $U=\mathbf{R}$，集合 $A=\{x\,|\,2^x>4\}$，$B=\{x\,|\,x^2-x<0\}$，下列结论错误的是（ ）

A.$A\bigcap B=\varnothing$ 　　　B.$B\subseteq\complement_UA$

C.$\complement_UA\subseteq\complement_UB$ 　　D.$A\subseteq\complement_UB$

解：由题可得 $A=\{x\,|\,x>2\}$，$B=\{x\,|\,0<x<1\}$，在数

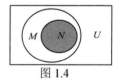

图1.3

轴上表示如图1.3，由图可知，$\complement_UA\subseteq\complement_UB$错误.选C.

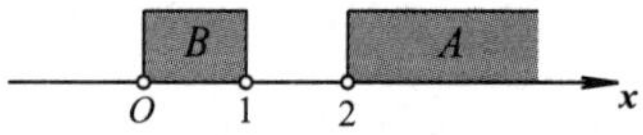

例3.设 U 为全集，M，N 是 U 的非空子集，且 $N\bigcap(\complement_UM)=\varnothing$，则下列结论成立的是（ ）

A.$M\subseteq(\complement_UN)$ 　　　　B.$N\subseteq(\complement_UM)$

C.$M\subseteq N$ 　　　　D.$N\subseteq M$

解：$N\bigcap(\complement_UM)=\varnothing$ 的韦恩图如图1.4，显然 $N\subseteq M$.选D.

图1.4

点拨 集合的包含问题

（1）离散型无限集，通过列举多个元素后可发现规律和包含关系；

（2）连续型无限集，常用数轴表示集合，从而得到它们的包含关系；

（3）抽象集合的包含关系可用韦恩图表示.

4.点集

例1.设集合 $A=\{(x,y)\,|\,x,y\in\mathbf{Z}\}$，$B=\{(x,y)\,|\,x^2+y^2=5\}$，则 $A\bigcap B$ 中的元素个数为（ ）

A.4 　　　　B.8 　　　　C.12 　　　　D.16

解：集合 A 由直角坐标系中横、纵坐标为整数的点构成；集合 B 由圆 $x^2+y^2=5$ 上的所有

点构成.满足 $x^2+y^2=5$ 且横、纵坐标为整数的点共有8个，所以 $A\bigcap B$ 有8个元素.

选B.

例2.设集合$A=\{(x,y)|x^2+y=1\}$，$B=\{(x,y)|y=3^x\}$，则$A\bigcap B$的子集的个数是(　　)

A.4　　　　　　B.3　　　　　　C.2　　　　　　D.1

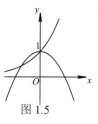

图1.5

解：如图1.5，抛物线$y=-x^2+1$与指数函数$y=3^x$的图象有两个交点.

由图可知，$A\bigcap B$中有两个元素，所以$A\bigcap B$有$2^2=4$个子集.选A.

点拨 （1）若集合的代表元素是坐标形式，则该集合为点集.

（2）若集合A有n个元素，则集合A有2^n个子集.

5.集合的新定义运算

例1.已知集合$P=\{4,5,6\}$，$Q=\{1,2,3\}$，定义$P\oplus Q=\{x|x=p-q,p\in P,q\in Q\}$，

则集合$P\oplus Q$的真子集个数是(　　)

A.32　　　　　　B.31　　　　　　C.30　　　　　　D.以上都不对

解：按定义得$P\oplus Q=\{1,2,3,4,5\}$，所以$P\oplus Q$的真子集有$2^5-1=31$个.选B.

例2.定义集合运算：$A\otimes B=\{z|z=x^2y,x\in A,y\in B\}$.设集合$A=\{x|-2<x<2\}$，$B=\{x|-1<x<1\}$，则$A\otimes B=$(　　)

A.$\{x|-4<x<4\}$　　　　　　B.$\{x|-2<x<2\}$

C.$\{x|0\leqslant x<4\}$　　　　　　D.$\{x|0\leqslant x<2\}$

解：当$x\in A$时，$0\leqslant x^2<4$.因为$y\in B$，所以$-1<y<1$.

从而$-4<x^2y<4$.选A.

点拨 集合的新定义运算问题，需要严格按照新的定义进行推理运算.

二、简易逻辑常考题型

1.充分条件与必要条件

例1.下列命题中，真命题是(　　)

A."$x+y>3$"是"$x>1$且$y>2$"的充分不必要条件

B."$a>1$且$b>1$"的充要条件是"$ab>1$"

C."$a^2+b^2\geqslant1$"的充分不必要条件是"$a\geqslant1$或$b\geqslant1$"

D."$a>b$"的必要不充分条件是"$ax^2>bx^2$"

解：$x+y>3\nRightarrow x>1$且$y>2$；$x+y>3\nLeftarrow x>1$且$y>2$，A错误.

$ab>1\nRightarrow a>1$且$b>1$；$ab>1\nLeftarrow a>1$且$b>1$，B错误.

$a\geqslant1$或$b\geqslant1\Rightarrow a^2+b^2\geqslant1$；$a\geqslant1$或$b\geqslant1\nLeftarrow a^2+b^2\geqslant1$，C正确.

$ax^2>bx^2\Rightarrow a>b$；$ax^2>bx^2\nLeftarrow a>b$，D错误.选C.

点拨 （1）若$p\Rightarrow q$，则p是q的充分条件；若$p\Leftarrow q$，则p是q的必要条件.

(2)判断p是q的什么条件,关键在于判断p能否推出q(充分性),p能否被q推出(必要性).

(3)问p是q的什么条件时,p是条件;问p的什么条件是q时,q是条件.

2.全称命题与特称命题

例1. 判断下列命题的真假,并写出它们的否定形式.

(1)$\exists x>0$,$x^2+x=0$;

(2)$\forall a\in\mathbf{R}$,$x^2+ax-1=0$有两个实数根.

解:(1)原命题是假命题,否定形式为"$\forall x\leqslant 0$,$x^2+x=0$".

(2)方程$x^2+ax-1=0$中,$\Delta=a^2+4>0$恒成立,所以原命题是真命题,

否定形式为"$\exists a\in\mathbf{R}$,$x^2+ax-1=0$没有两个实数根".

例2. 已知命题$p:\forall x\in\mathbf{R}$,$ax^2-2ax+1\geqslant 0$,若命题$\neg p$是假命题,求a的取值范围.

解:因为$\neg p$是假命题,所以p是真命题,即$ax^2-2ax+1\geqslant 0$恒成立.

当$a=0$时,$1\geqslant 0$成立;

当$a\neq 0$时,$\begin{cases}a>0,\\\Delta=(-2a)^2-4\times a\times 1\leqslant 0,\end{cases}$ 解得$0<a\leqslant 1$.

综上所述,实数a的取值范围为$[0,1]$.

例3. 已知命题$p:\exists x\geqslant 3$,$-x^2+2x\geqslant 2m+1$,若命题p是真命题,求m的取值范围.

解:令$y=-x^2+2x$,p是真命题,

则当$x\geqslant 3$时,函数y的最大值$y_{\max}\geqslant 2m+1$即可.

$y=-x^2+2x$的图象如图1.6,

由图可知当$x\geqslant 3$时,$y_{\max}=-3$,所以$-3\geqslant 2m+1$,解得$m\leqslant -2$.

故实数m的取值范围为$(-\infty,-2]$.

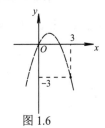
图1.6

点拨 (1)全称命题"$\forall x\in M,p(x)$"的否定形式为"$\exists x\in M,\neg p(x)$".

(2)特称命题"$\exists x\in M,p(x)$"的否定形式为"$\forall x\in M,\neg p(x)$".

三、复数常考题型

1.基本概念

例1. 若复数z满足$(3-4i)z=|4+3i|$,则z的虚部为( )

A.$\dfrac{4}{5}i$ B.$-\dfrac{3}{5}$ C.$-\dfrac{3}{5}i$ D.$\dfrac{4}{5}$

解:由$(3-4i)z=5$,得$z=\dfrac{5}{3-4i}=\dfrac{5(3+4i)}{25}=\dfrac{3}{5}+\dfrac{4}{5}i$,即$z$的虚部为$\dfrac{4}{5}$.选D.

例2.(2012·全国Ⅱ卷)以下关于复数 $z=\dfrac{2}{-1+i}$ 的四个命题中,真命题有(　　)

$p_1:|z|=2$　　$p_2:z^2=2i$　　$p_3:z$ 的共轭复数为 $1+i$　　$p_4:z$ 的虚部为 -1

A.p_2,p_3　　　　　B.p_1,p_2　　　　　C.p_2,p_4　　　　　D.p_3,p_4

解:由题可知 $z=\dfrac{2}{-1+i}=\dfrac{2(-1-i)}{2}=-1-i$.

所以 $|z|=\sqrt{2}$,$z^2=(-1-i)^2=2i$,z 的共轭复数为 $\bar z=-1+i$,虚部为 -1.选C.

点拨　代数式为分式且分母中含复数($z=a+bi$),常用 $z\cdot\bar z=a^2+b^2$ 化简.

2.复数的运算

例1.设复数 z 满足 $\dfrac{1+z}{1-z}=i$,则 $|z|=$ _____.

解:$\dfrac{1+z}{1-z}=i\Leftrightarrow 1+z=i-zi\Leftrightarrow z(1+i)=i-1$,则 $z=\dfrac{(i-1)(1-i)}{2}=i$,解得 $|z|=1$.

例2.复数 $\left(\dfrac{1+i}{1-i}\right)^{2023}=$ _____.

　　A.i　　　　　　　B.$-i$　　　　　　　C.1　　　　　　　　D.-1

解:$\dfrac{1+i}{1-i}=\dfrac{(1+i)(1+i)}{2}=i$,则 $\left(\dfrac{1+i}{1-i}\right)^{2023}=i^{2023}=(i^4)^{505}\times i^3=1\times(-i)=-i$.选B.

点拨　(1)若代数式中复数 z 可分离,则分离 z.

　　(2)复数的高次运算,可先将内部的分数式复数化简后再进行运算.

　　(3)$i^1=i,i^2=-1,i^3=-i,i^4=1,i^5=i,i^6=-1,i^7=-i,i^8=1,\cdots$ 显然 $i^n(n\in\mathbf{N}^*)$ 以周期为4的规律变化.

3.复数的几何意义

例1.在复平面内,复数 $z=m^2-4m+(m-2)i$ 对应的点在第二象限,求 m 的取值范围.

解:由题可知 $\begin{cases}m^2-4m<0,\\ m-2>0,\end{cases}\Rightarrow\begin{cases}0<m<4,\\ m>2,\end{cases}$解得 $2<m<4$.

例2.已知在复平面 xOy 内,向量 $\overrightarrow{OA},\overrightarrow{OB}$ 对应的复数分别为 $2-i,-3+2i$,则 $|\overrightarrow{AB}|=$ ____.

解:由题可知,向量 $\overrightarrow{OA}=(2,-1)$,$\overrightarrow{OB}=(-3,2)$,

　　则 $\overrightarrow{AB}=\overrightarrow{OB}-\overrightarrow{OA}=(-5,3)$,即 $|\overrightarrow{AB}|=\sqrt{(-5)^2+3^2}=\sqrt{34}$.

例3.若i为虚数单位,如图1.7的复平面内点 Z 表示复数 z,

　　则复数 $\dfrac{z}{1+i}$ 对应的点是(　　)

　　A.E　　　　　　B.F　　　　　　C.G　　　　　　D.H

解:由题可知 $z=3+i$,所以 $\dfrac{z}{1+i}=\dfrac{3+i}{1+i}=\dfrac{(3+i)(1-i)}{2}=2-i$.

　　则复数 $\dfrac{z}{1+i}$ 对应的点为 $H(2,-1)$.选D.

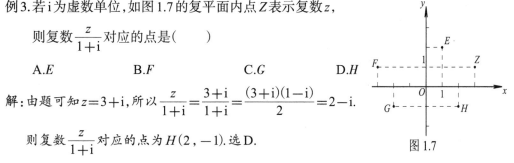

图1.7

4.复数的相等

例1.已知 $\dfrac{a+2i}{i}=b+i(a,b\in\mathbf{R})$，其中 i 为虚数单位,则 $a+b=$（　　）

　　A.-1　　　　　　B.1　　　　　　C.2　　　　　　D.3

解:$\dfrac{a+2i}{i}=b+i\Leftrightarrow a+2i=-1+bi$,所以 $a=-1$, $b=2$,所以 $a+b=1$.选 B.

5.复数的一般形式

例1.已知实部为正数的复数 z 满足 $z-\dfrac{3}{z}=2\sqrt{2}\,i$,则 $z=$_____.

解:设 $z=a+bi(a>0)$,则 $(a+bi)-\dfrac{3}{a+bi}=2\sqrt{2}\,i$,

　　即 $(a^2-b^2-3)+2abi=-2\sqrt{2}\,b+2\sqrt{2}\,ai$,

　　则 $\begin{cases}a^2-b^2-3=-2\sqrt{2}\,b,\\ 2ab=2\sqrt{2}\,a,\end{cases}$ 解得 $\begin{cases}a=1,\\ b=\sqrt{2},\end{cases}$ 则 $z=1+\sqrt{2}\,i$.

点拨　对于以 z 的形式参与运算的复数代数式,可设 $z=a+bi$,代入后化简运算.

6.复数范围内一元二次方程的根

例1.在复数范围内求方程 $x^2-2x+3=0$ 的根.

解:在 $x^2-2x+3=0$ 中,$\Delta=(-2)^2-4\times1\times3=-8<0$,

　　所以方程的根为 $x=\dfrac{2\pm\sqrt{-(-8)}\,i}{2}$,即 $x_1=1-\sqrt{2}\,i$, $x_2=1+\sqrt{2}\,i$.

例2.已知 $z=\dfrac{2+i}{1+i^{103}}$（其中 i 为虚数单位）是方程 $x^2-mx+n=0(m,n\in\mathbf{R})$ 的一个根,则

　　$m+n=$_____.

解:因为 $z=\dfrac{2+i}{1+i^{103}}=\dfrac{2+i}{1-i}=\dfrac{1}{2}+\dfrac{3}{2}i$,所以 $\bar{z}=\dfrac{1}{2}-\dfrac{3}{2}i$.

　　设方程 $x^2-mx+n=0(m,n\in\mathbf{R})$ 的两个根为 z , $\bar{z}$,

　　根据韦达定理得 $z+\bar{z}=m$, $z\cdot\bar{z}=n$,所以 $m=1$, $n=\dfrac{5}{2}$,故 $m+n=\dfrac{7}{2}$.

点拨　(1)根的判别式小于零的一元二次方程在复数范围内有两个根,且它们互为共
　　轭复数.

　　(2)韦达定理对任意一个一元二次方程均成立.

第 2 章　不等式

一、不等关系

1.比较大小

例1. 已知 $a > b > 0$，$c < d < 0$，则下列选项正确的是（　　）

A.$a-c < b-d$ 　　　B.$\dfrac{a}{c} > \dfrac{b}{d}$ 　　　C.$ac > bd$ 　　　D.$\dfrac{a}{d} < \dfrac{b}{c}$

解: 取 $a=2$，$b=1$，$c=-2$，$d=-1$，经验证 A，B，C 均错误.

下面证明 $\dfrac{a}{d} < \dfrac{b}{c}$.

因为 $c < d < 0$，所以 $-c > -d > 0$，从而 $0 < -\dfrac{1}{c} < -\dfrac{1}{d}$.

又因为 $0 < b < a$，所以 $0 < -\dfrac{b}{c} < -\dfrac{a}{d}$，即 $\dfrac{a}{d} < \dfrac{b}{c} < 0$. 选 D.

例2. 若 $x > y > 1$，且 $0 < a < 1$，则下列选项正确的是（　　）

A.$\sin^x a > \sin^y a$ 　　　B.$\log_x (1+a) > \log_y (1+a)$

C.$\sqrt[x]{a} > \sqrt[y]{a}$ 　　　D.$\log_a x > \log_x y$

解: A 取 $a=\dfrac{\pi}{6}$，$x=3$，$y=2$，得 A 错误；B 取 $a=\dfrac{1}{2}$，$x=4$，$y=2$，得 B 错误；

C 取 $a=\dfrac{1}{16}$，$x=4$，$y=2$，得 C 可能正确；D 取 $a=\dfrac{1}{2}$，$x=4$，$y=2$，得 D 错误.

选 C.

例3. 已知 $0 < a < 1$，$b > 1$，下列四个不等式：

①$\log_a (1+b) < \log_a (1+a)$ 　②$a^b < b^{1-a}$ 　③$b^a < a^{b-1}$ 　④$\ln(a+1) > \ln(b-1)$

其中正确的是_____.(填序号)

解: ①中取 $a=\dfrac{1}{2}$，$b=3$，得①可能正确；②中取 $a=\dfrac{1}{2}$，$b=4$，得②可能正确；

③中取 $a=\dfrac{1}{2}$，$b=4$，得③错误；④中取 $a=\dfrac{1}{2}$，$b=10$，得④错误.

下面讨论①②的正确性.

在①中，因为 $0 < a < 1$，所以 $y=\log_a x$ 单调递减，

而 $1+b > 1+a$，所以 $\log_a (1+b) < \log_a (1+a)$.

在②中，$0 < a^b < 1$，$b^{1-a} > 1$，所以 $a^b < b^{1-a}$. 故填①②.

点拨　取值验证为错误的选项一定错误，取值验证为正确的选项可能正确.

2.求范围

例1.已知 $\begin{cases} -1 < x < 3, \\ 2 < y < 4, \end{cases}$ 求 $3x-2y$ 的取值范围.

解:因为 $-1 < x < 3$,所以 $-3 < 3x < 9$;因为 $2 < y < 4$,所以 $-8 < -2y < -4$.

从而 $-11 < 3x-2y < 5$.

例2.已知 $-1 < x-2y < 3$,$2 < 2x+y < 4$,求 $3x+4y$ 的取值范围.

解:令 $3x+4y=a(x-2y)+b(2x+y)=(a+2b)x+(b-2a)y$,

则 $\begin{cases} a+2b=3, \\ b-2a=4 \end{cases} \Rightarrow \begin{cases} a=-1, \\ b=2. \end{cases}$

于是 $3x+4y=-(x-2y)+2(2x+y)$.

而 $-3 < -(x-2y) < 1$,$4 < 2(2x+y) < 8$,

所以 $1 < -(x-2y)+2(2x+y) < 9$,即 $1 < 3x+4y < 9$.

例3.已知 $x,y \in (0,+\infty)$,且 $1 < \dfrac{x^2}{y^3} < 4$,$2 < \dfrac{x^3}{y} < 5$,求 x^4y 的取值范围.

解:设 $x^4y=(\dfrac{x^2}{y^3})^m(\dfrac{x^3}{y})^n=\dfrac{x^{2m+3n}}{y^{3m+n}}$,

于是 $\begin{cases} 2m+3n=4, \\ 3m+n=-1 \end{cases} \Rightarrow \begin{cases} m=-1, \\ n=2, \end{cases}$ 则 $x^4y=(\dfrac{x^2}{y^3})^{-1}(\dfrac{x^3}{y})^2$.

而 $\dfrac{1}{4} < (\dfrac{x^2}{y^3})^{-1} < 1$,$4 < (\dfrac{x^3}{y})^2 < 25$,即 $1 < x^4y < 25$.

二、一元二次不等式

1.二次式之间的关系

例1.若关于 x 的不等式 $x^2-ax+b > 0$ 的解集为 $(-\infty,-2) \cup (3,+\infty)$,求 a,b 的值.

解:依题 $-2,3$ 是方程 $x^2-ax+b=0$ 的两个根.

由韦达定理得 $\begin{cases} -2+3=a, \\ -2 \times 3=b, \end{cases}$ 即 $a=1,b=-6$.

例2.已知关于 x 的不等式 $ax^2+bx+c > 0$ 的解集为 $(-3,2)$,下列结论错误的是(　　　)

A.$a=b$

B.$ax^2+bx+c \leqslant 0$ 的解集为 $(-\infty,-3] \cup [2,+\infty)$

C.$c > 0$

D.$ax^2+bx+c > 0 \Leftrightarrow x^2+\dfrac{b}{a}x+\dfrac{c}{a} > 0$

解：由 $-3+2=-\dfrac{b}{a}$，得 $a=b$，则 A 正确.函数 $y=ax^2+bx+c$ 的图象如图 2.1，

由图可知 $ax^2+bx+c\leqslant 0$ 的解集为 $(-\infty,-3]\bigcup[2,+\infty)$，

$a<0,c>0$，则 B，C 正确.

图 2.1

由 $a<0$，得 $ax^2+bx+c>0\Leftrightarrow x^2+\dfrac{b}{a}x+\dfrac{c}{a}<0$，则 D 错误.选 D.

点拨 （1）一元二次不等式解集的区间端点是对应的一元二次方程的根.

（2）一元二次不等式问题常结合对应的函数图象进行分析.

2.类二次不等式

例1.解不等式：$9^x-2\times 3^x-3>0$.

解：$9^x-2\times 3^x-3>0\Leftrightarrow (3^x)^2-2\times 3^x-3>0$，

令 $3^x=t>0$，则有 $t^2-2t-3>0$，解得 $t>3$ 或 $t<-1$（舍去）.

从而 $3^x>3$，解得 $x\in(1,+\infty)$.

点拨 将某个部分以整体换元后得一元二次不等式，此类不等式叫类二次不等式.

3.含参数的二次不等式

例1.解关于 x 的不等式：$x^2+\dfrac{a-1}{2a}x-\dfrac{1}{4a}<0$.

解：由题可知方程 $x^2+\dfrac{a-1}{2a}x-\dfrac{1}{4a}=0$ 的两个根为 $x_1=-\dfrac{1}{2}$，$x_2=\dfrac{1}{2a}$.

当 $a<-1$ 或 $a>0$ 时，解集为 $\left(-\dfrac{1}{2},\dfrac{1}{2a}\right)$；当 $a=-1$ 时，解集为 $\varnothing$；

当 $-1<a<0$ 时，解集为 $\left(\dfrac{1}{2a},-\dfrac{1}{2}\right)$.

点拨 一元二次不等式中有两个项含同一个参数，常用因式分解求根，再根据根的大小分类讨论.

4.二次不等式恒成立问题

例1.若 $(a-2)x^2+2(a-2)x-4<0$ 对一切 $x\in\mathbf{R}$ 都成立，求实数 a 的取值范围.

解：当 $a=2$ 时，$-4<0$ 对一切 $x\in\mathbf{R}$ 都成立.

当 $a\neq 2$ 时，依题 $\begin{cases}a-2<0,\\ [2(a-2)]^2+16(a-2)<0,\end{cases}$ 解得 $a\in(-2,2)$.

综上所述，$a\in(-2,2]$.

例2.已知函数 $f(x)=x^2-ax+\dfrac{a}{2}$.若对于 $x\in[-1,1]$ 恒有 $f(x)>0$，求 a 的取值范围.

解：$f(x)$ 的开口向上，对称轴为 $x=\dfrac{a}{2}$.

①当 $\dfrac{a}{2}\leqslant -1$，即 $a\leqslant -2$ 时，$f(x)$ 在 $[-1,1]$ 上单调递增，

所以 $f(x)_{\min}=f(-1)=1+\dfrac{3a}{2}>0$，解得 $a>-\dfrac{2}{3}$，与 $a\leqslant -2$ 矛盾.

②当 $-1<\dfrac{a}{2}<1$，即 $-2<a<2$ 时，

$f(x)$ 在 $[-1,\dfrac{a}{2})$ 上单调递减，在 $(\dfrac{a}{2},1]$ 上单调递增，

则 $f(x)_{\min}=f(\dfrac{a}{2})=-\dfrac{a^2}{4}+\dfrac{a}{2}>0$，解得 $0<a<2$.

③当 $\dfrac{a}{2}\geqslant 1$，即 $a\geqslant 2$ 时，$f(x)$ 在 $[-1,1]$ 上单调递减，

则 $f(x)_{\min}=f(1)=1-\dfrac{a}{2}>0$，解得 $a<2$，与 $a\geqslant 2$ 矛盾.

综上所述，$a\in(0,2)$.

例3.函数 $f(x)=mx^2-mx-1$，若对于 $x\in[1,3]$ 恒有 $f(x)<-m+5$，求 m 的取值范围.

解：由 $f(x)<-m+5\Rightarrow m(x^2-x+1)<6$.

令 $g(x)=x^2-x+1$，且 $g(x)$ 在 $[1,3]$ 上单调递增，所以 $g(x)_{\min}=1$，$g(x)_{\max}=7$.

从而 $m(x^2-x+1)<6\Leftrightarrow m<\dfrac{6}{x^2-x+1}$，所以 $m<\dfrac{6}{7}$.

点拨 (1)求解恒成立问题可以用分离参数法.

(2)求解二次不等式恒成立问题，可以根据函数的单调性分析最值，再求取值范围.

5.分式不等式

例1.解下列不等式.

(1) $\dfrac{x^2-2x-8}{1-x}<0$；　　(2) $\dfrac{(x+1)(x^2-x-2)}{x+3}\leqslant 0$.

解：(1) $\dfrac{x^2-2x-8}{1-x}<0\Leftrightarrow\dfrac{(x-4)(x+2)}{x-1}>0$，根据穿根法，解集为 $(-2,1)\bigcup(4,+\infty)$.

(2) $\dfrac{(x+1)(x^2-x-2)}{x+3}\leqslant 0\Leftrightarrow\dfrac{(x+1)^2(x-2)}{x+3}\leqslant 0$，根据穿根法，解集为 $(-3,2]$.

点拨 分式不等式的解法——穿根法

以求解不等式 $\dfrac{(x-1)(x+2)^2}{(x-3)(2-x)}\geqslant 0$ 为例.

(1)化每个因式中 x 的系数为正，如 $\dfrac{(x-1)(x+2)^2}{(x-3)(2-x)}\geqslant 0\Leftrightarrow\dfrac{(x-1)(x+2)^2}{(x-3)(x-2)}\leqslant 0$.

(2)求各个因式的根，并标在数轴上.上述各因子的根为：$-2,1,2,3$.

(3)从右往左，从上往下，画一条连续的曲线，遇根所在因式的指数为奇数则穿过数轴，若根所在因式的指数为偶数则返回，如图2.2，俗称"奇穿偶回".

(4)根据上方为正、下方为负的原则写解集(注意分式分母不能为0)，上述不等式的解集为 $(-\infty,1]\bigcup(2,3)$.
整式不等式也可用穿根法求解.

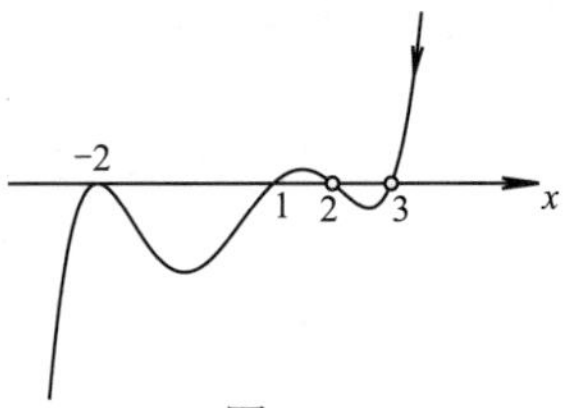

图2.2

6. 绝对值不等式

例1. 解下列不等式.

(1) $|3x-1| \leqslant 8$；　　　　(2) $|1-2x| > 5$.

解：(1) $|3x-1| \leqslant 8 \Leftrightarrow -8 \leqslant 3x-1 \leqslant 8$，解得 $-\dfrac{7}{3} \leqslant x \leqslant 3$.

(2) 由 $|1-2x| > 5$ 得 $1-2x < -5$ 或 $1-2x > 5$，解得 $x > 3$ 或 $x < -2$.

例2. 解下列不等式.

(1) $|3x-1| \leqslant |2x+3|$；　　　　(2) $\dfrac{|2x-1|}{\sqrt{x^2+1}} \leqslant 2$.

解：(1) $|3x-1| \leqslant |2x+3| \Leftrightarrow (3x-1)^2 \leqslant (2x+3)^2$，

整理得 $5x^2-18x-8 \leqslant 0$，解得 $x \in [-\dfrac{2}{5}, 4]$.

(2) $\dfrac{|2x-1|}{\sqrt{x^2+1}} < 2 \Leftrightarrow \dfrac{(2x-1)^2}{x^2+1} < 4$，

整理得 $4x+3 > 0$，解得 $x \in (-\dfrac{3}{4}, +\infty)$.

点拨　(1) 当 $a > 0$ 时，$|x| < a$ 的解集为 $(-a, a)$；$|x| \geqslant a$ 的解集为 $(-\infty, -a] \bigcup [a, +\infty)$.

口诀：大两边，小中间.

(2) 对于求解两边含绝对值的不等式，可以将不等式两边同时平方后化为一元二次不等式，再进行求解.

三、均值不等式

1. 应用条件

例1. 下列结论正确的有_____.

① $\sin^2 x + \dfrac{4}{\sin^2 x} \geqslant 4$　② $x^2 + \dfrac{9}{x^2+1} \geqslant 5$　③ $\dfrac{x^2+5}{\sqrt{x^2+4}} \geqslant 2$

解：① $\sin^2 x + \dfrac{4}{\sin^2 x} \geqslant 2\sqrt{\sin^2 x \times \dfrac{4}{\sin^2 x}} = 4$，

当 $\sin^2 x = \dfrac{4}{\sin^2 x}$ 时，取得等号，此时 $\sin x = \pm\sqrt{2}$，即实数 x 不存在.

② $x^2 + \dfrac{9}{x^2+1} = (x^2+1) + \dfrac{9}{x^2+1} - 1 \geqslant 2\sqrt{(x^2+1) \times \dfrac{9}{x^2+1}} - 1 = 5$，

当 $x^2+1 = \dfrac{9}{x^2+1}$ 时，取得等号，此时 $x = \pm\sqrt{2}$.

③ $\dfrac{x^2+5}{\sqrt{x^2+4}}=\dfrac{(x^2+4)+1}{\sqrt{x^2+4}}=\sqrt{x^2+4}+\dfrac{1}{\sqrt{x^2+4}}\geqslant 2\sqrt{\sqrt{x^2+4}\times\dfrac{1}{\sqrt{x^2+4}}}=2,$

当 $\sqrt{x^2+4}=\dfrac{1}{\sqrt{x^2+4}}$ 时,取得等号,此时 $x^2=-3$,即实数 x 不存在.正确的结论为②.

点拨 应用均值不等式 $a+b\geqslant 2\sqrt{ab}$,首先,必须满足 a,b 是正数;其次,$a+b$ 或 ab 为定值;最后,在定义域范围内 $a=b$ 有解.

2.求函数最值

例1.求函数 $y=2x+\dfrac{1}{2x-4}$ $(x>2)$ 的最小值.

解:$y=2x+\dfrac{1}{2x-4}=(2x-4)+\dfrac{1}{2x-4}+4\geqslant 2\sqrt{(2x-4)\times\dfrac{1}{2x-4}}+4=6,$

当 $x=\dfrac{5}{2}$ 时,原函数取得最小值为6.

例2.求函数 $y=\dfrac{x+1}{x^2+4x+4}$ $(x>-1)$ 的最大值.

解:令 $x+1=t>0$,则 $x=t-1$,从而 $y=\dfrac{t}{(t-1)^2+4(t-1)+4}=\dfrac{t}{t^2+2t+1},$

分式上下同除 t,得 $y=\dfrac{1}{t+\dfrac{1}{t}+2}\leqslant\dfrac{1}{2\sqrt{t\times\dfrac{1}{t}}+2}.$

当 $t=1$,即 $x=0$ 时,原函数取得最大值为 $\dfrac{1}{4}$.

例3.求函数 $y=\dfrac{2x^2+5x-10}{x^2+2x-4}$ $(x>2)$ 的最大值.

解:$y=\dfrac{2x^2+5x-10}{x^2+2x-4}=\dfrac{2(x^2+2x-4)+x-2}{x^2+2x-4}=2+\dfrac{x-2}{x^2+2x-4},$

令 $x-2=t>0$,则 $x=t+2$,

$y=2+\dfrac{t}{(t+2)^2+2(t+2)-4}=2+\dfrac{t}{t^2+6t+4}=2+\dfrac{1}{t+\dfrac{4}{t}+6}\leqslant 2+\dfrac{1}{2\sqrt{t\times\dfrac{4}{t}}+6},$

当 $t=2$,即 $x=4$ 时,原函数取得最大值为 $\dfrac{21}{10}$.

例4.设 $a>0$,$b>0$,且不等式 $\dfrac{1}{a}+\dfrac{1}{b}+\dfrac{k}{a+b}\geqslant 0$ 恒成立,则实数 k 的最小值等于(　　)

  A.0   B.4   C.-4 D.-2

解:$\dfrac{1}{a}+\dfrac{1}{b}+\dfrac{k}{a+b}\geqslant 0\Leftrightarrow k\geqslant -\dfrac{(a+b)^2}{ab}$,而 $\dfrac{(a+b)^2}{ab}\geqslant 4$(当且仅当 $a=b$ 时,取得等号),

则 k 的最小值等于 -4.选C.

点拨 （1）求一次式与二次式商的最值问题,令一次式为 t,解 t 代入,再运用均值不等式求解.

（2）求二次式与二次式商的最值问题,可分离常数后化为一次式与二次式商的最值问题,再进行求解.

3. 求双变量式的最值

例1.已知 a,b 是正数,且 $a+b=1$,则下列选项不正确的是（　　　）

A.$ab \leqslant \dfrac{1}{4}$　　　　　　　　B.$a^2+b^2 \geqslant \dfrac{1}{2}$

C.$\dfrac{a^2}{b}+\dfrac{b^2}{a} \geqslant 1$　　　　　　　D.$(1+\dfrac{1}{a})(1+\dfrac{1}{b}) \leqslant 9$

解:因为 $a+b=1$,所以 $1=a+b \geqslant 2\sqrt{ab}$,从而 $ab \leqslant \dfrac{1}{4}$,A 正确;

由 $a+b=1$,得 $a^2+2ab+b^2=1$,因为 $2ab \leqslant a^2+b^2$,所以 $2(a^2+b^2) \geqslant 1$,

即 $a^2+b^2 \geqslant \dfrac{1}{2}$,B 正确;

因为 $b+\dfrac{a^2}{b} \geqslant 2a$,$a+\dfrac{b^2}{a} \geqslant 2b$,所以 $\dfrac{a^2}{b}+\dfrac{b^2}{a} \geqslant 1$,C 正确;

$(1+\dfrac{1}{a})(1+\dfrac{1}{b})=(1+\dfrac{a+b}{a})(1+\dfrac{a+b}{b})=5+2(\dfrac{b}{a}+\dfrac{a}{b}) \geqslant 9$,D 错误.选 D.

例2.已知 a,b 是正数,且 $a+4b=1$,求 $\dfrac{1}{a}+\dfrac{1}{b}$ 的最小值.

解:$\dfrac{1}{a}+\dfrac{1}{b}=(\dfrac{1}{a}+\dfrac{1}{b})(a+4b)=\dfrac{a}{b}+\dfrac{4b}{a}+5 \geqslant 2\sqrt{\dfrac{a}{b} \cdot \dfrac{4b}{a}}+5=9$.

当且仅当 $a=\dfrac{1}{3}$,$b=\dfrac{1}{6}$ 时,$\dfrac{1}{a}+\dfrac{1}{b}$ 取得最小值为 9.

4. 方程转不等式

例1.设正数 a,b 满足 $a^2+b^2+3ab=10$,求 $a+b$ 的最小值.

解:由题可知 $a^2+b^2+3ab=10 \Leftrightarrow (a+b)^2+ab=10$,

由 $a+b \geqslant 2\sqrt{ab}$,得 $ab \leqslant \dfrac{(a+b)^2}{4}$,从而 $(a+b)^2+\dfrac{(a+b)^2}{4} \geqslant 10$,

解得 $(a+b)^2 \geqslant 8$,即 $a+b \geqslant 2\sqrt{2}$,

所以 $a+b$ 的最小值为 $2\sqrt{2}$,此时 $a=b=\sqrt{2}$.

例2.设正数 x,y 满足 $x+y+8=xy$,求 xy 的最小值.

解:因为 $x+y \geqslant 2\sqrt{xy}$,所以 $2\sqrt{xy}+8 \leqslant xy$.

令 $\sqrt{xy}=t>0$,于是 $t^2-2t-8 \geqslant 0$,

解得 $t \geqslant 4$ 或 $t \leqslant -2$(舍去),

从而 $\sqrt{xy} \geqslant 4$,所以 xy 的最小值为 16,当且仅当 $x=y=4$ 时,取得等号.

例3.设正数 x , y 满足 $x+y+3=xy$,求 $x+y$ 的最小值.

解:因为 $xy \leqslant (\frac{x+y}{2})^2 = \frac{(x+y)^2}{4}$,所以 $x+y+3 \leqslant \frac{(x+y)^2}{4}$.

令 $x+y=t>0$,于是 $t^2-4t-12 \geqslant 0$,解得 $t \geqslant 6$ 或 $t \leqslant -2$(舍去),

即 $x+y \geqslant 6$,所以 $x+y$ 的最小值为 6 ,当且仅当 $x=y=3$ 时,取得等号.

5.权方和不等式

例1.已知 a , b 是正数,且 $a+4b=1$,求 $\frac{1}{a}+\frac{1}{b}$ 的最小值.

解:根据权方和不等式, $\frac{1}{a}+\frac{1}{b}=\frac{1^2}{a}+\frac{2^2}{4b} \geqslant \frac{(1+2)^2}{a+4b}=9$.

例2.已知 m , n 是正数,且 $m+n=2$,求 $\frac{1}{2m}+\frac{2}{n+1}$ 的最小值.

解:根据权方和不等式, $\frac{1}{2m}+\frac{2}{n+1}=\frac{1^2}{2m}+\frac{2^2}{2n+2} \geqslant \frac{(1+2)^2}{2m+2n+2}=\frac{3}{2}$.

点拨 权方和不等式: $\frac{x^2}{a}+\frac{y^2}{b} \geqslant \frac{(x+y)^2}{a+b}$,当且仅当 $\frac{x}{a}=\frac{y}{b}$ 时,取得等号.

6.均值不等式的实际应用

例1.某人准备在一块占地面积为 $1\,800$ m² 的矩形地块中间建三个矩形温室大棚,大棚周围均是宽为 1 m 的小路(如图2.3),大棚总占地面积为 S m²,其中 $a:b=1:2$,则 S 的最大值为_____.

解:由题意可得 $xy=1\,800$, $b=2a$, $x>3$, $y>3$,则 $y=a+b+3=3a+3$,

所以 $S=(x-2)a+(x-3)b=(3x-8)a$

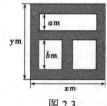

图2.3

$=(3x-8)\frac{y-3}{3}=1\,808-3x-\frac{8}{3}y=1\,808-(3x+\frac{4\,800}{x})$

$\leqslant 1\,808-2\sqrt{3x \times \frac{4\,800}{x}}=1\,808-240=1\,568$,

当且仅当 $3x=\frac{4\,800}{x}$,即 $x=40$, $y=45$ 时,取得等号.

所以 S 的最大值为 $1\,568$ m².

第3章
DI SAN ZHANG

基本初等函数 函数的零点

一、函数的概念

1.概念理解

例1. 下列以[0，1]为定义域，以[0，2]为值域的函数是(　　　　)

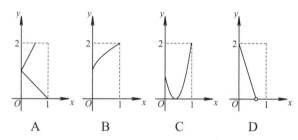

A　　　B　　　C　　　D

解：A不是函数；B的值域不是[0，2]；D的定义域不是[0，1]．选C．

例2. 某人从2 m高的地方斜向上抛出一个物体，该物体距离地面的高度h(米)与时间

t(秒)的函数是抛物线的一部分，如图3.1.

(1)求该函数的定义域与值域；

(2)求高度h关于时间t的解析式$h(t)$.

解：(1)由图可知，函数的定义域为[0，7]，值域为[0，4.6]．

(2)设$h(t)=at^2+bt+c(a\neq 0)$，

依题 $\begin{cases} h(0)=2, \\ h(7)=0, \\ -\dfrac{b}{2a}=3, \end{cases}$ 即 $\begin{cases} c=2, \\ 49a+7b+c=0, \\ b=-6a, \end{cases}$

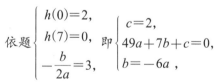

图3.1

解得$a=-\dfrac{2}{7}$，$b=\dfrac{12}{7}$，$c=2$，所以$h(t)=-\dfrac{2}{7}t^2+\dfrac{12}{7}t+2$，$0\leqslant t\leqslant 7$.

点拨 (1)在定义域内，作任意垂直于x轴的直线与函数只有一个交点．

(2)定义域是函数在x轴上的正投影所覆盖的数构成的集合．

(3)值域是函数在y轴上的正投影所覆盖的数构成的集合．

2.求函数值

例1. 若函数$f(x)=\begin{cases} x^2+1, & x\leqslant 1, \\ \lg x, & x>1, \end{cases}$ 则$f(f(10))=$_____.

解：由题可知$f(10)=1$，所以$f(f(10))=f(1)=2$.

例2.已知函数$f(x)=\begin{cases}(\dfrac{1}{2})^x,& x\geqslant 4,\\ f(x+2),& x<4,\end{cases}$ 则$f(-1)=$ _____.

解：$f(-1)=f(1)=f(3)=f(5)=(\dfrac{1}{2})^5=\dfrac{1}{32}$.

例3.已知函数$f(x)=\begin{cases}x+1,& x\leqslant 0,\\ \lg x,& x>0,\end{cases}$ 若$f(t)=1$，求t的值.

解：当$t\leqslant 0$时，$f(t)=t+1=1$，得$t=0$；

当$t>0$时，$f(t)=\lg t=1$，得$t=10$.

所以t的值为0或10.

点拨 已知函数值求自变量，所得解必须在表达式所对应的定义域范围内，否则舍去.

3.求定义域

例1.函数$y=\dfrac{\lg(x+1)}{x-1}$的定义域是（   ）

A.$(-1,+\infty)$ B.$[-1,+\infty)$

C.$(-1,1)\bigcup(1,+\infty)$ D.$[-1,1)\bigcup(1,+\infty)$

解：因为$\begin{cases}x+1>0,\\ x-1\neq 0,\end{cases}$ 所以$x>-1$且$x\neq 1$.选C.

例2.已知$f(x+1)$的定义域为$[0,6]$，求$g(x)=\dfrac{f(2^x-1)}{\ln(2-x)}$的定义域.

解：因为$0\leqslant x\leqslant 6$，所以$1\leqslant x+1\leqslant 7$.

在函数$g(x)$中，由$\begin{cases}1\leqslant 2^x-1\leqslant 7,\\ 2-x>0,\\ 2-x\neq 1,\end{cases}$ 解得$1<x<2$.

所以函数$g(x)$的定义域为$(1,2)$.

点拨 （1）具体函数的定义域主要考虑以下几点：

①分母不能为0；

②偶次根号下的数大于或等于0；

③对数式的真数大于0；

④指数式与对数式的底数大于0且不等于1；

⑤x^0中，$x\neq 0$；

⑥正切函数$y=\tan x$中，$x\neq\dfrac{\pi}{2}+k\pi$，$k\in\mathbf{Z}$.

（2）抽象函数的定义域根据以下原则求解：

①定义域是指自变量x的取值范围；

②同一个对应法则f下的代数式有相同的取值范围.

4.求解析式

例1.(待定系数法)如图3.2,函数$f(x)$在y轴右侧是某抛物线的一部分,在y轴左侧是平行于x轴的一条射线,求$f(x)$的解析式.

解:由图可知,当$x<0$时,$f(x)=-1$;

当$x\geqslant0$时,设$f(x)=ax^2+bx+c$.

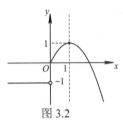

图3.2

由图可知$c=0$,$-\dfrac{b}{2a}=1$,$a+b+c=1$,

解得$\begin{cases}c=0,\\a=-1,\\b=2,\end{cases}$则$f(x)=\begin{cases}-x^2+2x,&x\geqslant0,\\-1,&x<0.\end{cases}$

例2.(代入法)设$f(x)=x-1$,$g(x)=\begin{cases}\ln x,&x>0,\\x^2-1,&x\leqslant0.\end{cases}$求$s(x)=g(f(x))$的解析式.

解:$s(x)=g(f(x))=\begin{cases}\ln f(x),&f(x)>0,\\f^2(x)-1,&f(x)\leqslant0\end{cases}=\begin{cases}\ln(x-1),&x>1,\\x^2-2x,&x\leqslant1.\end{cases}$

例3.(换元法)已知函数$f(x+1)=x^2-2x$,求$f(x)$的解析式.

解:令$x+1=t$,得$x=t-1$.

从而$f(t)=(t-1)^2-2(t-1)=t^2-4t+3$.

所以$f(x)=x^2-4x+3$.

例4.(方程组法)已知函数$f(x)$满足$f(x)-2f(\dfrac{1}{x})=\ln x$,求函数$f(x)$的解析式.

解:在$f(x)-2f(\dfrac{1}{x})=\ln x$中,以$\dfrac{1}{x}$代$x$得$f(\dfrac{1}{x})-2f(x)=-\ln x$,

联立解得$f(x)=\dfrac{1}{3}\ln x$.

点拨　(1)已知函数的基本形式求相应系数的方法叫待定系数法.

(2)代数式代入分段函数时,每个位置的x均换成该代数式.

(3)换元法是把某个部分当作整体看待,换元后注意新变量的取值范围.

(4)关于$f(x)\leftrightarrow f(-x)$,$f(x)\leftrightarrow f(\dfrac{1}{x})$或$f(x)\leftrightarrow f(1-x)$的方程,分别是以$-x$换

x,以$\dfrac{1}{x}$换x,以$1-x$换x得另一个方程,然后消去$-x$,$\dfrac{1}{x}$,$1-x$得到函数解析式.

二、求函数的值域

1.范围法

例1. 求下列函数的值域.

$$(1)f(x)=\log_{\frac{1}{2}}(3x-1)\ ,\ x\in(\frac{5}{12}\ ,\ 1];\qquad (2)f(x)=\sqrt{9-2^x}.$$

解:(1)因为 $\frac{5}{12}<x\leqslant 1$,所以 $\frac{1}{4}<3x-1\leqslant 2$,

从而 $-1\leqslant\log_{\frac{1}{2}}(3x-1)<2$,所以函数的值域为 $[-1,2)$.

(2)因为 $2^x>0$,所以 $-2^x<0$,从而 $9-2^x<9$,

于是 $0\leqslant\sqrt{9-2^x}<3$,所以函数的值域为 $[0,3)$.

点拨 (1)范围法适用于自变量只在解析式的一个位置时或含有自变量的整体范围可以确定的题型.

(2)常用结论:$|x|\geqslant 0$,$\sqrt{x}\geqslant 0$,$x^2\geqslant 0$,$a^x>0$ 或二次式恒为正(负).

(3)取倒数时,要根据反比例函数来确定范围,对某个整体开方取不到负数.

2.图象法

例1. 已知函数 $f(x)=\begin{cases}(\frac{1}{2})^x-1\ ,\ x<0\ ,\\ \sin x,\ x\geqslant 0\ ,\end{cases}$ 则 $f(x)$ 的值域为

_____.

解: $y=f(x)$ 的图象如图3.3,由图可知该函数的值域为

$[-1,+\infty)$.

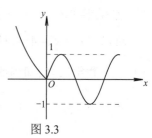

图3.3

例2. 函数 $f(x)=|\log_{\frac{1}{4}}x|$ 在区间 $[\frac{1}{4}\ ,\ m](m>\frac{1}{4})$ 上的值域为

$[0,2]$,则 m 的取值范围为_____.

解: $f(x)=|\log_{\frac{1}{4}}x|$ 的图象如图3.4,由图可知 m 的取值范围为 $[1,4]$.

点拨 图象法只适用于能作出图象的函数.

3.换元法

例1. 求函数 $f(x)=\lg x\lg(\frac{x}{10})-2$,$x\in[\frac{1}{10}\ ,\ 100]$的值域.

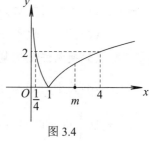

图3.4

解: $f(x)=\lg x\lg(\frac{x}{10})-2=\lg x(\lg x-\lg 10)-2=\lg^2 x-\lg x-2$,$x\in[\frac{1}{10}\ ,\ 100]$.

令 $\lg x=t\in[-1,2]$,则 $y=t^2-t-2$,$t\in[-1,2]$,

其值域为 $[-\frac{9}{4}\ ,\ 0]$,所以原函数的值域为 $[-\frac{9}{4}\ ,\ 0]$.

点拨 在复合函数 $y=f(g(x))$ 中,令内函数 $g(x)=t$ 得外函数 $y=f(t)$.外函数 $y=f(t)$ 在新变量 t 的取值范围内的值域即原函数的值域.

4.分离常数法

例1.求函数$f(x)=\dfrac{2x+1}{x-2}$的值域.

解:$f(x)=\dfrac{2x+1}{x-2}=\dfrac{2(x-2)+5}{x-2}=2+\dfrac{5}{x-2}$,

　　因为$\dfrac{5}{x-2}\neq 0$,所以$f(x)\neq 2$,则函数$f(x)$的值域为$(-\infty,2)\bigcup(2,+\infty)$.

例2.求函数$f(x)=\dfrac{2x^2-x+5}{x^2-x+2}$ $(x>-1)$的值域.

解:$f(x)=\dfrac{2x^2-x+5}{x^2-x+2}=\dfrac{2(x^2-x+2)+x+1}{x^2-x+2}=2+\dfrac{x+1}{x^2-x+2}$.

　　令$x+1=t>0$,则$y=2+\dfrac{t}{t^2-3t+4}=2+\dfrac{1}{t+\dfrac{4}{t}-3}$,

　　因为$t+\dfrac{4}{t}\geqslant 4$,所以$2<y\leqslant 3$,则函数$f(x)$的值域为$(2,3]$.

点拨　(1)分离常数的本质是等价变换,它减少了未知量在表达式中出现的次数.

　　　　(2)解题步骤:写分母;配分子;分离常数.

5.对勾函数法

例1.求函数$f(x)=\dfrac{2}{\sin^2x+1}-\cos2x$的值域.

解:$f(x)=\dfrac{2}{\sin^2x+1}-\cos2x=2\sin^2x+\dfrac{2}{\sin^2x+1}-1$

　　　$=2(\sin^2x+1)+\dfrac{4}{2(\sin^2x+1)}-3$.

　　令$2(\sin^2x+1)=t$,则$y=t+\dfrac{4}{t}-3$,$t\in[2,4]$,根据对勾函数的特性得$1\leqslant y\leqslant 2$,

　　则函数$f(x)$的值域为$[1,2]$.

点拨　对勾函数法实则是图象法,主要应用于自变量受限的对勾形式函数.

6.判别式法

例1.求函数$y=\dfrac{x^2-x}{x^2-x+1}$的值域.

解:$y=\dfrac{x^2-x}{x^2-x+1}\Leftrightarrow(y-1)x^2-(y-1)x+y=0$,

　　当$y=1$时,不存在x使方程成立;

　　当$y\neq 1$时,$\Delta=[-(y-1)]^2-4(y-1)y\geqslant 0\Rightarrow -\dfrac{1}{3}\leqslant y\leqslant 1$.

　　综上所述,原函数的值域为$[-\dfrac{1}{3},1)$.

点拨　形如一次式(二次式)与二次式分数形式的函数,用判别式法求函数的值域.

三、幂函数

1.幂函数的性质

例1. 已知函数 $f(x)=(m^2-2m-2)x^{m-2}$ 是幂函数,且在 $(0,+\infty)$ 上单调递减,则 $m=$____.

解: 依题 $m^2-2m-2=1$,解得 $m=-1$ 或 $m=3$.

当 $m=-1$ 时,$f(x)=x^{-3}$,符合题意;

当 $m=3$ 时,$f(x)=x$,不符合题意.所以 $m=-1$.

例2. 幂函数 $f(x)=x^{4m-m^2}(m\in\mathbf{N}^*)$ 为奇函数,且在 $(0,+\infty)$ 上单调递增,求 $f(x)$ 的解析式.

解: 因为 $f(x)=x^{4m-m^2}(m\in\mathbf{N}^*)$ 在 $(0,+\infty)$ 上单调递增,所以 $4m-m^2>0$,解得 $0<m<4$,又 $m\in\mathbf{N}^*$,所以 m 可取 1,2,3.

当 $m=1$ 或 $m=3$ 时,$f(x)=x^3$ 为奇函数,符合题意;

当 $m=2$ 时,$f(x)=x^{-4}$ 为偶函数,不符合题意.综上所述 $f(x)=x^3$.

点拨 对于幂函数 $f(x)=x^a(a\in\mathbf{R})$,

(1)当 $a>0$ 时,$f(x)$ 在第一象限单调递增;当 $a<0$ 时,$f(x)$ 在第一象限单调递减;

(2)当 a 是奇数(或奇数分之一)时,$f(x)$ 为奇函数;当 a 是偶数时,$f(x)$ 为偶函数.

2.幂函数性质的应用

例1. 已知幂函数 $f(x)=(m^2-3)x^{m^2-3m}$ 在 $(0,+\infty)$ 上单调递减,则不等式 $f(2x-1)<f(x+1)$ 的解集为_____.

解: 依题 $m^2-3=1$,解得 $m=2$ 或 $m=-2$.

当 $m=2$ 时,$f(x)=x^{-2}$,符合题意;

当 $m=-2$ 时,$f(x)=x^{10}$,不符合题意,

所以 $f(x)=x^{-2}$,如图3.5.

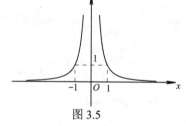

图3.5

若 $f(2x-1)<f(x+1)$,则 $\begin{cases}|2x-1|>|x+1|,\\2x-1\neq0,\\x+1\neq0,\end{cases}$ 解得 $x<-1$ 或 $-1<x<0$ 或 $x>2$,

则原不等式的解集为 $(-\infty,-1)\cup(-1,0)\cup(2,+\infty)$.

例2. 若 $(m+1)^{-3}<(3-2m)^{-3}$,则实数 m 的取值范围是_____.

解: $f(x)=x^{-3}$ 是奇函数,定义域为 $(-\infty,0)\cup(0,+\infty)$,

在 $(0,+\infty)$ 上单调递减,在 $(-\infty,0)$ 上单调递减,如图3.6.

若 $(m+1)^{-3}<(3-2m)^{-3}$,则 $m+1>3-2m>0$ 或

$3-2m<m+1<0$ 或 $m+1<0<3-2m$.

解得 $m\in(-\infty,-1)\cup\left(\dfrac{2}{3},\dfrac{3}{2}\right)$.

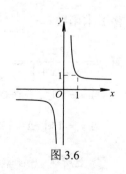

图3.6

点拨 根据幂函数的性质作出幂函数的图象,再结合图象解决问题.

四、指对数运算

1.指数运算

例1.化简：$\dfrac{4a^{\frac{2}{3}}\cdot b^{-\frac{1}{3}}}{-\frac{2}{3}a^{-\frac{1}{3}}b^{\frac{2}{3}}}=$_____.

解：$\dfrac{4a^{\frac{2}{3}}\cdot b^{-\frac{1}{3}}}{-\frac{2}{3}a^{-\frac{1}{3}}b^{\frac{2}{3}}}=-6a^{\frac{2}{3}-(-\frac{1}{3})}b^{-\frac{1}{3}-\frac{2}{3}}=-\dfrac{6a}{b}$.

例2.下列运算正确的有_____.

①$\sqrt{(-0.5)^2}+\sqrt[3]{-\dfrac{27}{8}}+\sqrt[4]{16}=1$　②$\sqrt[5]{x^2\cdot\dfrac{1}{\sqrt[3]{x}}}=\sqrt[3]{x}$　③$\dfrac{(\sqrt[3]{a^2}\,b^{-1})^{-\frac{1}{2}}a^{-\frac{1}{2}}b^{\frac{1}{3}}}{\sqrt[6]{ab^5}}=a$

④$(3x)^2(-\dfrac{1}{2\sqrt{x}})^3=-\dfrac{9}{8}x^{\frac{1}{2}}$　⑤$(2x)^{6-r}(-\dfrac{1}{\sqrt[3]{x}})^r=2^{6-r}(-1)^r x^{6-\frac{4r}{3}}$

解：正确的有①②④⑤.

点拨　熟悉指数运算相关公式,运算过程中常数放在字母左边,相同字母的项放在一起.

2.对数运算

例1.$\lg^2 5+\lg5\lg2+\lg2=$_____.

解：$\lg^2 5+\lg5\lg2+\lg2=\lg5(\lg5+\lg2)+\lg2=\lg5\lg10+\lg2=\lg5+\lg2=\lg10=1$.

例2.求下列各式的值.

$\quad(1)2^{\log_{\frac{1}{4}}5}$；$\qquad\qquad\qquad(2)\log_{\frac{1}{8}}3\sqrt{3}$.

解：$(1)2^{\log_{\frac{1}{4}}5}=2^{-\log_2 5}=2^{\log_2\frac{1}{5}}=\dfrac{1}{5}$；

$(2)\log_{\frac{1}{8}}3\sqrt{3}=\log_{3^{-2}}3^{\frac{3}{2}}=\dfrac{\frac{3}{2}}{-2}\log_3 3=-\dfrac{3}{4}$.

例3.求下列各式的值.

$\quad(1)\log_{\sqrt{3}}3+\log_{\frac{1}{4}}\sqrt{3}$；

$\quad(2)\log_{\sqrt{2}}2\sqrt{3}-\log_2 3\sqrt{2}$；

$\quad(3)\log_4 3\cdot\log_{\frac{1}{3}}\sqrt[4]{32}$.

解：$(1)\log_{\sqrt{3}}3+\log_{\frac{1}{4}}\sqrt{3}=2-\dfrac{1}{4}=\dfrac{7}{4}$；

$(2)\log_{\sqrt{2}}2\sqrt{3}-\log_2 3\sqrt{2}=\log_2 2\sqrt{2}=\dfrac{3}{2}$；

$(3)\log_4 3\cdot\log_{\frac{1}{3}}\sqrt[4]{32}=\log_{2^2}3\cdot\log_{3^{-1}}2^{\frac{5}{4}}=-\dfrac{5}{8}\log_2 3\cdot\log_3 2=-\dfrac{5}{8}$.

3.指对数方程

例1.解下列指数方程.

$(1)2^{x+1}=\dfrac{1}{8}$；

$(2)e^{2x}=2$.

解：(1)因为$2^{x+1}=\dfrac{1}{8}$，所以$\log_2 2^{x+1}=\log_2\dfrac{1}{8}$，即$x+1=-3$，从而$x=-4$.

(2)因为$e^{2x}=2$，所以$\ln e^{2x}=\ln 2$，即$2x=\ln 2$，从而$x=\ln\sqrt{2}$.

例2.解下列对数方程.

$(1)\ln x=-2$；

$(2)\lg(x-1)=-1$；

$(3)\log_{\frac{1}{3}}x=3$.

解：(1)因为$\ln x=-2$，所以$x=e^{-2}$.

(2)因为$\lg(x-1)=-1$，所以$x-1=10^{-1}$，解得$x=\dfrac{11}{10}$.

(3)因为$\log_{\frac{1}{3}}x=3$，所以$x=(\dfrac{1}{3})^3=\dfrac{1}{27}$.

点拨 (1)指数方程$a^x=t$等号两边同时取以a为底的对数得$\log_a a^x=\log_a t$，从而$x=\log_a t$；

(2)对数方程$\log_a x=t,\log_a a^t=t$联立，得$x=a^t$.

4.指数对数互换

例1.已知$6^x=5^y=a$，且$\dfrac{1}{x}+\dfrac{1}{y}=1$，求$a$的值；

解：因为$6^x=a$，$5^y=a$，所以$x=\log_6 a$，$y=\log_5 a$.

于是$\dfrac{1}{\log_6 a}+\dfrac{1}{\log_5 a}=1$，即$\log_a 6+\log_a 5=1$，

从而$\log_a 30=1$，所以$a=30$.

例2.已知$\log_2 3=a$，$3^b=5$，用a，b表示$\log_4 15$的值.

解：因为$3^b=5$，所以$b=\log_3 5$.

则$\log_4 15=\log_{2^2}15=\dfrac{1}{2}\log_2 15=\dfrac{1}{2}(\log_2 3+\log_2 5)$

$=\dfrac{1}{2}(\log_2 3+\dfrac{\log_3 5}{\log_3 2})=\dfrac{1}{2}(\log_2 3+\log_2 3\log_3 5)=\dfrac{a+ab}{2}$.

5.指对数的实际应用

例1.李明开发的小程序在发布时已有500名初始用户，经过t天后，用户人数$A(t)=A(0)e^{kt}$，其中k为常数.已知小程序发布经过10天后有$2\,000$名用户，则用户超过$50\,000$名至少经过的天数为$(\lg 2=0.30)(\qquad)$

A.31 B.32 C.33 D.34

解：经过 t 天后，用户人数 $A(t)=A(0)\mathrm{e}^{kt}$，因为小程序在发布时已有 500 名初始用户.

所以 $A(0)=500$.而小程序发布经过 10 天后有 2 000 名用户，

所以 $2\,000=500\,\mathrm{e}^{10k}$，即 $4=\mathrm{e}^{10k}$，从而 $\lg 4=10k \cdot \lg \mathrm{e}$.

当用户达到 50 000 名时有 $50\,000=500\,\mathrm{e}^{kt}$，即 $100=\mathrm{e}^{kt}$，可得 $2=kt \cdot \lg \mathrm{e}$.

联立可得 $\dfrac{\lg 4}{2}=\dfrac{10}{t}$，解得 $t=\dfrac{10}{\lg 2} \approx 33.3$.

所以用户超过 50 000 名至少经过的天数为 34 天.选 D.

五、指数函数

1.指数函数的图象

例1.作出 $f(x)=\dfrac{xa^x}{|x|}(a>0，a \neq 1)$ 的大致图象.

解：$f(x)=\dfrac{xa^x}{|x|}=\begin{cases} a^x，x>0，\\ -a^x，x<0. \end{cases}$

当 $0<a<1$ 时，如图 3.7(1)；当 $a>1$ 时，如图 3.7(2).

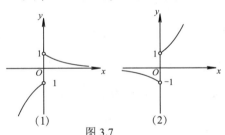

图 3.7

例2.已知函数 $f(x)=a^x-(b+1)(a>0$ 且 $a \neq 1)$ 的图象经过第一、三、四象限，则（　　　）

    A.$0<a<1，b<0$　　　　B.$0<a<1，b>0$

    C.$a>1，b<0$　　　　　　D.$a>1，b>0$

解：因为 $f(x)$ 的图象经过第一、三、四象限，所以 $\begin{cases} a>1， \\ f(0)<0 \end{cases} \Rightarrow a>1，b>0$.选 D.

点拨　局部含绝对值的函数，根据绝对值内部的正负性转化为分段函数.

2.指数函数的性质

例1.已知指数函数 $f(x)=(2a+1)^x$ 单调递减，则实数 a 的取值范围为_____.

解：因为 $f(x)$ 单调递减，所以 $0<2a+1<1$，解得 $-\dfrac{1}{2}<a<0$，所以 $a \in \left(-\dfrac{1}{2}，0\right)$.

例2.已知函数 $f(x)=a^{x-1}+2x-1$ 的图象恒过定点 $(s，t)$，若 $\dfrac{s}{m}+\dfrac{t}{n}=1(mn>0)$，则

    $m+2n$ 的最小值为_____.

解: $f(x)$ 的图象恒过定点 $(1,2)$, 所以 $s=1$, $t=2$, 于是 $\frac{1}{m}+\frac{2}{n}=1$.

$$m+2n=(m+2n)(\frac{1}{m}+\frac{2}{n})=\frac{2m}{n}+\frac{2n}{m}+5 \geqslant 2\sqrt{\frac{2m}{n}\cdot\frac{2n}{m}}+5=9.$$

当且仅当 $m=n=3$ 时, 取得等号.

例3. 比较下列四组数的大小.

(1) $0.3^{2.3}$, $0.3^{0.7}$;   (2) $\pi^{-2.3}$, $(\frac{1}{\pi})^{1.1}$;

(3) $2^{-1.1}$, $(\frac{1}{3})^{-0.7}$;   (4) 4, $3^{\frac{4}{3}}$.

解: (1) 因为 $y=0.3^x$ 单调递减且 $2.3>0.7$, 所以 $0.3^{2.3}<0.3^{0.7}$.

(2) $(\frac{1}{\pi})^{1.1}=\pi^{-1.1}$, 因为 $y=\pi^x$ 单调递增且 $-2.3<-1.1$, 所以 $\pi^{-2.3}<\pi^{-1.1}=(\frac{1}{\pi})^{1.1}$.

(3) 因为 $2^{-1.1}=\frac{1}{2^{1.1}}\in(0,1)$, $(\frac{1}{3})^{-0.7}=3^{0.7}>1$, 所以 $2^{-1.1}<(\frac{1}{3})^{-0.7}$.

(4) 因为 $4^3=64$, $(3^{\frac{4}{3}})^3=3^4=81$, 所以 $4<3^{\frac{4}{3}}$.

例4. 若函数 $f(x)=(\frac{1}{3})^{x^2-2ax}$ 在 $[1,+\infty)$ 上单调递减, 则 a 的取值范围是_____.

解: 令 $u(x)=x^2-2ax$ (内函数), 得 $y=(\frac{1}{3})^u$ (外函数).

因为 $u(x)$ 在 $(-\infty,a]$ 上单调递减, 在 $[a,+\infty)$ 上单调递增,

而 $y=(\frac{1}{3})^u$ 在 $\mathbf{R}$ 上单调递减, 所以 $f(x)$ 在 $[a,+\infty)$ 上单调递减.

依题 $[1,+\infty)\subseteq[a,+\infty)$, 所以 $a\leqslant 1$, 即 $a\in(-\infty,1]$.

点拨 (1) 在指数式函数 $a^{u(x)}$ 中, 指数 $u(x)=0$ 时, $a^{u(x)}=1$.

(2) 两个指数式的指数为分数, 可同时将高次方化为整数.

(3) 复合函数单调性遵循"同增异减"原则.

3. 指数式方程与指数式不等式

例1. 解下列指数方程.

(1) $3^{x^2-2x}-27=0$;

(2) $4^x-2^{x+1}-8=0$;

(3) $e^{x+1}+2x+1=0$.

解: (1) $3^{x^2-2x}=27 \Leftrightarrow 3^{x^2-2x}=3^3$, 所以 $x^2-2x=3$, 解得 $x=-1$ 或 $x=3$.

(2) $4^x-2^{x+1}-8=0 \Leftrightarrow (2^x)^2-2\times 2^x-8=0$. 令 $2^x=t>0$, 则 $t^2-2t-8=0$,

解得 $t=4$ 或 $t=-2$ (舍去), 所以 $2^x=4$, 解得 $x=2$.

(3) 函数 $f(x)=e^{x+1}+2x+1$ 单调递增, 显然 $f(-1)=0$,

所以方程 $e^{x+1}+2x+1=0$ 的根为 $x=-1$.

例 2. 解下列指数不等式.

(1) $2^{x^2-2x} \leqslant 8$；

(2) $e^{2x}-3e^x-4 \geqslant 0$；

(3) $e^{-x+1}-3x+2 < 0$.

解: (1) $2^{x^2-2x} \leqslant 8 \Leftrightarrow 2^{x^2-2x} \leqslant 2^3 \Leftrightarrow x^2-2x \leqslant 3$,

解得 $-1 \leqslant x \leqslant 3$, 所以原不等式的解集为 $[-1, 3]$.

(2) 令 $e^x=t > 0$, 则 $t^2-3t-4 \geqslant 0$, 解得 $t \geqslant 4$ 或 $t \leqslant -1$(舍去),

由 $e^x \geqslant 4$, 得 $x \geqslant 2\ln 2$, 所以原不等式的解集为 $[2\ln 2, +\infty)$.

(3) 函数 $f(x)=e^{-x+1}-3x+2$ 严格单调递减, 而 $f(1)=0$,

若 $e^{-x+1}-3x+2 < 0$, 则 $x > 1$. 所以原不等式的解集为 $(1+\infty)$.

点拨　函数 $f(x)=a^{u(x)}+h(x)$ 在 $u(x)=0$ 处取得零点.

4. 指数式函数的值域

例 1. 求下列函数的值域.

(1) $f(x)=2^{\frac{1}{x-2}}$；

(2) $f(x)=e^{-x^2+4x-3}$；

(3) $f(x)=\sqrt{16-3^x}$.

解: (1) 因为 $\dfrac{1}{x-2} \neq 0$, 所以 $f(x) \neq 1$, 从而 $f(x)$ 的值域为 $(0, 1) \bigcup (1, +\infty)$.

(2) 因为 $-x^2+4x-3 \leqslant 1$, 所以 $0 < f(x) \leqslant e$, 即 $f(x)$ 的值域为 $(0, e]$.

(3) 由 $3^x > 0$, 得 $16-3^x < 16$, 所以 $0 \leqslant \sqrt{16-3^x} < 4$, 所以 $f(x)$ 的值域为 $[0, 4)$.

例 2. 求 $f(x)=2^{2x+1}-2^x-1$ 在 $[-3, 0]$ 上的值域.

解: 由题可知 $f(x)=2 \cdot (2^x)^2-2^x-1$.

令 $2^x=t \in [\dfrac{1}{8}, 1]$, 得 $y=2t^2-t-1$, $t \in [\dfrac{1}{8}, 1]$,

由 $y=2t^2-t-1$, $t \in [\dfrac{1}{8}, 1]$, 得 $y \in [-\dfrac{9}{8}, 0]$.

所以 $f(x)$ 的值域为 $[-\dfrac{9}{8}, 0]$.

例 3. 已知函数 $f(x)=a^{2x}+2a^x-1(a > 1)$ 在 $[-1, 1]$ 上的最大值为 14, 求 a 的值.

解: 令 $a^x=t$, 得 $y=t^2+2t-1$, 对称轴为 $t=-1$.

函数在 $(-\infty, -1]$ 上单调递减, 在 $[-1, +\infty)$ 上单调递增.

因为 $a > 1$, 所以 $t \in [\dfrac{1}{a}, a]$, $y=t^2+2t-1$ 在此区间上单调递增,

所以 $y_{max}=a^2+2a-1=14$,

解得 $a=3$ 或 $a=-5$(舍去). 故 $a=3$.

5.典型指数式函数

例1.分析函数 $f(x)=\dfrac{2^x-1}{2^x+1}$ 的奇偶性、单调性并求该函数的值域.

解:$f(x)$ 的定义域为 $\mathbf{R}$,且 $f(-x)=\dfrac{2^{-x}-1}{2^{-x}+1}=\dfrac{1-2^x}{1+2^x}=-f(x)$,所以 $f(x)$ 是奇函数.

由题可知 $f(x)=\dfrac{2^x-1}{2^x+1}=\dfrac{(2^x+1)-2}{2^x+1}=1-\dfrac{2}{2^x+1}$,

$y=2^x+1$ 单调递增,则 $y=\dfrac{2}{2^x+1}$ 单调递减,因而 $f(x)=1-\dfrac{2}{2^x+1}$ 单调递增.

因为 $2^x>0$,所以 $2^x+1>1$,

于是 $0<\dfrac{2}{2^x+1}<2$,从而 $-1<1-\dfrac{2}{2^x+1}<1$,所以 $f(x)$ 的值域为 $(-1,1)$.

六、对数函数

1.对数函数的图象

例1.作出函数 $f(x)=|\ln(x+1)|$ 的大致图象.

解:$f(x)=|\ln(x+1)|$ 的图象如图3.8.

例2.已知函数 $f(x)=\log_a(x+b)(a>0$ 且 $a\neq1)$ 的图象经过第二、

三、四象限,则(　　)

A.$0<a<1$,$b>1$　　　　B.$0<a<1$,$b<1$

C.$a>1$,$b>1$　　　　　D.$a>1$,$b<1$

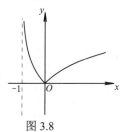

图3.8

解:因为 $f(x)$ 的图象经过第二、三、四象限,

所以 $\begin{cases}0<a<1,\\f(0)<0,\end{cases}$ 解得 $\begin{cases}0<a<1,\\b>1.\end{cases}$ 选A.

点拨 局部含绝对值的函数,根据绝对值内部的正负性化为分段函数.

2.对数函数的性质

例1.已知对数函数 $f(x)=\log_{(3a-1)}x$ 单调递减,则实数 a 的取值范围为_____.

解:因为 $f(x)$ 单调递减,所以 $0<3a-1<1$,解得 $\dfrac{1}{3}<a<\dfrac{2}{3}$.

例2.已知函数 $f(x)=\log_m(x-1)+2x-3$ 的图象所过定点在直线 $ax+by-1=0$ 上,若

$a>0$,$b>0$,则 $\dfrac{1}{a}+\dfrac{1}{b}$ 的最小值为_____.

解:因为 $f(x)$ 的图象恒过定点 $(2,1)$,所以 $2a+b=1$.

则 $\dfrac{1}{a}+\dfrac{1}{b}=\left(\dfrac{1}{a}+\dfrac{1}{b}\right)(2a+b)=3+\dfrac{b}{a}+\dfrac{2a}{b}\geqslant3+2\sqrt{2}$,当且仅当 $b=\sqrt{2}\,a$ 时,取得等号.

例3.比较下列四组数的大小.

(1)$\ln 1.5$，$\ln 2.3$；

(2)$\log_{0.3}\pi$，$\log_{0.7}\pi$；

(3)$\log_3 2$，$\dfrac{2}{3}$；

(4)$\log_4 3$，$\pi^{-1.3}$.

解：(1)因为$y=\ln x$单调递增，而$1.5<2.3$，所以$\ln 1.5<\ln 2.3$.

(2)$\log_{0.3}\pi=\dfrac{1}{\log_\pi 0.3}$，$\log_{0.7}\pi=\dfrac{1}{\log_\pi 0.7}$，因为$y=\log_\pi x$单调递增，

所以$\log_\pi 0.3<\log_\pi 0.7<0$，从而$\dfrac{1}{\log_\pi 0.3}>\dfrac{1}{\log_\pi 0.7}$，即$\log_{0.3}\pi>\log_{0.7}\pi$.

(3)$\dfrac{2}{3}=\log_3 3^{\frac{2}{3}}$，对照$\log_3 2$.因为$2^3=8$，$(3^{\frac{2}{3}})^3=9$，所以$3^{\frac{2}{3}}>2$，

即$\log_3 3^{\frac{2}{3}}>\log_3 2$，从而$\dfrac{2}{3}>\log_3 2$.

(4)$\log_4 3=\dfrac{1}{\log_3 4}$，$\pi^{-1.3}=\dfrac{1}{\pi^{1.3}}$，因为$\log_3 4<\pi^{1.3}$，所以$\log_4 3>\pi^{-1.3}$.

例4.若函数$f(x)=\log_2(x^2-2x-3)$在$(-\infty,a)$上单调递减，则a的取值范围是_____.

解：令$u(x)=x^2-2x-3$(内函数)，得$y=\log_2 u$(外函数).

由$x^2-2x-3>0$，解得$x<-1$或$x>3$.

因为$u(x)$在$(-\infty,-1)$上单调递减，在$(3,+\infty)$上单调递增.

而$y=\log_2 u$在$\mathbf{R}$上单调递增，所以$f(x)$在$(-\infty,-1)$上单调递减.

依题$(-\infty,a)\subseteq(-\infty,-1)$，所以$a\leqslant -1$.

点拨　(1)对数式$\log_a u(x)$中，若真数$u(x)=1$，则$\log_a u(x)=0$.

(2)含对数的大小比较：同底数根据单调性；同真数用换底公式化为分数；非对数与对数值的比较，可化为同底的对数后再比较真数大小.

(3)对数式复合函数的单调性除了遵循"同增异减"的原则，还要考虑定义域.

3.对数式方程与对数式不等式

例1.解下列对数式方程.

(1)$\ln(x-1)=1$；

(2)$\log_2 x\cdot\log_2 4x=3$；

(3)$\ln(x-1)+x^2=4$.

解：(1)$\ln(x-1)=1\Leftrightarrow\ln(x-1)=\ln e$，所以$x-1=e$，解得$x=e+1$.

(2)原方程$\Leftrightarrow\log_2 x(\log_2 4+\log_2 x)=3$，即$(\log_2 x)^2+2\log_2 x-3=0$.

令$\log_2 x=t$，则$t^2+2t-3=0$，解得$t=1$或$t=-3$.

于是$\log_2 x=1$或$\log_2 x=-3$，解得$x=2$或$x=\dfrac{1}{8}$.

(3)令$f(x)=\ln(x-1)+x^2$,其定义域为$(1,+\infty)$.

因为$y_1=\ln(x-1)$,$y_2=x^2$在$(1,+\infty)$上均单调递增,

所以$f(x)=\ln(x-1)+x^2$在$(1,+\infty)$上单调递增.

显然$f(2)=\ln1+4=4$,故方程$\ln(x-1)+x^2=4$的根为2.

例2.解下列不等式.

(1)$\ln(x-1)\leqslant2$;

(2)$\log_3^2x-4\log_3x<-3$;

(3)$\ln(x+1)-\dfrac{1}{x+1}+1<0$.

解:(1)$\ln(x-1)\leqslant2\Leftrightarrow\ln(x-1)\leqslant\ln e^2$,所以$0<x-1\leqslant e^2$,解得$1<x\leqslant e^2+1$,

所以原不等式的解集为$(1,e^2+1]$.

(2)令$\log_3x=t$,则$t^2-4t+3<0$,解得$1<t<3$,

即$1<\log_3x<3$,解得$3<x<27$.

(3)取$f(x)=\ln(x+1)-\dfrac{1}{x+1}+1(x>-1)$,

因为$y_1=\ln(x+1)$,$y_2=-\dfrac{1}{x+1}$在$(-1,+\infty)$上均单调递增,

所以$f(x)=\ln(x+1)-\dfrac{1}{x+1}+1$在$(-1,+\infty)$上单调递增.

显然$f(0)=0$,所以原不等式的解集为$(-1,0)$.

点拨 函数$f(x)=\log_au(x)+h(x)$在$u(x)=0$处取得零点.

4.对数式函数的值域

例1.求函数$f(x)=\log_{\sqrt2}(x^2+4)$的值域.

解:因为$x^2\geqslant0$,所以$x^2+4\geqslant4$,

从而$\log_{\sqrt2}(x^2+4)\geqslant\log_{\sqrt2}4=4$,故$f(x)$的值域为$[4,+\infty)$.

5.典型对数式函数

例1.分析函数$f(x)=\ln\dfrac{x-1}{x+1}$的定义域、奇偶性、单调性.

解:由$\dfrac{x-1}{x+1}>0$,得$f(x)$的定义域为$(-\infty,-1)\bigcup(1,+\infty)$;

$f(-x)=\ln\dfrac{-x-1}{-x+1}=\ln\dfrac{x+1}{x-1}=\ln(\dfrac{x-1}{x+1})^{-1}=-\ln\dfrac{x-1}{x+1}=-f(x)$,则$f(x)$是奇函数;

$f(x)=\ln\dfrac{x-1}{x+1}=\ln(1-\dfrac{2}{x+1})$,因为$u=1-\dfrac{2}{x+1}$和$y=\ln u$在定义域内单调递增,

所以$f(x)$在$(-\infty,-1)\bigcup(1,+\infty)$上单调递增.

七、函数的零点

1.求零点

例1.求下列函数的零点.

$(1) f(x)=(x^2-1)(\ln x-1)$;

$(2) f(x)=(x-1)e^x+x^2-2x+1$.

解:(1)令$f(x)=0$,则$\begin{cases} x^2-1=0, \\ \ln x-1=0, \\ x>0, \end{cases}$解得$x_1=1$,$x_2=e$,则函数$f(x)$的零点为1,e.

$(2) f(x)=(x-1)e^x+(x-1)^2=(x-1)(e^x+x-1)$,

令$f(x)=0$,即$(x-1)(e^x+x-1)=0$,

解得$x_1=1$,$x_2=0$,则函数$f(x)$的零点为0,1.

例2.已知$x=1$是函数$f(x)=\ln x-ax+1$的零点,求$g(x)=f(e^x)$的零点.

解:由$f(1)=0$,得$a=1$,于是$f(x)=\ln x-x+1$.

从而$g(x)=f(e^x)=-e^x+x+1$,于是$g'(x)=-e^x+1$,

由$g'(x)>0 \Rightarrow x<0$,由$g'(x)<0 \Rightarrow x>0$,

所以$g(x)$在$(-\infty,0)$上单调递增,在$(0,+\infty)$上单调递减.

而$g(0)=0$,所以$g(x)=-e^x+x+1$有唯一的零点为$x=0$.

点拨　函数$y=f(x)$的零点是方程$f(x)=0$的根.

2.零点所在区间

例1.函数$f(x)=\ln x+2x-1$的零点所在区间为( )

A.$(0,\dfrac{1}{4})$　　　　　B.$(\dfrac{1}{4},\dfrac{1}{2})$

C.$(\dfrac{1}{2},\dfrac{3}{4})$　　　　　D.$(\dfrac{3}{4},1)$

解:函数$f(x)$在定义域内单调递增,

$f(\dfrac{1}{4})=-2\ln2-\dfrac{1}{2}<0$,$f(\dfrac{1}{2})=-\ln2<0$,$f(\dfrac{3}{4})=\ln e^{\frac{1}{2}}-\ln\dfrac{4}{3}$.

因为$(e^{\frac{1}{2}})^2>(\dfrac{4}{3})^2$,所以$\ln e^{\frac{1}{2}}>\ln\dfrac{4}{3}$,故$f(\dfrac{3}{4})>0$.选C.

例2.设函数$f(x)=\ln x-\dfrac{1}{x-1}$,则函数$f(x)$在( )

A.区间$(0,1)\bigcup(1,+\infty)$内均有零点

B.区间$(0,1)\bigcup(1,+\infty)$内均无零点

C.区间$(0,1)$内有零点,在$(1,+\infty)$内无零点

D.区间$(0,1)$内无零点,在$(1,+\infty)$内有零点

解:$f(x)$的定义域为$(0,1)\bigcup(1,+\infty)$,

显然$f(x)$在$(0,1)\bigcup(1,+\infty)$上均单调递增.

当$x\rightarrow 0^+$时,$f(x)\rightarrow -\infty$,当$x\rightarrow 1^-$时,$f(x)\rightarrow +\infty$,

所以$f(x)$在区间$(0,1)$内有零点.

当$x\rightarrow 1^+$时,$f(x)\rightarrow -\infty$,当$x\rightarrow +\infty$时,$f(x)\rightarrow +\infty$,

所以$f(x)$在区间$(1,+\infty)$内有零点.选A.

点拨 (1)连续单调函数在零点左右的函数值的正负不同.

(2)符号$x\rightarrow x_0^+$表示x从右侧趋近于x_0;符号$x\rightarrow x_0^-$表示x从左侧趋近于x_0.

3.零点的性质

例1.已知x_0是函数$f(x)=e^x+\ln x$的零点,则不等式$f(x)<0$的解集为(　　)

　　A.$(-\infty,x_0)$　　　　B.$(x_0,+\infty)$　　　　C.$(0,x_0)$　　　　D.$(x_0,1)$

解:因为$f(x)$在定义域$(0,+\infty)$上单调递增,而$f(x_0)=0$,

由$f(x)$的大致图象可知$f(x)<0$的解集为$(0,x_0)$.选C.

例2.已知x_0是函数$f(x)=e^x-\dfrac{1}{x+2}$ $(x>-2)$的零点.证明:$e^{x_0}-\ln(x_0+2)>0$.

证:$f(x)=e^x-\dfrac{1}{x+2}$在$(-2,+\infty)$上单调递增,

而$f(-1)=\dfrac{1}{e}-1<0$,$f(0)=\dfrac{1}{2}>0$,

所以存在$x_0\in(-1,0)$使得$f(x_0)=e^{x_0}-\dfrac{1}{x_0+2}=0$.

从而$e^{x_0}=\dfrac{1}{x_0+2}$,两边同时取对数得$x_0=-\ln(x_0+2)$.则

$e^{x_0}-\ln(x_0+2)=\dfrac{1}{x_0+2}+x_0=\dfrac{1}{x_0+2}+(x_0+2)-2>2\sqrt{\dfrac{1}{x_0+2}\times(x_0+2)}-2=0$,

故$e^{x_0}-\ln(x_0+2)>0$.

点拨 例2中,因为x_0是函数$f(x)$的零点,所以$f(x_0)=0$,对此方程等号两边取对数,可得对数方程.因为x_0是一个具体的数值,需具体分析均值不等式是否能取等号.

4.零点的个数

例1.若函数$f(x)=(x-2)(x^2-ax+2)$有三个零点,求实数a的取值范围.

解:函数$f(x)=(x-2)(x^2-ax+2)$的零点是方程$(x-2)(x^2-ax+2)=0$的根.

因为$x=2$是原方程的根,所以$x^2-ax+2=0$必须有两个根,且不能为2,

从而$\begin{cases}\Delta=(-a)^2-8>0,\\a\neq 3,\end{cases}$

解得$a\in(-\infty,-2\sqrt{2})\bigcup(2\sqrt{2},3)\bigcup(3,+\infty)$.

例2.已知函数 $f(x)=e^x+x^2-2$,则函数 $f(x)$ 的零点个数为(　　)

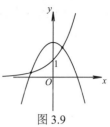

图3.9

　　A.1　　　　　　B.2　　　　　　C.3　　　　　　D.4

解: $f(x)=e^x+x^2-2=e^x-(-x^2+2)$,

　　取 $y_1=e^x$, $y_2=-x^2+2$,它们的图象如图3.9.

　　由图可知图象有两个交点,所以函数 $f(x)$ 有两个零点.选B.

例3.已知 $f(x)$ 是定义在 **R** 上的奇函数,当 $x>0$ 时, $f(x)=\ln x-x+2$,则函数 $f(x)$ 的零点

　　有(　　)

　　A.2个　　　　　B.3个　　　　　C.4个　　　　　D.5个

解:因为 $f(x)$ 是 **R** 上的奇函数,所以 $f(0)=0$.

　　当 $x>0$ 时, $f(x)=\ln x-(x-2)$,显然函数 $y_1=\ln x$, $y_2=x-2$ 的图象有两个交点,

　　所以在 $x>0$ 时, $f(x)$ 有两个零点.

　　根据奇函数的特性,在 $x<0$ 时, $f(x)$ 也有两个零点.

　　综上分析, $f(x)$ 共有5个零点.选D.

例4.已知函数 $f(x)=\dfrac{\ln x+1}{x}$,若函数 $g(x)=|f(x)|-2m$ 有3个零点,则 m 的取值范围为

　　_____.

解:由 $f(x)=\dfrac{\ln x+1}{x}$,得 $f'(x)=\dfrac{-\ln x}{x^2}$,

　　当 $x\in(0,1)$ 时, $f'(x)>0$, $f(x)$ 单调递增,

　　当 $x\in(1,+\infty)$ 时, $f'(x)<0$, $f(x)$ 单调递减.

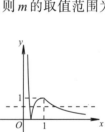

图3.10

　　而 $f(\dfrac{1}{e})=0$, $f(1)=1>0$,当 $x\to+\infty$ 时, $f(x)\to0$.

　　 $y_1=|f(x)|$ 的大致图象如图3.10,

　　取 $y_2=2m$,由图可知 $0<2m<1$,解得 $m\in(0,\dfrac{1}{2})$.

点拨　(1)方程根的个数为对应函数的零点个数.

　　(2)函数的零点个数为函数与 x 轴的交点个数.

　　(3)若一个函数可以写成两个函数的差,则该函数的零点个数是这两个函数的交点个数.

　　(4)奇偶函数的零点个数在 y 轴左、右两侧相同.

5.等价变换分析零点

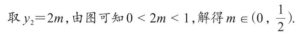

例1.函数 $f(x)=2^x|\ln x|-1$ 的零点个数为_____.

解:函数 $f(x)$ 的零点是方程 $2^x|\ln x|-1=0$ 的根,即 $|\ln x|=(\dfrac{1}{2})^x$.

　　因为 $y_1=|\ln x|$ 与 $y_2=(\dfrac{1}{2})^x$ 的图象有两个交点,所以 $f(x)$ 有两个零点.

例2. 已知函数 $f(x)=ae^x-x^2$，若函数 $f(x)$ 有三个零点，则 a 的取值范围为_____.

解: 函数 $f(x)=ae^x-x^2$ 的零点是方程 $ae^x-x^2=0$ 的根，即 $a=\dfrac{x^2}{e^x}$.

所以直线 $y=a$ 与函数 $g(x)=\dfrac{x^2}{e^x}$ 的图象有三个交点.

显然 $g'(x)=\dfrac{2x-x^2}{e^x}$，

由 $g'(x)>0 \Rightarrow 0<x<2$，$g'(x)<0 \Rightarrow x<0$ 或 $x>2$.

所以 $g(x)$ 在 $(-\infty,0)$ 和 $(2,+\infty)$ 上单调递减，在 $(0,2)$ 上单调递增.

当 $x \to -\infty$ 时，$g(x) \to +\infty$；当 $x \to +\infty$ 时，$g(x) \to 0$.

所以 $0<a<g(2)=\dfrac{4}{e^2}$，故 $a \in \left(0,\dfrac{4}{e^2}\right)$.

点拨 （1）求复杂函数 $f(x)$ 的零点，也就是求复杂方程 $f(x)=0$ 的根，将方程 $f(x)=0$ 等价变换后可得新方程 $g(x)=0$，从而构造新函数 $y=g(x)$. 通过对新函数 $y=g(x)$ 的图象与性质的分析可得原函数 $f(x)$ 的零点个数.

（2）方程 $f(x)=0$ 等价变换的基本思路：将参数移至等式一边或将函数化为两个其他函数之差的形式.

6.零点的分布

例1. 已知函数 $f(x)=2^x+x-a$ 在区间 $(0,1)$ 上存在零点，求 a 的取值范围.

解: 因为 $f(x)$ 单调递增，且 $f(x)$ 在 $(0,1)$ 上存在零点，

则 $\begin{cases} f(0)<0, \\ f(1)>0, \end{cases}$ 即 $\begin{cases} 1-a<0, \\ 3-a>0, \end{cases}$ 解得 $a \in (1,3)$.

例2. 若函数 $f(x)=x^2-(m+1)x+1$ 有两个小于 0 的零点，求 m 的取值范围.

解: 函数 $f(x)$ 开口向上，过定点 $(0,1)$，

依题 $\begin{cases} \Delta=m^2+2m-3>0, \\ \dfrac{m+1}{2}<0, \end{cases}$ 解得 $m \in (-\infty,-3)$.

例3. 若 $f(x)=mx^2+4x+1$ 有两个零点，且两个零点都在 $(-2,0)$ 内，求 m 的取值范围.

解: 当 $m=0$ 时，$f(x)=4x+1$，此时有一个负的零点，所以 $m \neq 0$.

当 $m \neq 0$ 时，$f(x)$ 的图象为恒过定点 $(0,1)$ 的抛物线.

①当 $m<0$ 时，$f(x)$ 开口向下，过定点 $(0,1)$，

$f(x)$ 有一个正零点和一个负零点，不符合题意.

②当 $m>0$ 时，因为 $f(x)$ 恒过定点 $(0,1)$，

所以 $\begin{cases} f(-2)=4m-7>0, \\ \Delta=16-4m>0, \end{cases}$ 解得 $\dfrac{7}{4}<m<4$.

例 4.已知 x_1, x_2 是 $f(x)=x^2-ax+1$ 的两个零点.若 $0<x_1<1<x_2$,求 a 的取值范围,并

　　证明: $\dfrac{\ln x_1-\ln x_2}{x_1-x_2}<1$.

解:因为 $f(x)$ 开口向上,且过点 $(0,1)$,依题 $f(1)=2-a<0$,即可解得 $a>2$.

　　依题 x_1, x_2 是方程 $x^2-ax+1=0$ 的两个根,由韦达定理得 $\begin{cases}x_1+x_2=a,\\x_1x_2=1.\end{cases}$

　　因为 $0<x_1<1<x_2$,将 $x_1=\dfrac{1}{x_2}$ 代入 $\dfrac{\ln x_1-\ln x_2}{x_1-x_2}<1$,

　　化简得 $\dfrac{1}{x_2}-x_2+2\ln x_2<0$.

　　令函数 $g(t)=\dfrac{1}{t}-t+2\ln t\,(t>1)$,则 $g'(t)=-\dfrac{(t-1)^2}{t}<0$,

　　所以 $g(t)$ 在 $(1,+\infty)$ 上单调递减,于是 $g(t)<g(1)=0$,

　　所以不等式 $\dfrac{1}{x_2}-x_2+2\ln x_2<0$ 成立,即原不等式成立.

点拨　(1)根据二次函数的开口方向、对称轴、过定点等特性作图分析是解决二次函数零点分布问题的重要思路.

　　(2)二次函数的零点满足韦达定理,用韦达定理可将双变量问题转化为单变量问题.

第4章　函数的性质

DI SI ZHANG

一、函数图象变换

1.翻折变换

例1.函数 $f(x)=(\frac{1}{2})^{|x|}$ 的单调递增区间为_____.

解：函数 $f(x)=(\frac{1}{2})^{|x|}$ 的图象如图4.1，由图可知 $f(x)$ 的单调递

增区间为 $(-\infty,0]$.

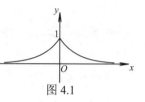

图 4.1

例2.已知函数 $f(x)=|\ln x|$ 的图象与直线 $y=kx$ 有三个交点,则 k 的取值范围为_____.

解：如图4.2,直线 $y=kx$ 过原点,当直线与 $f(x)$ 的图象相

切时,它们只有两个交点.设切点为 $(x_0,\ \ln x_0)$,

因为 $f'(x)=\frac{1}{x}$,所以 $k=\frac{1}{x_0}=\frac{\ln x_0-0}{x_0-0}$,

解得 $x_0=e$, $k=\frac{1}{e}$.由图可知 $k\in(0,\ \frac{1}{e})$.

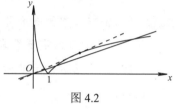

图 4.2

点拨 (1)将 $y=f(x)$ 在 x 轴下方的图象向上翻折,得 $y=|f(x)|$ 的图象.

(2)将 $y=f(x)$ 在 y 轴左侧的图象擦除,再将 y 轴右侧的图象向左边翻折,得 $y=f(|x|)$ 的图象.

(3)由翻折原理知函数 $y=f(|x|)$ 是偶函数.

2.平移变换

例1.函数 $f(x)=|\ln(x-1)|$ 的单调递减区间为_____.

解：如图4.3, $f(x)$ 的图象由 $y=|\ln x|$ 向右平移一个单位得到,则单调

递减区间为 $(1,\ 2]$.

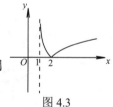

图 4.3

例2.已知函数 $f(x)=\begin{cases}|e^x-1|,\ x\leqslant 0,\\ \ln(x+1),\ x>0.\end{cases}$ 若方程 $f(x)-m=0$

有两个实数根,则 m 的取值范围为_____.

解： $y_1=f(x)$ 的图象如图 4.4,依题直线 $y_2=m$ 与曲线

$y_1=f(x)$ 有两个交点.所以 $m\in(0,\ 1)$,

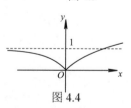

图 4.4

点拨 (1)左加右减:要得到 $y=f(x+a)(a>0)$ 的图象,只需将 $y=f(x)$ 的图象向左平移 a 个单位.要得到 $y=f(x-a)(a>0)$ 的图象,只需将 $y=f(x)$ 的图象向右平移 a 个单位.左右平移只在 x 上加减.

（2）上加下减：要得到 $y=f(x)+b(b>0)$ 的图象，只需将 $y=f(x)$ 的图象向上平移 b 个单位.要得到 $y=f(x)-b(b>0)$ 的图象，只需将 $y=f(x)$ 的图象向下平移 b 个单位.上下平移只在整体上加减.

3.对称变换

例1.不等式 $\ln(-x)\leqslant x+1$ 的解集为_____.

解：函数 $y_1=\ln(-x)$ 与函数 $y_2=x+1$ 的图象如图4.5,由图可知 $\ln(-x)\leqslant x+1$ 的解集为 $[-1,0)$.

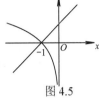

图 4.5

例2.如图4.6的函数图象对应的解析式可能是（　　）

　　A.$f(x)=1-2^x$ 　　　　B.$f(x)=-2^{x-1}$

　　C.$f(x)=2^{|x-1|}-1$ 　　D.$f(x)=-2^{|x-1|}$

解：该图象可以由 $y=2^{|x|}$ 向右平移一个单位后,再关于 x 轴对称得到.选D.

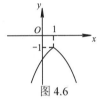

图 4.6

点拨　（1）函数 $y=f(x)$ 的图象与 $y=-f(x)$ 的图象关于 x 轴对称；

　　　　（2）函数 $y=f(x)$ 的图象与 $y=f(-x)$ 的图象关于 y 轴对称.

4.综合变换

例1.已知函数 $f(x)=|x-3|x$,则 $f(x)$ 的单调递减区间为_____.

解：$f(x)=\begin{cases}(x-3)x,&x\geqslant 3,\\-(x-3)x,&x<3,\end{cases}$ $f(x)$ 的大致图象如图4.7,由图可知,$f(x)$ 的单调递减区间为 $[\dfrac{3}{2},3]$.

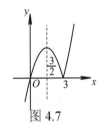

图 4.7

例2.已知函数 $f(x)=\begin{cases}4^{-x}-1,&x\leqslant 0,\\f(x-1),&x>0.\end{cases}$ 若方程 $f(x)=x+a$ 有且只有两个不相等的实数根,则实数 a 的取值范围是_____.

解：$f(x)$ 在 y 轴右侧呈周期变化,每一个单元都是由 $y=4^{-x}-1$ 在区间 $(-1,0]$ 上的图象向右平移一个单位得到的.由图4.8可知,$a\in[2,3)$.

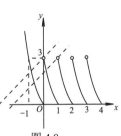

图 4.8

例3.(2019·全国Ⅱ卷) 函数 $f(x)$ 的定义域为 **R**,满足 $f(x+1)=2f(x)$,当 $x\in(0,1]$ 时,$f(x)=x(x-1)$,若对任意的 $x\in(-\infty,m]$,都有 $f(x)\geqslant -\dfrac{8}{9}$,则 m 的取值范围是_____.

解：因为 $f(x+1)=2f(x)$,所以 $f(x)$ 在区间 $(1,2)$ 内的函数值是区间 $(0,1]$ 内的函数值的2倍,依此类推.区间 $(-1,0]$ 内的函数值是区间 $(0,1]$ 内函数值的一半,依此类推.$f(x)$ 的大致图象如图4.9.

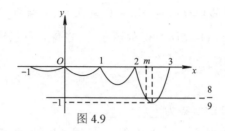

图 4.9

当 $x \in (2, 3]$ 时, $f(x)=4(x-2)(x-3)$, 由图可知 m 的最大值

满足 $4(m-2)(m-3)=-\dfrac{8}{9}$, 解得 $m=\dfrac{7}{3}$, 所以 $m \in \left(-\infty, \dfrac{7}{3}\right]$.

二、函数的单调性

1.具体函数的单调性

例1. 已知函数 $f(x)=\dfrac{4x-1}{2x-a}$ 在区间 $(1, +\infty)$ 上单调递减, 则 a 的取值范围为_____.

解: $f(x)=\dfrac{4x-1}{2x-a}=2+\dfrac{2a-1}{2x-a}$, 若函数 $f(x)$ 在区间 $(1, +\infty)$ 上单调递减,

则 $\begin{cases} 2a-1 > 0, \\ \dfrac{a}{2} \leqslant 1, \end{cases}$ 解得 $\dfrac{1}{2} < a \leqslant 2$.

例2. 已知函数 $f(x)=2x^2-mx+1$ 在区间 $(-1, 2)$ 上是单调函数, 则实数 m 的取值范围为_____.

解: 若 $f(x)$ 在区间 $(-1, 2)$ 上是单调函数, 则对称轴 $x=\dfrac{m}{4}$ 在区间 $(-1, 2)$ 的两边,

从而 $\dfrac{m}{4} \leqslant -1$ 或 $\dfrac{m}{4} \geqslant 2$, 解得 $m \leqslant -4$ 或 $m \geqslant 8$.

例3. 已知函数 $f(x)=\begin{cases} (3-a)x-a, & x < 1, \\ \log_a x, & x \geqslant 1, \end{cases}$ 在 **R** 上单调递增, 则实数 a 的取值范围为

_____.

解: 若 $f(x)$ 在 **R** 上单调递增, 则 $\begin{cases} 3-a > 0, \\ a > 1, \\ 3-2a \leqslant 0, \end{cases}$ 解得 $\dfrac{3}{2} \leqslant a < 3$.

点拨 (1)分式函数 $f(x)=\dfrac{k}{ax+b}$ $(a>0)$ 的铅直渐近线为 $x=-\dfrac{b}{a}$ (分母为零的解).

当 $k>0$ 时, 函数 $f(x)$ 在铅直渐近线的两侧单调递减;

当 $k<0$ 时, 函数 $f(x)$ 在铅直渐近线的两侧单调递增.

（2）二次函数$f(x)=ax^2+bx+c(a\neq0)$在对称轴$x=-\dfrac{b}{2a}$两侧的单调性相反.

（3）分段函数$f(x)=\begin{cases}v(x)\,,&x\leqslant a\,,\\u(x)\,,&x>a\,.\end{cases}$

若函数$f(x)$单调递增,则$v(x)$在$(-\infty,a]$上单调递增,$u(x)$在$(a,+\infty)$上单调递增,且$u(a)\geqslant v(a)$,如图4.10.

若函数$f(x)$单调递减,则$v(x)$在$(-\infty,a]$上单调递减,$u(x)$在$(a,+\infty)$上单调递减,且$v(a)\geqslant u(a)$,如图4.11.

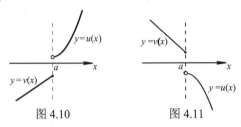

图4.10　　　　　图4.11

2.单调性的判别方法

例1.已知函数$f(x)=\begin{cases}2^x-1\,,&x\leqslant1\,,\\\sqrt{x}\,,&x>1\,.\end{cases}$ 若不等式$f(x^2-2ax+3)>f(-2a)$对任意的

$x\in\mathbf{R}$恒成立,则实数a的取值范围是(　　)

A.$(-1,1)$　　　　　　　B.$(-\infty,-1)\cup(1,+\infty)$

C.$(-1,3)$　　　　　　　D.$(-\infty,-1)\cup(3,+\infty)$

解:$f(x)=\begin{cases}2^x-1\,,&x\leqslant1\,,\\\sqrt{x}\,,&x>1\end{cases}$ 的图象如图4.12,由图可知$f(x)$

在$\mathbf{R}$上单调递增.

$f(x^2-2ax+3)>f(-2a)\Leftrightarrow x^2-2ax+3>-2a$,

从而$x^2-2ax+2a+3>0$恒成立,

于是$\Delta=4a^2-8a-12<0$,解得$a\in(-1,3)$.选C.

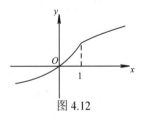

图4.12

例2.已知偶函数$f(x)$对任意不相等的正数x_1,x_2,都有$\dfrac{x_1-x_2}{f(x_1)-f(x_2)}<0$,记

$a=f(\ln2)$,$b=f(\log_20.1)$,$c=f(2^{0.1})$,则(　　)

A.$c>b>a$　　　B.$c>a>b$　　　C.$a>b>c$　　　D.$a>c>b$

解:因为偶函数$f(x)$对任意不相等的正数x_1,x_2,都有$\dfrac{x_1-x_2}{f(x_1)-f(x_2)}<0$,所以$f(x)$在

$(0,+\infty)$上单调递减,从而在$(-\infty,0)$上单调递增.

所以自变量离y轴越近,函数值越大.

而$0<\ln2<1$,　$\log_20.1<-2$,　$1<2^{0.1}<2$,所以$a>c>b$.选D.

例3. 已知函数 $f(x)=\dfrac{1}{x}-\ln(x-1)$，则不等式 $f(4-x)\geqslant f(3x)$ 的解集为_____.

解：函数 $f(x)$ 的定义域为 $(1，+\infty)$．因为 $y=\dfrac{1}{x}$，$y=-\ln(x-1)$ 在 $(1，+\infty)$ 上均单调递减，所以 $f(x)$ 在 $(1，+\infty)$ 上单调递减，

从而 $f(4-x)\geqslant f(3x)\Leftrightarrow\begin{cases}3x>1，\\4-x>1，\\4-x\leqslant 3x，\end{cases}$ 解得 $x\in[1，3)$．

例4. 若函数 $f(x)=\mathrm{e}^{|x-a|}$ 在 $(-\infty，1]$ 上单调递减，则 a 的取值范围为_____.

解：令 $u=|x-a|$，得 $y=\mathrm{e}^u$ 在 $\mathbf{R}$ 上单调递增．

因为 $u=|x-a|$ 在 $(-\infty，a]$ 上单调递减，在 $(a，+\infty)$ 上单调递增，

所以 $f(x)$ 在 $(-\infty，a]$ 上单调递减，在 $(a，+\infty)$ 上单调递增．

若 $f(x)$ 在 $(-\infty，1]$ 上单调递减，则 $(-\infty，1]\subseteq(-\infty，a]$，从而 $a\geqslant 1$，

所以 a 的取值范围为 $[1，+\infty)$．

例5. 已知函数 $f(x)=\dfrac{\ln x}{x}$，则 $f(x)$ 的单调减区间为_____.

解：$f'(x)=\dfrac{1-\ln x}{x^2}$，由 $f'(x)\leqslant 0$ 得 $x\geqslant \mathrm{e}$．所以 $f(x)$ 的单调减区间为 $[\mathrm{e}，+\infty)$．

点拨 函数单调性的判定方法

(1)图象法：作出函数的图象可得函数的单调性．

(2)定义法：判断关于 x_1，x_2，$f(x_1)$，$f(x_2)$ 的代数式的单调性．

(3)形象法：增+增=增，减+减=减，增-减=增，减-增=减；

$f(x)$ 与 $-f(x)$ 单调性相反；$f(x)$ 与 $\dfrac{1}{f(x)}$ 单调性相反．

(4)复合函数法：复合函数的内外函数单调性相同时，复合函数单调递增；复合函数的内外函数单调性不同时，复合函数单调递减．判断复合函数的单调性应注意函数定义域．

(5)导数法：用于判断较为复杂的函数的单调性．

3.单调性与最值

例1. 求二次函数 $f(x)=x^2-2x-3$ 在区间 $[t，+\infty)$ 上的最小值.

解：$f(x)=x^2-2x-3$ 的图象开口向上，对称轴为 $x=1$．

①当 $t<1$ 时，$f(x)$ 在 $[t，1]$ 上恒单调递减，在 $(1，+\infty)$ 上单调递增，

此时 $f_{\min}(x)=f(1)=-4$．

②当 $1\leqslant t$ 时，$f(x)$ 在 $[t，+\infty)$ 上单调递增，此时 $f_{\min}(x)=f(t)=t^2-2t-3$．

综上所述，$f_{\min}(x)=\begin{cases}-4，&t<1，\\t^2-2t-3，&t\geqslant 1．\end{cases}$

例2.已知函数 $f(x)=\ln x+\dfrac{1}{a}(1-x)$,其中 $a>0$.若 $f(x)\leqslant\dfrac{2}{a}-2$ 恒成立,求 a 的取值范围.

解:$f'(x)=\dfrac{a-x}{ax}(x>0)$,由 $f'(x)>0\Rightarrow 0<x<a$,$f'(x)<0\Rightarrow x>a$,

所以 $f(x)$ 在 $(0,a)$ 上单调递增,在 $(a,+\infty)$ 上单调递减,

则 $f(x)_{\max}=f(a)=\ln a+\dfrac{1}{a}-1$,从而 $f(x)\leqslant\dfrac{2}{a}-2\Leftrightarrow\ln a-\dfrac{1}{a}+1\leqslant 0$ 恒成立.

令 $g(a)=\ln a-\dfrac{1}{a}+1(a>0)$,则 $g'(x)=\dfrac{a+1}{a^2}>0$,

则 $g(a)$ 在 $(0,+\infty)$ 上单调递增,而 $g(1)=0$,若 $\ln a-\dfrac{1}{a}+1\leqslant 0$,则 $a\in(0,1]$,

所以实数 a 的取值范围为 $(0,1]$.

点拨　研究函数的单调性可得函数的最值,从而确定取得最值时的自变量.

三、函数的奇偶性

1.根据奇偶性求函数值

例1.已知函数 $f(x)$ 在区间 $(-4,-b^2+2b+3)$ 上满足 $f(-x)-f(x)=0$,当 $-4<x<0$ 时,$f(x)=\ln(-x)$,则 $f(b)=(\qquad)$

　　A.1　　　　　　B.-1　　　　　C.0　　　　　D.e

解:因为 $-4+(-b^2+2b+3)=0$,所以 $b=1$.

因为 $f(x)$ 满足 $f(-x)=f(x)$,所以 $f(x)$ 是偶函数.

从而 $f(b)=f(1)=f(-1)=\ln 1=0$.选C.

例2.设函数 $f(x)$ 是 $\mathbf{R}$ 上的奇函数,当 $x\geqslant 0$ 时,$f(x)=2^x+2x+b(b$ 为常数),则 $f(-1)=(\qquad)$

　　A.-3　　　　　B.-1　　　　　C.1　　　　　D.3

解:因为 $f(0)=0$,所以 $2^0+b=0$,解得 $b=-1$.

所以当 $x\geqslant 0$ 时,$f(x)=2^x+2x-1$.则 $f(-1)=-f(1)=-3$.选A.

点拨　(1)奇(偶)函数的定义域关于坐标原点对称.

　　　　(2)奇函数 $f(x)$ 的定义域包含0,则 $f(0)=0$.

2.根据奇偶性确定参数

例1.(2021·新高考Ⅰ卷)函数 $f(x)=x^3(a\cdot 2^x-2^{-x})$ 是偶函数,则实数 $a=$_____.

解:因为 $y=x^3$ 是奇函数,而 $f(x)$ 是偶函数,

所以 $g(x)=a\cdot 2^x-2^{-x}$ 是奇函数,由 $g(0)=0$,解得 $a=1$.

例2.已知函数 $f(x)=\dfrac{b-2^x}{a+2^{x+1}}$ 是 **R** 上的奇函数,求 a, b 的值.

解:因为 $f(0)=0$,所以 $b-2^0=0$,解得 $b=1$.

从而 $f(x)=\dfrac{1-2^x}{a+2^{x+1}}$,由 $f(-1)=-f(1)$,得 $\dfrac{1-2^{-1}}{a+2^0}=-\dfrac{1-2^1}{a+2^2}$,解得 $a=2$.

点拨 (1)此类问题的关键是记住一些常见的奇(偶)函数,结合形象法判别函数的奇偶性,可确定相应的参数.

(2)根据函数的奇偶性在对称位置利用函数值的关系建立方程,再确定相应的参数.

3.上下平移后的奇函数

例1.已知函数 $f(x)=\sin x+ax^3-2$,若 $f(2)=4$,则 $f(-2)=$_____.

解:因为 $g(x)=\sin x+ax^3$ 是奇函数,

所以 $f(2)+f(-2)=2\times(-2)=-4$,将 $f(2)=4$ 代入得 $f(-2)=-8$.

例2.已知函数 $f(x)=\dfrac{(x+1)^2+\sin x}{x^2+1}$,则 $f(x)$ 的最大值与最小值之和为( )

    A.0   B.-2 C.1   D.2

解:已知 $f(x)=\dfrac{(x+1)^2+\sin x}{x^2+1}=\dfrac{(x^2+1)+(2x+\sin x)}{x^2+1}=\dfrac{2x+\sin x}{x^2+1}+1$,

所以 $f(x)$ 的图象是由奇函数 $g(x)=\dfrac{2x+\sin x}{x^2+1}$ 的图象向上平移 1 个单位得到的,

故 $f(x)$ 的最大值与最小值之和为2.选D.

点拨 若函数 $f(x)=g(x)+a$,其中 $g(x)$ 是奇函数,则 $f(m)+f(-m)=2a$.

4.根据奇偶性解不等式

例1.已知函数 $f(x)=x^2-\ln(\dfrac{1}{|x|+1})$,则不等式 $f(2x-1)\leqslant f(x)$ 的解集为_____.

解:显然 $f(x)$ 是偶函数,且偶函数 $y_1=x^2$ 和偶函数 $y_2=-\ln(\dfrac{1}{|x|+1})$ 均在 $[0,+\infty)$ 上单调递增.所以 $f(x)$ 在 $(-\infty,0]$ 上单调递减,在 $[0,+\infty)$ 上单调递增.

若 $f(2x-1)\leqslant f(x)$,则 $2x-1$ 比 x 离 y 轴更近,即 $|2x-1|\leqslant|x|$,

不等式两边平方,得 $3x^2-4x+1\leqslant0$,解得 $\dfrac{1}{3}\leqslant x\leqslant1$,

故 $f(2x-1)\leqslant f(x)$ 的解集为 $[\dfrac{1}{3},1]$.

例2.已知奇函数 $f(x)$ 在 $(0,+\infty)$ 上单调递增,且 $f(2)=0$,则不等式 $xf(x-2)<0$ 的解集为( )

    A.$(-\infty,-2)\bigcup(0,2)$ B.$(-\infty,0)\bigcup(2,4)$

    C.$(2,4)$ D.$(-\infty,0)\bigcup(2,4)$

解：$y=f(x-2)$的图象可由$y=f(x)$的图象向右平移2个单位得到，如图4.13.

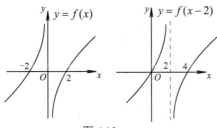

图4.13

若不等式$xf(x-2)<0$成立，则当$x>0$时，需$f(x-2)<0$，此时$x\in(2,4)$；

当$x<0$时，需$f(x-2)>0$，此时$x\in\varnothing$.所以$xf(x-2)<0$的解集为$(2,4)$.选C.

点拨 （1）分析奇（偶）函数的单调性可将函数值的不等式转化为相应自变量的不等式；

（2）抽象的奇（偶）函数可作出满足题意的函数图象，结合平移变换或及积（商）的正负性解不等式，也可取满足题意的奇（偶）函数直接代入.

5.奇（偶）函数的对称性

例1.已知$f(x)$是奇函数，当$x\geqslant0$时，$f(x)=\dfrac{x}{e^x}$，则$f(x)$的单调递增区间为_____.

解：当$x\geqslant0$时，由$f'(x)=\dfrac{1-x}{e^x}\geqslant0$，得$x\in[0,1]$.

因为$f(x)$是奇函数，所以$f(x)$的单调递增区间为$[-1,1]$.

例2.已知$f(x)$是偶函数，当$x>0$时，$f(x)=\ln x+2x$，则$f(x)$在$x=-1$处的切线方程为

_____.

解：因为$f(-1)=f(1)=2$，所以切点为$(-1,2)$.

当$x>0$时，$f'(x)=\dfrac{1}{x}+2$，所以$f'(1)=3$，从而$f'(-1)=-f'(1)=-3$.

故$f(x)$在$x=-1$处的切线方程为$3x+y+1=0$.

点拨 熟练掌握奇（偶）函数的对称性是解决此类问题的关键.

四、函数的周期性

1.根据周期性求函数值

例1. 已知奇函数$f(x)(x\in\mathbf{R})$满足$f(x+1)=-f(x)$，当$x\in[-\dfrac{1}{2},0)$时，

$f(x)=\log_2(-x)$，则$f(\dfrac{25}{4})=(\quad)$

A.-2　　　　B.-1　　　　C.1　　　　D.2

解:因为$f(x+1)=-f(x)$,所以$f(x)$的周期$T=2$.

从而$f(\frac{25}{4})=f(\frac{25}{4}-3\times2)=f(\frac{1}{4})$.

又因为$f(x)$是奇函数,所以$f(\frac{1}{4})=-f(-\frac{1}{4})=-\log_2\frac{1}{4}=2$.选D.

点拨 函数周期性常见结论

(1)满足$f(x)=f(x+a)$,则周期$T=a$;

(2)满足$f(x)=-f(x+a)$,则周期$T=2a$;

(3)满足$f(x)=\pm\dfrac{1}{f(x+a)}$,则周期$T=2a$;

(4)$f(x)$的图象关于直线$x=a$和$x=b$对称,则周期$T=2|a-b|$;

(5)$f(x)$的图象关于点$(a,0)$和$(b,0)$对称,则周期$T=2|a-b|$;

(6)$f(x)$的图象关于直线$x=a$和点$(b,0)$对称,则周期$T=4|a-b|$.

2.根据周期性作图分析

例1.已知偶函数$f(x)(x\in\mathbf{R})$满足$f(x)=\dfrac{1}{f(x+1)}$,$x\in[0,1)$时,$f(x)=2^x$.则下列结论正确的有_____.

①$f(x)$的最小正周期为2　　　　　②对任意的$n\in\mathbf{Z}$,$f(n)=1$

③$f(x)$的对称轴方程为$x=2n$,$n\in\mathbf{Z}$　　④方程$f(x)=|\log_3x|$有7个根

⑤$f(x)$在$[8,9)$上单调递减

解:因为$f(x)=\dfrac{1}{f(x+1)}$,所以$f(x)$是周期$T=2$的周期函数.

由$f(0)=\dfrac{1}{f(0+1)}=1$,得$f(1)=1$.结合$x\in[0,1)$时,$f(x)=2^x$,得$y=f(x)$及

$y=|\log_3x|$的图象,如图4.14.

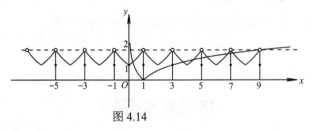

图4.14

由图可知①②④正确.

点拨 根据题设作出函数$f(x)$在$x\in[0,1)$时的图象,再根据对称性作出函数$f(x)$在$x\in(-1,0]$的图象,最后按周期进行复制,可得函数$f(x)$的图象.

五、函数的对称性

1.具体函数的对称性

例1.已知函数$f(x)=\dfrac{ax+1}{x+b}$的图象关于点$(-2,5)$对称,则$a+b=$_____.

解:由题可知$f(x)=\dfrac{ax+1}{x+b}=\dfrac{a(x+b)-ab+1}{x+b}=a+\dfrac{1-ab}{x+b}$.

因为该函数关于点$(-2,5)$对称,所以$a=5$,$b=2$,从而$a+b=7$.

例2.函数$y=\dfrac{1}{1-x}$与函数$y=2\sin\pi x(-2\leqslant x\leqslant 4)$的图象的交点的横坐标与纵坐标之和

为( )

A.0   B.2   C.4   D.8

解:函数$y=\dfrac{1}{1-x}$与$y=2\sin\pi x(-2\leqslant x\leqslant 4)$的图象如图4.15,因为它们都关于点$(1,0)$

对称,所以横坐标之和为8,纵坐标之和为0.选D.

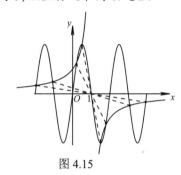

图4.15

点拨 (1)分数函数$f(x)=\dfrac{k}{x+a}+b(k\neq 0)$的图象关于点$(-a,b)$对称.

(2)三次函数$f(x)=ax^3+bx^2+cx+d(a\neq 0)$的图象关于点$(x_0,f(x_0))$对称,其中$x_0$满足$f''(x_0)=0$.

2.根据对称性作图分析

例1.定义在$\mathbf{R}$上的奇函数$f(x)$满足$f(x+2)=f(-x)$,当$x\in(0,1]$时,$f(x)=\log_2 x$,则下列命题中正确的有_____.

①$f(x)$的图象关于直线$x=1$对称   ②$f(x)$在区间$(3,4)$上是减函数

③$f(n)=0$,$n\in\mathbf{Z}$ ④方程$f(x)=kx$的所有根之和为0

解:由$f(x+2)=f(-x)$得函数$f(x)$关于直线$x=1$对称.

由函数$f(x)$是$\mathbf{R}$上的奇函数,得$f(0)=0$.

当$x\in(0,1]$时,$f(x)=\log_2 x$.

根据以上性质,可得$f(x)$的大致图象如图4.16.

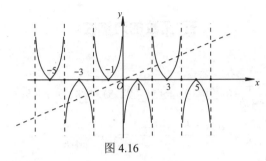

图 4.16

由图可知①③④正确.

点拨 (1)例中,先作出 $x\in(0,1]$ 时的图象,根据图象关于直线 $x=1$ 对称作出 $x\in(1,2)$ 的图象;再将所得图象关于坐标原点对称得 $x\in(-2,0)$ 上的图象;结合 $f(0)=0$,得 $f(2)=0$,$f(-2)=0$,…;最后根据周期性,得函数 $f(x)$ 的图象.

(2)若函数 $f(x)$ 满足 $f(x+a)=f(b-x)$,则 $f(x)$ 关于直线 $x=\dfrac{a+b}{2}$ 对称.

(3)若函数 $f(x)$ 满足 $f(x+a)=c-f(b-x)$,则 $f(x)$ 关于点 $\left(\dfrac{a+b}{2},\dfrac{c}{2}\right)$ 对称.

六、抽象函数

例1.下列函数对任意的 x,y 满足 $f(xy)=f(x)\cdot f(y)$ 的是(　　)

  A. $f(x)=kx$ B. $f(x)=x^a$

  C. $f(x)=\log_a x$ D. $f(x)=a^x$

解:对于 $f(x)=x^a$,有 $f(xy)=(xy)^a=x^a\cdot y^a$,$f(x)\cdot f(y)=x^a\cdot y^a$,

所以 $f(xy)=f(x)\cdot f(y)$,故 $f(x)=x^a$ 符合题意.选B.

例2.定义在 $\mathbf{R}$ 上的函数 $f(x)$ 对任意的 x,y 满足 $f(x+y)=f(x)\cdot f(y)$ 且 $f(2)=4$,则 $f(-2)=$ _____.

解:取 $x=y=0$ 得 $f(0)=f^2(0)$,解得 $f(0)=0$ 或 $f(0)=1$.

取 $x=0$,$y=2$ 得 $f(2)=f(0)\cdot f(2)$.

若 $f(0)=0$,则 $f(2)=0\times f(2)=0$,与 $f(2)=4$ 矛盾,故 $f(0)=1$.

取 $x=2$,$y=-2$,则 $f(0)=f(2)\cdot f(-2)$,得 $1=4f(-2)$,则 $f(-2)=\dfrac{1}{4}$.

例3.定义在 $(0,+\infty)$ 上的函数 $f(x)$ 对任意的 x,y 满足 $f(xy)=f(x)+f(y)$,当 $x>1$ 时,$f(x)>0$.则下列结论正确的是_____.

  ① $f(x)=\ln x$ ② $f(1)=0$

  ③ $f(x)$ 满足 $f\left(\dfrac{x}{y}\right)=f(x)-f(y)$ ④ $f(x)$ 在 $(0,+\infty)$ 上单调递减

解：$f(x)=\log_2 x$ 满足题意，①错.

在 $f(xy)=f(x)+f(y)$ 中，取 $x=y=1$，得 $f(1)=2f(1)$，即 $f(1)=0$，②对.

在 $f(xy)=f(x)+f(y)$ 中，以 $\dfrac{1}{y}$ 代 x，得 $f\left(\dfrac{1}{y}\right)=-f(y)$；

在 $f(xy)=f(x)+f(y)$ 中，以 $\dfrac{1}{y}$ 代 y，得 $f\left(\dfrac{x}{y}\right)=f(x)+f\left(\dfrac{1}{y}\right)$.

从而 $f\left(\dfrac{x}{y}\right)=f(x)-f(y)$，③对.

设 $x>1$，则 $xy>y$，$f(x)>0$，从而 $f(xy)=f(x)+f(y)>f(y)$，

所以 $f(x)$ 在 $(0,+\infty)$ 上单调递增，④错. 选②③.

点拨 满足抽象代数式的常见函数

$(1)f(x+y)=f(x)+f(y)\xrightarrow{\text{对应}}f(x)=kx$；　　$(2)f(x+y)=f(x)\cdot f(y)\xrightarrow{\text{对应}}f(x)=a^x$；

$(3)f(xy)=f(x)+f(y)\xrightarrow{\text{对应}}f(x)=\log_a x$；　　$(4)f(xy)=f(x)\cdot f(y)\xrightarrow{\text{对应}}f(x)=x^a$；

$(5)f(x+y)+f(x-y)=2f(x)\cdot f(y)\xrightarrow{\text{对应}}f(x)=\cos x$.

七、函数图象

例1.函数 $f(x)=x\cos x+\sin x$ 的大致图象是(　　　)

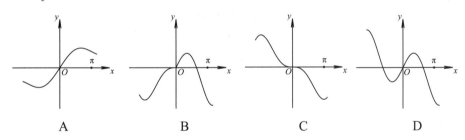

解：函数 $f(x)$ 是奇函数，且 $f(\pi)=-\pi$，当 $\left(0,\dfrac{\pi}{2}\right)$ 时，$f(x)>0$. 选 D.

例2.函数 $f(x)=\dfrac{x^3}{3^x-1}$ 的大致图象是(　　　)

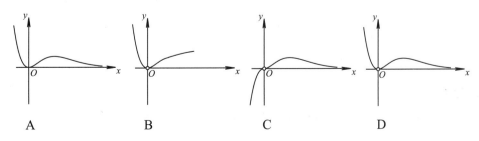

解:函数$f(x)$的定义域为$\{x|x\neq 0\}$,

当$x<0$时,$x^3<0$,$3^x-1<0$,此时$f(x)>0$.

当$x\to+\infty$时,$f(x)\to 0$(底数大于1的指数式比任何整式都增加得快).选D.

例3.如图4.17的函数图象所对应的解析式可能是(   )

A.$y=\dfrac{\sin\pi x}{2^x-2^{-x}}$　　　　　　B.$y=\dfrac{\sin\pi x}{2^x+2^{-x}}$

C.$y=\dfrac{\cos\pi x}{2^x-2^{-x}}$　　　　　　D.$y=\dfrac{\cos\pi x}{2^x+2^{-x}}$

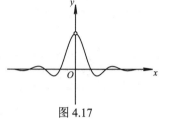

图4.17

解:由函数图象可知,该函数是偶函数,定义域为

$[x|x\neq 0]$.选A.

点拨 函数解析式与函数图象的判断,主要考虑以下几个方面:

(1)函数的奇偶性;

(2)自变量在特殊位置处函数值的正负性,或某区间内函数的正负性;

(3)函数在定义域内才有图象;

(4)当自变量x趋近于无穷或趋近于特殊位置时,得函数的极限值;

(5)函数的零点个数;

(6)函数的单调性.

八、比较大小

1.确定范围

例1.已知$a=0.3^{1.2}$,$b=\log_{0.7}3$,$c=\ln\pi$,则a,b,c的大小关系是(   )

　　A.$a>b>c$　　　B.$a>c>b$　　　C.$c>a>b$　　　D.$c>b>a$

解:因为$0<a=0.3^{0.7}<0.3^0=1$,$b=\log_{0.7}3<0$,

$c=\ln\pi>1$,所以$c>a>b$.选C.

点拨 (1)a,b同时在$(0,1)$或$(1,+\infty)$内时,$\log_a b>0$.如:$\log_3 2>0$,$\log_{0.1}0.7>0$.

(2)a,b分别在$(0,1)$和$(1,+\infty)$内时,$\log_a b<0$.如:$\log_{0.3}2<0$,$\ln\dfrac{1}{2}<0$.

(3)同底的指数或对数,根据单调性确定范围.如$\dfrac{1}{2}=\ln\sqrt{e}<\ln 2<\ln e=1$,

$\dfrac{1}{2}=0.5^1<0.5^{0.7}<0.5^0=1$.

2.转分数

例1.已知$a=2^{-\sqrt{2}}$,$b=\log_2 3$,$c=\ln 3$,则a,b,c的大小关系是(   )

　　A.$a>b>c$　　　B.$b>a>c$　　　　C.$b>c>a$　　　D.$c>b>a$

解：$a=2^{-\sqrt{2}}=\dfrac{1}{2^{\sqrt{2}}}<1$，$b=\log_2 3=\dfrac{1}{\log_3 2}$，$c=\ln 3=\dfrac{1}{\log_3 e}$.

因为 $0<\log_3 2<\log_3 e<1$，所以 $b=\dfrac{1}{\log_3 2}>c=\dfrac{1}{\log_3 e}>1$，则 $b>c>a$. 选 C.

例2. 已知 $a=\log_3 6$，$b=\log_5 10$，$c=\log_7 14$，则（　　）

    A. $a>b>c$ B. $a>c>b$ C. $b>c>a$ D. $c>b>a$

解：$a=\log_3 6=\log_3 2+1$，$b=\log_5 10=\log_5 2+1$，$c=\log_7 14=\log_7 2+1$，

    $\log_3 2=\dfrac{1}{\log_2 3}$，$\log_5 2=\dfrac{1}{\log_2 5}$，$\log_7 2=\dfrac{1}{\log_2 7}$.

因为 $\log_2 3<\log_2 5<\log_2 7$，所以 $a>b>c$. 选 A.

点拨　（1）当指数式的指数为负数时，考虑转为分数形式. 如 $2^{-1.1}=\dfrac{1}{2^{1.1}}\in(0,\dfrac{1}{2})$.

（2）当两个对数式的真数相同时，用换底公式化为分数形式，然后比较分子的大

小. 如 $\ln 2=\dfrac{1}{\log_2 e}$，$\log_3 2=\dfrac{1}{\log_2 3}$，$\log_2 3>\log_2 e>1$，则 $\ln 2>\log_3 2$.

（3）出现指数和对数的等式链，令结果为 t，解出 a，b，c，再作比较. 如 a，b，c 均

为正数，且 $2^a=3^{2b}=5^{3c}$. 可令 $2^a=3^{2b}=5^{3c}=t>1$，解得 $a=\log_2 t=\dfrac{1}{\log_t 2}$，$b=\dfrac{1}{2}\log_3 t$

$=\log_9 t=\dfrac{1}{\log_t 9}$，$c=\dfrac{1}{3}\log_5 t=\log_{125} t=\dfrac{1}{\log_t 125}$，则 $a>b>c$.

3. 化指数为整数

例1. 若 $a=\dfrac{\ln 2}{2}$，$b=\dfrac{\ln 3}{3}$，$c=\dfrac{\ln 5}{5}$，则（　　）

    A. $a>b>c$ B. $c>a>b$ C. $b>a>c$ D. $c>b>a$

解：$a=\dfrac{\ln 2}{2}=\ln\sqrt{2}$，$b=\dfrac{\ln 3}{3}=\ln\sqrt[3]{3}$，$c=\dfrac{\ln 5}{5}=\ln\sqrt[5]{5}$.

因为 $(\sqrt{2})^6=8$，$(\sqrt[3]{3})^6=9$，所以 $\sqrt[3]{3}>\sqrt{2}$，则 $b>a$，

因为 $(\sqrt{2})^{10}=32$，$(\sqrt[5]{5})^{10}=25$，所以 $\sqrt{2}>\sqrt[5]{5}$，则 $a>c$.

综上分析 $b>a>c$. 选 C.

点拨　当两个指数式的指数为分数时，可考虑整体升次，使指数变为整数. 如

    $a=2^{\frac{2}{3}}$，$b=3^{0.4}$，则 $a^{15}=(2^{\frac{2}{3}})^{15}=2^{10}=1\,024$，$b^{15}=(3^{\frac{2}{5}})^{15}=3^6=729$，则 $a>b$.

4. 应用不等式

例1. 已知 $a=\dfrac{1}{2}$，$b=\ln\dfrac{3}{2}$，$c=\tan\dfrac{1}{2}$，则（　　）

    A. $a>b>c$ B. $a>c>b$ C. $c>a>b$ D. $c>b>a$

解：因为 $x\in(0,\dfrac{\pi}{2})$ 时，$\tan x>x$，所以 $\tan\dfrac{1}{2}>\dfrac{1}{2}$，则 $c>a$.

又因为 $\ln x \leqslant x-1$，所以 $\ln \dfrac{3}{2} < \dfrac{3}{2}-1=\dfrac{1}{2}$，则 $b < a$. 从而 $c > a > b$. 选C.

点拨 常用放缩不等式

（1）$e^x \geqslant x+1$；

（2）$\dfrac{x-1}{x} \leqslant \ln x \leqslant x-1$；

（3）$\tan x > x > \sin x$，$x \in \left(0, \dfrac{\pi}{2}\right)$.

它们的图象如图4.18.

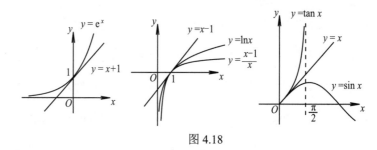

图 4.18

5.构造函数

例1. 若 $a=\dfrac{\ln 2}{2}$，$b=\dfrac{\ln 3}{3}$，$c=\dfrac{\ln 5}{5}$，则（　　）

A.$a > b > c$　　　B.$c > a > b$　　　C.$b > a > c$　　　D.$c > b > a$

解：根据 $a=\dfrac{\ln 2}{2}=\dfrac{\ln 4}{4}$ ，$b=\dfrac{\ln 3}{3}$，$c=\dfrac{\ln 5}{5}$ 的结构，取 $y=\dfrac{\ln x}{x}$，则 $y'=\dfrac{1-\ln x}{x^2}$.

由 $y' < 0$ 得 $x > e$，所以函数 $y=\dfrac{\ln x}{x}$ 在 $(e, +\infty)$ 上单调递减，

而 $5 > 4 > 3$，所以 $b > a > c$. 选C.

点拨 结构相同的代数式，构造函数比较大小. 如 $\dfrac{1}{2}e^2=\dfrac{e^2}{2}$ ，$\dfrac{5}{\ln 5}=\dfrac{e^{\ln 5}}{\ln 5}$，此时构造函数

$y=\dfrac{e^x}{x}$，则 $y'=\dfrac{(x-1)e^x}{x^2}$，由此可得 $y=\dfrac{e^x}{x}$ 在 $(1, +\infty)$ 上单调递增，而 $1 < \ln 5 < 2$，所

以 $\dfrac{1}{2}e^2 > \dfrac{5}{\ln 5}$.

6.转图象交点

例1. 已知 a，b，c 满足 $\sqrt{a}=\cos a$，$b^3=b+1$，$-\ln c=c-3$，则（　　）

A.$a > b > c$　　　B.$a > c > b$　　　C.$c > b > a$　　　D.$c > a > b$

解：如图4.19，a 是 $y=\sqrt{x}$ ，$y=\cos x$ 图象交点的横坐标，

b 是 $y=x^3$，$y=x+1$ 图象交点的横坐标，c 是 $y=-\ln x$，$y=x-3$ 图象交点的横坐标.

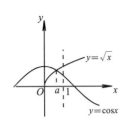 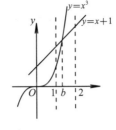 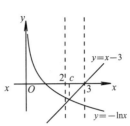

图 4.19

由图可知，$0 < a < 1 < b < 2 < c < 3$，选 C．

点拨 比较方程根的大小可根据两函数的图象进行分析．如若

a，b 满足 $a = -\ln a$，$\left(\dfrac{1}{2}\right)^b = b - 1$，此时 a 是 $y = x$ 与 $y = -\ln x$

图象交点的横坐标，b 是 $y = \left(\dfrac{1}{2}\right)^x$ 与 $y = x - 1$ 图象交点的横坐

标，由图 4.20 可知，$0 < a < 1 < b$．

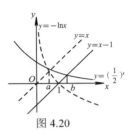

图 4.20

7.扩大倍数

例 1.已知 $a = \log_2 3$，$b = \log_3 5$，$c = \log_5 7$，则（ ）

　　A.$a > b > c$ 　　　 B.$a > c > b$ 　　　 C.$b > c > a$ 　　　 D.$c > b > a$

解：$2a = \log_2 9 > \log_2 8 = 3$，则 $a > \dfrac{3}{2}$，

　　$2b = \log_3 25 < \log_3 27 = 3$，则 $b < \dfrac{3}{2}$，即 $a > b$．

　　$3b = \log_3 125 > \log_3 81 = 4$，则 $b > \dfrac{4}{3}$，

　　$3c = \log_5 343 < \log_5 625 = 4$，则 $c < \dfrac{4}{3}$，即 $b > c$．

　　所以 $a > b > c$．选 A．

点拨 当对数的真数与底数不同，则可以将整体扩大整数倍，使真数变大，再放缩作比较．

　　如 $a = \log_3 2$，$b = \log_5 3$，则 $3a = 3\log_3 2 = \log_3 8 < \log_3 9 = 2$，所以 $a < \dfrac{2}{3}$．

　　又如 $3b = 3\log_5 3 = \log_5 27 > \log_5 25 = 2$，所以 $b > \dfrac{2}{3}$．

九、转图象分析

例1.(2022·六盘水市高一期末统考)已知实数 a,b 满足 $2^a+2a-3=0$，则 $2^{b-1}=\dfrac{1}{2b+1}$，则 $a+b=\underline{\qquad}$.

解：在 $2^{b-1}=\dfrac{1}{2b+1}$ 中，令 $b-1=c$，则 $2^c=\dfrac{1}{2c+3}$，

即 $(\dfrac{1}{2})^c=2c+3$.

由题可知 $2^a=-2a+3$，则

a 是函数 $y=2^x$ 与 $y=-2x+3$ 交点的横坐标，

c 是函数 $y=(\dfrac{1}{2})^x$ 与 $y=2x+3$ 交点的横坐标.

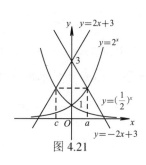

图 4.21

由图 4.21 可知 $a+c=0$，所以 $a+b=1$.

例2.(2015·全国Ⅰ卷)设函数 $f(x)=\mathrm{e}^x(2x-1)-ax+a$，其中 $a<1$.若存在唯一的整数 x_0，使得 $f(x_0)<0$，则 a 的取值范围是(　　)

A.$[-\dfrac{3}{2\mathrm{e}}，1)$　　　　　　B.$[-\dfrac{3}{2\mathrm{e}}，\dfrac{3}{4})$

C.$[\dfrac{3}{2\mathrm{e}}，\dfrac{3}{4})$　　　　　　D.$[\dfrac{3}{2\mathrm{e}}，1)$

解：$f(x_0)<0\Leftrightarrow \mathrm{e}^x(2x-1)<a(x-1)$，取 $g(x)=\mathrm{e}^x(2x-1)$，$h(x)=a(x-1)$.

$g'(x)=(2x+1)\mathrm{e}^x$，所以 $g(x)$ 在 $(-\infty,-\dfrac{1}{2})$ 上单调递减，

在 $(-\dfrac{1}{2},+\infty)$ 上单调递增.

函数 $h(x)=a(x-1)$ 过定点 $(1,0)$ 且 $a<1$.

$g(x),h(x)$ 的大致图象如图4.22.

依题 $\begin{cases}g(-1)\geqslant h(-1),\\ g(0)<h(0),\end{cases}$

即 $\begin{cases}-\dfrac{3}{\mathrm{e}}\geqslant -2a,\\ -1<-a\end{cases}\Rightarrow \dfrac{3}{2\mathrm{e}}\leqslant a<1$，

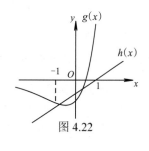

图 4.22

选D.

点拨　将不等式或方程变形为不等式或方程左、右两边可以作图的两个函数，根据两个函数图象的特点直观地把握问题的本质，从而解决问题.

十、等高问题

例1.已知函数 $f(x) = \begin{cases} |\lg x|, & 0 < x \leqslant 10, \\ -\dfrac{1}{2}x + 6, & x > 10. \end{cases}$ 若 a，b，c 互不相等，且 $f(a) = f(b) = f(c)$，则

abc 的取值范围是( )

A.$(1，10)$ B.$(5，6)$ C.$(10，12)$ D.$(20，24)$

解：函数 $f(x)$ 的图象如图 4.23，

设 $f(a) = f(b) = f(c) = t \in (0，1)$，$a < b < c$，

则 $\lg a = -t$，$\lg b = t$，$-\dfrac{1}{2}c + 6 = t$，

解得 $a = 10^{-t}$，$b = 10^{t}$，$c = 12 - 2t$，

从而 $abc = 10^{-t} \cdot 10^{t}(12 - 2t) = 12 - 2t$.

因为 $t \in (0，1)$，所以 $10 < abc < 12$. 选 C.

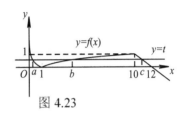

图 4.23

例2.已知函数 $f(x) = \begin{cases} 2x + 7, & x < 0, \\ 4\sqrt{x} + 1, & x \geqslant 0. \end{cases}$ 若直线 $y = m$ 与函数 $f(x)$ 的图象有两个交点

A，B，则 $|AB|$ 的取值范围为( )

A.$[2，\dfrac{9}{4})$ B.$[2，3]$ C.$(\dfrac{9}{4}，3]$ D.$(\dfrac{9}{4}，+\infty)$

解：$f(x)$ 的图象如图 4.24，点 A，B 处的横坐标分别为 a，b.

$f(a) = f(b) = m \in [1，7)$，则 $2a + 7 = m$，$4\sqrt{b} + 1 = m$，

得 $a = \dfrac{m-7}{2}$，$b = (\dfrac{m-1}{4})^2$，

则 $|AB| = b - a = (\dfrac{m-1}{4})^2 - \dfrac{m-7}{2} = \dfrac{m^2 - 10m + 57}{16}$.

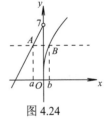

图 4.24

当 $m = 5$ 时，$|AB|$ 取得最小值为 2；当 $m = 1$ 时，$|AB|$ 取得最大值为 3. 选 B.

点拨 同一个函数在不同的自变量处取得相同的函数值，即高度相同.

如图 4.25，$y = f(x)$ 在 x_1，x_2，x_3 处取得相同的函数值 t.

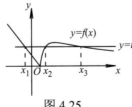

图 4.25

此类问题考查取得相同函数值处不同的自变量的和差积商的范围.

处理方式1：将直线 $y = t$ 上下平移，观察自变量的范围变化.

处理方式2：解出自变量关于 t 的代数式，从代数的角度确定取值范围.

十一、构造函数

例1.已知x，y都是正数，且$2\ln x+x^2=\ln y+2y$，则下列等式一定成立的是(　　)

    A.$\ln(y-x^2)>0$ B.$\ln(x^2-y)>0$

    C.$\ln(x^2-y+1)>0$ D.$\ln(y-x^2+1)>0$

解：$2\ln x+x^2=\ln y+2y\Leftrightarrow\ln x^2+x^2=\ln y+y+y$，

    因为$y>0$，所以$\ln x^2+x^2>\ln y+y$.

    而函数$f(x)=\ln x+x$单调递增，

    所以$x^2>y$，从而$x^2-y+1>1$，

    故$\ln(x^2-y+1)>0$.选C.

例2.已知x，$y\in[-\dfrac{\pi}{4}，\dfrac{\pi}{4}]$，$a\in\mathbf{R}$，且$\begin{cases}x^3+\sin x-2a=0，\\4y^3+\sin y\cos y+a=0，\end{cases}$则$\cos(x+2y)=$_____.

解：$\begin{cases}x^3+\sin x-2a=0，\\4y^3+\sin y\cos y+a=0\end{cases}\Leftrightarrow\begin{cases}x^3+\sin x-2a=0，\\(2y)^3+\sin 2y+2a=0.\end{cases}$

    取函数$f(x)=x^3+\sin x$，则$f(x)$是在$[-\dfrac{\pi}{2}，\dfrac{\pi}{2}]$上单调递增的奇函数.

    而$f(x)=2a$，$f(2y)=-2a$，

    所以$x+2y=0$，所以$\cos(x+2y)=1$.

例3.已知函数$f(x)=\log_2(2^x+t)$，记$f(x)$的定义域为D.若存在区间$[\dfrac{m}{2}，\dfrac{n}{2}]\subseteq D$，使得

    函数$f(x)$在$[\dfrac{m}{2}，\dfrac{n}{2}]$上的值域为$[m，n]$，求$t$的取值范围.

解：根据复合函数单调性原理，$f(x)=\log_2(2^x+t)$在定义域上单调递增.

    所以$f(\dfrac{m}{2})=m$，$f(\dfrac{n}{2})=n$，从而方程$f(\dfrac{x}{2})=x$有两个根m，n，

    即$\log_2(2^{\frac{x}{2}}+t)=x$有两个根.

    从而$2^{\frac{x}{2}}+t=2^x$有两个根，

    令$2^{\frac{x}{2}}=u>0$，则$u^2-u-t=0$有两个正实数根，

    取$g(u)=u^2-u-t$，其对称轴为$u=\dfrac{1}{2}$，

    依题$\begin{cases}g(0)=-t>0，\\\Delta=1+4t>0，\end{cases}$解得$-\dfrac{1}{4}<t<0$.

点拨 结构相似的两个代数式，根据它们结构的共性特征构造函数，通过分析所得函数的单调性、奇偶性、对称性等性质解决问题.

十二、复合方程

例1. 求复合方程 $(x^2-1)^2-2x^2-1=0$ 的根.

解: 在 $(x^2-1)^2-2x^2-1=0$ 中,令 $x^2-1=t \geqslant -1$,

则 $x^2=t+1$,得 $t^2-2t-3=0$,解得 $t_1=-1$, $t_2=3$.

由 $x^2-1=-1$,得 $x_1=0$;由 $x^2-1=3$,得 $x_2=-2$, $x_3=2$.

所以原复合方程的根为 $x_1=0$, $x_2=-2$, $x_3=2$.

例2. 已知函数 $f(x)=\begin{cases} 1, & x \in [0,1], \\ 3-x, & x \in (-\infty, 0) \bigcup (1, +\infty). \end{cases}$ 若 $f(f(x))=1$,则 x 的取值范围

是_____.

解: 令 $f(x)=t$,则 $f(t)=1$,从而 $0 \leqslant t \leqslant 1$ 或 $t=2$,

于是 $0 \leqslant f(x) \leqslant 1$ 或 $f(x)=2$,

从而 $0 \leqslant x \leqslant 1$ 或 $2 \leqslant x \leqslant 3$,

所以 $x \in [0,1] \bigcup [2,3]$.

例3. 已知函数 $f(x)=|\ln|x||$,若方程 $f^2(x)-bf(x)+c=0$ 有 6 个根,则 b, c 满足的条件为

( )

A.$b > 0$, $c=0$ 　　B.$b < 0$, $c \geqslant 0$ 　　C.$b < 0$, $c=0$ 　　D.$b > 0$, $c \geqslant 0$

解: 函数 $f(x)=|\ln|x||$ 的图象如图 4.26.

令 $f(x)=t$,则 $f^2(x)-bf(x)+c=0 \Leftrightarrow t^2-bt+c=0$.

若复合方程有 6 个根,则方程 $t^2-b \cdot t+c=0$ 有

两个根 t_1, t_2,且方程 $f(x)=t_1$ 有两个根,

方程 $f(x)=t_2$ 有四个根.从而 $t_1=0$, $t_2 > 0$.

所以 b, c 满足的条件为 $b > 0$, $c=0$.选 A.

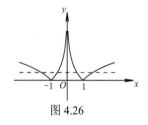

图 4.26

点拨 在方程 $f^2(x)-f(x)-6=0$(复合方程)中,令 $f(x)=t$(内方程),得 $t^2-t-6=0$(外方程).显然外方程 $t^2-t-6=0$ 的根为 $t_1=-2$, $t_2=3$,从而方程 $f(x)=-2$ 和 $f(x)=3$ 的根为复合方程的根.

若 $y=f(x)$ 的图象如图 4.27,则直线 $y=-2$, $y=3$ 的图象与 $y=f(x)$ 的图象有四个交点,从而原复合方程有 4 个根,分别为 x_1, x_2, x_3, x_4.

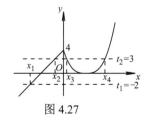

图 4.27

第 5 章 导 数

DI WU ZHANG

一、导数的运算

1.求函数的导数

例1.求下列函数的导数.

$(1)f(x)=x\sin x+\cos x;$ $\qquad$ $(2)f(x)=xe^x+x^2+2x;$

$(3)f(x)=\dfrac{\ln x+1}{x};$ $\qquad$ $(4)f(x)=\dfrac{x+1}{e^x}+\dfrac{1}{2}x^2.$

解:$(1)f'(x)=x\cos x;$ $\qquad$ $(2)f'(x)=(x+1)(e^x+2);$

$(3)f'(x)=-\dfrac{\ln x}{x^2}\,(x>0);$ $\qquad$ $(4)f'(x)=\dfrac{x(e^x-1)}{e^x}.$

例2.求下列函数的导数.

$(1)f(x)=\ln(2x+1)+\dfrac{2}{x+1}-1;$ $\qquad$ $(2)f(x)=x(e^{2x-1}-1)-x^2+3;$

$(3)f(x)=\sqrt{2x+1}-(x-1)^3;$ $\qquad$ $(4)f(x)=a^x+\log_a x(a>0,\ a\neq 1).$

解:$(1)f'(x)=\dfrac{2x^2}{(2x+1)(x+1)^2}\,(x>-\dfrac{1}{2});$

$(2)f'(x)=(2x+1)(e^{2x-1}-1);$

$(3)f'(x)=\dfrac{1}{\sqrt{2x+1}}+3(x-1)^2\,(x>-\dfrac{1}{2});$

$(4)f'(x)=a^x\ln a+\dfrac{1}{x\ln a}\,(x>0).$

2.函数式含导数值

例1.已知函数$f(x)=f'(1)e^{x-1}-f(0)x+\dfrac{1}{2}x^2$,求函数$f(x)$的解析式.

解:因为$f(x)=f'(1)e^{x-1}-f(0)x+\dfrac{1}{2}x^2$,

所以$f'(x)=f'(1)e^{x-1}-f(0)+x$,

于是$f(0)=f'(1)e^{-1},f'(1)=f'(1)-f(0)+1$,

解得$f(0)=1$,$f'(1)=e$,所以$f(x)=e^x-x+\dfrac{1}{2}x^2$.

点拨 (1)导数值和函数值都是常数.

(2)若解析式含导数值或函数值,求导后在函数式或导数式中取相应的值求解.

54

3. 多因子乘积的导数

例 1. 已知函数 $f(x)=(x+1)(x+2)\cdots(x+n)$，$n \geqslant 2$ 且 $n \in \mathbf{N}^*$，则 $f'(-2)=$ _____.

解：$f(x)=(x+1)(x+2)\cdots(x+n)=(x+2)[(x+1)(x+3)\cdots(x+n)]$，

所以 $f'(x)=(x+2)'[(x+1)(x+3)\cdots(x+n)]+(x+2)[(x+1)(x+3)\cdots(x+n)]'$

$=(x+1)(x+3)\cdots(x+n)+(x+2)[(x+1)(x+3)\cdots(x+n)]'$，

于是 $f'(-2)=-(n-2)!$．

点拨　多因子相乘的函数，可以看成其中一个因子乘以剩余部分因子，再求导函数．

二、用导数研究函数的单调性

1. 作图得正负性

例 1.（2021·新高考 I 卷）已知函数 $f(x)=x(1-\ln x)$，讨论 $f(x)$ 的单调性．

解：$f'(x)=-\ln x (x>0)$. 由 $f'(x)>0 \Rightarrow 0<x<1$，由 $f'(x)<0 \Rightarrow x>1$.

所以 $f(x)$ 在 $(0,1)$ 上单调递增，在 $(1,+\infty)$ 上单调递减．

例 2. 已知函数 $f(x)=2\ln x+\dfrac{1}{2}x^2-3x+1$，求 $f(x)$ 的单调区间．

解：$f'(x)=\dfrac{x^2-3x+2}{x}\ (x>0)$.

由 $f'(x)>0 \Rightarrow 0<x<1$ 或 $x>2$，由 $f'(x)<0 \Rightarrow 1<x<2$，

所以 $f(x)$ 在 $(0,1)$ 和 $(2,+\infty)$ 上单调递增，在 $(1,2)$ 上单调递减．

点拨　作出决定导数正负性的函数图象可快速准确地得到导数的正负性，也可以通过解不等式得到函数的单调区间．

2. 因式分解

例 1. 求函数 $f(x)=(x+1)e^x-\dfrac{1}{2}x^2-2x+1$ 的单调区间．

解：$f'(x)=(x+2)e^x-(x+2)=(x+2)(e^x-1)$，

当 $x>0$ 或 $x>-2$ 时，$f'(x)>0$，当 $-2<x<0$ 时，$f'(x)<0$.

所以 $f(x)$ 在 $(-\infty,-2)$ 和 $(0,+\infty)$ 上单调递增，在 $(-2,0)$ 上单调递减．

例 2. 求函数 $f(x)=(x^2-x)\ln x+\dfrac{1}{2}x^2+1$ 的单调区间．

解：$f'(x)=(2x-1)(\ln x+1)(x>0)$，

当 $0<x<\dfrac{1}{e}$ 或 $x>\dfrac{1}{2}$ 时，$f'(x)>0$；当 $\dfrac{1}{e}<x<\dfrac{1}{2}$ 时，$f'(x)<0$.

所以 $f(x)$ 在 $\left(0,\dfrac{1}{e}\right)$ 和 $\left(\dfrac{1}{2},+\infty\right)$ 上单调递增，在 $\left(\dfrac{1}{e},\dfrac{1}{2}\right)$ 上单调递减．

点拨 （1）当不能直接作出导函数图象时,可将导函数进行因式分解,若能因式分解,则求出各个因子的根,再分区间分析各个因子的正负性,从而确定导函数的正负性.

（2）图5.1是例题中导函数在各区间的正负性分析.

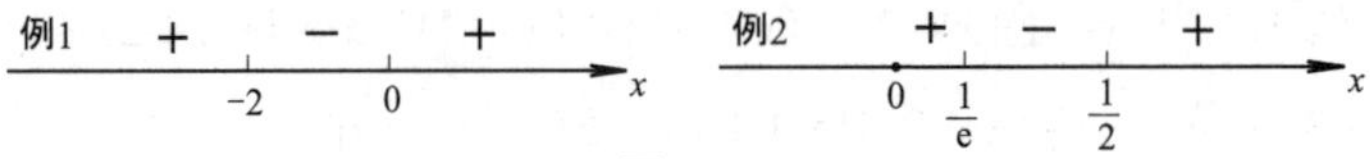

图 5.1

（3）某区间内的正负性与该区间内某个具体值的正负性相同.通常情况下(因子的指数为1次),相邻两个区间的正负性是交替出现的.

3.二次求导

例1. (2015·全国Ⅱ卷)设函数$f(x)=e^{mx}+x^2-mx$.证明:$f(x)$在$(-\infty,0)$上单调递减,在$(0,+\infty)$上单调递增.

证: $f'(x)=me^{mx}+2x-m$,于是$f''(x)=m^2e^{mx}+2>0$,

所以$f'(x)$在$\mathbf{R}$上单调递增,而$f'(0)=0$,

当$x<0$时,$f'(x)<0$;当$x>0$时,$f'(x)>0$.

因此$f(x)$在$(-\infty,0)$上单调递减,在$(0,+\infty)$上单调递增.

例2. 求函数$f(x)=\dfrac{\ln x+1}{e^x}$的单调区间.

解: $f'(x)=\dfrac{\frac{1}{x}-\ln x-1}{e^x}$ $(x>0)$,令$u(x)=\dfrac{1}{x}-\ln x-1(x>0)$,则$u'(x)=-\dfrac{1}{x^2}-\dfrac{1}{x}<0$,

则$u(x)$在$(0,+\infty)$上单调递减,显然$u(1)=0$.

当$0<x<1$时,$u(x)>0$,从而$f'(x)>0$;当$x>1$时,$u(x)<0$,从而$f'(x)<0$.

则$f(x)$在$(0,1)$上单调递增,在$(1,+\infty)$上单调递减.

例3. 已知函数$f(x)=(2+x)\ln(1+x)-2x$,讨论$f(x)$的单调性.

解: $f'(x)=\ln(1+x)-\dfrac{x}{1+x}$ $(x>-1)$,于是$f''(x)=\dfrac{x}{(x+1)^2}$,

则当$-1<x<0$时,$f''(x)<0$,$f'(x)$单调递减,

当$0<x$时,$f''(x)>0$,$f'(x)$单调递增.

因此$f'(x)\geqslant f'(0)=0$,即$f'(x)\geqslant 0$,从而$f(x)$在$(-1,+\infty)$上单调递增.

点拨 （1）当不能作出导函数图象且不能对导函数因式分解时,对导函数求导得二阶导数,通过二阶导数的正负性得到一阶导数的单调性,结合一阶导数的零点,可确定一阶导数的大致图象,从而确定一阶导数的正负性.

（2）注意观察原函数、一阶导数、二阶导数的零点,零点常在指数式的指数为0或对数式的真数为1的x处取得.

（3）二次求导常见三种情况:二阶导数恒正或恒负、对导数的局部进行二次求导、二阶导数具有明显的正负性(或进行第三次求导).

三、函数的极值与最值

1.导函数的图象

例1.如图5.2是函数$y=f(x)$导函数的图象,则下列结论错误的是(　　)

A.$x=1$是$f(x)$的极大值点

B.$f(x)$在$(1,2)$上单调递减

C.$f(x)$有3个极值点

D.$f(x)$在$(-\infty,1)$上单调递增

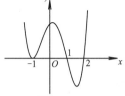

解:由图象可知$f(x)$在$(-\infty,1)$和$(2,+\infty)$上单调递增,在$(1,2)$

图 5.2

上单调递减.则$x=1$是$f(x)$的极大值点,$x=2$是$f(x)$的极小值点,C错误.选C.

点拨　(1)若$f'(x_0)=0$,则x_0未必是极值点;若x_0是极值点,则一定有$f'(x_0)=0$.

(2)极值点的左右两侧函数的单调性不同,从而导函数值正负性不同.

2.函数的极值

例1.求函数$f(x)=\dfrac{x^2-2x+2}{x-1}$的极值.

解:$f'(x)=\dfrac{x^2-2x}{(x-1)^2}$ $(x\neq1)$,令$f'(x)=0$得$x_1=0$,$x_2=2$,列表如下:

x	$(-\infty,0)$	0	$(0,1)$	$(1,2)$	2	$(2,+\infty)$
$f'(x)$	+	0	−	−	0	+
$f(x)$	增	极大值	减	减	极小值	增

则$f_{极大值}(x)=f(0)=-2$,$f_{极小值}(x)=f(2)=2$.

例2.若$x=-2$是函数$f(x)=(x^2+ax-1)e^{x-1}$的极值点,则$f(x)$的极小值为(　　)

A.-1　　　　　B.$2e^{-1}$　　　　　C.$5e^{-3}$　　　　　D.1

解:$f'(x)=[x^2+(a+2)x+a-1]e^{x-1}$,依题$f'(-2)=0$,解得$a=-1$.

于是$f(x)=(x^2-x-1)e^{x-1}$,$f'(x)=(x^2+x-2)e^{x-1}=(x+2)(x-1)e^{x-1}$.

由$f'(x)>0\Rightarrow x<-2$或$x>1$,由$f'(x)<0\Rightarrow-2<x<1$,

$f(x)$在$x=1$处取得极小值$f(1)=-1$.选A.

例3.已知函数$f(x)=(x-1)\ln x-x-1$.证明:函数$f(x)$存在唯一的极值点.

证:$f'(x)=\ln x-\dfrac{1}{x}$,$f''(x)=\dfrac{1}{x}+\dfrac{1}{x^2}>0$,所以$f'(x)$在$(0,+\infty)$上单调递增,

而$f'(1)=-1<0$,$f'(3)=\ln3-\dfrac{1}{3}>0$,所以$f'(x)$存在唯一的零点$x_0\in(1,3)$,

且$f(x)$在$(0,x_0)$上单调递减,在$(x_0,+\infty)$上单调递增.

故$f(x)$存在唯一的一个极小值点.

点拨　极值点是导函数的零点,极值点左右两侧导函数值正负性相反.

3.函数的最值

例1.求函数 $f(x)=\dfrac{x}{e^x}$ 在 $[-1,2]$ 上的最值.

解: $f'(x)=\dfrac{1-x}{e^x}$,由 $f'(x)>0$,得 $-1 \leqslant x<1$,由 $f'(x)<0$,得 $1<x \leqslant 2$,

则 $f(x)$ 在 $[-1,1)$ 上单调递增,在 $(1,2]$ 上单调递减.

而 $f(-1)=-e$,$f(1)=e^{-1}$,$f(2)=2e^{-2}$,

因此 $f(x)_{\min}=-e$,$f(x)_{\max}=e^{-1}$.

例2.求函数 $f(x)=\ln(x+1)+\cos x-\dfrac{1}{2}x^2-x$ 的最大值.

解: $f'(x)=\dfrac{1}{x+1}-\sin x-x-1(x>-1)$,$f''(x)=-\dfrac{1}{(x+1)^2}-\cos x-1<0$.

则 $f'(x)$ 在 $(-1,+\infty)$ 上单调递减,而 $f'(0)=0$,

当 $x \in (-1,0)$ 时,$f'(x)>0$,$f(x)$ 单调递增,

当 $x \in (0,+\infty)$ 时,$f'(x)<0$,$f(x)$ 单调递减.

因此 $f(x)_{\max}=f(0)=1$.

例3.(2022·新高考Ⅰ卷)已知函数 $f(x)=e^x-ax$ 和 $g(x)=ax-\ln x$ 有相同的最小值,求实数 a 的值.

解: $f'(x)=e^x-a$,$g'(x)=a-\dfrac{1}{x}(x>0)$,

①当 $a \leqslant 0$ 时,$f(x)$ 在 **R** 上单调递增,

$g(x)$ 在 $(0,+\infty)$ 上单调递减,它们均不存在最小值.

②当 $a>0$ 时,$f(x)$ 在 $(0,\ln a)$ 上单调递减,在 $(\ln a,+\infty)$ 上单调递增,

则 $f(x)_{\min}=f(\ln a)=a-a\ln a$,

$g(x)$ 在 $(0,\dfrac{1}{a})$ 上单调递减,在 $(\dfrac{1}{a},+\infty)$ 上单调递增,

则 $g(x)_{\min}=g(\dfrac{1}{a})=1+\ln a$.

依题 $a-a\ln a=1+\ln a$,即 $(a+1)\ln a-a+1=0$.

令 $h(a)=(a+1)\ln a-a+1$,则 $h'(a)=\ln a+\dfrac{1}{a}$,$h''(a)=\dfrac{a-1}{a^2}$,

从而 $h'(a)$ 在 $(0,1)$ 上单调递减,在 $(1,+\infty)$ 上单调递增,所以 $h'(a) \geqslant h'(1)=1$.

于是 $h(a)$ 在 $(0,+\infty)$ 上单调递增,而 $h(1)=0$,

因此方程 $a-a\ln a=1+\ln a$ 只有一个根 $a=1$,所以 $a=1$.

点拨 连续函数在闭区间的端点处或极值点处取得最值.连续函数在开区间内若存在最值,则一定在极值点处取得.

四、用导数研究方程

例1. 设函数 $f(x)=\dfrac{2x}{x^2+1}$，若方程 $f(x)-m=0$ 有两个实数根，求实数 a 的取值范围.

解：$f'(x)=\dfrac{2(1-x^2)}{(x^2+1)^2}$，由 $f'(x)>0\Rightarrow-1<x<1$，由 $f'(x)<0\Rightarrow x<-1$ 或 $x>1$.

所以 $f(x)$ 在 $(-1,1)$ 上单调递增，在 $(-\infty,-1)$ 和 $(1,+\infty)$ 上单调递减.

显然 $f(-1)=-1,f(0)=0,f(1)=1$.

当 $x<0$ 时，$f(x)<0$；当 $x>0$ 时，

$f(x)>0$，则 $f(x)$ 的大致图象如图 5.3.

因为 $y_1=f(x)$ 的图象与直线 $y_2=m$ 有两个交点，

所以 $m\in(-1,0)\bigcup(0,1)$.

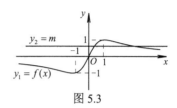

图 5.3

例2. (2021·全国甲卷) 已知 $a>0$ 且 $a\neq1$，若曲线 $y=\dfrac{x^a}{a^x}(x>0)$ 与直线 $y=1$ 有且仅有两个交点，求 a 的取值范围.

解：曲线 $y=\dfrac{x^a}{a^x}(x>0)$ 与直线 $y=1$ 有且仅有两个交点等价于方程 $\dfrac{x^a}{a^x}=1$ 有且仅有两个

正根，而 $\dfrac{x^a}{a^x}=1\Rightarrow x^a=a^x\Rightarrow\dfrac{\ln a}{a}=\dfrac{\ln x}{x}$，所以 $\dfrac{\ln a}{a}=\dfrac{\ln x}{x}$ 有且仅有两个正根.

令 $f(x)=\dfrac{\ln x}{x}$，则 $f'(x)=\dfrac{1-\ln x}{x^2}$.

由 $f'(x)>0$，得 $0<x<e$，由 $f'(x)<0$，得 $x>e$.

则 $f(x)$ 在 $(0,e)$ 上单调递增，在 $(e,+\infty)$ 上单调递减.从而 $f(x)_{\max}=f(e)=\dfrac{1}{e}$.

显然 $f(1)=0$，当 $x\to+\infty$ 时，$f(x)\to0$（这里应用了洛必达法则）.

由 $f(x)=\dfrac{\ln x}{x}$ 的图象可知，若方程 $\dfrac{\ln a}{a}=\dfrac{\ln x}{x}$ 有两个正根，则 $0<f(a)<f(e)$.

从而 $a\in(1,e)\bigcup(e,+\infty)$.

点拨 (1) 分析方程的根或函数的零点个数时，先研究函数的正负性与极值.

(2) 函数 $f(x)$ 的零点是方程 $f(x)=0$ 的根，对方程 $f(x)=0$ 进行变形，可将方程转化为新函数的零点问题.

(3) 如 $xe^x+x-1=0\Rightarrow e^x-\dfrac{1}{x}+1=0$，从而只需讨论函数 $g(x)=e^x-\dfrac{1}{x}+1$ 的零点的个数.如此变形的缘由在于 $f'(x)=(1+x)e^x+1$ 的正负性不便直接判定，而 $g'(x)=e^x+\dfrac{1}{x^2}>0$ 却是显而易见的.

(4) 函数在某区间单调递增或单调递减并不一定有零点，这取决于函数在此区间的正负性.

五、用导数证明不等式

例1. 已知函数 $f(x)=\ln x+\dfrac{1}{x}-1$，证明：$f(x)\geqslant 0$.

证：$f'(x)=\dfrac{1}{x}-\dfrac{1}{x^2}=\dfrac{x-1}{x^2}$ $(x>0)$.

由 $f'(x)<0\Rightarrow 0<x<1$，由 $f'(x)>0\Rightarrow x>1$.

所以 $f(x)$ 在 $(0,1)$ 上单调递减，在 $(1,+\infty)$ 上单调递增，

所以 $f(x)_{\min}=f(1)=0$，从而 $f(x)\geqslant 0$.

例2. 证明：当 $m>n>0$ 时，$\dfrac{m-n}{\ln m-\ln n}<\dfrac{m+n}{2}$.

证：$\dfrac{m-n}{\ln m-\ln n}<\dfrac{m+n}{2}\Leftrightarrow \ln m-\ln n>\dfrac{2(m-n)}{m+n}\Leftrightarrow \ln\dfrac{m}{n}>\dfrac{2(\dfrac{m}{n}-1)}{\dfrac{m}{n}+1}$.

令 $\dfrac{m}{n}=x>1$，则原不等式 $\Leftrightarrow \ln x>\dfrac{2(x-1)}{x+1}$，

即 $f(x)=\ln x-\dfrac{2(x-1)}{x+1}$，则 $f'(x)=\dfrac{1}{x}-\dfrac{4}{(x+1)^2}=\dfrac{(x-1)^2}{x(x+1)^2}$ $(x>1)$，

显然 $f'(x)>0$，所以 $f(x)$ 在 $(1,+\infty)$ 上单调递增，

从而 $f(x)>f(1)=0$，即 $\ln x-\dfrac{2(x-1)}{x+1}>0$，

所以 $\ln x>\dfrac{2(x-1)}{x+1}$ 在 $(1,+\infty)$ 上恒成立.

从而，当 $m>n>0$ 时，$\dfrac{m-n}{\ln m-\ln n}<\dfrac{m+n}{2}$ 恒成立.

点拨 （1）当 $m>n>0$ 时，$\sqrt{mn}<\dfrac{m-n}{\ln m-\ln n}<\dfrac{m+n}{2}$ 恒成立. 即在均值不等式的中间

插入了 $\dfrac{m-n}{\ln m-\ln n}$，此不等式称为对数均值不等式. 因为 $m>n>0$，所以取不到

等号.

（2）证明含双变量的不等式，对不等式变形后通过换元转化为单变量的函数最值问题或者转化为函数的单调性问题.

六、切线问题

1. 求切线方程

例 1. (2022·全国乙卷)设函数 $f(x)=\ln(x+1)+x\mathrm{e}^{-x}$,求曲线 $y=f(x)$ 在点 $(0,f(0))$ 处的切线方程.

解: $f'(x)=\dfrac{1}{x+1}+(1-x)\mathrm{e}^{-x}$,于是 $f'(0)=2$,切点坐标为 $(0,0)$.

所以切线方程为 $y=2x$.

例 2. 已知偶函数 $f(x)$ 在 $x>0$ 时,$f(x)=x\ln x+1$,求曲线 $y=f(x)$ 在点 $(-1,f(-1))$ 处的切线方程.

解: $f(-1)=f(1)=1$,所以切点坐标为 $(-1,1)$.

当 $x>0$ 时,$f'(x)=\ln x+1$,于是 $f'(1)=1$,

从而 $f'(-1)=-f'(1)=-1$.所以切线方程为 $y=-x$.

点拨 (1) $y=f(x)$ 在点 $(x_0,f(x_0))$ 处的切线方程为:$y-f(x_0)=f'(x_0)(x-x_0)$.

(2) 奇函数在对称位置处切线的斜率相等.

(3) 偶函数在对称位置处切线的斜率互为相反数.

2. 某点处的切线

例 1. 曲线 $y=\ln x-2x$ 在点 P 处的切线垂直于直线 $y=x$,求此切线的方程.

解: 设切点为 (x_0,y_0),$f'(x)=\dfrac{1}{x}-2$,依题 $f'(x_0)=-1$,解得 $x_0=1$.

所以切点坐标为 $(1,-2)$,而切线斜率为 -1.故所求切线方程为 $y=-x-1$.

例 2. (2019·全国Ⅲ卷)已知曲线 $y=a\mathrm{e}^x+x\ln x$ 在点 $(1,a\mathrm{e})$ 处的切线方程为 $y=2x+b$,则 (　　)

　A.$a=\mathrm{e}$,$b=-1$ 　　　　B.$a=\mathrm{e}$,$b=1$

　C.$a=\mathrm{e}^{-1}$,$b=1$ 　　　　D.$a=\mathrm{e}^{-1}$,$b=-1$

解: $y'=a\mathrm{e}^x+\ln x+1$,$y'|_{x=1}=a\mathrm{e}+1$.

依题 $a\mathrm{e}+1=2$,所以 $a=\mathrm{e}^{-1}$,从而切点为 $(1,1)$.

因为切点满足切线的方程,所以 $b=-1$.选 D.

点拨 (1) 切点坐标满足曲线方程,也满足切线方程;

(2) 切点处的导数值等于切线的斜率.

3. 过某点的切线

例 1. 求过点 $(1,1)$ 且与曲线 $y=x^3-3x+4$ 相切的切线方程.

解: 设切点为 $(x_0,x_0^3-3x_0+4)$,显然 $y'=3x^2-3$.

依题 $3x_0^2-3=\dfrac{(x_0^3-3x_0+4)-1}{x_0-1}$,化简得 $x_0^2(2x_0-3)=0$,解得 $x_0=0$ 或 $x_0=\dfrac{3}{2}$.

从而切点坐标为 $(0,4)$ 或 $(\frac{3}{2},\frac{23}{8})$，对应的斜率分别为 -3 和 $\frac{15}{4}$．

所以切线方程为 $y=-3x+4$ 或 $y=\frac{15}{4}x-\frac{11}{4}$．

例2. 函数 $f(x)=x^2e^{ax}(a\in\mathbf{R})$，若过点 $A(1,0)$ 能作 $f(x)$ 的三条切线，求实数 a 的取值范围．

解： 依题 $f'(x)=(ax^2+2x)e^{ax}$，因为 $k_{AP}=f'(x_0)$，所以 $\frac{f(x_0)-0}{x_0-1}=f'(x_0)$，

即 $\frac{x_0^2e^{ax_0}}{x_0-1}=(ax_0^2+2x_0)e^{ax_0}$，化简得 $x_0[ax_0^2+(1-a)x_0-2]=0$，

依题方程 $ax_0^2+(1-a)x_0-2=0$ 有两个非零实根，

因此 $\begin{cases} a\neq 0, \\ \Delta=(1-a)^2+8a>0, \end{cases}$

解得 $a\in(-\infty,-3-2\sqrt{2})\cup(-3+2\sqrt{2},0)\cup(0,+\infty)$．

点拨 如图5.4，过点 (a,b) 与曲线 $y=f(x)$ 相切的切线问题，若

切点为 $(x_0,f(x_0))$，则 $k_{切}=f'(x_0)$ 且 $k_{切}=\dfrac{b-f(x_0)}{a-x_0}$，从而得方

程 $f'(x_0)=\dfrac{f(x_0)-b}{x_0-a}$，此方程的解 x_0 为切点的横坐标，解的

个数为切点的个数，从而确定切线的条数．

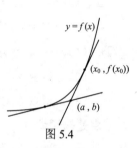

图 5.4

4.公切线问题

例1. 已知函数 $f(x)=ae^x$，$g(x)=b(\ln x+1)$ 的图象存在唯一的公切线，其中 a,b 为正

数，则 $\dfrac{b}{a}=$ _____．

解： 依题 $f'(x)=ae^x$，$g'(x)=\dfrac{b}{x}$．

曲线 $f(x)$ 在 (x_1,ae^{x_1}) 处的切线方程为 $y-ae^{x_1}=ae^{x_1}(x-x_1)$，

曲线 $g(x)$ 在 $(x_2,b(\ln x_2+1))$ 处的切线方程为 $y-b(\ln x_2+1)=\dfrac{b}{x_2}(x-x_2)$，

当它们重合时，有 $\begin{cases} ae^{x_1}=\dfrac{b}{x_2} \\ ae^{x_1}(1-x_1)=b\ln x_2 \end{cases}$，对 $ae^{x_1}=\dfrac{b}{x_2}$ 两边取对数得 $x_1=\ln\dfrac{b}{ax_2}$，

代入 $ae^{x_1}(1-x_1)=b\ln x_2$，整理得 $(x_2-1)\ln x_2+\ln\dfrac{b}{a}-1=0(x_2>0)$，

依题关于 x 的方程 $(x-1)\ln x+\ln\dfrac{b}{a}-1=0$ 有唯一的正实数根．

令 $h(x)=(x-1)\ln x+\ln\dfrac{b}{a}-1$，则 $h'(x)=\ln x-\dfrac{1}{x}+1$，$h''(x)=\dfrac{1}{x}+\dfrac{1}{x^2}>0$．

所以 $h'(x)$ 在 $(0,+\infty)$ 上单调递增，而 $h'(1)=0$，

所以 $h(x)$ 在 $(0,1)$ 上单调递减,在 $(1,+\infty)$ 上单调递增,所以 $h_{\min}(x)=h(1)=\ln\dfrac{b}{a}-1$.

依题 $h(x)$ 值有唯一的零点,所以 $\ln\dfrac{b}{a}-1=0$,从而 $\dfrac{b}{a}=\mathrm{e}$.

点拨　(1)曲线 $y=f(x)$ 与 $y=g(x)$ 的共切线可理解为两曲线分别在点 $(x_1,f(x_1))$ 和 $(x_2,g(x_2))$ 处的切线重合,从而两切线的斜率相等,截距也相等.

(2)对关于 x_1,x_2 的方程组消元时,常将简单的一个方程等号两边同时取对数或取指数后代入另一个复杂的方程.

5. 临界相切

例1. 若 P 是曲线 $y=x^2-\ln x$ 上任意一点,求点 P 到直线 $y=x-2$ 的距离的最小值.

解: 当过点 P 的切线与 $y=x-2$ 平行时,点 P 到直线 $y=x-2$ 的距离最小.

$y'=2x-\dfrac{1}{x}$,令 $y'=1$,解得 $x=1$,此时点 P 的坐标为 $(1,1)$,

从而点 P 到直线 $y=x-2$ 的最小距离 $d_{\min}=\sqrt{2}$.

例2. 已知点 A 是抛物线 $x^2=4y$ 的对称轴与准线的交点,点 F 为抛物线的焦点,点 P 在抛物线上且满足 $|PA|=m|PF|$,当 m 取最大值时 $|PA|$ 的值为_____.

解: 如图 5.5,因为 $|PF|=|PD|$,所以 $|PA|=m|PD|$,

即 $m=\dfrac{|PA|}{|PD|}=\dfrac{1}{\sin\angle PAD}$.

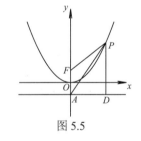

所以当 m 取最大值时,$\angle PAD$ 最小,

此时直线 PA 与抛物线 $x^2=4y$ 相切,

设 $P\left(x_0,\dfrac{1}{4}x_0^2\right)$,显然 $y'=\dfrac{1}{2}x$,

图 5.5

于是 $\dfrac{\frac{1}{4}x_0^2+1}{x_0}=\dfrac{1}{2}x_0$,解得 $x_0=\pm 2$.从而点 P 为 $(\pm 2,1)$,此时 $|PA|=2\sqrt{2}$.

例3. 已知函数 $f(x)=x\mathrm{e}^x-\dfrac{1}{3}ax^3+ax+1(a>0)$,讨论 $f(x)$ 的极值点个数.

解: 依题 $f'(x)=(x+1)[\mathrm{e}^x-a(x-1)]$.令 $y_1=\mathrm{e}^x$,$y_2=a(x-1)$,由图 5.6 可知,

当直线 $y_2=a(x-1)$ 与曲线 $y_1=\mathrm{e}^x$ 相切时,

$y_1'=\mathrm{e}^x=a$,此时 $x=\ln a$,

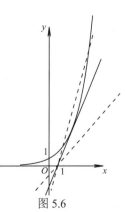

从而切点 $(\ln a,a)$ 在直线 $y_2=a(x-1)$ 上,解得 $a=\mathrm{e}^2$.

所以当 $0<a\leqslant \mathrm{e}^2$ 时,函数 $f(x)$ 只有 1 个极值点;

当 $a>\mathrm{e}^2$ 时,函数 $f(x)$ 有 3 个极值点.

点拨　求解涉及临界相切的问题时,可根据相切这一特点,求出临界值,再结合函数图象确定参数的范围.

图 5.6

七、三次函数

例1. 若方程 $x^3-2x^2+x+a=0$ 有三个不同的实根,求实数 a 的取值范围.

解: 取 $f(x)=x^3-2x^2+x+a$,则 $f'(x)=3x^2-4x+1$,

令 $f'(x)=0$,得 $x_1=\dfrac{1}{3}$,$x_2=1$.列表如下:

x	$(-\infty,\dfrac{1}{3})$	$\dfrac{1}{3}$	$(\dfrac{1}{3},1)$	1	$(1,+\infty)$
$f'(x)$	$+$	0	$-$	0	$+$
$f(x)$	增	极大值	减	极小值	增

若方程 $f(x)=0$ 有三个实根,则 $\begin{cases} f(\dfrac{1}{3})>0, \\ f(1)<0, \end{cases}$ 解得 $-\dfrac{4}{27}<a<0$.

例2. (2020·全国Ⅲ卷)设函数 $f(x)=x^3+bx+c$,曲线 $y=f(x)$ 在点 $(\dfrac{1}{2},f(\dfrac{1}{2}))$ 处的切线

与 y 轴垂直.若 $f(x)$ 有一个绝对值不大于1的零点,证明: $f(x)$ 的所有零点的绝对值

都不大于1.

证: $f'(x)=3x^2+b$,依题 $f'(\dfrac{1}{2})=0$,从而 $\dfrac{3}{4}+b=0$,解得 $b=-\dfrac{3}{4}$.

于是 $f'(x)=3x^2-\dfrac{3}{4}$,由 $f'(x)>0\Rightarrow x<-\dfrac{1}{2}$ 或 $x>\dfrac{1}{2}$,由 $f'(x)<0\Rightarrow -\dfrac{1}{2}<x<\dfrac{1}{2}$.

所以 $f(x)$ 在 $(-\infty,-\dfrac{1}{2})$ 和 $(\dfrac{1}{2},+\infty)$ 上单调递增,在 $(-\dfrac{1}{2},\dfrac{1}{2})$ 上单调递减.

因为 $f(1)=f(-\dfrac{1}{2})=c+\dfrac{1}{4}$,所以当 $c<-\dfrac{1}{4}$ 时, $f(x)$ 只有大于1的零点.

因为 $f(-1)=f(\dfrac{1}{2})=c-\dfrac{1}{4}$,所以当 $c>\dfrac{1}{4}$ 时, $f(x)$ 只有小于 -1 的零点.

由题设可知 $-\dfrac{1}{4}\leqslant c\leqslant\dfrac{1}{4}$.

当 $c=-\dfrac{1}{4}$ 时, $f(x)$ 只有两个零点 $-\dfrac{1}{2}$ 和1;当 $c=\dfrac{1}{4}$ 时, $f(x)$ 只有两个零点 -1 和 $\dfrac{1}{2}$;

当 $-\dfrac{1}{4}<c<\dfrac{1}{4}$ 时, $f(x)$ 有三个零点,

且 $x_1\in(-1,-\dfrac{1}{2})$,$x_2\in(-\dfrac{1}{2},\dfrac{1}{2})$,$x_3\in(\dfrac{1}{2},1)$.

综上所述,若 $f(x)$ 有一个绝对值不大于1的零点,则 $f(x)$ 的所有零点的绝对值都不大于1.

点拨 (1)当三次函数 $f(x)=ax^3+bx^2+cx+d(a\neq0)$ 的导数 $f'(x)=3ax^2+2bx+c$ 的根的判别式 $\Delta=4b^2-12ac$ 为正数时,若 $a>0$,则 $f(x)$ 先增后减再增;若 $a<0$,则 $f(x)$ 先减后增再减.

(2)三次函数都有一个对称中心为 $(x_0,f(x_0))$,其中 x_0 满足 $f''(x_0)=0$.

八、分类讨论

1.含参数的单调性

例1. 讨论 $f(x)=ax-\ln x$ 的单调性.

解: $f'(x)=\dfrac{ax-1}{x}\ (x>0)$,

① 当 $a\leqslant 0$ 时, $f'(x)<0$,此时 $f(x)$ 在定义域 $(0,+\infty)$ 上单调递减;

② 当 $a>0$ 时,由 $f'(x)>0\Rightarrow x>\dfrac{1}{a}$,由 $f'(x)<0\Rightarrow 0<x<\dfrac{1}{a}$,

此时 $f(x)$ 在 $(0,\dfrac{1}{a})$ 上单调递减,在 $(\dfrac{1}{a},+\infty)$ 上单调递增.

例2. 求函数 $f(x)=\dfrac{1}{2}ax^2-(2a+1)x+2\ln x\,(a>0)$ 的单调递增区间.

解: $f'(x)=\dfrac{(ax-1)(x-2)}{x}\ (x>0)$,令 $f'(x)=0$,得 $x_1=2$, $x_2=\dfrac{1}{a}$.

① 当 $\dfrac{1}{a}>2$,即 $0<a<\dfrac{1}{2}$ 时,由 $f'(x)>0\Rightarrow x\in(0,2)\bigcup(\dfrac{1}{a},+\infty)$,

此时 $f(x)$ 的单调递增区间为 $(0,2)$, $(\dfrac{1}{a},+\infty)$;

② 当 $\dfrac{1}{a}=2$,即 $a=\dfrac{1}{2}$ 时, $f'(x)\geqslant 0$ 恒成立,此时 $f(x)$ 的单调递增区间为 $(0,+\infty)$;

③ 当 $\dfrac{1}{a}<2$,即 $a>\dfrac{1}{2}$ 时,由 $f'(x)>0\Rightarrow x\in(0,\dfrac{1}{a})\bigcup(2,+\infty)$,

此时 $f(x)$ 的单调递增区间为 $(0,\dfrac{1}{a})$, $(2,+\infty)$.

例3. 若函数 $f(x)=\ln x-\dfrac{1}{2}ax^2-2x$ 在 $[1,4]$ 内单调递减,求实数 a 的取值范围.

解: $f'(x)=\dfrac{-ax^2-2x+1}{x}\ (x>0)$.

① 当 $a=0$ 时,由 $y=-2x+1$ 的图象可知,在 $(0,\dfrac{1}{2})$ 上 $f'(x)>0$,在 $(\dfrac{1}{2},+\infty)$ 上

$f'(x)<0$,即 $f(x)$ 在 $(0,\dfrac{1}{2})$ 上单调递增,在 $(\dfrac{1}{2},+\infty)$ 上单调递减,符合题意.

② 当 $a\neq 0$ 时,函数 $u(x)=-ax^2-2x+1$ 恒过定点 $(0,1)$,对称轴为 $x=-\dfrac{1}{a}$.

（ⅰ）当 $a>0$ 时,由 $u(x)$ 的图象可知,

若 $f(x)$ 在 $[1,4]$ 上单调递减,则 $u(1)=-a-1\leqslant 0$,

从而 $\begin{cases}a>0,\\a\geqslant -1.\end{cases}$ 所以 $a>0$ 符合题意;

（ⅱ）当 $a<0$ 时,由 $u(x)$ 的图象知,若 $f(x)$ 在 $[1,4]$ 上单调递减,

则 $\begin{cases} u(1) \le 0, \\ u(4) \le 0, \\ a < 0, \end{cases}$ 即 $\begin{cases} -a-1 \le 0, \\ -16a-7 \le 0, \\ a < 0, \end{cases}$ 解得 $-\dfrac{7}{16} \le a < 0$. 综上所述,$a \in [-\dfrac{7}{16}, +\infty)$.

点拨 含参数的单调性问题主要分为三类,一是根据导数的零点是否在定义域内进行分类讨论,二是对导数的零点的大小进行分类讨论,三是导数的正负性取决于二次函数的相关特性,此时结合该二次函数图象的特征进行分类讨论.

2.含参数的极值

例1. 设函数 $f(x) = \ln(x+1) + a(x^2-x)$,$a \in \mathbf{R}$. 讨论 $f(x)$ 的极值点的个数,并说明理由.

解:$f'(x) = \dfrac{2ax^2 + ax - a + 1}{x+1}$($x > -1$). 令 $g(x) = 2ax^2 + ax - a + 1$,$x \in (-1, +\infty)$.

① 当 $a = 0$ 时,$g(x) = 1$,此时 $f'(x) > 0$,

$f(x)$ 在 $(-1, +\infty)$ 上单调递增,无极值点.

② 当 $a \ne 0$ 时,$g(x)$ 的对称轴为 $x = -\dfrac{1}{4}$,过定点 $(-1, 1)$.

(ⅰ) 当 $a < 0$ 时,$g(x)$ 在 $(-1, +\infty)$ 上有一个零点 x_0,

此时 $f'(x)$ 在 $(-1, x_0)$ 上为正,在 $(x_0, +\infty)$ 上为负,

函数 $f(x)$ 在 $(-1, x_0)$ 上单调递增,在 $(x_0, +\infty)$ 上单调递减,

此时 $f(x)$ 在 $(-1, +\infty)$ 上有一个极值点.

(ⅱ) 当 $a > 0$ 时,$\Delta = a^2 - 8a(1-a) = a(9a-8)$.

当 $\Delta \le 0$,即 $0 < a \le \dfrac{8}{9}$ 时,$g(x) \ge 0$,此时 $f'(x) \ge 0$,函数 $f(x)$ 在 $(-1, +\infty)$ 上单调递增,无极值点.

当 $\Delta > 0$,即 $a > \dfrac{8}{9}$ 时,设函数 $g(x)$ 的两个零点为 x_1,x_2($-1 < x_1 < x_2$).

由 $g(x)$ 的图象可知,函数 $f(x)$ 在 $(-1, x_1)$,$(x_2, +\infty)$ 上单调递增,

在 (x_1, x_2) 上单调递减. 此时函数 $f(x)$ 在 $(-1, +\infty)$ 上有两个极值点.

综上所述,当 $0 \le a \le \dfrac{8}{9}$ 时,$f(x)$ 在 $(-1, +\infty)$ 上无极值点;

当 $a < 0$ 时,$f(x)$ 在 $(-1, +\infty)$ 上有一个的极值点;

当 $a > \dfrac{8}{9}$ 时,$f(x)$ 在 $(-1, +\infty)$ 上有两个的极值点.

点拨 分析限制条件下的导函数图象,可得原函数的单调性与极值.

3.含参数的最值

例1. 已知函数 $f(x) = x^3 + ax^2 + b$ 的图象在点 $P(1, 0)$ 处的切线与直线 $3x + y = 0$ 平行.

(1)求 a, b 的值;

(2)求 $f(x)$ 在 $[0, t]$($t > 0$) 上的最大值和最小值.

解： $(1) f'(x) = 3x^2 + 2ax$，依题 $f'(1) = -3$，解得 $a = -3$，

因为 $f(1) = 0$，所以 $b = 2$，所以 $a = -3$，$b = 2$.

$(2) f(x) = x^3 - 3x^2 + 2$，$f'(x) = 3x^2 - 6x$，

由 $f'(x) > 0 \Rightarrow x < 0$ 或 $x > 2$，由 $f'(x) < 0 \Rightarrow 0 < x < 2$，

所以 $f(x)$ 在 $(-\infty, 0)$ 和 $(2, +\infty)$ 上单调递增，在 $(0, 2)$ 上单调递减.

显然 $f(0) = 2$，$f(2) = -2$，$f(3) = 2$，则 $f(x)$ 的图象如图 5.7.

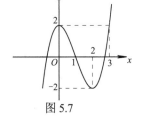

① 当 $0 < t \leqslant 2$ 时，$f(x)$ 在 $[0, t]$ 上单调递减，

此时 $f(x)_{\max} = f(0) = 2$，$f(x)_{\min} = f(t) = t^3 - 3t^2 + 2$.

② 当 $2 < t \leqslant 3$ 时，$f(x)$ 在 $[0, 2]$ 上单调递减，

在 $[2, t]$ 上单调递增，且 $f(t) \leqslant f(0) = 2$，

此时 $f(x)_{\max} = f(0) = 2$，$f(x)_{\min} = f(2) = -2$.

图 5.7

③ 当 $t > 3$ 时，$f(x)$ 在 $[0, 2)$ 上单调递减，在 $[2, t]$ 上单调递增，且 $f(t) > f(0) = 2$，

此时 $f(x)_{\max} = f(t) = t^3 - 3t^2 + 2$，$f(x)_{\min} = f(2) = -2$.

点拨 最值问题的讨论主要是分析函数在给定区间上的单调性.

4.分区间讨论

例1. 设函数 $f(x) = \dfrac{x\ln(x-1)}{x-2}$. 证明：当 $x \in (1, 2) \bigcup (2, +\infty)$ 时，$f(x) > 2$.

证： ① 当 $1 < x < 2$ 时，$f(x) > 2 \Rightarrow \ln(x-1) + \dfrac{4}{x} - 2 < 0$，

② 当 $2 < x$ 时，$f(x) > 2 \Rightarrow \ln(x-1) + \dfrac{4}{x} - 2 > 0$.

令 $g(x) = \ln(x-1) - \dfrac{2x-4}{x}$，则 $g'(x) = \dfrac{1}{x-1} - \dfrac{4}{x^2} = \dfrac{(x-2)^2}{(x-1)x^2} > 0$，

所以 $g(x)$ 在 $x \in (1, +\infty)$ 上单调递增，而 $g(2) = 0$，

则当 $1 < x < 2$ 时，$g(x) < 0$；当 $x > 2$ 时，$g(x) > 0$.

综上所述，当 $x \in (1, 2) \bigcup (2, +\infty)$ 时，$f(x) > 2$.

例2. 已知函数 $f(x) = (x+1)e^{x-1} - \dfrac{2}{x} - 2x + 2$，求证：$\ln x \cdot f(x) \geqslant 0$.

解： $f'(x) = (x+2)e^{x-1} + \dfrac{2}{x^2} - 2$，

当 $0 < x < 1$ 时，$(x+2)e^{x-1} > 0$，$\dfrac{2}{x^2} - 2 > 0$，此时 $f'(x) > 0$；

当 $x \geqslant 1$ 时，$(x+2)e^{x-1} - 2 > 0$，$\dfrac{2}{x} > 0$，此时 $f'(x) > 0$.

所以 $f(x)$ 在定义域上单调递增，而 $f(1) = 0$.

于是当 $0 < x < 1$ 时，$f(x) < 0$；当 $x \geqslant 1$ 时，$f(x) \geqslant 0$.

当 $0 < x < 1$ 时，$\ln x < 0$；当 $x \geq 1$ 时，$\ln x \geq 0$．

所以 $\ln x \cdot f(x) \geq 0$．

点拨 （1）若函数在不同的区间内正负性不同，此时可分区间讨论函数的正负性．

（2）若代数式由两部分构成，而在同一区间内两个部分的正负性确定，此时也可分区间讨论．

九、导数的实际应用

例1. 某莲藕种植塘每年的固定成本是1万元，每年最大规模的种植是8万斤，每种植一斤莲藕，成本增加0.5元，销售额函数是 $f(x) = -\dfrac{1}{8}x^3 + \dfrac{9}{16}ax^2 + \dfrac{1}{2}x$（$x$ 是莲藕种植量，单位：万斤；销售额的单位：万元，a 是常数）．若种植2万斤，利润是2.5万元，则要使利润最大，每年种植莲藕（　　）

A.8万斤　　　　　B.6万斤　　　　　C.3万斤　　　　　D.5万斤

解：设销售利润为 $g(x)$，得 $g(x) = -\dfrac{1}{8}x^3 + \dfrac{9}{16}ax^2 + \dfrac{1}{2}x - 1 - \dfrac{1}{2}x = -\dfrac{1}{8}x^3 + \dfrac{9}{16}ax^2 - 1$，

当 $x = 2$ 时，$g(2) = 2.5$，解得 $a = 2$．

所以 $g(x) = -\dfrac{1}{8}x^3 + \dfrac{9}{16}x^2 - 1$，$g'(x) = -\dfrac{3}{8}x(x-6)$，

所以函数 $g(x)$ 在 $(0,6)$ 上单调递增，在 $(6,8)$ 上单调递减．

所以当 $x = 6$ 时，函数 $g(x)$ 取得极大值（最大值）．选B.

例2. 现有一个底面边长为2，侧棱长为 $\sqrt{3}$ 的正四棱锥的材料，若用该材料打磨出一个圆柱，则所得圆柱的最大体积为_____．

解：若圆柱体积最大，则该圆柱和四棱锥的侧面相切，如图5.8.

设圆柱的半径为 x，高为 h．

依题 $PF = \sqrt{2}$，$PO = 1$，因为 $\triangle PGE \backsim \triangle POF$，

所以 $\dfrac{GE}{OF} = \dfrac{PG}{PO}$，即 $\dfrac{x}{1} = \dfrac{1-h}{1}$，从而 $h = 1 - x$．

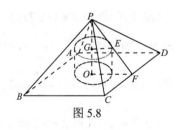

图5.8

所以圆柱的体积 $V(x) = \pi x^2(1-x)$，$0 < x < 1$，

$V'(x) = \pi x(2 - 3x)$

所以函数 $g(x)$ 在 $\left(0, \dfrac{2}{3}\right)$ 上单调递增，在 $\left(\dfrac{2}{3}, 1\right)$ 上单调递减．

所以当 $x = \dfrac{2}{3}$ 时，函数 $V(x)$ 取得极大值（最大值）为 $V\left(\dfrac{2}{3}\right) = \dfrac{4\pi}{27}$．

点拨 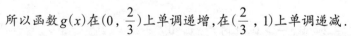 在某些实际问题中，建立函数表达式后须通过对函数进行求导，再解决问题．

十、抽象函数的导数

例 1. 设函数 $f'(x)$ 是奇函数 $f(x)(x \in \mathbf{R})$ 的导函数，$f(-1)=0$，当 $x>0$ 时，$xf'(x)-f(x)<0$，则使 $f(x)>0$ 成立的 x 的取值范围为（　　）

　A.$(-\infty, -1) \bigcup (0, 1)$　　　　　　B.$(-1, 0) \bigcup (1, +\infty)$

　C.$(-\infty, -1) \bigcup (-1, 0)$　　　　　　D.$(0, 1) \bigcup (1, +\infty)$

解：取 $g(x)=\dfrac{f(x)}{x}$，由 $f(x)$ 是奇函数，得 $g(x)$ 是偶函数，

　由 $f(-1)=0$，得 $f(1)=0$，且 $g(-1)=g(1)=0$.

　当 $x>0$ 时，因为 $xf'(x)-f(x)<0$，所以 $g'(x)=\dfrac{xf'(x)-f(x)}{x^2}<0$，

　从而 $g(x)$ 在 $(0, +\infty)$ 上单调递减.

　又因为 $g(x)$ 是偶函数，所以 $g(x)$ 在 $(-\infty, 0)$ 上单调递增，

　结合 $g(-1)=g(1)=0$ 得，当 $x \in (0, 1)$ 时，$g(x)>0, f(x)>0$；

　当 $x \in (-\infty, -1)$ 时，$g(x)<0, f(x)>0$.

　所以 $f(x)>0$ 的解集为 $(-\infty, -1) \bigcup (0, 1)$. 选 A.

例 2. 函数 $f(x)(x \in \mathbf{R})$ 是可导函数，$f(0)=2$ 且 $f(x)+f'(x)>1$，则不等式 $\mathrm{e}^x f(x)>\mathrm{e}^x+1$ 的解集为（　　）

　A.$(-\infty, 0)$　　　　　　　　　B.$(0, +\infty)$

　C.$(-\infty, -1) \bigcup (0, 1)$　　　　　D.$(-\infty, -1) \bigcup (1, +\infty)$

解：解法 1，取 $g(x)=\mathrm{e}^x f(x)-\mathrm{e}^x-1$，则 $g'(x)=\mathrm{e}^x[f(x)+f'(x)-1]$，

　因为 $f(x)+f'(x)>1$，所以 $g'(x)>0$，

　又因为 $f(0)=2$，所以 $g(0)=\mathrm{e}^0 f(0)-\mathrm{e}^0-1=0$，从而 $g(x)>0$ 的解集为 $(0, +\infty)$，

　即不等式 $\mathrm{e}^x f(x)>\mathrm{e}^x+1$ 的解集为 $(0, +\infty)$. 选 B.

　解法 2，取 $f(x)=\mathrm{e}^x+1$，则 $f(0)=\mathrm{e}^0+1=2$，$f(x)+f'(x)=2\mathrm{e}^x+1>1$.

　从而不等式 $\mathrm{e}^x f(x)>\mathrm{e}^x+1$ 等价于 $\mathrm{e}^{2x}>1$，从而 $x>0$. 选 B.

点拨　（1）常见函数结构与对应的构造函数如下：

　①$f(x)+xf'(x)$，构造 $g(x)=xf(x)$；

　②$xf'(x)-f(x)$，构造 $g(x)=\dfrac{f(x)}{x}$；

　③$f'(x)+f(x)>0$，构造 $g(x)=\mathrm{e}^x f(x)$；

　④$f'(x)-f(x)>0$，构造 $g(x)=\dfrac{f(x)}{\mathrm{e}^x}$.

　（2）对于选择题或填空题，取满足题意的具体函数代入抽象函数也可快捷地解决问题.

十一、分离参数

例1. 若对任意 $x \in (0, 1]$ 都有 $ax^3 - 3x + 1 \geqslant 0$ 恒成立,求实数 a 的取值范围.

解: 由 $x \in (0, 1]$ 都有 $ax^3 - 3x + 1 \geqslant 0 \Rightarrow a \geqslant \dfrac{3x-1}{x^3}$.

令 $h(x) = \dfrac{3x-1}{x^3}$, 则 $h'(x) = \dfrac{-6x+3}{x^4}$.

由 $h'(x) > 0$, 得 $0 < x < \dfrac{1}{2}$, 由 $h'(x) < 0$, 得 $\dfrac{1}{2} < x \leqslant 1$,

所以 $h(x)$ 在 $(0, \dfrac{1}{2})$ 单调递增, 在 $(\dfrac{1}{2}, 1]$ 单调递减.

所以 $h(x)_{\max} = h(\dfrac{1}{2}) = 4$, 所以 $a \geqslant 4$.

例2. 函数 $f(x) = e^x + a\cos x$ 的导函数 $f'(x)$ 在 $(0, \pi)$ 内有且仅有一个零点,求 a 的值.

解: $f'(x) = e^x - a\sin x$, $0 < x < \pi$, 由 $e^x - a\sin x = 0$, 得 $a = \dfrac{e^x}{\sin x}$.

令 $g(x) = \dfrac{e^x}{\sin x}$, 则 $g'(x) = \dfrac{e^x(\sin x - \cos x)}{\sin^2 x} = \dfrac{\sqrt{2}\, e^x \sin\left(x - \dfrac{\pi}{4}\right)}{\sin^2 x}$,

当 $0 < x < \dfrac{\pi}{4}$ 时, $g'(x) < 0$, $g(x)$ 单调递减,

当 $\dfrac{\pi}{4} < x < \pi$ 时, $g'(x) > 0$, $g(x)$ 单调递增,

当 $x \to 0$ 时, $g(x) \to +\infty$, 当 $x \to \pi$ 时, $g(x) \to +\infty$,

若导函数 $f'(x)$ 在 $(0, \pi)$ 内有且仅有一个零点, 则 $a = g(\dfrac{\pi}{4}) = \sqrt{2}\, e^{\frac{\pi}{4}}$.

例3. 已知 $f(x) = e^x + e^{-x}$, 其中 e 是自然对数的底数. 若关于 x 的不等式 $mf(x) \leqslant e^{-x} + m - 1$ 在 $(0, +\infty)$ 上恒成立,求实数 m 的取值范围.

解: $mf(x) \leqslant e^{-x} + m - 1 \Rightarrow m \leqslant \dfrac{1 - e^x}{e^{2x} - e^x + 1}$,

令 $e^x = t$, 则 $t > 1$, 从而 $m \leqslant \dfrac{1-t}{t^2 - t + 1}$. 令 $g(t) = \dfrac{1-t}{t^2 - t + 1}$, 则 $g'(t) = \dfrac{t^2 - 2t}{(t^2 - t + 1)^2}$,

由 $g'(t) > 0 \Rightarrow t > 2$, 由 $g'(t) < 0 \Rightarrow 1 < t < 2$,

所以 $g(x)$ 在 $(1, 2)$ 上单调递减, 在 $(2, +\infty)$ 上单调递增,

从而 $g(x)_{\min} = g(2) = -\dfrac{1}{3}$, 依题 $m \leqslant -\dfrac{1}{3}$.

点拨 (1)含参数的恒成立问题,首先考虑分离参数.

(2)分离参数须满足两个条件:一是参数可分离;二是分离参数后关于 x 的函数可以通过导数求得最值.

(3)分离参数后通过换元法可使求导运算更简洁.

十二、应用洛必达法则

例1. 已知函数 $f(x)=\ln(x+1)$. 当 $x \geqslant 0$ 时, $f(x) \geqslant \dfrac{ax}{x+1}$ 恒成立, 求实数 a 的取值范围.

解: 当 $x=0$ 时, $f(x) \geqslant \dfrac{ax}{x+1}$ 显然成立.

当 $x>0$ 时, 由 $f(x) \geqslant \dfrac{ax}{x+1} \Rightarrow a \leqslant \dfrac{(x+1)\ln(x+1)}{x}$.

令 $g(x)=\dfrac{(x+1)\ln(x+1)}{x}$ $(x>0)$, 则 $g'(x)=\dfrac{x-\ln(x+1)}{x^2}$

令 $h(x)=x-\ln(x+1)$, 则 $h'(x)=\dfrac{x}{x+1}$, 所以 $h(x)$ 在 $(0,+\infty)$ 上单调递增,

而 $h(0)=0$, 所以 $h(x)>0$, 即 $g'(x)>0$, 所以 $g(x)$ 在 $(0,+\infty)$ 上单调递增.

由洛必达法则可知 $\lim\limits_{x \to 0^+} \dfrac{(x+1)\ln(x+1)}{x}=\lim\limits_{x \to 0^+}\dfrac{\ln(x+1)+1}{x}=1.$

所以 $g(x)>1$, 故 $a \leqslant 1$, 所以实数 a 的取值范围为 $(-\infty,1]$.

例2. 已知函数 $f(x)=e^x-ax^2-x-1$, 若当 $x \geqslant 0$ 时, $f(x) \geqslant 0$, 求实数 a 的取值范围.

解: 当 $x=0$ 时, $f(x)=0$, 此时 $a \in \mathbf{R}$;

当 $x>0$ 时, 由 $f(x) \geqslant 0 \Rightarrow a \leqslant \dfrac{e^x-x-1}{x^2}$.

令 $g(x)=\dfrac{e^x-x-1}{x^2}$, 则 $g'(x)=\dfrac{(x-2)e^x+x+2}{x^3}$.

令 $h(x)=(x-2)e^x+x+2$, 则 $h'(x)=(x-1)e^x+1$, $h''(x)=xe^x>0$.

从而 $h'(x)$ 在 $(0,+\infty)$ 上单调递增, 所以 $h'(x)>h'(0)=0$,

于是 $h(x)$ 在 $(0,+\infty)$ 上单调递增, 则 $h(x)>h(0)=0$.

所以 $g'(x)>0$, 故 $g(x)$ 在 $(0,+\infty)$ 上单调递增.

由洛必达法则可知 $\lim\limits_{x \to 0^+}\dfrac{e^x-x-1}{x^2}=\lim\limits_{x \to 0^+}\dfrac{e^x-1}{2x}=\lim\limits_{x \to 0^+}\dfrac{e^x}{2}=\dfrac{1}{2}.$

所以 $a \leqslant \dfrac{1}{2}$, 即实数 a 的取值范围为 $\left(-\infty,\dfrac{1}{2}\right]$.

点拨 (1)洛必达(L'Hospital)法则:

当 $x \to x_0$ 时, 若 $f(x_0)=0$, $g(x_0)=0$, 则 $\lim\limits_{x \to x_0}\dfrac{f(x)}{g(x)}=\lim\limits_{x \to x_0}\dfrac{f'(x)}{g'(x)}.$

当 $x \to x_0$ 时, 若 $f(x_0) \to 0$, $g(x_0) \to 0$, 则 $\lim\limits_{x \to x_0}\dfrac{f(x)}{g(x)}=\lim\limits_{x \to x_0}\dfrac{f'(x)}{g'(x)}.$

(2)洛必达法则主要用于分离参数后确定函数在 x_0 处取得极限值的情况, 而代入 x_0 时分式的分子分母均为零或均为无穷大.

十三、端点效应

例1.已知函数$f(x)=\ln(x+1)$,若当$x\geqslant0$时,$f(x)\geqslant\dfrac{ax}{x+1}$恒成立,求实数$a$的取值范围.

解:$f(x)\geqslant\dfrac{ax}{x+1}\Leftrightarrow\ln(x+1)-\dfrac{ax}{x+1}\geqslant0$恒成立.

设$g(x)=\ln(x+1)-\dfrac{ax}{x+1}\ (x\geqslant0)$,则$g'(x)=\dfrac{x-a+1}{(x+1)^2}\ (x\geqslant0)$,

因为$g(0)=0$,若$g(x)\geqslant0$,

则至少$g'(0)\geqslant0$,从而$a\leqslant1$.

当$a\leqslant1$时,$g'(x)=\dfrac{x-a+1}{(x+1)^2}\geqslant\dfrac{x}{(x+1)^2}\geqslant0$,

所以$g(x)$在$[0,+\infty)$上单调递增,从而$g(x)\geqslant g(0)=0$.

所以不等式$f(x)\geqslant\dfrac{ax}{x+1}$在$[0,+\infty)$上恒成立时,$a\in(-\infty,1]$.

例2.已知函数$f(x)=ax(1-x)-e^x$,若$f(x)+\cos x\leqslant0$恒成立,求实数a的值.

解:$f(x)+\cos x\leqslant0\Leftrightarrow ax-ax^2-e^x+\cos x\leqslant0$.

设$g(x)=ax-ax^2-e^x+\cos x$,则$g'(x)=a-2ax-e^x-\sin x$.

因为$g(0)=0$,若$g(x)\leqslant0$,

则至少$g'(0)=0$,从而$a-1=0$,解得$a=1$.

下面证明,当$a=1$时,$g(x)\leqslant0$恒成立.

当$a=1$时,$g(x)=x-x^2-e^x+\cos x$,则$g'(x)=1-2x-e^x-\sin x$,

从而$g''(x)=-2-e^x-\cos x$,

显然$g''(x)=-2-e^x-\cos x<0$,

所以$g'(x)$在$\mathbf{R}$上单调递减,而$g'(0)=0$.

所以当$x<0$时,$g'(x)>0$,$g(x)$单调递增,

当$x>0$时,$g'(x)<0$,$g(x)$单调递减.而$g(x)\leqslant g(0)=0$.

从而原不等式成立,综上所述$a=1$.

点拨 (1)若不等式$f(x)\geqslant0$在$[a,b]$上恒成立且$f(a)=0$,则至少$f'(a)\geqslant0$.

(2)若不等式$f(x)\leqslant0$在$[a,b]$上恒成立且$f(b)=0$,则至少$f'(b)\geqslant0$.

(3)若不等式$f(x)\leqslant0$或$f(x)\geqslant0$在$[a,b]$上恒成立且$f(c)=0(c\in(a,b))$,则至少$f'(c)=0$.

(4)端点效应可得到关于参数的必要条件,通常就是问题的解,但是需证明充分性,若充分性无法证明,应及时调整解题思路.

十四、隐零点问题

知识讲解

1. 函数 $f(x)$ 的零点 x_0 存在却求不出时,这样的零点称为隐零点.

2. 若原函数 $f(x)$ 在 x_0 处取得极值,可得方程 $f'(x_0)=0$.对此方程进行变形,可将 $f(x_0)$ 化为没有对数和指数的形式,再结合 x_0 所在的范围,可确定 $f(x_0)$ 的范围.

例1. 已知函数 $f(x)=e^{2x}-2\ln x$,证明:$f(x)>4$.

证:$f'(x)=2e^{2x}-\dfrac{2}{x}\ (x>0)$,$f''(x)=4e^{2x}+\dfrac{2}{x^2}\ (x>0)$,显然 $f''(x)>0$,

于是 $y=f'(x)$ 在 $(0,+\infty)$ 上单调递增,而 $f'(\dfrac{1}{4})=2\sqrt{e}-8<0$,$f'(\dfrac{1}{2})=2e-4>0$,

所以存在 $x_0\in(\dfrac{1}{4},\dfrac{1}{2})$ 使得 $f'(x_0)=0$,即 $e^{2x_0}=\dfrac{1}{x_0}$,于是 $\ln x_0=-2x_0$.

当 $x\in(0,x_0)$ 时,$f'(x)<0$,当 $x\in(x_0,+\infty)$ 时,$f'(x)>0$.

所以 $f(x)$ 在 $(0,x_0)$ 上单调递减,在 $(x_0,+\infty)$ 上单调递增,

于是 $f(x)\geqslant f(x_0)=e^{2x_0}-2\ln x_0=\dfrac{1}{x_0}+4x_0>2\sqrt{\dfrac{1}{x_0}\cdot 4x_0}=4$,所以 $f(x)>4$.

例2. 设函数 $f(x)=x^2-x-x\ln x$.求证:函数 $f(x)$ 存在唯一的极大值点 x_0,且 $f(x_0)<\dfrac{1}{4}$.

证:$f'(x)=2x-\ln x-2\ (x>0)$,$f''(x)=2-\dfrac{1}{x}=\dfrac{2x-1}{x}\ (x>0)$.

当 $x\in(0,\dfrac{1}{2})$ 时,$f''(x)<0$,$f'(x)$ 单调递减;

当 $x\in(\dfrac{1}{2},+\infty)$ 时,$f''(x)>0$,$f'(x)$ 单调递增.

因为 $f'(e^{-2})=\dfrac{2}{e^2}>0$,$f'(e^{-1})=\dfrac{2}{e}-1<0$,而 $f'(x)$ 在 (e^{-2},e^{-1}) 上单调递减,

所以存在唯一的 $x_0\in(e^{-2},e^{-1})$,使得 $f'(x_0)=0$,从而 $2x_0-2=\ln x_0$.

当 $x\in(0,x_0)$ 时,$f'(x)>0$,$f(x)$ 单调递增;

当 $x\in(x_0,\dfrac{1}{2})$ 时,$f'(x)<0$,$f(x)$ 单调递减;

所以 x_0 是函数 $f(x)$ 唯一的极大值点,且 $f(x_0)=x_0^2-x_0-x_0\ln x_0=-x_0^2+x_0$.

因为 $x_0\in(0,\dfrac{1}{2})$,所以 $f(x_0)<\dfrac{1}{4}$.

点拨　(1)导函数的零点 x_0 是一个定值.

(2)零点所在区间确定了最值的范围,尽可能缩小零点所在的区间.

十五、应用韦达定理

例1. 已知函数 $f(x)=x-ax^2-\ln x(a>0)$ 存在两个极值点 x_1，x_2. 求证：$f(x_1)+f(x_2)>3-2\ln 2$.

证： 由已知可得 $f'(x)=-\dfrac{2ax^2-x+1}{x}$ $(x>0)$，

因为 $y=2ax^2-x+1$ 的图象开口向上，过定点 $(0,1)$，对称轴为 $x=\dfrac{1}{4a}>0$.

所以 $\Delta=1-8a>0$，解得 $0<a<\dfrac{1}{8}$.

因为 x_1，x_2 是方程 $2ax^2-x+1=0$ 的两个根，

所以 $x_1+x_2=\dfrac{1}{2a}$，$x_1x_2=\dfrac{1}{2a}$.

于是 $f(x_1)+f(x_2)=(x_1-ax_1^2-\ln x_1)+(x_2-ax_2^2-\ln x_2)$

$=(x_1+x_2)-a[(x_1+x_2)^2-2x_1x_2]-\ln(x_1x_2)$.

由 $x_1+x_2=x_1x_2=\dfrac{1}{2a}$，得 $f(x_1)+f(x_2)=\dfrac{1}{4a}-\ln\dfrac{1}{2a}+1$.

令 $\dfrac{1}{2a}=t\in(4,+\infty)$，则 $\dfrac{1}{4a}-\ln\dfrac{1}{2a}+1=\dfrac{t}{2}-\ln t+1$，

取 $g(t)=\dfrac{t}{2}-\ln t+1(t>4)$，则 $g'(t)=\dfrac{t-2}{2t}>0$，

所以 $g(t)$ 在 $(4,+\infty)$ 上单调递增，则 $g(t)>g(4)=3-2\ln 2$，

即 $f(x_1)+f(x_2)>3-2\ln 2$ 成立.

点拨 （1）当导函数 $f'(x)$ 的两个零点 x_1，x_2 是一元二次方程的根时，可利用韦达定理将含有 x_1，x_2 的代数式转化为只含参数的单变量问题.

（2）转化过程中，若对数式的真数是两根之商，可将其作为一个整体，通过换元转化为函数最值问题.

（3）注意参数或根的取值范围.

十六、合理转化

例1. 已知函数 $f(x)=(x-2)e^x+e+1$，$g(x)=\ln x-\dfrac{1}{2}ax^2+1(a<0)$，若对任意的 $x_1\in[\dfrac{1}{e},3]$，总存在 $x_2\in[\dfrac{1}{e},3]$，使得 $g(x_1)\geqslant f(x_2)$，求实数 a 的取值范围.

解： 对任意的 $x_1\in[\dfrac{1}{e},3]$，总存在 $x_2\in[\dfrac{1}{e},3]$，使 $g(x_1)\geqslant f(x_2)$，则 $g(x)_{\min}\geqslant f(x)_{\min}$.

由 $f'(x)=(x-1)e^x$ 可知,

当 $x\in[\dfrac{1}{e},1)$ 时,$f'(x)<0$,当 $x\in(1,3]$ 时,$f'(x)>0$.

即 $f(x)$ 在 $[\dfrac{1}{e},1)$ 上单调递减,在 $(1,3]$ 上单调递增,所以 $f(x)_{\min}=f(1)=1$.

由 $g'(x)=\dfrac{1}{x}-ax=\dfrac{1-ax^2}{x}$ 且 $a<0$ 得 $g'(x)>0$.

所以函数 $g(x)$ 在 $[\dfrac{1}{e},3]$ 上单调递增,

从而 $g(x)_{\min}=g(\dfrac{1}{e})=-\dfrac{a}{2e^2}$.

依题 $-\dfrac{a}{2e^2}\geqslant 1$,解得 $a\leqslant-2e^2$,

所以 a 的取值范围为 $(-\infty,-2e^2]$.

例2.(2005·全国Ⅲ卷)函数 $f(x)=\dfrac{4x^2-7}{2-x}$,$x\in[0,1]$.

(1)求 $f(x)$ 的单调区间和值域;

(2)设 $a\geqslant 1$,函数 $g(x)=x^3-3a^2x-2a$,$x\in[0,1]$,若对于任意 $x_1\in[0,1]$,总存在 $x_0\in[0,1]$,使得 $g(x_0)=f(x_1)$ 成立,求实数 a 的取值范围.

解:(1)由 $f'(x)=-\dfrac{(2x-1)(2x-7)}{(2-x)^2}$ 可知,

$f(x)$ 在 $[0,\dfrac{1}{2})$ 上单调递减,在 $(\dfrac{1}{2},1]$ 上单调递增,于是 $f(x)$ 的值域为 $[-4,-3]$.

(2) $g'(x)=3(x^2-a^2)$,因为 $a\geqslant 1$,而 $x\in[0,1]$,所以 $g'(x)\leqslant 0$.

所以 $g(x)$ 在 $[0,1]$ 上单调递减,则 $g(x)_{\min}=g(1)=1-2a-3a^2$,

$g(x)_{\max}=g(0)=-2a$,所以 $g(x)\in[1-2a-3a^2,-2a]$.

若对于任意 $x_1\in[0,1]$,总存在 $x_0\in[0,1]$,使得 $g(x_0)=f(x_1)$ 成立,

则 $[-4,-3]\subseteq[1-2a-3a^2,-2a]$,从而 $\begin{cases}a\geqslant 1,\\-2a\geqslant-3,\\1-2a-3a^2\leqslant 4,\end{cases}$　解得 $1<a<\dfrac{3}{2}$.

点拨　(1)若存在 x_0,使得 $f(x_0)>g(x_0)$,实质是 $[f(x)-g(x)]_{\max}>0$.

(2)对任意的 x_0,都有 $f(x_0)>g(x_0)$,实质是 $[f(x)-g(x)]_{\min}>0$.

(3)对任意的 x_1,存在 x_2 使得 $f(x_1)=g(x_2)$,实质是 $g(x)$ 的值域包含 $f(x)$ 的值域.

(4)对任意的 x_1,存在 x_2 使得 $f(x_1)<g(x_2)$,实质是 $g(x)_{\max}>f(x)_{\max}$.

(5)对任意的 x_1,存在 x_2 使得 $f(x_1)\geqslant g(x_2)$,实质是 $f(x)_{\min}\geqslant g(x)_{\min}$.

(6)对任意的 x_1,x_2 都有 $f(x_1)\geqslant g(x_2)$,实质是 $f(x)_{\min}\geqslant g(x)_{\max}$.

十七、极值点偏移

1.构造对称函数

例1.已知函数$f(x)=xe^{-x}(x\in\mathbf{R})$.

(1)求函数$f(x)$的单调区间和极大值;

(2)若$f(x)=m$有两个实数根x_1,x_2,且$x_1<x_2$,求m的取值范围,并证明:$x_1+x_2>2$.

解:(1)$f'(x)=(1-x)e^{-x}$,由$f'(x)>0$得$x<1$,由$f'(x)<0$得$x>1$,

所以$f(x)$在$(-\infty,1)$上单调递增,在$(1,+\infty)$上单调递减,极大值为$f(1)=\dfrac{1}{e}$.

(2)显然当$x\to+\infty$时,$f(x)\to0$;当$x\to-\infty$时,$f(x)\to-\infty$.

若方程$f(x)=m$有两个实数根,则$0<m<\dfrac{1}{e}$,且$x_1<1<x_2$.

$F(x)=f(x)-f(2-x)=xe^{-x}-(2-x)e^{x-2}$,$x>1$,

则$F'(x)=(x-1)(e^{x-2}-e^{-x})$,$x>1$.

因为$x>1$,所以$x-1>0$,$e^{x-2}-e^{-x}>0$,所以$F'(x)>0$.

从而$F(x)$在$(1,+\infty)$上单调递增,而$F(1)=0$,

所以当$x>1$时,$F(x)>0$,于是$f(x)>f(2-x)$.

因为$x_2>1$,所以$f(x_2)>f(2-x_2)$,而$f(x_1)=f(x_2)$,所以$f(x_1)>f(2-x_2)$.

由$2-x_2<1,x_1<1$,且$f(x)$在$(-\infty,1)$上单调递增,得$x_1>2-x_2$,

即$x_1+x_2>2$.

例2.已知函数$f(x)=x\ln x$.

(1)求函数$f(x)$的单调区间和极值;

(2)若$f(x)=m$有两个不相等的实数根x_1,x_2,且$x_1<x_2$,求实数m的取值范围,并证明:$x_1x_2<\dfrac{1}{e^2}$.

解:(1)$f'(x)=\ln x+1$,由$f'(x)>0$得$x>\dfrac{1}{e}$,由$f'(x)<0$得$0<x<\dfrac{1}{e}$,

所以$f(x)$在$(0,\dfrac{1}{e})$上单调递减,在$(\dfrac{1}{e},+\infty)$上单调递增,

函数$f(x)$在$x=\dfrac{1}{e}$处取得极小值为$f(\dfrac{1}{e})=-\dfrac{1}{e}$.

(2)当$x\to0^+$时,$f(x)\to0$(此处应用了洛必达法则);当$x\to+\infty$时,$f(x)\to+\infty$.

若方程$f(x)=m$有两个实数根,则$-\dfrac{1}{e}<m<0$,且$0<x_1<\dfrac{1}{e}<x_2$.

取$F(x)=f(x)-f(\dfrac{1}{e^2x})=x\ln x+\dfrac{\ln e^2x}{e^2x}$ $(0<x<\dfrac{1}{e})$,则$F'(x)=(1+\ln x)(1-\dfrac{1}{e^2x^2})$.

因为 $0 < x < \dfrac{1}{e}$,所以 $1+\ln x < 0$,$1-\dfrac{1}{e^2 x^2} < 0$,所以 $F'(x) > 0$.

从而 $F(x)$ 在 $(0,\dfrac{1}{e})$ 上单调递增,而 $F(\dfrac{1}{e})=0$,所以当 $0 < x < \dfrac{1}{e}$ 时,$F(x) < 0$,

于是 $f(x) < f(\dfrac{1}{e^2 x})$,因为 $0 < x_1 < \dfrac{1}{e}$,所以 $f(x_1) < f(\dfrac{1}{e^2 x_1})$.

因为 $f(x_1)=f(x_2)$,所以 $f(x_2) < f(\dfrac{1}{e^2 x_1})$.因为 $0 < x_1 < \dfrac{1}{e}$,所以 $\dfrac{1}{e^2 x_1} > \dfrac{1}{e}$.

由 $\dfrac{1}{e^2 x_1} > \dfrac{1}{e}$,$x_2 > \dfrac{1}{e}$ 且 $f(x)$ 在 $(\dfrac{1}{e},+\infty)$ 上单调递增,得 $\dfrac{1}{e^2 x_1} > x_2$,即 $x_1 x_2 < \dfrac{1}{e^2}$.

点拨 (1)单峰函数 $f(x)$ 存在唯一的极值点 x_0,且 x_0 在方程 $f(x)=m$ 的两根 x_1,x_2 之间的问题叫极值点偏移问题,解决此类问题的主要方法是构造对称函数.

若需要证明 $x_1+x_2 > a$,则构造对称函数 $F(x)=f(x)-f(a-x)$;

若需要证明 $x_1 x_2 > a$,则构造 $F(x)=f(x)-f(\dfrac{a}{x})$.

(2)对称函数 $F(x)$ 在原函数 $f(x)$ 极值点处的函数值为 0;

(3)对称函数 $F(x)$ 在原函数 $f(x)$ 极值点处两侧恒正或恒负;

(4)对称函数 $F(x)$ 的正负性与原函数 $f(x)$ 的单调性相结合可得结论.

2.应用对数均值不等式

例1.已知函数 $f(x)=e^x-ax$ 有两个不同的零点 x_1,x_2,且 $x_1 < x_2$.

(1)求 a 的取值范围;

(2)证明:$x_1+x_2 > 2$.

解:(1)$f'(x)=e^x-a$,

当 $a \leqslant 0$ 时,$f'(x) > 0$,此时 $f(x)$ 在 **R** 上单调递增,不符合题意;

当 $a > 0$ 时,由 $f'(x) > 0$ 得 $x > \ln a$,由 $f'(x) < 0$ 得 $x < \ln a$;

此时 $f(x)$ 在 $(-\infty,\ln a)$ 上单调递减,在 $(\ln a,+\infty)$ 上单调递增,

所以 $f_{\min}(x)=f(\ln a)=a-a\ln a$.

若 $f(x)$ 有两个不同的零点,则 $\begin{cases} a > 0, \\ a-a\ln a < 0, \end{cases}$ 解得 $a > e$.

所以 a 的取值范围为 $(e,+\infty)$.

(2)证:依题 $e^{x_1}=ax_1$,$e^{x_2}=ax_2$,两式相除得 $e^{x_2-x_1}=\dfrac{x_2}{x_1}$,

两边取对数得 $x_2-x_1=\ln x_2-\ln x_1$,即 $\dfrac{x_2-x_1}{\ln x_2-\ln x_1}=1$.

下面证明:当 $0 < n < m$ 时,$\dfrac{m-n}{\ln m-\ln n} < \dfrac{m+n}{2}$,即 $\ln\dfrac{m}{n} > \dfrac{2(m-n)}{m+n}=\dfrac{2(\dfrac{m}{n}-1)}{\dfrac{m}{n}+1}$.

令 $t=\dfrac{m}{n}>1$，则只需要证明 $t>1$ 时，$\ln t>\dfrac{2(t-1)}{t+1}$.

取 $h(t)=\ln t-\dfrac{2(t-1)}{t+1}\ (t>1)$，由 $h'(t)=\dfrac{(t-1)^2}{t(t+1)^2}>0$ 知

$h(t)$ 在 $(1，+\infty)$ 上单调递增，故 $h(t)>h(1)=0$，

所以当 $0<n<m$ 时，$\dfrac{m-n}{\ln m-\ln n}<\dfrac{m+n}{2}$ 成立.

取 $m=x_2$，$n=x_1$，得 $\dfrac{x_2-x_1}{\ln x_2-\ln x_1}<\dfrac{x_2+x_1}{2}$，

而 $\dfrac{x_2-x_1}{\ln x_2-\ln x_1}=1$，所以 $x_1+x_2>2$.

点拨 应用对数均值不等式，对方程 $f(x_1)=m$，$f(x_2)=m$ 两边取对数后构造代

数式 $\dfrac{x_1-x_2}{\ln x_1-\ln x_2}$.

3.引参代换

例1.已知函数 $f(x)=xe^{-x}(x\in\mathbf{R})$，若 $f(x)=m$ 有两个不相等的实数根 x_1，x_2，且 $x_1<x_2$，

试证明：$x_1+x_2>2$.

证：依题 $x_1e^{-x_1}=x_2e^{-x_2}$，所以 $e^{x_2-x_1}=\dfrac{x_2}{x_1}$.

令 $x_2-x_1=t>0$，则 $x_2=t+x_1$，$e^t=\dfrac{t+x_1}{x_1}$，

解得 $x_1=\dfrac{t}{e^t-1}$，$x_2=\dfrac{te^t}{e^t-1}$.

从而要证明 $x_1+x_2>2$，只需证明 $\dfrac{t}{e^t-1}+\dfrac{te^t}{e^t-1}>2$，即 $(t-2)e^t+t+2>0$.

令 $g(t)=(t-2)e^t+t+2(t>0)$，则 $g'(t)=(t-1)e^t+1$.

因为 $g''(t)=te^t>0$，所以 $g'(t)$ 在 $(0，+\infty)$ 上单调递增，

从而 $g'(t)>g'(0)=0$，则函数 $g(t)$ 在 $(0，+\infty)$ 上单调递增，

于是 $g(t)>g(0)=0$，所以 $(t-2)e^t+t+2>0$ 恒成立，从而 $x_1+x_2>2$.

（此题也可令 $\dfrac{x_2}{x_1}=t>1$，于是 $x_2=tx_1$，$e^{x_2-x_1}=t$，

对 $e^{x_2-x_1}=t$ 两边取对数后可解得 $x_1=\dfrac{\ln t}{t-1}$，$x_2=\dfrac{t\ln t}{t-1}$，从而转换为对数式函数）

点拨 极值点偏移问题是含两个变量 x_1，x_2 的不等式问题，通常可在 x_1，x_2 的等式中令

$x_2-x_1=t$，$x_1x_2=t$ 或 $\dfrac{x_1}{x_2}=t$，结合 x_1，x_2 的等式解得 x_1 和 x_2 关于 t 的代数式，将其代入

需要证明的不等式，从而将问题转化为只含一个变量的最值问题.

十八、利用不等式放缩

1. 直接放缩

例 1. 当 $m \leqslant 2$ 时，证明：$e^x - \ln(x+m) > 0$.

证： 当 $x \leqslant 2$ 时，$\ln(x+m) \leqslant \ln(x+2)$，

所以只需证明 $e^x - \ln(x+2) > 0$.

因为 $e^x \geqslant x+1$（$x=0$ 时，取得等号），所以只需证明 $x+1 > \ln(x+2)$.

因为 $x-1 \geqslant \ln x$（$x=1$ 时，取得等号），所以 $x+1 \geqslant \ln(x+2)$.

从而 $e^x \geqslant x+1 > \ln(x+2)$ 成立，即 $e^x - \ln(x+m) > 0$ 恒成立.

例 2. 已知函数 $f(x) = e^x - 1 - x - \dfrac{1}{2}x^2$，试证明：

(1) 当 $x \geqslant 0$ 时，$f(x) \geqslant 0$；

(2) 当 $x > 0$ 时，$(e^x - 1)\ln(x+1) > x^2$.

证：(1) $f'(x) = e^x - x - 1$，

因为 $e^x \geqslant x+1$，所以 $f'(x) \geqslant 0$.

所以 $f(x)$ 在 $[0, +\infty)$ 上单调递增，而 $f(0)=0$，所以 $f(x) \geqslant 0$.

(2) 由 (1) 可知当 $x > 0$ 时，$e^x - 1 > (x + \dfrac{1}{2}x^2)$.

所以要证明 $(e^x-1)\ln(x+1) > x^2$，只需证明 $\ln(x+1) > \dfrac{2x}{x+2}$.

取函数 $F(x) = \ln(x+1) - \dfrac{2x}{x+2}$，则 $F'(x) = \dfrac{x^2}{(x+1)(x+2)^2}$.

当 $x > 0$ 时，$F'(x) > 0$，而 $F(0) = 0$，

所以 $F(x) > 0$，即 $\ln(x+1) > \dfrac{2x}{x+2}$ 成立.

从而 $(e^x-1)\ln(x+1) > x^2$ 成立.

点拨　(1) 常用于放缩的不等式：

①$e^x \geqslant x+1$；

②$\dfrac{x-1}{x} \leqslant \ln x \leqslant x-1$.

以上两个不等式中的变量 x 可以用其他代数式取代：

①在 $e^x \geqslant x+1$ 中，以 $x-1$ 代 x，得 $e^{x-1} \geqslant x$；

②在 $\dfrac{x-1}{x} \leqslant \ln x \leqslant x-1$ 中，以 $x+1$ 代 x，得 $\dfrac{x}{x+1} \leqslant \ln(x+1) \leqslant x$.

(2) 同一综合题上一问所得的不等式常用于下一个问的放缩.

(3) 多次放缩应注意等号是否能够取得.

2.放缩叠加

例1.(2017·全国Ⅲ卷)已知函数 $f(x)=x-1-a\ln x$.

(1)若 $f(x)\geqslant 0$,求 a 的值;

(2)设 m 为整数,且 $\forall n\in \mathbf{N}^*,(1+\dfrac{1}{2})(1+\dfrac{1}{2^2})\cdots(1+\dfrac{1}{2^n})<m$,求 m 的最小值.

解:(1) $f(x)\geqslant 0$,即 $x-1-a\ln x\geqslant 0$.

当 $0<x<1$ 时,由 $x-1-a\ln x\geqslant 0\Rightarrow a\geqslant \dfrac{x-1}{\ln x}$;

当 $x=1$ 时,对任意的实数 a 均有 $f(x)\geqslant 0$ 成立;

当 $x>1$ 时,由 $x-1-a\ln x\geqslant 0\Rightarrow a\leqslant \dfrac{x-1}{\ln x}$.

取 $g(x)=\dfrac{x-1}{\ln x}$,则 $g'(x)=\dfrac{\ln x+\dfrac{1}{x}-1}{\ln^2 x}$,令 $h(x)=\ln x+\dfrac{1}{x}-1$,则 $h'(x)=\dfrac{x-1}{x^2}$,

于是 $h(x)$ 在 $(0,1)$ 上单调递减,在 $(1,+\infty)$ 上单调递增;

$g'(x)>0$ 恒成立,所以 $g(x)$ 在定义域上单调递增.

则根据洛必达法则可知,当 $0<x<1$ 时,$a\geqslant \lim\limits_{x\to 0^-}\dfrac{x-1}{\ln x}=\lim\limits_{x\to 0^-}\dfrac{1}{\dfrac{1}{x}}=1$;

当 $x>1$ 时,$a\leqslant \lim\limits_{x\to 0^+}\dfrac{x-1}{\ln x}=\lim\limits_{x\to 0^+}\dfrac{1}{\dfrac{1}{x}}=1$,所以当 $a=1$ 时,$f(x)\geqslant 0$.

(2)因为 $x\in(1,+\infty)$ 时,$\ln x<x-1$,取 $x=1+\dfrac{1}{2^n}$,得 $\ln(1+\dfrac{1}{2^n})<\dfrac{1}{2^n}$.

于是 $\ln(1+\dfrac{1}{2})+\ln(1+\dfrac{1}{2^2})+\cdots+\ln(1+\dfrac{1}{2^n})<\dfrac{1}{2}+\dfrac{1}{2^2}+\cdots+\dfrac{1}{2^n}=1-\dfrac{1}{2^n}<1$,

从而 $(1+\dfrac{1}{2})(1+\dfrac{1}{2^2})\cdots(1+\dfrac{1}{2^n})<\mathrm{e}$,

而当 $n\geqslant 3$ 时,$(1+\dfrac{1}{2})(1+\dfrac{1}{2^2})\cdots(1+\dfrac{1}{2^n})>2$.

因为 $n\in \mathbf{N}^*$,所以 m 的最小值为3.

点拨 (1)将不等式中的变量 x 用关于 n 的代数式替换后叠加,可得关于 n 求和问题.

在不等式 $\ln(1+x)\leqslant x$ 中,取 $x=\dfrac{1}{n}$,可得 $\ln(\dfrac{n+1}{n})\leqslant \dfrac{1}{n}$,从而 $\ln(\dfrac{2}{1})<\dfrac{1}{1}$,$\ln(\dfrac{3}{2})<\dfrac{1}{2}$,$\cdots$,$\ln(\dfrac{n+1}{n})<\dfrac{1}{n}$,两边叠加得 $\ln(n+1)<1+\dfrac{1}{2}+\dfrac{1}{3}+\cdots+\dfrac{1}{n}$.

(2)当题目中含 n 的代数式的乘积时,可对等式或不等式两边取对数,再进行求解.

(3)当不等式是关于 n 的指数式或二次式时,可考虑叠加法求出等比数列或等差数列求和的形式,再进行求解.

十九、同构

1. 双变量型同构

例 1. 已知函数 $f(x)=\ln x$，$g(x)=\dfrac{1}{2}x^2$. 若 $x_1 > x_2 > 0$，总有 $m[g(x_1)-g(x_2)] > x_1 f(x_1)-x_2 f(x_2)$ 恒成立，求实数 m 的取值范围.

解：由 $m[g(x_1)-g(x_2)] > x_1 f(x_1)-x_2 f(x_2)$，得 $mg(x_1)-x_1 f(x_1) > mg(x_2)-x_2 f(x_2)$.

令 $h(x)=mg(x)-xf(x)=\dfrac{m}{2}x^2-x\ln x$，$x>0$，

因为 $x_1 > x_2$ 时，总有 $h(x_1) > h(x_2)$ 恒成立，所以 $h(x)$ 在 $(0,+\infty)$ 上单调递增，

即 $h'(x)=mx-\ln x-1 \geqslant 0$ 恒成立，从而 $m \geqslant \dfrac{\ln x+1}{x}$.

取 $g(x)=\dfrac{\ln x+1}{x}$，由 $g'(x)=\dfrac{-\ln x}{x^2}$，得 $g(x)$ 在 $(0,1)$ 上单调递增，在 $(1,+\infty)$ 上单调

递减，所以 $g(x)_{\max}=g(1)=1$，于是 $m \geqslant 1$.

点拨　当题中出现变量 x_1，x_2（或 m，n）的代数式时，可将含 x_1（或 m）的代数式置于不等式一侧，含 x_2（或 n）的代数式置于不等式另一侧，使得不等式左右两侧结构一致，再构造函数解决问题.

2. 积商型同构

例 1. 对任意的 $x > a > 0$，若不等式 $2ae^{2x}-\ln x+\ln a \geqslant 0$ 恒成立，求实数 a 的最小值.

解：$2ae^{2x}-\ln x+\ln a \geqslant 0 \Rightarrow 2ae^{2x} \geqslant \ln\dfrac{x}{a} \Rightarrow 2xe^{2x} \geqslant \dfrac{x}{a}\ln\dfrac{x}{a} \Rightarrow$

$\ln 2x+2x \geqslant \ln\dfrac{x}{a}+\ln(\ln\dfrac{x}{a})$.

因为函数 $y=x+\ln x$ 单调递增，所以 $2x \geqslant \ln\dfrac{x}{a}$，

解得 $a \geqslant \dfrac{x}{e^{2x}}$. 令 $g(x)=\dfrac{x}{e^{2x}}$，则 $g'(x)=\dfrac{1-2x}{e^{2x}}$，当 $x \in (0,\dfrac{1}{2})$ 时，$g'(x)>0$；

当 $x \in (\dfrac{1}{2},+\infty)$ 时，$g'(x)<0$. 所以 $g(x)_{\max}=g(\dfrac{1}{2})=\dfrac{1}{2e}$，所以 a 的最小值为 $\dfrac{1}{2e}$.

点拨　积商型同构转化原理

(1) $ae^a \leqslant b\ln b \Rightarrow a+\ln a \leqslant \ln b+\ln(\ln b)$.

(2) $\dfrac{e^a}{a} \leqslant \dfrac{b}{\ln b} \Rightarrow a-\ln a \leqslant \ln b-\ln(\ln b)$.

(3) 若含有指对数的不等式中自变量 x 的系数或指数较高，需配凑常数或两边同乘或同除 x 达到同构的效果，此操作称为"无中生有".

如 $ae^{ax} > \ln x \Rightarrow axe^{ax} > x\ln x \Rightarrow ax+\ln ax > \ln x+\ln(\ln x)$；

$2x^3\ln x \geqslant me^{\frac{m}{x}} \Rightarrow x^2\ln x^2 > \dfrac{m}{x}e^{\frac{m}{x}} \Rightarrow \ln x^2+\ln(\ln x^2) > \dfrac{m}{x}+\ln\dfrac{m}{x}$.

3.和差型同构

例1.(2023·贵州六校联考)已知函数 $f(x)=ae^x-x+\ln\dfrac{a}{e^2}$,若 $f(x)+x-\ln(x+2)$ 有两个根,求实数 a 的取值范围.

解:$f(x)+x-\ln(x+2)=0 \Rightarrow ae^x+\ln\dfrac{a}{e^2}-\ln(x+2)=0 \Rightarrow$

$e^{\ln a}e^x+\ln a-2-\ln(x+2)=0 \Rightarrow e^{\ln a}e^x+\ln a=2+\ln(x+2) \Rightarrow$

$e^{x+\ln a}+x+\ln a=x+2+\ln(x+2) \Rightarrow e^{(x+\ln a)}+(x+\ln a)=e^{\ln(x+2)}+\ln(x+2)$.

取函数 $g(x)=e^x+x$,则 $g'(x)=e^x+1>0$,所以函数 $g(x)$ 单调递增.

若 $g(x+\ln a)=g(\ln(x+2))$ 有两个实数根,

则 $x+\ln a=\ln(x+2)$ 有两个实数根,即 $\ln a=\ln(x+2)-x$ 有两个实数根.

令 $h(x)=\ln(x+2)-x$,则 $h'(x)=\dfrac{-x-1}{x+2}$.

由 $h'(x)>0 \Rightarrow -2<x<-1$,由 $h'(x)<0 \Rightarrow x>-1$,

所以 $h(x)$ 在 $(-2,-1)$ 上单调递增,在 $(-1,+\infty)$ 上单调递减,故 $h(x)_{\max}=h(-1)=1$.

当 $x \to -2$ 时,$h(x) \to -\infty$,当 $x \to +\infty$ 时,$h(x) \to -\infty$,

若 $\ln a=\ln(x+2)-x$ 有两个实数根,则 $\ln a<1$,解得 $0<a<e$,所以 $a \in (0,e)$.

点拨 和差型同构转化原理

(1)$e^a \pm a \leqslant b \pm \ln b \Rightarrow e^a \pm \ln e^a \leqslant b \pm \ln b$.

(2)$ae^a+x+\ln a \leqslant b \pm \ln b \Rightarrow e^{(\ln a+x)}+(x+\ln a) \leqslant e^{\ln b}+\ln b$.

4.同构求最值

例1.(2023·贵阳市统考)已知函数 $f(x)=xe^{2x}$,$g(x)=\ln x+ax+1$.

(1)若过点 $P(t,0)$ 作曲线 $y=f(x)$ 的切线有且仅有一条,求实数 t 的值;

(2)若 $f(x) \geqslant g(x)$ 恒成立,求实数 a 的取值范围.

解:(1)$f'(x)=(2x+1)e^{2x}$,设切点为 $(x_0,x_0e^{2x_0})$,

则 $\dfrac{x_0e^{2x_0}}{x_0-t}=(2x_0+1)e^{2x_0}$,即 $2x_0^2-2tx_0-t=0$.依题意 $\Delta=4t^2+8t$,解得 $t=0$ 或 $t=2$.

(2)$f(x) \geqslant g(x) \Rightarrow a \leqslant \dfrac{xe^{2x}-\ln x-1}{x}$,取 $h(x)=\dfrac{xe^{2x}-\ln x-1}{x}=\dfrac{e^{2x+\ln x}-\ln x-1}{x}$.

因为 $u(x)=2x+\ln x$ 单调递增,而 $u(\dfrac{1}{2})=1-\ln 2>0$,$u(\dfrac{1}{4})=\dfrac{1}{2}-\ln 4<0$,

所以存在 x_0,使得 $2x_0+\ln x_0=0$,由 $e^u \geqslant u+1$ 得 $e^{2x+\ln x} \geqslant 2x+\ln x+1$,

则 $h(x)=\dfrac{2x+\ln x+1-\ln x-1}{x}=2$,所以 $a \leqslant 2$,即 $a \in (-\infty,2]$.

点拨 函数中同时存在指数式 xe^x 与 $\ln x$ 的和(差),可根据同构原理并结合 $e^u \geqslant u+1$,$\ln u \leqslant u-1$ 求函数最值,注意讨论是否存在 x_0 使得上述不等式取得等号.

二十、含三角函数的导数

例 1. 已知函数 $f(x)=\sin x+\tan x$.

　　(1) 求曲线 $y=f(x)$ 在点 $(\pi,f(\pi))$ 处的切线方程;

　　(2) 若关于 x 的不等式 $f(x)\geqslant ax-\sin x$ 在区间 $\left[0,\dfrac{\pi}{2}\right)$ 上恒成立, 求 a 的取值范围.

解: (1) 切点为 $(\pi,0)$, $f'(x)=\cos x+\dfrac{1}{\cos^2 x}$, 所以 $f'(\pi)=0$, 所以切线方程为 $y=0$.

　　(2) 由 $f(x)\geqslant ax-\sin x\Rightarrow 2\sin x+\tan x\geqslant ax$,

　　令 $g(x)=2\sin x+\tan x$, 则 $g'(x)=\dfrac{2\cos^3 x+1}{\cos^2 x}$.

　　当 $x\in\left[0,\dfrac{\pi}{2}\right)$ 时, $g'(x)>0$, 所以 $g(x)$ 在 $\left[0,\dfrac{\pi}{2}\right)$ 上单调递增.

　　从而 $g(x)_{\min}=g(0)=0$, 当 $x\rightarrow\dfrac{\pi}{2}$ 时, $g(x)\rightarrow+\infty$.

　　因为 $g'(0)=3$, 所以 $g(x)$ 在 $x=0$ 处的切线方程为 $y=3x$,

　　若 $g(x)\geqslant ax$, 则 $a\leqslant 3$.

　　令 $h(x)=2\sin x+\tan x-ax$, 则 $h'(x)=\dfrac{2\cos^3 x+1}{\cos^2 x}-a$,

　　因为 $h''(x)=2\sin x\left(1+\dfrac{1}{\cos^3 x}\right)\geqslant 0$, 所以 $h'(x)$ 在 $\left[0,\dfrac{\pi}{2}\right)$ 上单调递增,

　　而 $h'(0)=3-a\geqslant 0$, 所以 $h(x)$ 在 $\left[0,\dfrac{\pi}{2}\right)$ 上单调递增, 而 $h(0)=0$, 于是 $h(x)\geqslant 0$,

　　故 $g(x)\geqslant ax$ 恒成立. 所以实数 a 的取值范围为 $(-\infty,3]$.

例 2. 已知函数 $f(x)=\dfrac{\sin x}{2+\cos x}$.

　　(1) 求 $f(x)$ 的极值点;

　　(2) 若 $\forall x\in[0,+\infty)$ 时, $f(x)\leqslant ax$, 求实数 a 的取值范围.

解: (1) $f'(x)=\dfrac{2\cos x+1}{(2+\cos x)^2}$, 令 $f'(x)=0$, 得 $x=\pm\dfrac{2\pi}{3}+2k\pi$, $k\in\mathbf{Z}$.

　　由 $f'(x)>0$ 得 $x\in\left(-\dfrac{2\pi}{3}+2k\pi,\dfrac{2\pi}{3}+2k\pi\right)$, $k\in\mathbf{Z}$,

　　由 $f'(x)<0$ 得 $x\in\left(\dfrac{2\pi}{3}+2k\pi,\dfrac{4\pi}{3}+2k\pi\right)$, $k\in\mathbf{Z}$,

　　则函数 $f(x)$ 在 $\left(-\dfrac{2\pi}{3}+2k\pi,\dfrac{2\pi}{3}+2k\pi\right)$, $k\in\mathbf{Z}$ 上单调递增;

　　在 $\left(\dfrac{2\pi}{3}+2k\pi,\dfrac{4\pi}{3}+2k\pi\right)$, $k\in\mathbf{Z}$ 上单调递减.

　　所以 $f(x)$ 的极大值点为 $x=\dfrac{2\pi}{3}+2k\pi$, $k\in\mathbf{Z}$, 极小值点为 $x=-\dfrac{2\pi}{3}+2k\pi$, $k\in\mathbf{Z}$.

(2)当 $x=0$ 时, $f(x) \leqslant ax, a \in \mathbf{R}$.

当 $x \in (0, +\infty)$ 时,由 $f(x) \leqslant ax \Rightarrow a \geqslant \dfrac{\sin x}{x(2+\cos x)}$.

令 $g(x)=\dfrac{\sin x}{x(2+\cos x)}$,则 $g'(x)=\dfrac{2x\cos x-2\sin x-\sin x\cos x+x}{x^2(2+\cos x)^2}$.

令 $h(x)=2x\cos x-2\sin x-\sin x\cos x+x$,

则 $h'(x)=-2x\sin x-\cos 2x+1=2\sin x(\sin x-x)$.

因为当 $x \in (0, \pi)$ 时, $\sin x < x$,则 $h'(x) < 0$,所以 $h(x)$ 在 $(0, \pi)$ 上单调递减,

而 $h(0)=0$,所以 $g'(x) < 0$,从而 $g(x)$ 在 $(0, \pi)$ 上单调递减.

而 $\lim\limits_{x \to 0} g(x)=\lim\limits_{x \to 0}\dfrac{\sin x}{x(2+\cos x)}=\lim\limits_{x \to 0}\dfrac{\cos x}{2+\cos x-x\sin x}=\dfrac{1}{3}$.

此外,当 $x \in [\pi, +\infty)$ 时, $g(x)=\dfrac{\sin x}{x(2+\cos x)} \leqslant \dfrac{1}{x} \leqslant \dfrac{1}{\pi} < \dfrac{1}{3}$,所以 $a \geqslant \dfrac{1}{3}$.

所以 a 的取值范围为 $[\dfrac{1}{3}, +\infty)$.

点拨 三角函数的导数问题常用技巧和思路

(1)根据 $-1 < \sin x < +1, -1 < \cos x < +1$ 确定导数的正负;

(2)用不等式 $\tan x > x > \sin x, x \in (0, \dfrac{\pi}{2})$ 进行放缩;

(3)因为函数 $f(x)=x+\sin x$ 单调递增,所以当 $x_1 > x_2$ 时, $x_1-x_2 > \sin x_1 - \sin x_2$;

(4)分析导函数的零点,分区间讨论导函数的正负;

(5)当特殊位置函数值为 0 时,可应用端点效应、洛必达法则或泰勒展开式等方法求解.

二十一、凹凸反转

例1.(2014·全国 I 卷)设 $f(x)=e^x \ln x+\dfrac{2e^{x-1}}{x}$,证明: $f(x) > 1$.

证: $f(x) > 1 \Leftrightarrow x\ln x > \dfrac{x}{e^x}-\dfrac{2}{e}$.

令 $g(x)=x\ln x$,则 $g'(x)=\ln x+1$.

当 $x \in (0, \dfrac{1}{e})$ 时, $g'(x) < 0, g(x)$ 单调递减,

当 $x \in (\dfrac{1}{e}, +\infty)$ 时, $g'(x) > 0, g(x)$ 单调递增,

所以 $g(x)_{\min}=g(\dfrac{1}{e})=-\dfrac{1}{e}$.

令 $h(x)=\dfrac{x}{e^x}-\dfrac{2}{e}$，则 $h'(x)=\dfrac{1-x}{e^x}$．

当 $x\in(0,1)$ 时，$h'(x)>0$，$h(x)$ 单调递增，

当 $x\in(1,+\infty)$ 时，$h'(x)<0$，$h(x)$ 单调递减，

所以 $h(x)_{\max}=h(1)=-\dfrac{1}{e}$．

因为 $g(x)$ 的最小值与 $h(x)$ 的最大值相等，且取得最值时自变量不同，

所以 $g(x)>h(x)$，即不等式 $f(x)>1$ 成立．

例 2. 已知函数 $f(x)=\dfrac{e^{x+1}}{x}\ (x>0)$．

　　(1)求函数 $f(x)$ 的最小值；

　　(2)若对任意的 $x>0$，不等式 $x\ln x+4x<e^{x+a}+x^3-x^2$ 恒成立，求 a 的取值范围．

解: (1) $f'(x)=\dfrac{(x-1)e^{x+1}}{x^2}$．

当 $x\in(0,1)$ 时，$f'(x)<0$，$f(x)$ 单调递减，

当 $x\in(1,+\infty)$ 时，$f'(x)>0$，$f(x)$ 单调递增，

所以 $f(x)_{\min}=f(1)=e^2$．

(2) $x\ln x+4x<e^{x+a}+x^3-x^2\Leftrightarrow\ln x-x^2+x+4<\dfrac{e^{x+a}}{x}$，

(注意:$y=\dfrac{e^{x+a}}{x}$ 是凹函数,$y=\ln x-x^2+x+4$ 是凸函数).

令 $g(x)=\dfrac{e^{x+a}}{x}$，则 $g'(x)=\dfrac{(x-1)e^{x+a}}{x^2}\ (x>0)$，

当 $x\in(0,1)$ 时，$g'(x)<0$，$g(x)$ 单调递减，

当 $x\in(1,+\infty)$ 时，$g'(x)>0$，$g(x)$ 单调递增，

所以 $g(x)_{\min}=g(1)=e^{a+1}$．

令 $h(x)=\ln x-x^2+x+4$，则 $h'(x)=\dfrac{(2x+1)(1-x)}{x^2}\ (x>0)$，

当 $x\in(0,1)$ 时，$h'(x)>0$，$h(x)$ 单调递增，

当 $x\in(1,+\infty)$ 时，$h'(x)<0$，$h(x)$ 单调递减，

所以 $h(x)_{\max}=h(1)=4$．

于是 $g(x)$ 与 $h(x)$ 在 $x=1$ 处同时取得最值，

若 $x\ln x+4x<e^{x+a}+x^3-x^2$ 恒成立，则 $e^{a+1}>4$，解得 $a>2\ln 2-1$．

所以实数 a 的取值范围为 $(2\ln 2-1,+\infty)$．

点拨 (1)不等式同时含有对数式和指数式,或对不等式所确定函数的导数的正负性无法确定时,可将不等式分解为左侧是凹函数和右侧是凸函数的结构,从而分析凹函数的最小值和凸函数的最大值.

(2)通过定义域两端的极限值也可大致分析原函数的凹凸性.

(3)应用凹凸反转方法,常用以下8个基本函数,具体图象如图5.9.

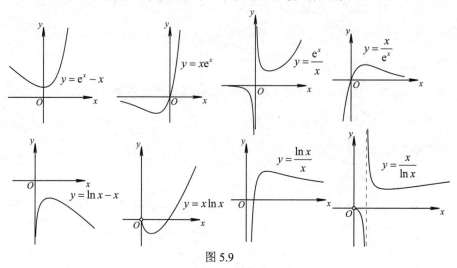

图5.9

二十二、拉格朗日中值定理

例1.设函数 $f(x)=\ln(x+1)-\dfrac{ax}{x+1}(x>0)$.若 $f(x)\geqslant 0$ 恒成立,求 a 的取值范围.

解:由 $f(x)\geqslant 0 \Rightarrow \ln(x+1)\geqslant\dfrac{ax}{x+1}$,

即 $\dfrac{\ln(x+1)-\ln(0+1)}{x-0}>\dfrac{a}{x+1}$,

其几何意义为:点 $(x,\ln(x+1))$ 与 $(0,\ln(0+1))$ 连线的斜率大于 ax.

令 $y=\ln(x+1)$,则 $y'|_{x=\xi}=\dfrac{1}{1+\xi}\geqslant\dfrac{a}{1+x}$ 恒成立,其中 $\xi\in(0,x)$,所以 $a\leqslant 1$.

例2.设函数 $f(x)=\ln x$,当 $0<a<b$ 时,证明: $f(b)-f(a)>\dfrac{2a(b-a)}{a^2+b^2}$.

证:要证 $f(b)-f(a)>\dfrac{2a(b-a)}{a^2+b^2}$,即证 $\dfrac{f(b)-f(a)}{b-a}>\dfrac{2a}{a^2+b^2}$,

其几何意义为:点 $(a,\ln a)$ 与 $(b,\ln b)$ 连线的斜率大于 $\dfrac{2a}{a^2+b^2}$.

即证明 $f'(\xi)=\dfrac{1}{\xi}>\dfrac{2a}{a^2+b^2}$ 成立,其中 $\xi\in(a,b)$.

即 $a^2+b^2>2a\xi$,因为 $a^2+b^2>2ab$,

而 $\xi<b$,所以 $a^2+b^2>2a\xi$.即不等式成立.

点拨 （1）拉格朗日（Lagrange）中值定理：

若函数 $f(x)$ 满足条件：

① $f(x)$ 在区间 $[a,b]$ 上连续；

② $f(x)$ 在区间 (a,b) 上可导．

则存在 $\xi \in (a,b)$，使得 $\dfrac{f(b)-f(a)}{b-a}=f'(\xi)$．

拉格朗日中值定理的本质是连续可导函数的割线斜率等于某点处切线斜率，如图5.10．

（2）格朗日中值定理主要用于求参数范围和不等式证明等问题．

（3）注意 $\dfrac{f(b)-f(a)}{b-a}>g(x)$ 或 $\dfrac{f(b)-f(a)}{b-a}\geqslant g(x)$ 均

等价于 $f'(\xi)\geqslant g(x)$．

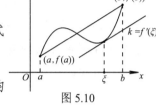

图5.10

二十三、泰勒展开式

例1. 已知函数 $f(x)=e^x-ax^2-x-1$，若 $x\geqslant 0$ 时，$f(x)\geqslant 0$ 恒成立，求 a 的取值范围．

解： 由 $f(x)\geqslant 0 \Rightarrow e^x \geqslant 1+x+ax^2$，

因为 $e^x \geqslant 1+x+\dfrac{x^2}{2!}$，所以 $a\leqslant \dfrac{1}{2}$．

例2.（2021·全国乙卷）已知 $a=2\ln 1.01$，$b=\ln 1.02$，$c=\sqrt{1.04}-1$，比较 a,b,c 的大小．

解： 根据泰勒展开式，

$$a=2\ln(1+0.01)\approx 2(0.01-\dfrac{0.01^2}{2}-\dfrac{0.01^3}{3})=0.019\,9,$$

$$b=\ln 1.02=\ln(1+0.02)\approx 0.02-\dfrac{0.02^2}{2}-\dfrac{0.02^3}{3}=0.019\,802,$$

$$c=\sqrt{1.04}-1=(1+0.4)^{\frac{1}{2}}-1,$$

$$\approx 1+\dfrac{1}{2}\times 0.04+\dfrac{\dfrac{1}{2}\times(\dfrac{1}{2}-1)}{2!}0.04^2+\dfrac{\dfrac{1}{2}\times(\dfrac{1}{2}-1)\times(\dfrac{1}{2}-2)}{3!}0.04^3-1=0.019\,804,$$

所以 $a>c>b$．

点拨 （1）泰勒（Taylor）公式：

若函数 $f(x)$ 在 x_0 处存在直至 n 阶的导数，则

$$f(x)=f(x_0)+f'(x_0)(x-x_0)+\dfrac{f''(x)}{2!}(x-x_0)^2+\cdots$$

（2）根据泰勒公式，常用泰勒展开式有：

①$e^x = 1 + x + \dfrac{x^2}{2!} + \cdots, x \in \mathbf{R}$；

②$\ln(x+1) = x - \dfrac{x^2}{2} + \dfrac{x^3}{3} - \dfrac{x^4}{4} + \cdots, x \in (-1, +\infty)$；

③$\sin x = x - \dfrac{x^3}{3!} + \dfrac{x^5}{5!} - \dfrac{x^7}{7!} + \cdots, x \in \mathbf{R}$；

④$\cos x = 1 - \dfrac{x^2}{2!} + \dfrac{x^4}{4!} - \dfrac{x^6}{6!} + \cdots, x \in \mathbf{R}$.

（3）泰勒展开式主要用于证明恒成立问题和具体数值的计算．高中阶段的应用常只取泰勒展开式的前几项，此时应注意根据规律分析各项的正负，从而确定不等号的方向．

二十四、帕德逼近

例1. 设 $a = 0.1e^{0.1}$，$b = \dfrac{1}{9}$，$c = -\ln 0.9$，比较 a, b, c 的大小．

解： $a = 0.1e^{0.1} \approx 0.1 \times \dfrac{0.1^2 + 6 \times 0.1 + 12}{0.1^2 - 6 \times 0.1 + 12} = \dfrac{1.261}{11.41} = 0.110\,517$，

$b = \dfrac{1}{9} \approx 0.111$，

$c = -\ln 0.9 = -\ln[1 + (-0.1)] \approx -\dfrac{3 \times (-0.1)^2 + 6 \times (-0.1)}{(-0.1)^2 + 6 \times (-0.1) + 6} = \dfrac{0.57}{5.41} = 0.105\,36$.

所以 $b > a > c$.

例2. 设 $a = \ln 1.1$，$b = e^{0.1} - 1$，$c = \tan 0.1$，比较 a, b, c 的大小．

解： $a = \ln(1 + 0.1) \approx \dfrac{3 \times 0.1^2 + 6 \times 0.1}{0.1^2 + 6 \times 0.1 + 6} = 0.095\,3$，

$b = e^{0.1} - 1 \approx \dfrac{0.1^2 + 6 \times 0.1 + 12}{0.1^2 - 6 \times 0.1 + 12} - 1 = 0.105$，

$c = \tan 0.1 \approx \dfrac{3 \times 0.1}{3 - 0.1^2} = 0.100\,3$.

所以 $b > c > a$.

点拨 （1）帕德逼近（Padé approximant）：

帕德逼近的基本原理：函数 $f(x)$ 在 $[-1, 1]$ 上近似地可用幂级多项式的商的形式逼近．

设 $f(x) - \dfrac{p_0 + p_1 x + p_2 x^2 + \cdots + p_m x^m}{1 + q_1 x + q_2 x^2 + \cdots + q_m x^m} = O(x)$，其中 $O(x)$ 是可忽略的小量．

令 $g(x)_{mn} = \dfrac{p_0 + p_1 x + p_2 x^2 + \cdots + p_m x^m}{1 + q_1 x + q_2 x^2 + \cdots + q_n x^n}$,则帕德逼近中各系数满足的条件为:

$f(0) = g(0)_{mn}, f'(0) = g'(0)_{mn}, f''(0) = g''(0)_{mn}, \cdots, f^{(m+n)}(0) = g^{(m+n)}(0)_{mn}$.

常用 $g(x)_{11}, g(x)_{12}, g(x)_{21}, g(x)_{22}$ 逼近 $f(x)$.

(2)常用帕德逼近公式:

$\mathrm{e}^x \approx \dfrac{x^2 + 6x + 12}{x^2 - 6x + 12}$, $x \in (-1, 1)$;

$\ln(x+1) \approx \dfrac{3x^2 + 6x}{x^2 + 6x + 6}$, $x \in (-1, 1)$;

$\tan x \approx \dfrac{3x}{3 - x^2}$, $x \in (-1, 1)$;

$\sin x \approx \dfrac{6x}{x^2 + 6}$, $x \in (-1, 1)$;

$\cos x \approx \dfrac{12 - 5x^2}{x^2 + 12}$, $x \in (-1, 1)$.

(3)帕德逼近主要用于具体数值的大小比较,也是涉及端点效应类型问题的基本原理.

第 6 章

DI LIU ZHANG

三角函数

一、基本概念与公式

1.基本概念

例1.已知角α的终边经过点$P(-\sqrt{3}, m)(m \neq 0)$,且$\sin\alpha = \dfrac{\sqrt{2}\,m}{4}$,则$\cos\alpha = $_____.

解:点P到坐标原点的距离$r = \sqrt{3+m^2}$,

于是$\sin\alpha = \dfrac{m}{\sqrt{3+m^2}} = \dfrac{\sqrt{2}\,m}{4}$,解得$m = \pm\sqrt{5}$,所以$\cos\alpha = \dfrac{-\sqrt{3}}{\sqrt{3+m^2}} = -\dfrac{\sqrt{6}}{4}$.

例2.已知角α是第二象限角,则( )

  A.$\sin\dfrac{\alpha}{2} > 0$ B.$\cos 2\alpha < 0$ C.$\tan\dfrac{\alpha}{2} > 0$ D.$\tan 2\alpha > 0$

解:因为$\dfrac{\pi}{2}+2k\pi < \alpha < \pi+2k\pi$,$k \in \mathbf{Z}$,

所以$\dfrac{\pi}{4}+k\pi < \dfrac{\alpha}{2} < \dfrac{\pi}{2}+k\pi$,$k \in \mathbf{Z}$,$\pi+2k\pi < 2\alpha < 2\pi+2k\pi$,$k \in \mathbf{Z}$.

所以$\dfrac{\alpha}{2}$在第一、三象限,2α在第三、四象限,从而$\tan\dfrac{\alpha}{2} > 0$.选C.

点拨 （1）如图6.1,直角坐标系xOy中,点$P(x, y)$在角α的终边上且它到原点的距离为

$r = \sqrt{x^2+y^2} > 0$,则①$\sin\alpha = \dfrac{y}{r}$;②$\cos\alpha = \dfrac{x}{r}$;③$\tan\alpha = \dfrac{y}{x}$ $(x \neq 0)$.

（2）三角函数在各象限的正负性可归纳为:一全正、二正弦、三正切、四余弦.

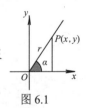

图6.1

2.扇形相关公式

例1.中国扇文化有着深厚的文化底蕴,文人雅士喜在扇面上写字作画.如图6.2是一幅书法扇面,则该扇面所在扇形的圆心角为_____rad,此时扇面面积为_____cm².

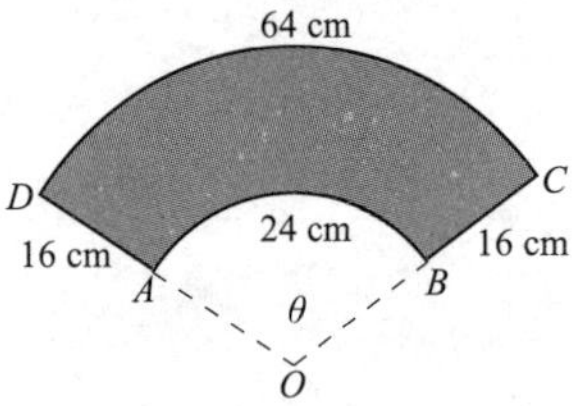

解:设$\angle AOB = \theta$,$OA = OB = r$,

依题$\begin{cases} r\theta = 24, \\ (r+16)\theta = 64, \end{cases}$ 解得$r = \dfrac{48}{5}$,$\theta = \dfrac{5}{2}$.

扇面面积为$S = S_{扇OCD} - S_{扇OAB} = \dfrac{1}{2} \times 64 \times (\dfrac{48}{5}+16) - \dfrac{1}{2} \times 24 \times \dfrac{48}{5} = 704(\text{cm}^2)$.

图6.2

点拨 （1）凡涉及圆锥或圆台展开,都会用到扇形的相关公式.

（2）令扇形的半径为r,弧长为l,则圆心角$\theta = \dfrac{l}{r}$,扇形的面积$S = \dfrac{1}{2}lr$.

3.三角函数的基本关系

例1.若 $\tan\theta=-\dfrac{4}{3}$，则 $\cos^2\theta+\sin\theta\cos\theta+1=($ 　　$)$

A. $\dfrac{23}{25}$　　　　B. $\dfrac{22}{25}$　　　　C. $-\dfrac{22}{25}$　　　　D. $\dfrac{36}{25}$

解：如图 6.3 的 $Rt\triangle ABC$ 中，由 $\tan\theta=-\dfrac{4}{3}$，可设 $BC=4$，$AC=3$，从而 $AB=5$.

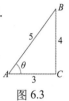

图 6.3

设 θ 为第二象限角，则 $\cos\theta=-\dfrac{3}{5}$，$\sin\theta=\dfrac{4}{5}$.

从而 $\cos^2\theta+\sin\theta\cos\theta+1=\dfrac{9}{25}-\dfrac{12}{25}+1=\dfrac{22}{25}$.选 B.

点拨 已知一个三角函数值求另外两个三角函数值，除应用三角函数基本关系外，可在直角三角形中求值写出结果，注意角所在的象限.

4.诱导公式

例1.设 $\alpha\in(\dfrac{\pi}{2}$，$\pi)$，$\sin\alpha=\dfrac{1}{3}$，求 $\cos(2\alpha-\dfrac{3\pi}{2})$ 的值.

解：因为 α 为第二象限角且 $\sin\alpha=\dfrac{1}{3}$，所以 $\cos\alpha=-\dfrac{2\sqrt{2}}{3}$.

从而 $\cos(2\alpha-\dfrac{3\pi}{2})=-\sin2\alpha=-2\sin\alpha\cos\alpha=\dfrac{4\sqrt{2}}{9}$.

点拨 (1)$\sin(-x)=-\sin x$；$\cos(-x)=\cos x$；$\tan(-x)=-\tan x$.

(2)$\sin(\alpha+2k\pi)=\sin\alpha$；$\cos(\alpha+2k\pi)=\cos\alpha$；$\tan(\alpha+k\pi)=\tan\alpha$.

(3)奇变偶不变，符号看象限.

①在 $\sin(\dfrac{5\pi}{2}-\alpha)$ 中，$\dfrac{\pi}{2}$ 的系数为奇数 5，所以 $\sin(\dfrac{5\pi}{2}-\alpha)$ 的结果变为 $\cos\alpha$；

再把 α 看成锐角，由图 6.4 可知 $\dfrac{5\pi}{2}-\alpha$ 是第一象限角，

所以 $\sin(\dfrac{5\pi}{2}-\alpha)$ 为正，于是 $\sin(\dfrac{5\pi}{2}-\alpha)=\cos\alpha$.

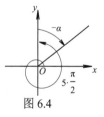

图 6.4

②在 $\cos(\alpha-3\pi)$ 中，$\dfrac{\pi}{2}$ 的系数为偶数 -6，所以 $\cos(\alpha-3\pi)$ 的结果变为 $\cos\alpha$；

再把 α 看成锐角，由图 6.5 可知 $\alpha-3\pi$ 是第三象限角，

所以 $\cos(\alpha-3\pi)$ 为负，于是 $\cos(3\pi-\alpha)=-\cos\alpha$.

(4)当正切函数的角度是 $\dfrac{\pi}{2}$ 的整数倍时，则可化为正弦与余弦之商，再利用诱导公式求解.

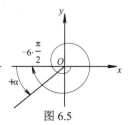

图 6.5

5.辅助角公式

例1.将下列式子化成 $A\sin(\omega x+\varphi)+k$ 的形式.

$(1)\sin 2x+\sin\left(2x-\dfrac{\pi}{3}\right)$;

$(2)\sin\theta(\sin\theta-\cos\theta)$.

解:$(1)\sin 2x+\sin\left(2x-\dfrac{\pi}{3}\right)=\sin 2x+\sin 2x\cos\dfrac{\pi}{3}-\cos 2x\sin\dfrac{\pi}{3}$

$=\dfrac{3}{2}\sin 2x-\dfrac{\sqrt{3}}{2}\cos 2x=\sqrt{3}\sin\left(2x-\dfrac{\pi}{6}\right)$.

$(2)\sin\theta(\sin\theta-\cos\theta)=\sin^2\theta-\sin\theta\cos\theta$

$=\dfrac{1-\cos 2\theta}{2}-\dfrac{\sin 2\theta}{2}=-\dfrac{1}{2}(\sin 2\theta+\cos 2\theta)+\dfrac{1}{2}=-\dfrac{\sqrt{2}}{2}\sin\left(2\theta+\dfrac{\pi}{4}\right)+\dfrac{1}{2}$.

点拨 (1)辅助角公式:$a\sin x\pm b\cos x=\sqrt{a^2+b^2}\sin(x\pm\varphi)$.其中 $a>0$,$\tan\varphi=\dfrac{b}{a}$,

$0<\varphi<\dfrac{\pi}{2}$,φ 的值由 $\tan\varphi=\dfrac{b}{a}$ 确定.

(2)当 $a<0$,提出负号后再使用辅助角公式.

(3)辅助角公式中,x 可以是任何角度或任意形式的代数式.

6.和差公式与倍角公式

例1.设 α 为第二象限角,若 $\sin\alpha=\dfrac{\sqrt{5}}{5}$,则 $\cos\left(\alpha-\dfrac{\pi}{4}\right)=$_____.

解:因为 α 为第二象限角且 $\sin\alpha=\dfrac{\sqrt{5}}{5}$,所以 $\cos\alpha=-\dfrac{2\sqrt{5}}{5}$.

从而 $\cos\left(\alpha-\dfrac{\pi}{4}\right)=\cos\alpha\cos\dfrac{\pi}{4}+\sin\alpha\sin\dfrac{\pi}{4}=\dfrac{\sqrt{2}}{2}(\sin\alpha+\cos\alpha)=-\dfrac{\sqrt{10}}{10}$.

例2.已知 $\sin\alpha=2\sqrt{2}\sin\left(\alpha+\dfrac{3\pi}{2}\right)$,则 $\cos 2\alpha=$_____.

解:由 $\sin\alpha=2\sqrt{2}\sin\left(\alpha+\dfrac{3\pi}{2}\right)$,得 $\sin\alpha=-2\sqrt{2}\cos\alpha$,所以 $\tan\alpha=-2\sqrt{2}$.

从而 $\cos^2\alpha=\dfrac{1}{9}$,从而 $\cos 2\alpha=2\cos^2\alpha-1=-\dfrac{7}{9}$.

例3.已知 $\sin\alpha=\dfrac{2\sqrt{2}}{3}$,$\alpha\in\left(\dfrac{\pi}{2},\pi\right)$,则 $\tan 2\alpha=$_____.

解:由 $\sin\alpha=\dfrac{2\sqrt{2}}{3}$,$\alpha\in\left(\dfrac{\pi}{2},\pi\right)$,得 $\tan\alpha=-2\sqrt{2}$,所以 $\tan 2\alpha=\dfrac{2\tan\alpha}{1-\tan^2\alpha}=\dfrac{4\sqrt{2}}{7}$.

例4.已知 $\sin\alpha-\cos\alpha=\dfrac{3}{4}$,则 $\sin 2\alpha=$_____.

解:因为 $\sin\alpha-\cos\alpha=\dfrac{3}{4}$,所以 $1-2\sin\alpha\cos\alpha=\dfrac{9}{16}$,从而 $\sin 2\alpha=\dfrac{7}{16}$.

二、三角恒等变换

1.按公式展开

例1.已知 $\sin\theta+\sin(\theta+\frac{\pi}{3})=1$，则 $\sin(\theta+\frac{\pi}{6})=$ _____.

解：因为 $\sin\theta+\sin(\theta+\frac{\pi}{3})=\frac{3}{2}\sin\theta+\frac{\sqrt{3}}{2}\cos\theta=\sqrt{3}\sin(\theta+\frac{\pi}{6})=1$，

所以 $\sin(\theta+\frac{\pi}{6})=\frac{\sqrt{3}}{3}$.

点拨　（1）当出现未知角与非 $\frac{\pi}{2}$ 整数倍角的和差问题时，可直接按公式展开求解.

（2）遇正切则转化为正余弦之比的形式；遇倍角则用倍角公式.

（3）尽量使等式中的三角函数个数减少，且使角的倍数相同.

2.换元转诱导公式

例1.已知 $\sin2\alpha=\frac{2}{3}$，求 $\cos^2(\alpha+\frac{\pi}{4})$ 的值.

解：令 $\alpha+\frac{\pi}{4}=t$，则 $\alpha=t-\frac{\pi}{4}$. 由 $\sin2\alpha=\frac{2}{3}\Rightarrow\sin(2t-\frac{\pi}{2})=\frac{2}{3}$，从而 $\cos2t=-\frac{2}{3}$.

于是 $2\cos^2t-1=-\frac{2}{3}$，解得 $\cos^2t=\frac{1}{6}$，即 $\cos^2(\alpha+\frac{\pi}{4})=\frac{1}{6}$.

点拨　通过换元将原式化为顺向思维，通常令角的系数小的代数式为 t.

3.切化弦

例1.已知 $\tan\theta(4-\sin\theta)=4\cos\theta$，求 $\cos2\theta$.

解：由 $\tan\theta(4-\sin\theta)=4\cos\theta$，得 $\frac{\sin\theta}{\cos\theta}(4-\sin\theta)=4\cos\theta$，

从而 $3\sin^2\theta+4\sin\theta-4=0$，解得 $\sin\theta=\frac{2}{3}$ 或 $\sin\theta=-2$（舍去）.

于是 $\cos2\theta=1-2\sin^2\theta=\frac{1}{9}$.

点拨　（1）等式中同时含有正切和正余弦时，则将正切转化为正余弦.

（2）常用公式：$\tan\theta=\frac{\sin\theta}{\cos\theta}$，$\tan2\theta=\frac{\sin2\theta}{\cos2\theta}$.

4.弦化切

例1.已知 $\tan\theta=-2$，求 $\frac{\cos2\theta+1}{\sin2\theta-1}$ 的值.

解：$\dfrac{\cos2\theta+1}{\sin2\theta-1}=\dfrac{(2\cos^2\theta-1)+1}{2\sin\theta\cos\theta-(\sin^2\theta+\cos^2\theta)}=\dfrac{2\cos^2\theta}{2\sin\theta\cos\theta-\sin^2\theta-\cos^2\theta}$

$=\dfrac{2}{2\tan\theta-\tan^2\theta-1}=-\dfrac{2}{9}$.

例2.已知 $\sin 2\theta = \dfrac{3}{5}$，$\theta \in (0, \dfrac{\pi}{4})$，求 $\tan\theta$ 的值.

解：由 $\sin 2\theta = \dfrac{3}{5} \Rightarrow \dfrac{2\sin\theta\cos\theta}{1} = \dfrac{3}{5}$，即 $\dfrac{2\sin\theta\cos\theta}{\sin^2\theta + \cos^2\theta} = \dfrac{3}{5}$，

等式左边分子分母同除 $\cos^2\theta$，得 $\dfrac{2\tan\theta}{\tan^2\theta + 1} = \dfrac{3}{5}$，即 $3\tan^2\theta - 10\tan\theta + 3 = 0$，解得

$\tan\theta = 3$ 或 $\tan\theta = \dfrac{1}{3}$. 因为 $\theta \in (0, \dfrac{\pi}{4})$，所以 $\tan\theta < 1$，所以 $\tan\theta = \dfrac{1}{3}$.

点拨 （1）弦化切常用于正余弦的分式，将分式的分子分母上下同除 $\cos\theta$ 或 $\cos^2\theta$，从而将原式转化为只含正切的等式.

（2）若代数式中含数字1，常用 $\cos 2\theta = 2\cos^2\theta - 1 = 1 - 2\sin^2\theta$ 消去数字1，或用 $\sin^2\theta + \cos^2\theta = 1$ 替换数字1.

5.两边平方

例1.已知 $\sin\alpha - \cos\beta = \dfrac{1}{3}$，$\cos\alpha + \sin\beta = \dfrac{\sqrt{3}}{3}$，求 $\sin(\alpha - \beta)$ 的值.

解：对 $\sin\alpha - \cos\beta = \dfrac{1}{3}$ 两边平方，得 $\sin^2\alpha - 2\sin\alpha\cos\beta + \cos^2\beta = \dfrac{1}{9}$，

对 $\cos\alpha + \sin\beta = \dfrac{\sqrt{3}}{3}$ 两边平方，得 $\cos^2\alpha + 2\cos\alpha\sin\beta + \sin^2\beta = \dfrac{1}{3}$，

再将两个等式左右相加，得 $2 - 2(\sin\alpha\cos\beta - \cos\alpha\sin\beta) = \dfrac{4}{9}$，

即 $2 - 2\sin(\alpha - \beta) = \dfrac{4}{9}$，从而 $\sin(\alpha - \beta) = \dfrac{7}{9}$.

点拨 当题干中出现正余弦的和差时，可将等式两边同时平方后，再进行下一步计算.

6.配凑

例1.已知 α，β 均为锐角，且 $\cos\alpha = \dfrac{1}{7}$，$\cos(\alpha + \beta) = -\dfrac{11}{14}$，求 β 的值.

解：已知 $\beta = (\alpha + \beta) - \alpha$，则 $\cos\beta = \cos[(\alpha + \beta) - \alpha]$

$= \cos(\alpha + \beta)\cos\alpha + \sin(\alpha + \beta)\sin\alpha$.

因为 α，β 均为锐角，所以 $0 < \alpha + \beta < \pi$.

而 $\cos\alpha = \dfrac{1}{7}$，$\cos(\alpha + \beta) = -\dfrac{11}{14}$，所以 $\sin\alpha = \dfrac{4\sqrt{3}}{7}$，$\sin(\alpha + \beta) = \dfrac{5\sqrt{3}}{14}$.

从而 $\cos\beta = (-\dfrac{11}{14}) \times \dfrac{1}{7} + \dfrac{5\sqrt{3}}{14} \times \dfrac{4\sqrt{3}}{7} = \dfrac{1}{2}$，所以 $\beta = \dfrac{\pi}{3}$.

点拨 （1）已知 $\sin\alpha$ 及 $\cos(\alpha + \beta)$ 的值，求 $\sin\beta$. 因为所求值与 α 无关，故需要消去 α，于是可考虑 $\beta = (\alpha + \beta) - \alpha$.

（2）将已知角当作一个整体，通过它们的和差配凑出未知角是解决此类问题的关键.

三、三角函数的性质

1.周期性

例1. 已知函数 $f(x)=\sqrt{3}\sin\omega x-3\cos\omega x(\omega>0)$ 的最小正周期为 3π,求 ω 的值.

解: $f(x)=\sqrt{3}\sin\omega x-3\cos\omega x=2\sqrt{3}\sin(\omega x-\dfrac{\pi}{3})$,

所以函数 $f(x)$ 的最小正周期 $T=|\dfrac{2\pi}{\omega}|=3\pi$,解得 $\omega=\dfrac{2}{3}$.

例2. 已知函数 $f(x)=2\sin(\omega x-\dfrac{\pi}{3})(\omega>0)$ 的部分图象如图6.6,求 ω 的值.

解: 设 $f(x)$ 的最小正周期为 T,则 $\dfrac{3}{4}T=|\dfrac{5\pi}{9}-(-\dfrac{4\pi}{9})|=\pi$,

从而 $T=|\dfrac{2\pi}{\omega}|=\dfrac{4\pi}{3}$,所以 $\omega=\dfrac{3}{2}$.

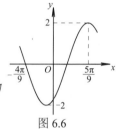

图6.6

点拨 （1） $y=A\sin(\omega x+\varphi)$ 与 $y=A\cos(\omega x+\varphi)$ 的最小正周期为 $T=|\dfrac{2\pi}{\omega}|$; $y=A\tan(\omega x+\varphi)$ 的最小正周期为 $T=|\dfrac{\pi}{\omega}|$.

（2）对 $y=A\sin(\omega x+\varphi)$ 或 $y=A\cos(\omega x+\varphi)$ 整体加绝对值,最小正周期为 $T=|\dfrac{\pi}{\omega}|$.

（3）函数 $y=A\sin(\omega x+\varphi)$ 与 $y=A\cos(\omega x+\varphi)$ 的图象都是波浪形,对称中心与相邻对称轴之间的距离是 $\dfrac{1}{4}$ 个周期;相邻两条对称轴或相邻两个对称中心之间的距离为半个周期;相邻两个最高点或相邻两个最低点之间的距离为一个周期.

（4）函数 $y=A\tan(\omega x+\varphi)$ 的图象与直线 $y=m$ 相邻两个交点的距离为一个周期.

2.奇偶性

例1. 若函数 $f(x)=2\sin(2x+\varphi)$ 是奇函数,求 φ 的所有可能值,并写出 φ 的最小正值.

解: 依题 $\varphi=k\pi,k\in\mathbf{Z}$,所以 φ 最小正值为 π.

例2. 已知函数 $f(x)=\dfrac{\sin 3x}{x^2+1}-1$,求 $f(x)$ 的最大值与最小值之和.

解: 取 $g(x)=\dfrac{\sin 3x}{x^2+1}$,因为 $y=\sin 3x$ 是奇函数, $y=x^2+1$ 是偶函数,所以 $g(x)$ 是奇函数.

设 $g(x)$ 的最大值为 M, $g(x)$ 的最小值 m,则 $M+m=0$,

于是 $f(x)_{\max}=M-1$, $f(x)_{\min}=m-1$.

所以 $f(x)_{\max}+f(x)_{\min}=(M-1)+(m-1)=-2$.

点拨 若函数 $y=A\sin(\omega x+\varphi)$ 是偶函数,则 $\varphi=\dfrac{\pi}{2}+k\pi,k\in\mathbf{Z}$;

若函数 $y=A\cos(\omega x+\varphi)$ 是奇函数,当 $\varphi=\dfrac{\pi}{2}+k\pi,k\in\mathbf{Z}$.

3.对称性

例1.函数 $f(x)=\cos(2x+\varphi)$ 的一条对称轴为 $x=\dfrac{\pi}{6}$，求 φ 的最小正值.

解：依题 $2\times\dfrac{\pi}{6}+\varphi=k\pi$，$k\in\mathbf{Z}$，解得 $\varphi=-\dfrac{\pi}{3}+k\pi$，$k\in\mathbf{Z}$，

取 $k=1$，得 $\varphi=\dfrac{2\pi}{3}$ 为 φ 的最小正值.

例2.函数 $f(x)=2\sin(\omega x-\dfrac{\pi}{3})$ 的一个对称中心为 $(\dfrac{\pi}{12}$，$0)$，求 ω 的最小正值.

解：依题 $\omega\times\dfrac{\pi}{12}-\dfrac{\pi}{3}=k\pi$，$k\in\mathbf{Z}$，解得 $\omega=4+12k$，$k\in\mathbf{Z}$，

取 $k=0$，得 $\omega=4$ 为 ω 的最小正值.

例3.函数 $f(x)=3\sin(\omega x+\varphi)(\omega>0)$ 满足 $f(x)=f(\dfrac{\pi}{6}-x)$，且 $f(x)=-f(\dfrac{2\pi}{3}-x)$，求 ω 的

最小值.

解：设 $f(x)$ 的周期为 T.

由 $f(x)=f(\dfrac{\pi}{6}-x)$，得 $x=\dfrac{\pi}{12}$ 为 $f(x)$ 的一条对称轴，

由 $f(x)=-f(\dfrac{2\pi}{3}-x)$，得 $(\dfrac{\pi}{3}$，$0)$ 为 $f(x)$ 的一个对称中心.

若 ω 取最小值，则 $f(x)$ 的周期最大.

从而对称轴 $x=\dfrac{\pi}{12}$ 与对称中心 $(\dfrac{\pi}{3}$，$0)$ 之间为 $\dfrac{T}{4}$ 的图象，则 $\dfrac{T}{4}=|\dfrac{\pi}{3}-\dfrac{\pi}{12}|=\dfrac{\pi}{4}$.

所以 $T=\pi$，从而 ω 的最小值为 2.

点拨 函数 $y=A\sin(\omega x+\varphi)(y=A\cos(\omega x+\varphi))$ 在对称轴处取得最值；对称中心的横坐标 x_0 使得 $\sin(\omega x_0+\varphi)=0(\cos(\omega x_0+\varphi)=0)$.

4.单调性

例1.求函数 $f(x)=\cos(2x+\dfrac{\pi}{3})+1$ 在 $[-\dfrac{\pi}{2}$，$\dfrac{\pi}{2}]$ 上的单调递增区间.

解：令 $-\pi+2k\pi\leqslant 2x+\dfrac{\pi}{3}\leqslant 2k\pi$，$k\in\mathbf{Z}$，得 $-\dfrac{2\pi}{3}+k\pi\leqslant x\leqslant-\dfrac{\pi}{6}+k\pi$，$k\in\mathbf{Z}$.

所以 $f(x)$ 的单调递增区间为 $[-\dfrac{2\pi}{3}+k\pi$，$-\dfrac{\pi}{6}+k\pi]$，$k\in\mathbf{Z}$.

与 $[-\dfrac{\pi}{2}$，$\dfrac{\pi}{2}]$ 取交集得 $[-\dfrac{\pi}{2}$，$-\dfrac{\pi}{6}]$，$[\dfrac{\pi}{3}$，$\dfrac{\pi}{2}]$.

所以 $f(x)$ 在 $[-\dfrac{\pi}{2}$，$\dfrac{\pi}{2}]$ 上的单调递增区间为 $[-\dfrac{\pi}{2}$，$-\dfrac{\pi}{6}]$，$[\dfrac{\pi}{3}$，$\dfrac{\pi}{2}]$.

例2.已知 $\omega>0$，函数 $f(x)=3\sin\omega x-\sqrt{3}\cos\omega x$ 在 $(\dfrac{2\pi}{3}$，$\pi)$ 上单调递增，求 ω 的取值

范围.

解: $f(x) = 3\sin\omega x - \sqrt{3}\cos\omega x = 2\sqrt{3}\sin(\omega x - \frac{\pi}{6})$.

令 $-\frac{\pi}{2} + 2k\pi \leqslant \omega x - \frac{\pi}{6} \leqslant \frac{\pi}{2} + 2k\pi$, $k \in \mathbf{Z}$, 得 $-\frac{\pi}{3\omega} + \frac{2k\pi}{\omega} \leqslant x \leqslant \frac{2\pi}{3\omega} + \frac{2k\pi}{\omega}$, $k \in \mathbf{Z}$.

所以 $f(x)$ 的单调递增区间为 $[-\frac{\pi}{3\omega} + \frac{2k\pi}{\omega}, \frac{2\pi}{3\omega} + \frac{2k\pi}{\omega}]$, $k \in \mathbf{Z}$.

因为 $f(x)$ 在 $(\frac{2\pi}{3}, \pi)$ 上单调递增,

所以 $\begin{cases} -\frac{\pi}{3\omega} + \frac{2k\pi}{\omega} \leqslant \frac{2\pi}{3}, \\ \frac{2\pi}{3\omega} + \frac{2k\pi}{\omega} \geqslant \pi, \\ \omega > 0 \end{cases}$ $\Rightarrow$ $\begin{cases} \omega \geqslant -\frac{1}{2} + 3k, \\ \omega \leqslant \frac{2}{3} + 2k, \\ \omega > 0, \end{cases}$

解得 $\omega \in (0, \frac{2}{3}] \cup [\frac{5}{2}, \frac{8}{3}]$.

点拨 (1)含参数的三角函数在给定区间上的单调性问题,可先求出单调区间,让给定区间包含于所求区间,然后根据 k 的取值求出参数的范围. 具体步骤:

①求单调区间;

②解 ω;

③根据 k 的取值求出 ω 的范围.

(2)若所给的单调区间包含 0,可通过数形结合的方法得到结果.

5.三角方程的对称根

例1.已知函数 $f(x) = \sin(2x - \frac{\pi}{3})$, 若方程 $f(x) = \frac{1}{3}$ 在 $(0, \pi)$ 上的解为 x_1, $x_2(x_1 < x_2)$, 求 $\cos(x_1 + x_2)$ 的值.

解: 由 $2x - \frac{\pi}{3} = \frac{\pi}{2} + k\pi$, $k \in \mathbf{Z}$,

得 $x = \frac{5\pi}{12} + \frac{k\pi}{2}$, $k \in \mathbf{Z}$ 是 $f(x)$ 的对称轴.

当 $k = 0$ 时, 得 $f(x)$ 在 $(0, \pi)$ 内的对称轴方程为 $x = \frac{5\pi}{12}$,

因为 $f(x_1) = f(x_2) = \frac{1}{3}$,

所以 $\frac{x_1 + x_2}{2} = \frac{5\pi}{12}$,

从而 $x_1 + x_2 = \frac{5\pi}{6}$, 于是 $\cos(x_1 + x_2) = -\frac{\sqrt{3}}{2}$.

点拨 一个周期内,函数值相等的两个自变量 x_1, x_2 关于对称轴对称;半个周期内,函数值互为相反数的两个自变量 x_1, x_2 关于对称中心对称.

四、三角函数的值域

1.范围法

例1.求函数 $f(x)=\sin x(\sin x+\cos x)+1$ 在 $[0,\dfrac{\pi}{2}]$ 上的最值,并求取得最值时 x 的值.

解:$f(x)=\sin^2 x+\sin x\cos x+1$,

因为 $\cos 2x=1-2\sin^2 x$,$\sin 2x=2\sin x\cos x$,

所以 $\sin^2 x=\dfrac{1-\cos 2x}{2}$,$\sin x\cos x=\dfrac{\sin 2x}{2}$,

于是 $f(x)=\dfrac{1}{2}\sin 2x-\dfrac{1}{2}\cos 2x+\dfrac{3}{2}=\dfrac{\sqrt{2}}{2}\sin(2x-\dfrac{\pi}{4})+\dfrac{3}{2}$.

因为 $0\leqslant x\leqslant\dfrac{\pi}{2}$,所以 $-\dfrac{\pi}{4}\leqslant 2x-\dfrac{\pi}{4}\leqslant\dfrac{3\pi}{4}$,

所以 $-\dfrac{\sqrt{2}}{2}\leqslant\sin(2x-\dfrac{\pi}{4})\leqslant 1$,

从而 $1\leqslant\dfrac{\sqrt{2}}{2}\sin(2x-\dfrac{\pi}{4})+\dfrac{3}{2}\leqslant\dfrac{\sqrt{2}+3}{2}$.

则 $f(x)_{\max}=\dfrac{\sqrt{2}+3}{2}$,此时 $x=\dfrac{3\pi}{8}$;$f(x)_{\min}=1$,此时 $x=0$.

例2.求函数 $y=\dfrac{1+\sin x}{\cos x-2}$ 的值域.

解:$y=\dfrac{1+\sin x}{\cos x-2}\Rightarrow\sin x-y\cos x=-2y-1\Rightarrow$

$\sqrt{1+y^2}\sin(x+\varphi)=-2y-1$,即 $\sin(x+\varphi)=\dfrac{-2y-1}{\sqrt{1+y^2}}$.

因为 $|\sin(x+\varphi)|\leqslant 1$,所以 $\left|\dfrac{-2y-1}{\sqrt{1+y^2}}\right|\leqslant 1$,

两边平方可得 $y\in[-\dfrac{4}{3},0]$.

点拨 (1)根据 x 所在区间的范围,确定 $\omega x+\varphi$ 的范围,再结合三角函数图象求出最值和值域.

(2)取最值时 $\omega x+\varphi$ 为区间端点位置或对称轴位置.

(3)当存在分式三角函数时,可将原函数变形后应用辅助角公式转化为 $\sin(\omega x+\varphi)=f(y)$ 的形式,再结合 $|f(y)|\leqslant 1$ 可得 y 的取值范围,从而得原函数的值域.

2.换元法

例1.求函数 $f(x)=\cos 2x+\sin x+2$ 的值域.

解：函数 $f(x)=\cos 2x+\sin x+2=(1-2\sin^2 x)+\sin x+2$

$$=-2\sin^2 x+\sin x+3.$$

令 $\sin x=t$，$t\in[-1,1]$，

得 $y=-2t^2+t+3$，$t\in[-1,1]$.

函数 $y=-2t^2+t+3$，$t\in[-1,1]$ 的图象如图 6.7，

由图可知原函数的值域为 $[0,\dfrac{25}{8}]$.

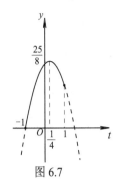

图 6.7

例2.求函数 $f(x)=\dfrac{2\sin x\cos x}{1+\sin x+\cos x}$ 的最值.

解：令 $\sin x+\cos x=t$，

因为 $\sin x+\cos x=\sqrt{2}\sin(x+\dfrac{\pi}{4})$，

所以 $t\in[-\sqrt{2},\sqrt{2}]$，且 $2\sin x\cos x=t^2-1$.

则 $f(x)=\dfrac{t^2-1}{1+t}=t-1$，$t\in[-\sqrt{2},-1)\cup(-1,\sqrt{2}]$，

故原函数的值域为 $[-\sqrt{2}-1,-2)\cup(-2,\sqrt{2}-1]$.

例3.函数 $f(x)=\tan 2x\tan^3 x$ 在区间 $(\dfrac{\pi}{4},\dfrac{\pi}{2})$ 上的值域为_____.

解：$f(x)=\dfrac{2\tan^4 x}{1-\tan^2 x}$，令 $\tan x=t>1$，

得 $g(t)=\dfrac{2t^4}{1-t^2}$，则 $g'(t)=\dfrac{4t^3(2-t^2)}{(1-t^2)^2}$.

由 $g'(t)>0$，得 $t\in(1,\sqrt{2})$；

由 $g'(t)<0$，得 $t\in(\sqrt{2},+\infty)$.

所以 $g(t)$ 在 $(1,\sqrt{2})$ 上单调递增，在 $(\sqrt{2},+\infty)$ 上单调递减，

则 $g(t)_{\max}=-8$，即原函数的值域为 $(-\infty,-8]$.

点拨　(1)若原函数只含 $\sin x$，$\cos x$ 或 $\tan x$，则令 $\sin x$，$\cos x$ 或 $\tan x$ 为 t，代入后所得函数的值域即为原函数的值域.

　　(2)若原函数同时含 $\sin x\pm\cos x$，$\sin x\cos x$，则令三角函数为 $\sin x+\cos x=t$，然后等式两边同时平方可得 $\sin x\cos x$ 是关于 t 的代数式，代入后求所得函数的值域为原函数的值域.

　　(3)换元后注意中间变量 t 的取值范围.

五、三角函数图象变换

1.变换后的解析式

例1. 将函数 $y=\cos(2x-\dfrac{\pi}{12})$ 的图象上所有的点向左平移 $\dfrac{\pi}{6}$ 个单位长度,再把所得各点的横坐标伸长到原来的4倍(纵坐标不变),求所得函数的解析式.

解:$y=\cos(2x-\dfrac{\pi}{12}) \xrightarrow{\text{向左移}\frac{\pi}{6}} y=\cos[2(x+\dfrac{\pi}{6})-\dfrac{\pi}{12}]=\cos(2x+\dfrac{\pi}{4})$

$\xrightarrow{\text{纵不变,横伸4倍}} y=\cos[2(\dfrac{1}{4}x)+\dfrac{\pi}{4}]=\cos(\dfrac{1}{2}x+\dfrac{\pi}{4})$.

故所求得函数的解析式为 $y=\cos(\dfrac{1}{2}x+\dfrac{\pi}{4})$.

例2. 将函数 $y=\sin(2x+\dfrac{\pi}{3})$ 的图象上所有的点向右平移 $\dfrac{\pi}{12}$ 个单位长度,再把所得各点的横坐标缩短到原来的 $\dfrac{1}{2}$(纵坐标不变),求所得函数的解析式.

解:$y=\sin(2x+\dfrac{\pi}{3}) \xrightarrow{\text{向右移}\frac{\pi}{12}} y=\sin(2x+\dfrac{\pi}{6}) \xrightarrow{\text{纵不变,横伸}\frac{1}{2}} y=\sin(4x+\dfrac{\pi}{6})$.

故所求函数解析式为 $y=\sin(4x+\dfrac{\pi}{6})$.

点拨 (1)将函数 $y=\sin x$ 的图象纵坐标不变,横坐标伸缩为原来的 $\dfrac{1}{\omega}$ $(\omega>0)$ 得到函数 $y=\sin\omega x$ 的图象.注意:x 轴上的伸缩变换,只在 x 上乘除.

(2)将函数 $y=\sin\omega x$ 的图象向左平移 $\varphi(\varphi>0)$ 个单位得到 $y=\sin\omega(x+\varphi)$ 的图象;将函数 $y=\sin\omega x$ 的图象向右平移 $\varphi(\varphi>0)$ 个单位得到 $y=\sin\omega(x-\varphi)$ 的图象.

注意:x 轴上的平移变换,只在 x 上加减,左加右减.

2.变换后得奇(偶)函数

例1. 将函数 $y=\sin(\omega x+\dfrac{\pi}{6})(\omega>0)$ 的图象向右平移 $\dfrac{\pi}{4}$ 个单位后为奇函数,则 ω 的最小值为_____.

解:平移后的函数为 $y=\sin[\omega(x-\dfrac{\pi}{4})+\dfrac{\pi}{6}]=\sin(2x-\dfrac{\omega\pi}{4}+\dfrac{\pi}{6})$,

若该函数为奇函数,则 $-\dfrac{\omega\pi}{4}+\dfrac{\pi}{6}=k\pi$,$k\in\mathbf{Z}$,即 $\omega=\dfrac{2}{3}-4k$,$k\in\mathbf{Z}$.

当 $k=0$ 时,得 ω 的最小值为 $\dfrac{2}{3}$.

例2. 将函数 $y=\sin(2x+\varphi)$ 的图象沿 x 轴向左平移 $\dfrac{\pi}{8}$ 个单位后,得到一个偶函数的图象,则 $|\varphi|$ 的最小值为_____.

解：平移后的函数为 $y=\sin[2(x+\dfrac{\pi}{8})+\varphi]=\sin(2x+\dfrac{\pi}{4}+\varphi)$.

若该函数为偶函数，则 $\dfrac{\pi}{4}+\varphi=\dfrac{\pi}{2}+k\pi$，$k\in\mathbf{Z}$，即 $\varphi=\dfrac{\pi}{4}+k\pi$，$k\in\mathbf{Z}$.

当 $k=0$ 时，得 $\varphi=\dfrac{\pi}{4}$ 为 $|\varphi|$ 的最小值.

点拨　若原函数平移后所得函数可化为 $y=A\sin\omega x$ 的形式，则平移后的函数为奇函数；

平移后所得函数可化为 $y=A\cos\omega x$ 的形式，则平移后的函数为偶函数.

3.变换前后的关系

例1.要得到函数 $y=\sin(2x+\dfrac{\pi}{3})$ 的图象，只需将函数 $y=\cos(2x-\dfrac{\pi}{4})$ 的图象（　　　）

　　A.向右平移 $\dfrac{5\pi}{12}$ 个单位　　　B.向右平移 $\dfrac{\pi}{24}$ 个单位

　　C.向左平移 $\dfrac{5\pi}{12}$ 个单位　　　D.向左平移 $\dfrac{\pi}{24}$ 个单位

解：在起始函数 $y=\cos(2x-\dfrac{\pi}{4})$ 中，令 $2x-\dfrac{\pi}{4}=0\Rightarrow x=\dfrac{\pi}{8}$.

在最终函数 $y=\sin(2x+\dfrac{\pi}{3})$ 中，令 $2x+\dfrac{\pi}{3}=\dfrac{\pi}{2}\Rightarrow x=\dfrac{\pi}{12}$.

只需将 $\dfrac{\pi}{8}$ 平移至 $\dfrac{\pi}{12}$ 即符合题意，也就是向左平移 $\dfrac{\pi}{8}-\dfrac{\pi}{12}=\dfrac{\pi}{24}$ 个单位.选D.

点拨　在 $y=\sin(\omega x+\varphi)(\omega>0)$ 中，令 $\omega x+\varphi=\dfrac{\pi}{2}$ 解得的 x 为该函数距离 y 轴最近的最高点的横坐标；

在 $y=\cos(\omega x+\varphi)(\omega>0)$ 中，令 $\omega x+\varphi=0$ 解得的 x 为该函数距离 y 轴最近的最高点的横坐标.

六、求三角函数的解析式

例1.已知函数 $f(x)=A\sin(\omega x+\varphi)+B(A>0,\omega>0,|\varphi|<\dfrac{\pi}{2})$ 的部分图象如图6.8.求函数 $f(x)$ 的解析式.

解：由图可知 $\begin{cases}A+B=3,\\-A+B=-1,\end{cases}$ 解得 $\begin{cases}A=2,\\B=1.\end{cases}$

因为 $y=\sin x$ 离 y 轴最近的最高点的横坐标为 $\dfrac{\pi}{2}$，

所以 $\omega\times\dfrac{2\pi}{3}+\varphi=\dfrac{\pi}{2}$，

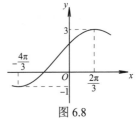

图6.8

依此可以推出 $\omega \times (-\dfrac{4\pi}{3}) + \varphi = -\dfrac{\pi}{2}$,

则有 $\begin{cases} \omega \times \dfrac{2\pi}{3} + \varphi = \dfrac{\pi}{2}, \\ \omega \times (-\dfrac{4\pi}{3}) + \varphi = -\dfrac{\pi}{2}, \end{cases}$ 解得 $\begin{cases} \omega = \dfrac{1}{2}, \\ \varphi = \dfrac{\pi}{6}, \end{cases}$

则函数 $f(x) = 2\sin(\dfrac{1}{2}x + \dfrac{\pi}{6}) + 1$.

例2.已知函数 $f(x) = A\sin(\omega x + \varphi)(A > 0 , \omega > 0 , 0 < \varphi < \dfrac{\pi}{2})$ 的图象与 x 轴的交点中,

相邻两个交点之间的距离为 $\dfrac{\pi}{2}$,且图象上一个最低点为 $M(\dfrac{2\pi}{3} , -2)$,求函数 $f(x)$

的解析式.

解:因为函数 $f(x)$ 的一个最低点为 $M(\dfrac{2\pi}{3} , -2)$,而 $A > 0$,所以 $A = 2$.

依题 $|\dfrac{2\pi}{\omega}| = \pi(\omega > 0)$,解得 $\omega = 2$,则 $f(x) = 2\sin(2x + \varphi)$.

因为函数 $f(x)$ 的一个最低点的横坐标为 $\dfrac{2\pi}{3}$,

所以 $2 \times \dfrac{2\pi}{3} + \varphi = -\dfrac{\pi}{2} + 2k\pi$, $k \in \mathbf{Z}$,

从而 $\varphi = -\dfrac{11\pi}{6} + 2k\pi$, $k \in \mathbf{Z}$,

当 $k = 1$ 时,得 $\varphi = \dfrac{\pi}{6} \in (0 , \dfrac{\pi}{2})$ 符合题意,

所以函数 $f(x) = 2\sin(2x + \dfrac{\pi}{6})$.

点拨 设函数 $f(x) = A\sin(\omega x + \varphi) + B(A > 0 , \omega > 0)$ 的最大值为 M,最小值为 m.

(1) $\begin{cases} A + B = M, \\ -A + B = m. \end{cases}$

(2) $y = \sin(\omega x + \varphi)$ 的图象离 y 轴最近的最高点的横坐标 x_0 对应 $\omega x_0 + \varphi = \dfrac{\pi}{2}$,其

他点依次类推;$y = \cos(\omega x + \varphi)$ 的图象离 y 轴最近的最高点的横坐标 x_0 对应

$\omega x_0 + \varphi = 0$,其他点依次类推.找到两个对点便可建立方程组,从而求得 ω,φ.

(3)根据特殊点的距离求周期,从而求得 ω 的值,再代入特殊点的坐标值求得 φ.

七、三角方程与三角不等式

例1. 关于 x 的方程 $\sin x = 3m - 1$ 在 $\left(\dfrac{\pi}{6}, \dfrac{4\pi}{3}\right)$ 上有两个实数解,求实数 m 的取值范围.

解: 令 $y_1 = \sin x$, $x \in \left(\dfrac{\pi}{6}, \dfrac{4\pi}{3}\right)$ 与 $y_2 = 3m - 1$,

它们的图象如图 6.9. 若方程 $\sin x = 3m - 1$ 在

$\left(\dfrac{\pi}{6}, \dfrac{4\pi}{3}\right)$ 上有两个实数解,则它们的图象在

区间 $\left(\dfrac{\pi}{6}, \dfrac{4\pi}{3}\right)$ 上有两个交点,

所以 $\dfrac{1}{2} < 3m - 1 < 1$,解得 $m \in \left(\dfrac{1}{2}, \dfrac{2}{3}\right)$.

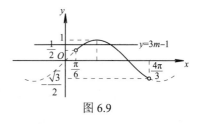

图 6.9

例2. 若方程 $2\sin\left(2x - \dfrac{\pi}{3}\right) + 1 = m$ 在 $\left(0, \dfrac{\pi}{2}\right)$ 上有两个根,求 m 的取值范围.

解: $2\sin\left(2x - \dfrac{\pi}{3}\right) + 1 = m \Leftrightarrow \sin\left(2x - \dfrac{\pi}{3}\right) = \dfrac{m-1}{2}$.

因为 $0 < x < \dfrac{\pi}{2}$,所以 $-\dfrac{\pi}{3} < 2x - \dfrac{\pi}{3} < \dfrac{2\pi}{3}$,

令 $2x - \dfrac{\pi}{3} = t$,则 $-\dfrac{\pi}{3} < t < \dfrac{2\pi}{3}$,

由 $y = \sin t$ 在 $\left(-\dfrac{\pi}{3}, \dfrac{2\pi}{3}\right)$ 上的图象 6.10 可知,

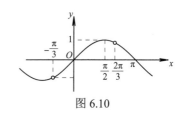

图 6.10

若 $\sin t = \dfrac{m-1}{2}$ 有两个根,则 $\dfrac{\sqrt{3}}{2} < \dfrac{m-1}{2} < 1$,解得 $m \in (\sqrt{3} + 1, 3)$.

例3. 求关于 x 的不等式 $2\sin x \geqslant \sqrt{3}$ 的解集.

解: $2\sin x \geqslant \sqrt{3} \Leftrightarrow \sin x \geqslant \dfrac{\sqrt{3}}{2}$,取 $y_1 = \sin x$ 与 $y_2 = \dfrac{\sqrt{3}}{2}$,它们的图象如图 6.11.

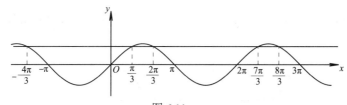

图 6.11

所以不等式 $2\sin x \geqslant \sqrt{3}$ 的解集为 $\left[\dfrac{\pi}{3} + 2k\pi, \dfrac{2\pi}{3} + 2k\pi\right]$, $k \in \mathbb{Z}$.

点拨 设函数 $f(x) = \sin(\omega x + \varphi)$ $(a < x < b)$.

(1) 方程 $f(x) = m$ 的根的个数是 $y = f(x)$ 的图象与直线 $y = m$ 的交点个数.

令 $\omega x + \varphi = t$,则方程 $f(x) = m$ 的根的个数是 $y = \sin t$ 的图象与直线 $y = m$ 的交点

个数,注意 t 的取值范围.

（2）不等式$\sin x > a$或$\cos x \leqslant a$的解集由正余弦函数与直线$y=a$的图象得到.

不等式$\sin(\omega x+\varphi) > a$或$\cos(\omega x+\varphi) \leqslant a$中，令$\omega x+\varphi=t$，由$\sin t > a$或$\cos t \leqslant a$得$t$的范围，通过$t$的范围可求得$x$的范围.

八、三角函数综合性质

例1. 已知函数$f(x)=|2\cos^2 x-1|$，下列结论错误的是（　　　）

  A.$f(x)$的最小正周期为$\dfrac{\pi}{2}$ B.$f(x)$的对称轴方程为$x=\dfrac{k\pi}{2}$，$k\in\mathbf{Z}$

  C.$f(x)$的值域为$[0,1]$ D.$f(x)$在$\left(\dfrac{\pi}{4},\dfrac{\pi}{2}\right)$上单调递增

解： 函数$f(x)=|2\cos^2 x-1|=|\cos 2x|$的图象如图6.12.

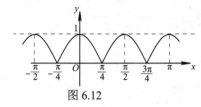

图6.12

由图可知$f(x)$的对称轴为$x=\dfrac{k\pi}{4}$，$k\in\mathbf{Z}$，所以B选项错．选B.

例2. 已知函数$f(x)=\cos x+|\cos x|$，下列结论正确的有_____.

  ①$f(x)$在$(0,\pi)$上单调递减

  ②$f(x)$的周期为2π

  ③$f(x)$的值域为$[-1,2]$

  ④$f(x)$的对称轴方程为$x=k\pi$，$k\in\mathbf{Z}$

解： 将函数$y_1=\cos x$，$y_2=|\cos x|$的图象在同一坐标系中叠加，得$f(x)$的图象如图6.13.

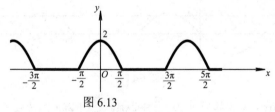

图6.13

由$f(x)$的图象知$f(x)$的周期为2π，对称轴方程为$x=k\pi$，$k\in\mathbf{Z}$，所以②④正确．

点拨 （1）两个函数对称轴相同，叠加后对称性不变；

  （2）两个函数奇偶性相同，叠加后奇偶性不变；

  （3）图象进行叠加，实质是函数值的叠加.

九、五点法求参数范围

例1.(2019·全国Ⅲ卷)已知函数 $f(x)=\sin(\omega x+\dfrac{\pi}{5})(\omega>0)$ 在 $[0,2\pi]$ 上存在5个零点，

下列结论正确的有_____.

①$f(x)$ 在 $(0,\dfrac{\pi}{10})$ 上单调递增　　　②$f(x)$ 在 $[0,2\pi]$ 上仅有3个极大值点

③$f(x)$ 在 $[0,2\pi]$ 上仅有2个极小值点　　④ω 的取值范围是 $[\dfrac{12}{5},\dfrac{29}{10})$

解：令 $\omega x_1+\dfrac{\pi}{5}=0$，得 $x_1=-\dfrac{\pi}{5\omega}$，因为函数的周期 $T=\dfrac{2\pi}{\omega}$，

所以只需在 $-\dfrac{\pi}{5\omega}$ 加 $\dfrac{1}{4}T=\dfrac{\pi}{2\omega}$，得接下来的4个点的横坐标.

依次为 $x_2=\dfrac{3\pi}{10\omega}$，$x_3=\dfrac{4\pi}{5\omega}$，$x_4=\dfrac{13\pi}{10\omega}$，$x_5=\dfrac{9\pi}{5\omega}$.

所以 $f(x)=2\sin(\omega x+\dfrac{\pi}{5})$ 的图象如图6.14，

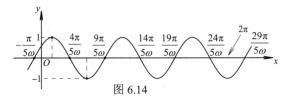

图6.14

若 $f(x)$ 在 $[0,2\pi]$ 上有5个零点，则 $\dfrac{24\pi}{5\omega}\leqslant 2\pi<\dfrac{29\pi}{5\omega}$.

所以 $f(x)$ 在 $[0,2\pi]$ 上仅有3个极大值点，②正确；

极小值点可能有2个也可能有3个，③错误；

由 $\dfrac{24\pi}{5\omega}\leqslant 2\pi<\dfrac{29\pi}{5\omega}$，得 $\dfrac{12}{5}\leqslant\omega<\dfrac{29}{10}$，所以 ω 的取值范围为 $[\dfrac{12}{5},\dfrac{29}{10})$，④正确；

由于 $f(x)$ 在 $[0,\dfrac{3\pi}{10\omega}]$ 上单调递增，当 $\omega=\dfrac{29}{10}$ 时必然也单调递增，

从而 $f(x)$ 在 $[0,\dfrac{3\pi}{29}]$ 上单调递增，则在 $(0,\dfrac{\pi}{10})$ 上单调递增，①正确.

故选①②④.

点拨 五点法

在 $y=\sin(\omega x+\varphi)$ 或 $y=\cos(\omega x+\varphi)$ 中，令 $\omega x_1+\varphi=0$ 得 x_1，在 x_1 上加 $\dfrac{1}{4}$ 个周期得 x_2，依此类推得 x_3，x_4，x_5.根据五个特殊点的横坐标 x_1，x_2，x_3，x_4，x_5，得 $y=\sin(\omega x+\varphi)$ 或 $y=\cos(\omega x+\varphi)$ 的五个特殊点，然后画出相应的函数图象，再根据题目条件得出相应的结论.

第 7 章

DI QI ZHANG

向 量

一、向量的平行与垂直

1.线性表示下的平行

例1.已知向量 a , b 不平行,若 $(a-2b)//(ka+b)$,则 k 的值为_____.

解:因为 $(a-2b)//(ka+b)$,所以 $\dfrac{1}{k}=\dfrac{-2}{1}$,解得 $k=-\dfrac{1}{2}$.

例2.已知向量 m , n 不平行,若 $(m+yn)//(xm-2n)$,则 $xy=$ _____.

解:因为 $(m+yn)//(xm-2n)$,所以 $\dfrac{1}{x}=\dfrac{y}{-2}$,解得 $xy=-2$.

点拨 设 e_1 , e_2 是不共线向量, $a=\lambda e_1+\mu e_2$, $b=xe_1+ye_2$,若 $a//b$,则 $\dfrac{\lambda}{x}=\dfrac{\mu}{y}$ ($xy\neq 0$)(对应系数成比例).

2.坐标运算下的平行

例1.已知向量 $a=(3,2)$, $b=(-1,2)$, $c=(4,1)$,若 $(a+kc)//(2b-a)$,则 k 的值为_____.

解: $a+kc=(3+4k,2+k)$, $2b-a=(-5,2)$,

因为 $(a+kc)//(2b-a)$,所以 $\dfrac{3+4k}{-5}=\dfrac{2+k}{2}$,解得 $k=-\dfrac{16}{13}$.

例2.已知向量 $a=(2,-1)$, $b=(-1,m)$, $c=(-1,2)$,若 $(a+b)//c$,则向量 a , b 的夹角的余弦值为_____.

解: $a+b=(1,m-1)$,因为 $(a+b)//c$,

所以 $\dfrac{1}{-1}=\dfrac{m-1}{2}$,解得 $m=-1$,从而 $b=(-1,-1)$.

于是 $\cos\theta=\dfrac{a\cdot b}{|a|\cdot|b|}=-\dfrac{\sqrt{10}}{10}$.

点拨 向量 $a=(x_1,y_1)$, $b=(x_2,y_2)$,若 $a//b$,则 $\dfrac{x_1}{x_2}=\dfrac{y_1}{y_2}$ ($x_2y_2\neq 0$).

3.三点共线

例1.设向量 a , b 不共线, $\overrightarrow{OA}=a+b$, $\overrightarrow{OB}=3a+2b$, $\overrightarrow{OC}=2a-kb$,若 A , B , C 三点共线,则 k 的值为_____.

解: $\overrightarrow{AB}=\overrightarrow{OB}-\overrightarrow{OA}=2a+b$, $\overrightarrow{AC}=\overrightarrow{OC}-\overrightarrow{OA}=a-(k+1)b$,

因为 A , B , C 三点共线,所以 $\overrightarrow{AB}//\overrightarrow{AC}$,从而 $\dfrac{2}{1}=\dfrac{1}{-(k+1)}$,解得 $k=-\dfrac{3}{2}$.

点拨 （1）若 A ， B ， C 三点共线,则任意两点确定的两个向量平行.

　　　（2）有时需要根据向量的加法或减法得到共线的三个点所确定的向量.

4.线性表示下的垂直

例 1.已知向量 $\overrightarrow{AB}$ 与 $\overrightarrow{AC}$ 的夹角为 $120°$, $|\overrightarrow{AB}|=3$, $|\overrightarrow{AC}|=2$,若 $\overrightarrow{AP}=\lambda\overrightarrow{AB}+\overrightarrow{AC}$,且 $\overrightarrow{AP}\perp\overrightarrow{BC}$.求实数 λ 的值.

解:令 $\overrightarrow{AB}=\boldsymbol{a}$, $\overrightarrow{AC}=\boldsymbol{b}$,则 $\overrightarrow{AP}=\lambda\boldsymbol{a}+\boldsymbol{b}$, $\overrightarrow{BC}=\boldsymbol{b}-\boldsymbol{a}$.

　　因为 $\overrightarrow{AP}\perp\overrightarrow{BC}$,所以 $(\lambda\boldsymbol{a}+\boldsymbol{b})(\boldsymbol{b}-\boldsymbol{a})=-12\lambda+7=0$,解得 $\lambda=\dfrac{7}{12}$.

例2.已知向量 $\boldsymbol{a}$, $\boldsymbol{b}$ 满足 $|\boldsymbol{a}|=1$, $(\boldsymbol{a}+\boldsymbol{b})\perp\boldsymbol{a}$, $(2\boldsymbol{a}+\boldsymbol{b})\perp\boldsymbol{b}$,求 $|\boldsymbol{b}|$ 的值.

解:由 $(\boldsymbol{a}+\boldsymbol{b})\perp\boldsymbol{a}$,得 $\boldsymbol{a}^2+\boldsymbol{a}\cdot\boldsymbol{b}=0$,即 $\boldsymbol{a}\cdot\boldsymbol{b}=-1$.

　　由 $(2\boldsymbol{a}+\boldsymbol{b})\perp\boldsymbol{b}$,得 $2\boldsymbol{a}\cdot\boldsymbol{b}+\boldsymbol{b}^2=0$,即 $\boldsymbol{b}^2=2$,则 $|\boldsymbol{b}|=\sqrt{2}$.

点拨 已知向量 $\boldsymbol{a},\boldsymbol{b}$,则 $\boldsymbol{a}\perp\boldsymbol{b}\Leftrightarrow\boldsymbol{a}\cdot\boldsymbol{b}=0$.

5.坐标运算下的垂直

例1.已知向量 $\boldsymbol{a}=(1,3)$, $\boldsymbol{b}=(-2,m)$,若 $\boldsymbol{a}\perp(\boldsymbol{a}+2\boldsymbol{b})$,则 $m=$ _____.

解:依题 $\boldsymbol{a}+2\boldsymbol{b}=(-3,3+2m)$,

　　因为 $\boldsymbol{a}\perp(\boldsymbol{a}+2\boldsymbol{b})$,所以 $1\times(-3)+3\times(3+2m)=0$,

　　解得 $m=-1$.

例2.求与向量 $\boldsymbol{a}=(\sqrt{3},-1)$ 垂直的单位向量的坐标.

解:设向量 $\boldsymbol{m}=(x,y)$ 与 $\boldsymbol{a}=(\sqrt{3},-1)$ 垂直,则 $\sqrt{3}\,x-y=0$.

　　取 $x=\sqrt{3}$,则 $y=3$,所以 $\boldsymbol{m}=(\sqrt{3},3)$.

　　从而与 $\boldsymbol{a}=(2,-3)$ 垂直的单位向量的坐标为 $\dfrac{\boldsymbol{m}}{|\boldsymbol{m}|}=\dfrac{(\sqrt{3},3)}{\sqrt{(\sqrt{3})^2+3^2}}=(\dfrac{1}{2},\dfrac{\sqrt{3}}{2})$.

点拨 设向量 $\boldsymbol{m}=(x_1,y_1)$, $\boldsymbol{n}=(x_2,y_2)$,则 $\boldsymbol{m}\perp\boldsymbol{n}\Leftrightarrow x_1x_2+y_1y_2=0$.

二、向量的线性表示

1.共起点

例 1. 如图 7.1,在 $\triangle ABC$ 中 , AD 是 $\angle BAC$ 的 角 平 分 线 ,且 $AB=3$, $AC=2$. 若 $\overrightarrow{AD}=\lambda\overrightarrow{AB}+\mu\overrightarrow{AC}$,则 $\lambda-\mu=$ （　　　）

A. $\dfrac{2}{5}$ 　　　　B. $-\dfrac{1}{5}$ 　　　　C.1 　　　　D. $\dfrac{3}{5}$

解:因为 AD 是 $\angle BAC$ 的角平分线,所以 $\dfrac{AB}{AC}=\dfrac{BD}{DC}=\dfrac{3}{2}$,

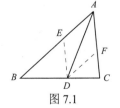

图 7.1

过点 D 作基底 $\overrightarrow{AB}$ 与 $\overrightarrow{AC}$ 的平行线交直线 AB，AC 于点 E，F.

于是 $\overrightarrow{AD}=\overrightarrow{AE}+\overrightarrow{AF}$，而 $\overrightarrow{AE}=\dfrac{2}{5}\overrightarrow{AB}$，$\overrightarrow{AF}=\dfrac{3}{5}\overrightarrow{AC}$，

所以 $\overrightarrow{AD}=\dfrac{2}{5}\overrightarrow{AB}+\dfrac{3}{5}\overrightarrow{AC}$，从而 $\lambda=\dfrac{2}{5}$，$\mu=\dfrac{3}{5}$. 所以 $\lambda-\mu=-\dfrac{1}{5}$. 选 B.

例2. 在平面内有三个向量 $\overrightarrow{OA}$，$\overrightarrow{OB}$，$\overrightarrow{OC}$，满足 $|\overrightarrow{OA}|=|\overrightarrow{OB}|=1$，$<\overrightarrow{OA}$，$\overrightarrow{OB}>=120°$，

$<\overrightarrow{OA}$，$\overrightarrow{OC}>=30°$，且 $|\overrightarrow{OC}|=5\sqrt{3}$. 设 $\overrightarrow{OC}=m\overrightarrow{OA}+n\overrightarrow{OB}$，则 $m+n=$ _____.

解： 如图 7.2，过点 C 作 $\overrightarrow{OA}$，$\overrightarrow{OB}$ 的平行线，

交延长线于 D，E. 显然 $\angle COE=\angle OCD=90°$，

不难得到 $|OD|=10$，$|OE|=5$，

从而 $\overrightarrow{OC}=10\overrightarrow{OA}+5\overrightarrow{OB}$，所以 $m+n=15$.

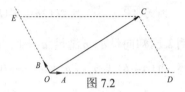
图 7.2

点拨 （1）若基底与被表示向量共起点，则用平行四边形法则将被表示向量转化为基底的线性表示. 通常以过被表示向量的终点作基底的平行线.

（2）①如图 7.3，$\triangle ABC$ 的角平分线分底边之比等于相应高之比，即 $\dfrac{CD}{DB}=\dfrac{AC}{AB}$.

②如图 7.4，在 $\triangle ABC$ 中，若 $DE//BC$，则 $\dfrac{AD}{DB}=\dfrac{AE}{EC}$.

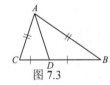
图 7.3

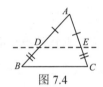
图 7.4

2.不共起点

例1. 如图 7.5，在 $\triangle ABC$ 中，点 D 是边 BC 的中点，且 $\overrightarrow{AE}=2\overrightarrow{EC}$. 令 $\overrightarrow{AB}=\boldsymbol{a}$，$\overrightarrow{AC}=\boldsymbol{b}$. 若 $\overrightarrow{DE}=\lambda\boldsymbol{a}+\mu\boldsymbol{b}$，求 $\lambda\mu$ 的值.

解： $\overrightarrow{DE}=\overrightarrow{AE}-\overrightarrow{AD}=\dfrac{2}{3}\boldsymbol{b}-\dfrac{1}{2}(\boldsymbol{a}+\boldsymbol{b})=-\dfrac{1}{2}\boldsymbol{a}+\dfrac{1}{6}\boldsymbol{b}$，

所以 $\lambda\mu=-\dfrac{1}{12}$.

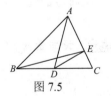
图 7.5

例2. 如图 7.6，在 $\square ABCD$ 中，E 是 CD 的中点.

（1）若 $\overrightarrow{BE}=x\overrightarrow{AB}+y\overrightarrow{AD}$，求 $x+y$ 的值；

（2）若 $\overrightarrow{BD}=\lambda\overrightarrow{AB}+\mu\overrightarrow{AC}$，求 $\lambda+\mu$ 的值.

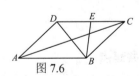
图 7.6

解： （1）$\overrightarrow{BE}=\overrightarrow{BC}+\overrightarrow{CE}=\overrightarrow{AD}-\dfrac{1}{2}\overrightarrow{AB}=-\dfrac{1}{2}\overrightarrow{AB}+\overrightarrow{AD}$，所以 $x+y=\dfrac{1}{2}$.

（2）$\overrightarrow{BD}=\overrightarrow{BC}+\overrightarrow{CD}=(\overrightarrow{AC}-\overrightarrow{AB})-\overrightarrow{AB}=-2\overrightarrow{AB}+\overrightarrow{AC}$，所以 $\lambda+\mu=-1$.

点拨 （1）若基底与被表示向量不共起点，则用三角形法则将被表示向量转化为基底的线性表示. 寻找含基底和被表示向量的三角形是解此类问题的关键.

（2）如图7.7，△ABC 的三条中线相交于点 O（重心），

且 $\dfrac{AO}{OD}=\dfrac{BO}{OE}=\dfrac{CO}{OF}=\dfrac{2}{1}$.

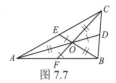

图7.7

3.换基底

例1. 如图7.8，在 $\square ABCD$ 中，点 M 是 BC 的中点，AM 与 BD 相交于点 N. 若 $\overrightarrow{DN}=x\overrightarrow{AM}+y\overrightarrow{AD}$.求 $x+y$ 的值.

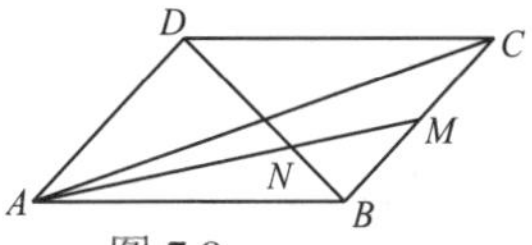

解：在 $\square ABCD$ 中，以 $\overrightarrow{AB}$，$\overrightarrow{AD}$ 作基底.

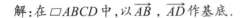

图7.8

设 $\overrightarrow{AB}=\boldsymbol{a}$，$\overrightarrow{AD}=\boldsymbol{b}$.显然点 N 为 △ABC 的重心，

所以 $\overrightarrow{DN}=\dfrac{2}{3}\overrightarrow{DB}=\dfrac{2}{3}(\boldsymbol{a}-\boldsymbol{b})$.

而 $\overrightarrow{AM}=\boldsymbol{a}+\dfrac{1}{2}\boldsymbol{b}$，$\overrightarrow{AD}=\boldsymbol{b}$，代入 $\overrightarrow{DN}=x\overrightarrow{AM}+y\overrightarrow{AD}$，

则 $\dfrac{2}{3}\boldsymbol{a}-\dfrac{2}{3}\boldsymbol{b}=x\boldsymbol{a}+\left(\dfrac{x}{2}+y\right)\boldsymbol{b}$，得 $x=\dfrac{2}{3}$，$\dfrac{x}{2}+y=-\dfrac{2}{3}$，

解得 $x=\dfrac{2}{3}$，$y=-1$，所以 $x+y=-\dfrac{1}{3}$.

点拨 线性关系所用基底不共起点时，可在几何图形中找一对更好的基底去表示线性关系中的三个向量，代入线性关系得方程组，再求解.

4.坐标运算下的线性表示

例1. 在直角坐标系 xOy 中，已知 $A(1，2)$，$B(-1，3)$，$C(2，-1)$.M 是 BC 的中点，若 $\overrightarrow{OM}=\lambda\overrightarrow{AB}+\mu\overrightarrow{AC}$，求 $\lambda+\mu$ 的值.

解：由题可知点 $M\left(\dfrac{1}{2}，1\right)$，从而 $\overrightarrow{OM}=\left(\dfrac{1}{2}，1\right)$，$\overrightarrow{AB}=(-2，1)$，$\overrightarrow{AC}=(1，-3)$，

由 $\overrightarrow{OM}=\lambda\overrightarrow{AB}+\mu\overrightarrow{AC}$，得 $\left(\dfrac{1}{2}，1\right)=\lambda(-2，1)+\mu(1，-3)$，

所以 $\begin{cases}\dfrac{1}{2}=-2\lambda+\mu，\\ 1=\lambda-3\mu，\end{cases}$ 解得 $\lambda=\mu=-\dfrac{1}{2}$，所以 $\lambda+\mu=-1$.

点拨 当向量 $\boldsymbol{m}=\lambda\boldsymbol{a}+\mu\boldsymbol{b}$ 用坐标代入时，等号左右两边对应坐标相等.

三、向量的数量积

1.求数量积

例1. 在 △ABC 中，$|AB|=2$，求 $\overrightarrow{AB}\cdot\overrightarrow{BC}$.

解：$|\overrightarrow{AB}|=|\overrightarrow{BC}|=2$，$<\overrightarrow{AB}，\overrightarrow{BC}>=120°$，

则 $\overrightarrow{AB}\cdot\overrightarrow{BC}=|\overrightarrow{AB}|\cdot|\overrightarrow{BC}|\cos120°=-2$.

例2.(2021·新高考 II 卷)向量 a, b, c 满足 $a+b+c=0$, $|a|=1$, $|b|=|c|=2$,

则 $a \cdot b + b \cdot c + c \cdot a=$_____.

解:因为向量 a, b, c 满足 $a+b+c=0$, $|a|=1$, $|b|=|c|=2$,

所以可构造三角形如图 7.9,$a \cdot b + b \cdot c + c \cdot a=$

$a \cdot b + c \cdot (b+a) = a \cdot b - c^2 = |a| \cdot |b| \cos <a, b> - |c|^2$.

由余弦定理可知 $\cos <a, b> = -\dfrac{1}{4}$,从而 $a \cdot b + b \cdot c + c \cdot a = -\dfrac{9}{2}$.

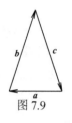
图 7.9

2.求夹角

例1.已知向量 a, b 满足 $|a|=3$, $|b|=5$, $a \perp (a-b)$,则 a, b 夹角 θ 的余弦值为_____.

解:因为 $a \perp (a-b)$,所以 $a \cdot (a-b)=0$,从而 $a^2 - a \cdot b=0$,即 $a \cdot b = a^2 = |a|^2 = 9$.

于是 $\cos\theta = \dfrac{a \cdot b}{|a| \cdot |b|} = \dfrac{3}{5}$.

例2.向量 a, b 满足 $|a|=2$, $a \cdot b=1$, $(a-b) \cdot (a+b)=1$,则 $\cos <a-b, a+b> =$___.

解:由 $(a-b)(a+b)=1$,得 $a^2 - b^2=1$,因为 $|a|=2$,所以 $|b|=\sqrt{3}$.

于是 $|a-b| = \sqrt{(a-b)^2} = \sqrt{a^2 - 2a \cdot b + b^2} = \sqrt{5}$,

$|a+b| = \sqrt{(a+b)^2} = \sqrt{a^2 + 2a \cdot b + b^2} = 3$,

从而 $\cos <a-b, a+b> = \dfrac{(a-b) \cdot (a+b)}{|a-b| \cdot |a+b|} = \dfrac{a^2 - b^2}{|a-b| \cdot |a+b|} = \dfrac{\sqrt{5}}{15}$.

3.求模长

例1.已知单位向量 a, b 满足 $|a-2b|=3$,求 $|a-b|$.

解:$|a-2b|=3 \Rightarrow a^2 - 4a \cdot b + 4b^2 = 9$.因为 a, b 的模长为 1,所以 $a \cdot b = -1$.

于是 $|a-b| = \sqrt{(a-b)^2} = \sqrt{a^2 - 2a \cdot b + b^2} = 2$.

例2.(2023·新高考 II 卷)已知向量 a, b 满足 $|a-b|=\sqrt{3}$, $|a+b|=|2a-b|$,则

$|b|=$_____.

解:由 $|a-b|=\sqrt{3} \Rightarrow a^2 - 2a \cdot b + b^2 = 3$.

由 $|a+b|=|2a-b| \Rightarrow a^2 + 2a \cdot b + b^2 = 4a^2 - 4a \cdot b + b^2$,化简得 $a^2 = 2a \cdot b$.

于是 $b^2 = 3$,所以 $|b| = \sqrt{3}$.

点拨 (1)显然 $a^2 = |a|^2$,从而 $|a| = \sqrt{a^2}$;

(2)求 $|xa+yb|$,则对其平方再开方,即 $|xa+yb| = \sqrt{(xa+yb)^2}$;

(3)若出现 $|xa+yb|=m$,则两边平方,即 $(xa+yb)^2 = m^2$.

4.坐标运算下的数量积

例1.已知向量 $m=(x, 1)$, $n=(2, -2)$, $n \perp (m+n)$,则 $\cos <m, n> =$_____.

解:$m+n=(x+2, -1)$,因为 $n \perp (m+n)$,

所以 $2 \times (x+2)+(-2) \times (-1)=0$,解得 $x=-3$,于是 $\boldsymbol{m}=(-3,1)$.

从而 $\cos <\boldsymbol{m},\boldsymbol{n}> = \dfrac{\boldsymbol{m} \cdot \boldsymbol{n}}{|\boldsymbol{m}| \cdot |\boldsymbol{n}|} = \dfrac{-3 \times 2+1 \times (-2)}{\sqrt{(-3)^2+1^2}\sqrt{2^2+(-2)^2}} = -\dfrac{2\sqrt{5}}{5}$.

例 2. 已知向量 $\boldsymbol{a}=(9,-13)$,$\boldsymbol{b}=(-4,3)$,则向量 $\boldsymbol{a}+\boldsymbol{b}$ 在 $\boldsymbol{b}$ 上的投影向量为＿＿＿＿.

解:$\boldsymbol{a}+\boldsymbol{b}=(5,-10)$,于是向量 $\boldsymbol{a}+\boldsymbol{b}$ 在 $\boldsymbol{b}$ 上的投影向量为

$$\dfrac{(\boldsymbol{a}+\boldsymbol{b}) \cdot \boldsymbol{b}}{|\boldsymbol{b}|} \times \dfrac{\boldsymbol{b}}{|\boldsymbol{b}|} = \dfrac{-50}{5} \times \dfrac{(-4,3)}{5} = (8,-6).$$

例 3. 已知点 O 为坐标原点,向量 $\overrightarrow{OA}=(2,3)$,$\overrightarrow{OB}=(6,-3)$,若 $\overrightarrow{AP}=3\overrightarrow{AB}$,则 $\overrightarrow{OA} \cdot \overrightarrow{BP}=$＿＿＿＿.

解:因为点 O 为坐标原点,所以 $A(2,3)$,$B(6,-3)$.

设 $P(x,y)$,因为 $\overrightarrow{AP}=3\overrightarrow{AB}$,所以 $(x-2,y-3)=3(4,-6)$.

解得 $\begin{cases} x=14, \\ y=-15, \end{cases}$ 所以 $P(14,-15)$,从而 $\overrightarrow{BP}=(8,-12)$,故 $\overrightarrow{OA} \cdot \overrightarrow{BP}=-20$.

点拨 如图 7.10,(1)向量 $\boldsymbol{a}$ 在 $\boldsymbol{b}$ 上的投影为 $d=\dfrac{\boldsymbol{a} \cdot \boldsymbol{b}}{|\boldsymbol{b}|}$(数量积除模长,投在谁上除谁的模长).投影是一个数,可以是正数、负数和零.

(2)$\boldsymbol{a}$ 在 $\boldsymbol{b}$ 上的投影向量为 $d=\dfrac{\boldsymbol{a} \cdot \boldsymbol{b}}{|\boldsymbol{b}|} \times \dfrac{\boldsymbol{b}}{|\boldsymbol{b}|}$,即投影乘向量 $\boldsymbol{b}$ 方向上的单位向量.

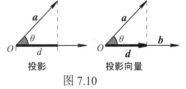

图 7.10

5.数量积的几何意义

例 1. 如图 7.11,在边长为 2 的菱形 $ABCD$ 中,$\angle ABC=60°$,点 P 在线段 BC 和 CD 上运动.求 $\overrightarrow{AB} \cdot \overrightarrow{AP}$ 的取值范围.

解:当 P 在点 B 时,$\overrightarrow{AP}$ 在 $\overrightarrow{AB}$ 上的投影与 $\overrightarrow{AB}$ 同向且长度最长,此时 $\overrightarrow{AB} \cdot \overrightarrow{AP}=4$;

当 P 在点 D 时,$\overrightarrow{AP}$ 在 $\overrightarrow{AB}$ 上的投影与 $\overrightarrow{AB}$ 反向且长度最长,此时 $\overrightarrow{AB} \cdot \overrightarrow{AP}=-2$;

图 7.11

所以 $\overrightarrow{AB} \cdot \overrightarrow{AP}$ 的取值范围为 $[-2,4]$.

点拨 向量 $\boldsymbol{a}$,$\boldsymbol{b}$ 的数量积是 $\boldsymbol{a}$ 在 $\boldsymbol{b}$ 方向上的投影乘 $\boldsymbol{b}$ 的模长.

6.转基底的数量积

例 1. 如图 7.12,在 $\square ABCD$ 中,E 是 BC 的中点,$\angle BAD=45°$,$|\overrightarrow{AD}|=\sqrt{2}$,$|\overrightarrow{AB}|=2$.则 $\overrightarrow{AE} \cdot \overrightarrow{BD}=$＿＿＿＿,$\cos\angle EFD=$＿＿＿＿.

解:记 $\overrightarrow{AB}=\boldsymbol{a}$,$\overrightarrow{AD}=\boldsymbol{b}$,则 $\overrightarrow{AE}=\boldsymbol{a}+\dfrac{1}{2}\boldsymbol{b}$,$\overrightarrow{BD}=\boldsymbol{b}-\boldsymbol{a}$,

从而 $\overrightarrow{AE} \cdot \overrightarrow{BD}=(\boldsymbol{a}+\dfrac{1}{2}\boldsymbol{b}) \cdot (\boldsymbol{b}-\boldsymbol{a})=\dfrac{1}{2}\boldsymbol{b}^2+\dfrac{1}{2}\boldsymbol{a} \cdot \boldsymbol{b}-\boldsymbol{a}^2=-2$.

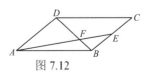

图 7.12

$$|\overrightarrow{AE}|=\sqrt{(\boldsymbol{a}+\frac{1}{2}\boldsymbol{b})^2}=\sqrt{\boldsymbol{a}^2+\boldsymbol{a}\cdot\boldsymbol{b}+\frac{1}{4}\boldsymbol{b}^2}=\sqrt{\frac{13}{2}},$$

$$|\overrightarrow{BD}|=\sqrt{(\boldsymbol{b}-\boldsymbol{a})^2}=\sqrt{\boldsymbol{b}^2-2\boldsymbol{a}\cdot\boldsymbol{b}+\boldsymbol{a}^2}=\sqrt{2},$$

所以 $\cos\angle EFD=\dfrac{\overrightarrow{AE}\cdot\overrightarrow{BD}}{|\overrightarrow{AE}|\cdot|\overrightarrow{BD}|}=-\dfrac{2\sqrt{13}}{13}.$

例2.如图7.13,在$\triangle ABC$中,$AD\perp AB$,$\overrightarrow{BC}=\sqrt{3}\,\overrightarrow{BD}$,$|\overrightarrow{AD}|=1$,则$\overrightarrow{AC}\cdot\overrightarrow{AD}=($ $)$

A.$2\sqrt{3}$ B.$\dfrac{\sqrt{3}}{2}$

C.$\dfrac{\sqrt{3}}{3}$ D.$\sqrt{3}$

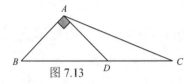

图7.13

解:记$\overrightarrow{AB}=\boldsymbol{a}$,$\overrightarrow{AD}=\boldsymbol{b}$,

$\overrightarrow{AC}=\boldsymbol{a}+\overrightarrow{BC}=\boldsymbol{a}+\sqrt{3}\,\overrightarrow{BD}=\boldsymbol{a}+\sqrt{3}\,(\boldsymbol{b}-\boldsymbol{a})=(1-\sqrt{3})\boldsymbol{a}+\sqrt{3}\,\boldsymbol{b}$,

于是$\overrightarrow{AC}\cdot\overrightarrow{AD}=[(1-\sqrt{3})\boldsymbol{a}+\sqrt{3}\,\boldsymbol{b}]\boldsymbol{b}=(1-\sqrt{3})\boldsymbol{a}\cdot\boldsymbol{b}+\sqrt{3}\,\boldsymbol{b}^2.$

因为$\boldsymbol{a}\perp\boldsymbol{b}$,$|\boldsymbol{b}|=1$,所以$\overrightarrow{AC}\cdot\overrightarrow{AD}=\sqrt{3}$.选D.

点拨 （1）几何图形中,求数量积、模长或夹角,可用该图形中已知模长和夹角的一组基底去表示其他向量,从而将问题转化为基底的运算.

（2）基底一般是图形中夹角与模长已知的向量,且便于表示其他向量.

7.极化恒等式

例1.如图7.14,四边形$ABCD$中,$AB\perp BC$,$AD\perp CD$,$\angle BAD=120°$,$AB=AD=1$,若点E是边CD上的动点,则$\overrightarrow{AE}\cdot\overrightarrow{BE}$的最小值为（   ）

A.$\dfrac{21}{16}$ B.$\dfrac{3}{2}$ C.$\dfrac{25}{16}$ D.3

解:$\overrightarrow{AE}\cdot\overrightarrow{BE}=\overrightarrow{EA}\cdot\overrightarrow{EB}$,取$AB$的中点为$M$,则

$$\overrightarrow{EA}\cdot\overrightarrow{EB}=\overrightarrow{EM}^2-\overrightarrow{MA}^2=\overrightarrow{EM}^2-\frac{1}{4}.$$

当$EM\perp CD$时,$|EM|$最小,此时$|EM|=\dfrac{5}{4}$.

所以$\overrightarrow{AE}\cdot\overrightarrow{BE}$的最小值为$\dfrac{21}{16}$.选A.

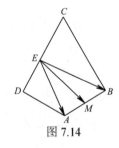

图7.14

点拨 （1）极化恒等式:

如图7.15,在$\triangle ABC$中,点M是BC边的中点,则$\overrightarrow{AB}\cdot\overrightarrow{AC}=\overrightarrow{AM}^2-\overrightarrow{MB}^2$,此公式叫极化恒等式.

（2）寻找共起点的两个向量的终点所在线段的中点是应用极化恒等式的关键.

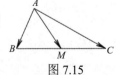

图7.15

四、建系求解向量问题

1.固定型中建系

例1. 在边长为2的等边 $\triangle ABC$ 中,点 D 满足 $2\overrightarrow{AD}=\overrightarrow{DC}$,则 $\overrightarrow{BD}\cdot\overrightarrow{AC}=$_____.

解: 以 BC 的中点 O 为坐标原点,建系如图7.16,

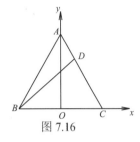

图 7.16

则 $B(-1,0)$,$C(1,0)$,$A(0,\sqrt{3})$,$D(\dfrac{1}{3},\dfrac{2\sqrt{3}}{3})$.

从而 $\overrightarrow{BD}=(\dfrac{4}{3},\dfrac{2\sqrt{3}}{3})$,$\overrightarrow{AC}=(1,-\sqrt{3})$.

于是 $\overrightarrow{BD}\cdot\overrightarrow{AC}=\dfrac{4}{3}\times1+\dfrac{2\sqrt{3}}{3}\times(-\sqrt{3})=-\dfrac{2}{3}$.

例2.(2017·全国Ⅲ卷)如图7.17,在矩形 $ABCD$ 中,$AB=1$,$AD=2$,动点 P 在以 C 为圆心且与 BD 相切的圆上,若 $\overrightarrow{AP}=\lambda\overrightarrow{AB}+\mu\overrightarrow{AD}$,则 $\lambda+\mu$ 的最大值为( )

A.3　　　　B.$2\sqrt{2}$　　　　C.$\sqrt{5}$　　　　D.2

解: 建系如图,则圆 C 的半径为 $r=\dfrac{2\sqrt{5}}{5}$,

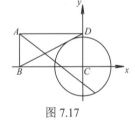

图 7.17

从而圆 C 的方程为 $x^2+y^2=\dfrac{4}{5}$.

设 $P(\dfrac{2\sqrt{5}}{5}\cos\theta,\dfrac{2\sqrt{5}}{5}\sin\theta)$.

显然 $A(-2,1)$,$B(-2,0)$,$D(0,1)$,

由 $\overrightarrow{AP}=\lambda\overrightarrow{AB}+\mu\overrightarrow{AD}$,得 $(\dfrac{2\sqrt{5}}{5}\cos\theta+2,\dfrac{2\sqrt{5}}{5}\sin\theta-1)=\lambda(0,-1)+\mu(2,0)$,

解得 $\begin{cases}\mu=\dfrac{\sqrt{5}}{5}\cos\theta+1,\\[2mm]\lambda=-\dfrac{2\sqrt{5}}{5}\sin\theta+1,\end{cases}$

于是 $\lambda+\mu=-\dfrac{2\sqrt{5}}{5}\sin\theta+\dfrac{\sqrt{5}}{5}\cos\theta+2=-\sin(\theta+\varphi)+2$.

所以在 $\sin(\theta+\varphi)=-1$ 时,$\lambda+\mu$ 取得最大值为3.选A.

点拨 (1)若几何图形大小固定,可建立恰当的坐标系将问题转化为坐标运算.

(2)若出现圆,取圆心位置为坐标原点,这样圆的方程便于参数方程的应用.

2.特殊化后建系

例1. 在 $\square ABCD$ 中,M 是 BC 的中点,AM 与 BD 相交于点 N.若 $\overrightarrow{DN}=x\overrightarrow{AM}+y\overrightarrow{AD}$,则 $x+y=$_____.

解: 此为填空题,题设条件并未确定平行四边形的形状,可取成边长为2的正方形,建立坐标系如图7.18,则$B(2,0)$,$D(0,2)$,$M(2,1)$,$l_{BD}:x+y=2$,$l_{AM}:y=\dfrac{1}{2}x$.

于是BD与AM的交点$N\left(\dfrac{4}{3},\dfrac{2}{3}\right)$.

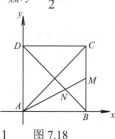

所以$\overrightarrow{DN}=\left(\dfrac{4}{3},-\dfrac{4}{3}\right)$,$\overrightarrow{AM}=(2,1)$,$\overrightarrow{AD}=(0,2)$.

由$\overrightarrow{DN}=x\overrightarrow{AM}+y\overrightarrow{AD}$,得$\left(\dfrac{4}{3},-\dfrac{4}{3}\right)=x(2,1)+y(0,2)$,

从而$2x=\dfrac{4}{3}$,$x+2y=-\dfrac{4}{3}$,解得$x=\dfrac{2}{3}$,$y=-1$,从而$x+y=-\dfrac{1}{3}$.

图7.18

点拨 (1)对于选择题和填空题,若题设条件没有确定几何图形的边长与夹角,只是给出了相应的比例关系,可将几何图形特殊化后建立恰当的坐标系解决问题.

(2)平行四边形常特殊化为正方形、三角形常特殊化为等腰直角三角形、梯形常特殊化为直角梯形,为了方便计算边长可任意赋值.

3.网格中建系

例1. 向量a,b在正方形网格中的位置如图7.19所示,向量$c=a+2b$,则向量b与向量c夹角θ的余弦值为_____.

解:建立直角坐标系如图,则$a=(2,2)$,$b=(1,-2)$,

从而$c=a+2b=(4,-2)$.

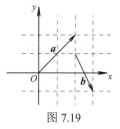

则$\cos\theta=\dfrac{b\cdot c}{|b|\cdot|c|}=\dfrac{1\times4+(-2)\times(-2)}{\sqrt{1^2+(-2)^2}\sqrt{4^2+(-2)^2}}=\dfrac{4}{5}$.

图7.19

点拨 对于多边形网格内的向量问题,可建立恰当的直角坐标系确定相关点的坐标,转化为坐标运算问题.

4.无形中建系

例1.已知a,b,e是平面向量,其中e是单位向量.若$<a,e>=60°$,且$b^2-4e\cdot b+3=0$,则$|a-b|$的最小值等于(   )

　　A.$\sqrt{3}-1$　　　　B.$\sqrt{3}+1$　　　　C.2　　　　D.$2-\sqrt{3}$

解:取a,b,e公共的起点为坐标原点,e指向的方向为x轴正方向,建系如图7.20.

设$b=(x,y)$,由$b^2-4e\cdot b+3=0\Rightarrow(x-2)^2+y^2=1$.

这样向量b的终点B在圆$(x-2)^2+y^2=1$上运动,

而向量a的终点在射线OA(或OA关于x轴对称的射线上)运动,于是$a-b=\overrightarrow{BA}$.

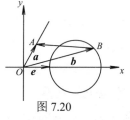

所以$|a-b|=|\overrightarrow{BA}|$的最小值为圆心$(2,0)$到直线$l_{OA}:y=\sqrt{3}x$

图7.20

的距离减去半径,即$|a-b|_{min}=|\overrightarrow{BA}|_{min}=\sqrt{3}-1$.选A.

点拨 若题设中出现两向量的模长和夹角,可将公共的起点作为坐标原点,其中一个向量的方向作为x轴的正方向建系,从而将问题转化为坐标运算.

五、构造

1.构造图形

例1.已知向量 a, b 满足 $|a|=|b|=|a+b|\neq0$,则 $a-b$ 与 b 的夹角为（　　）

  A.30°   B.60°   C.120°   D.150°

解:因为 $|a|=|b|$,所以 a, b 为邻边的平行四边形是菱形,

  又因为 $|a|=|b|=|a+b|\neq0$,所以该菱形的一条对角线

  等于菱形的边长,故得一个内角为120°的菱形如图7.21,

  从而 $a-b=\overrightarrow{BA}$ 与 $b=\overrightarrow{OB}$ 的夹角为150°.选D.

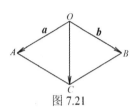

图7.21

点拨 构造相应几何图形的常见结论有:

  (1)若 $|a|=|b|$,则以 a, b 为邻边的四边形是菱形;

  (2)若 $|a|=|b|=|a+b|\neq0$,则 a, b 的夹角为120°.

  (3)若 $(a+b)\cdot(a-b)=0$,则以 a, b 为邻边的四边形是菱形;

  (4)若 $|a+b|=|a-b|\neq0$,则以 a, b 为邻边的四边形是矩形;

  (5)若 $|a|=|b|=|a-b|\neq0$,则以 a, b 为边构成的三角形是正三角形;

  (6)若 $a+b+c=0$,则向量 a, b, c 首尾相连,构成三角形.

2.构造向量

例1.设 a, b, c, x, y, z 是正数,且 $a^2+b^2+c^2=10$,$x^2+y^2+z^2=40$,若 $ax+by+cy=$

  20,则 $\dfrac{a+b+c}{x+y+z}=$ _____.

解:取 $\boldsymbol{\alpha}=(a,b,c)$,$\boldsymbol{\beta}=(x,y,z)$,

  则 $|\boldsymbol{\alpha}|=\sqrt{a^2+b^2+c^2}=\sqrt{10}$,$|\boldsymbol{\beta}|=\sqrt{x^2+y^2+z^2}=2\sqrt{10}$,$\boldsymbol{\alpha}\cdot\boldsymbol{\beta}=ax+by+cz=20$,

  因为 $|\boldsymbol{\alpha}|\cdot|\boldsymbol{\beta}|\geqslant\boldsymbol{\alpha}\cdot\boldsymbol{\beta}$,当且仅当 $\boldsymbol{\alpha}/\!/\boldsymbol{\beta}$ 时,取得等号.

  所以 $|\boldsymbol{\alpha}|\cdot|\boldsymbol{\beta}|=\boldsymbol{\alpha}\cdot\boldsymbol{\beta}=20$,即 $\boldsymbol{\alpha}=\lambda\boldsymbol{\beta}$,其中 $\lambda>0$,

  从而 $a=\lambda x$, $b=\lambda y$, $c=\lambda z$,代入 $a^2+b^2+c^2=10$,得 $\lambda^2(x^2+y^2+y^2)=10$.

  因为 $x^2+y^2+z^2=40$,所以 $\lambda=\dfrac{1}{2}$,从而 $\dfrac{a+b+c}{x+y+z}=\lambda=\dfrac{1}{2}$.

点拨 (1)某些代数关系实则是向量的基本运算,此时可构造向量进行解决,所构造向

  量通常为二维或三维形式.常用到 $|m|\cdot|n|\geqslant m\cdot n$,当且仅当 m, n 同向平行时,等

  号取得.

  (2)柯西不等式:若取 $m=(x_1,x_2,\cdots,x_n)$, $n=(y_1,y_2,\cdots,y_n)$,根据 $|m|\cdot$

  $|n|\geqslant m\cdot n$ 得 $(x_1^2+x_2^2+\cdots+x_n^2)(y_1^2+y_2^2+\cdots+y_n^2)\geqslant(x_1y_1+x_2y_2+\cdots+x_ny_n)^2$,当且

  仅当 $\dfrac{x_1}{y_1}=\dfrac{x_2}{y_2}=\cdots=\dfrac{x_n}{y_n}$ 时,取得等号.

六、共线定理与等和线

1.共线定理

例1.如图7.22,在 $\triangle ABC$ 中,$\overrightarrow{AN}=\frac{1}{2}\overrightarrow{NC}$,$P$ 是 BN 上的一点,若 $\overrightarrow{AP}=m\overrightarrow{AB}+\frac{2}{9}\overrightarrow{AC}$,则实

数 m 的值为_____.

解:因为点 P 在 BN 上,设 $\overrightarrow{AP}=x\overrightarrow{AB}+(1-x)\overrightarrow{AN}$,

因为 $\overrightarrow{AN}=\frac{1}{3}\overrightarrow{AC}$,所以 $\overrightarrow{AP}=x\overrightarrow{AB}+\frac{(1-x)}{3}\overrightarrow{AC}$,

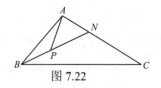

图7.22

结合 $\overrightarrow{AP}=m\overrightarrow{AB}+\frac{2}{9}\overrightarrow{AC}$,得 $\begin{cases} x=m, \\ \dfrac{1-x}{3}=\dfrac{2}{9}, \end{cases}$ 解得 $m=\frac{1}{3}$.

点拨 (1)共线定理,如图7.23,向量 $\overrightarrow{OA}$,$\overrightarrow{OB}$ 不共线,点 P 在直线 AB 上,若

$\overrightarrow{OP}=x\overrightarrow{OA}+y\overrightarrow{OB}$,则 $x+y=1$.

(2)共线定理的应用对思维要求较强,而此类问题几乎可用

特殊化后建系解决,建系后虽然增加了计算量,但是降低了思

维难度.

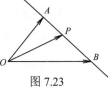

图7.23

2.等和线

例1.在边长为2的正方形 $ABCD$ 中,点 P 在以 A 为圆心,AB 为半径的圆上,若

$\overrightarrow{AP}=x\overrightarrow{AB}+y\overrightarrow{AD}$,求 $x+y$ 的取值范围.

解:如图7.24,过圆上的点 P 作 BD 的平行线.

当点 P 取在 P_1 时,$\dfrac{\overrightarrow{AP_1}}{\overrightarrow{AQ}}=\sqrt{2}$,

当点 P 取在 P_2 时,$\dfrac{\overrightarrow{AP_2}}{\overrightarrow{AQ}}=-\sqrt{2}$,

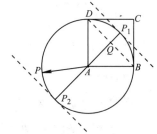

图7.24

所以 $x+y$ 的取值范围为 $[-\sqrt{2},\sqrt{2}]$.

点拨 (1)如图7.25,直线 $l//AB$,点 P 在 AB 上,OP 的延长线交直线 l 于点 Q.

设 $\dfrac{\overrightarrow{OQ}}{\overrightarrow{OP}}=\lambda$,若 $\overrightarrow{OQ}=x\overrightarrow{OA}+y\overrightarrow{OB}$,则 $x+y=\lambda$.

平行或重合于 AB 的直线 l 叫等和线.

(2)等和线常用于基底与被表示向量共起点的线性表示

问题.在具体问题时,等和线就是过被表示向量的终点作

两基底的终点所确定直线的平行线.

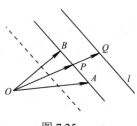

图7.25

七、三角形的四心与奔驰定理

例 1. 已知 A，B，C 是平面上不共线的三点，O 为定点，动点 P 满足 $\overrightarrow{OP}=\overrightarrow{OA}+\lambda(\overrightarrow{AB}+\overrightarrow{AC})$，则点 P 的轨迹一定通过 $\triangle ABC$ 的（　　）

    A.外心　　　　　B.垂心　　　　　C.内心　　　　　D.重心

解： 因为 $\overrightarrow{OP}=\overrightarrow{OA}+\lambda(\overrightarrow{AB}+\overrightarrow{AC})$，

    所以 $\overrightarrow{OP}-\overrightarrow{OA}=\lambda(\overrightarrow{AB}+\overrightarrow{AC})$，

    从而 $\overrightarrow{AP}\,//\,(\overrightarrow{AB}+\overrightarrow{AC})$，

    点 P 的轨迹过 $\triangle ABC$ 的重心．选 D．

例 2. 点 P 与 $\triangle ABC$ 在同一平面，满足 $\overrightarrow{PA}\cdot\overrightarrow{PB}=\overrightarrow{PB}\cdot\overrightarrow{PC}=\overrightarrow{PC}\cdot\overrightarrow{PA}$，则点 P 是 $\triangle ABC$ 的（　　）

    A.外心　　　　　B.垂心　　　　　C.内心　　　　　D.重心

解： 由 $\overrightarrow{PA}\cdot\overrightarrow{PB}=\overrightarrow{PB}\cdot\overrightarrow{PC}$，得 $\overrightarrow{PA}\cdot\overrightarrow{PB}-\overrightarrow{PB}\cdot\overrightarrow{PC}=0$，

    从而 $\overrightarrow{PB}\cdot(\overrightarrow{PA}-\overrightarrow{PC})=0$，即 $\overrightarrow{PB}\cdot\overrightarrow{CA}=0$．

    所以 $\overrightarrow{PB}\perp\overrightarrow{CA}$，

    同理 $\overrightarrow{PA}\perp\overrightarrow{BC}$，$\overrightarrow{PC}\perp\overrightarrow{AB}$．

    所以点 P 是 $\triangle ABC$ 的垂心．选 B．

例 3. 已知 O 是 $\triangle ABC$ 所在平面内一点，满足 $\overrightarrow{OA}+2\overrightarrow{OB}+3\overrightarrow{OC}=\mathbf{0}$，则 $S_{\triangle AOB}:S_{\triangle AOC}:S_{\triangle BOC}$（　　）

    A.$1:2:3$　　　　B.$3:2:1$　　　　C.$1:4:9$　　　　D.$9:4:1$

解： 因为 $S_{\triangle OBC}\cdot\overrightarrow{OA}+S_{\triangle OAC}\cdot\overrightarrow{OB}+S_{\triangle OAB}\cdot\overrightarrow{OC}=\mathbf{0}$，

    所以 $S_{\triangle AOB}:S_{\triangle AOC}:S_{\triangle BOC}=3:2:1$．选 B．

点拨　（1）三角形的"四心"：

    ①外心：三角形三条中垂线的交点，是三角形外接圆的圆心．

    $\triangle ABC$ 的外心 P 满足 $|\overrightarrow{PA}|=|\overrightarrow{PB}|=|\overrightarrow{PC}|$．

    ②内心：三角形三条角平分线的交点，是三角形内切圆的圆心．

    $\triangle ABC$ 的内心 O 在满足条件 $\overrightarrow{AQ}=\lambda\left(\dfrac{\overrightarrow{AB}}{|\overrightarrow{AB}|}+\dfrac{\overrightarrow{AC}}{|\overrightarrow{AC}|}\right)$ 的点 Q 的轨迹上．

    ③重心：三角形三条中线的交点．

    $\triangle ABC$ 的重心 M 满足 $\overrightarrow{MA}+\overrightarrow{MB}+\overrightarrow{MC}=\mathbf{0}$．

    ④垂心：三角形三条高线的交点．

    $\triangle ABC$ 的垂心 D 满足 $\overrightarrow{DA}\cdot\overrightarrow{DB}=\overrightarrow{DB}\cdot\overrightarrow{DC}=\overrightarrow{DC}\cdot\overrightarrow{DA}$．

（2）奔驰定理：

如图7.26，点 O 为 $\triangle ABC$ 内任意一点，

则 $S_A \cdot \overrightarrow{OA} + S_B \cdot \overrightarrow{OB} + S_C \cdot \overrightarrow{OB} = 0$.

根据奔驰定理可得以下结论：

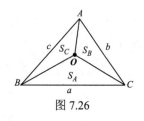

图 7.26

①若点 O 为 $\triangle ABC$ 的重心，则 $S_A : S_B : S_C = 1 : 1 : 1$；

②若点 O 为 $\triangle ABC$ 的内心，则 $S_A : S_B : S_C = a : b : c$；

③若点 O 为 $\triangle ABC$ 的外心，则 $S_A : S_B : S_C = \sin 2A : \sin 2B : \sin 2C$；

④若点 O 为 $\triangle ABC$ 的垂心，则 $S_A : S_B : S_C = \tan A : \tan B : \tan C$.

第 8 章

DI BA ZHANG

正弦定理
余弦定理

一、边角互化

1. 全化边

例1. 在 $\triangle ABC$ 中,$\sin^2 B - \sin^2 A = \sqrt{3}\sin B \sin C - \sin^2 C$,求角 A 的大小.

解: 由正弦定理,得 $b^2 - a^2 = \sqrt{3}\,bc - c^2$,即 $b^2 + c^2 - a^2 = \sqrt{3}\,bc$.

由余弦定理,得 $\cos A = \dfrac{b^2 + c^2 - a^2}{2bc} = \dfrac{\sqrt{3}}{2}$,因为 $A \in (0,\pi)$,所以 $A = \dfrac{\pi}{6}$.

例2. 在 $\triangle ABC$ 中,若 $a=2$,$b+c=7$,$\cos B = -\dfrac{1}{4}$,求边 b 的长度.

解: 由余弦定理,得 $\cos B = \dfrac{a^2 + c^2 - b^2}{2ac} = -\dfrac{1}{4}$,

将 $a=2$,$c=7-b$ 代入,得 $15b=60$,所以 $b=4$.

例3. 在 $\triangle ABC$ 中,若 $c^2 = bc\cos A + ca\cos B + ab\cos C$,判断 $\triangle ABC$ 的形状.

解: 由 $c^2 = bc\cos A + ca\cos B + ab\cos C \Rightarrow$

$$c^2 = bc\,\frac{b^2+c^2-a^2}{2bc} + ac\,\frac{a^2+c^2-b^2}{2ac} + ab\,\frac{a^2+b^2-c^2}{2ab}.$$

化简得 $c^2 = a^2 + b^2$,所以 $\triangle ABC$ 是角 C 为直角的直角三角形.

点拨 (1)若边角关系中只含正弦且正弦的指数相同,用正弦定理化正弦值为边.

(2)若边角关系中只有余弦,可用余弦定理转化余弦值为边.

2. 全化角

例1. 在 $\triangle ABC$ 中,$a\sin B\cos C + c\sin B\cos A = \dfrac{1}{2}b$,且 $a>b$,求 B 的值.

解: 由正弦定理得 $\sin A\sin B\cos C + \sin C\sin B\cos A = \dfrac{1}{2}\sin B$,

因为 $\sin B \neq 0$,所以 $\sin A\cos C + \sin C\cos A = \dfrac{1}{2}$,

从而 $\sin(A+C) = \dfrac{1}{2}$,即 $\sin B = \dfrac{1}{2}$.因为 $a>b$,所以 $0 < B < \dfrac{\pi}{2}$,即 $B = \dfrac{\pi}{6}$.

例2. 在 $\triangle ABC$ 中,$\dfrac{\cos B}{2\cos A} = -\dfrac{b}{2a+3c}$,求 $\sin B$ 的值.

解: 由正弦定理,得 $\dfrac{\cos B}{2\cos A} = -\dfrac{\sin B}{2\sin A + 3\sin C}$,

从而 $2(\sin A\cos B + \cos A\sin B) = -3\cos B\sin C$,即 $2\sin(A+B) = -3\cos B\sin C$.

由 $\sin(A+B) = \sin C$ 及 $\sin C \neq 0$,得 $\cos B = -\dfrac{2}{3}$,则 $\sin B = \dfrac{\sqrt{5}}{3}$.

例3.在$\triangle ABC$中,$a-b\cos C=\dfrac{\sqrt{3}}{2}c$,求$B$的大小.

解:因为$a-b\cos C=\dfrac{\sqrt{3}}{2}c$,所以$\sin A-\sin B\cos C=\dfrac{\sqrt{3}}{2}\sin C$.

将$\sin A=\sin(B+C)=\sin B\cos C+\cos B\sin C$代入,得$\cos B\sin C=\dfrac{\sqrt{3}}{2}\sin C$.

因为$\sin C\neq 0$,所以$\cos B=\dfrac{\sqrt{3}}{2}$,而$0<B<\pi$,所以$B=\dfrac{\pi}{6}$.

点拨 (1)边角关系中既有正弦又有余弦且边的指数为1次时,用正弦定理化边为角.

(2)在$\triangle ABC$中,$\sin A=\sin(B+C)$;$\cos A=-\cos(B+C)$;$\tan A=-\tan(B+C)$.

(3)在$\sin A\cos B-\sin C=\sin A\sin B$中,用$\sin(A+B)$替换$\sin C$并展开,既能达到消去$C$的效果,又能与$\sin A\cos B$相互抵消.

(4)在$\sin A\cos B-\cos C=\sin A\sin B$中,用$\cos(A+B)$替换$\cos C$并展开,既能达到消去$C$的效果,又能与$\sin A\sin B$相互抵消.

3.三角公式综合

例1.(2019·全国Ⅲ卷)在$\triangle ABC$中,$a\sin\dfrac{A+C}{2}=b\sin A$,求$B$.

解:由$\dfrac{A+B+C}{2}=\dfrac{\pi}{2}$,得$\sin\left(\dfrac{A+C}{2}\right)=\cos\dfrac{B}{2}$,

于是$\sin A\cos\dfrac{B}{2}=\sin B\sin A$,因为$\sin A\neq 0$,所以$\cos\dfrac{B}{2}=\sin B$.

即$\cos\dfrac{B}{2}=2\sin\dfrac{B}{2}\cos\dfrac{B}{2}$,又因为$0<\dfrac{B}{2}<\dfrac{\pi}{2}$,所以$\cos\dfrac{B}{2}\neq 0$,

所以$\sin\dfrac{B}{2}=\dfrac{1}{2}$,而$0<\dfrac{B}{2}<\dfrac{\pi}{2}$,所以$\dfrac{B}{2}=\dfrac{\pi}{6}$,从而$B=\dfrac{\pi}{3}$.

例2.在$\triangle ABC$中,$\dfrac{a}{b}=\dfrac{1}{2}\left(\dfrac{\tan C}{\tan B}+1\right)$,求$C$.

解:由$\dfrac{a}{b}=\dfrac{1}{2}\left(\dfrac{\tan C}{\tan B}+1\right)$,得$\dfrac{\sin A}{\sin B}=\dfrac{1}{2}\left(\dfrac{\sin C}{\cos C}\times\dfrac{\cos B}{\sin B}+1\right)$,

即$\dfrac{\sin A}{\sin B}=\dfrac{1}{2}\times\dfrac{\sin C\cos B+\cos C\sin B}{\cos C\sin B}$,从而$\sin A=\dfrac{1}{2}\times\dfrac{\sin(B+C)}{\cos C}$.

因为$\sin(B+C)=\sin A$,所以$\cos C=\dfrac{1}{2}$,即$C=\dfrac{\pi}{3}$.

例3.在$\triangle ABC$中,$2\sin^2\left(\dfrac{C}{2}+\dfrac{\pi}{2}\right)+(\cos A-\sqrt{3}\sin A)\cos B=1$,求$B$.

解:因为$2\sin^2\left(\dfrac{C}{2}+\dfrac{\pi}{2}\right)=2\cos^2\dfrac{C}{2}=\cos C+1$,

所以$\cos C+(\cos A-\sqrt{3}\sin A)\cos B=0$,

因为$\cos C=-\cos(A+B)=-\cos A\cos B+\sin A\sin B$,

所以$\sin A\sin B-\sqrt{3}\sin A\cos B=0$.

因为 $\sin A \neq 0$，所以 $\sin B - \sqrt{3}\cos B = 0$，即 $\tan B = \sqrt{3}$.

因为 $0 < B < \pi$，所以 $B = \dfrac{\pi}{3}$.

点拨　出现半角公式、正切、三角函数的平方等结构时,常用诱导公式、切化弦、降幂等三角恒等变化公式进行转化.

4.射影定理

例1. 在 $\triangle ABC$ 中,证明: $b = a\cos C + c\cos A$.

证: 由 $b = a\cos C + c\cos A$,得 $\sin B = \sin A\cos C + \sin C\cos A$,

从而 $\sin B = \sin(A+C)$,则 $b = a\cos C + c\cos A$ 显然成立.

例2. 在 $\triangle ABC$ 中, $b - \dfrac{\sqrt{3}}{2}c = a\cos C$,求 A.

解: 由 $b - \dfrac{\sqrt{3}}{2}c = a\cos C$,得 $b = a\cos C + \dfrac{\sqrt{3}}{2}c$,

根据射影定理 $b = a\cos C + c\cos A$,

则 $\cos A = \dfrac{\sqrt{3}}{2}$,而 $A \in (0, \pi)$,所以 $A = \dfrac{\pi}{6}$.

例3. 在 $\triangle ABC$ 中, $a\sin B\cos C + c\sin B\cos A = \dfrac{1}{2}b$,且 $a > b$,求 B.

解: 由 $a\sin B\cos C + c\sin B\cos A = \dfrac{1}{2}b$,得 $\sin B(a\cos C + c\cos A) = \dfrac{1}{2}b$,

因为 $a\cos C + c\cos A = b$,所以 $b\sin B = \dfrac{1}{2}b$,

即 $\sin B = \dfrac{1}{2}$,又因 $a > b$,则 $B \in (0, \dfrac{\pi}{2})$,即 $B = \dfrac{\pi}{6}$.

例4. 在 $\triangle ABC$ 中, $b\cos A + \sqrt{3}\,b\sin A = a + c$,求 B.

解: 因为 $c = b\cos A + a\cos B$,所以 $b\cos A + \sqrt{3}\,b\sin A = a + b\cos A + a\cos B$,

从而 $\sqrt{3}\,b\sin A = a + a\cos B$,由正弦定理得 $\sqrt{3}\sin B\sin A = \sin A + \sin A\cos B$,

因为 $\sin A \neq 0$,所以 $\sqrt{3}\sin B - \cos B = 1$,即 $2\sin(B - \dfrac{\pi}{6}) = 1$.

因为 $B \in (0, \pi)$,则 $B = \dfrac{\pi}{3}$.

点拨　(1)如图8.1,在 $\triangle ABC$ 中,

$a = b\cos C + c\cos B$, $b = a\cos C + c\cos A$, $c = a\cos B + b\cos A$.

此定理叫射影定理,本质是 $\triangle ABC$ 任意一边等于另外两边在这条边上的投影之和.

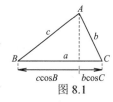

图8.1

(2)该定理用于解决选择题和填空题,但对于解答题,应"全化角"加以证明后再应用射影定理.

二、解三角形与形状判定

1.三角形解的个数

例1.在 $\triangle ABC$ 中,$A=\dfrac{\pi}{3}$,$a=2$,$b=m$,若解三角形有两个解,则实数 m 的取值范围是

_____.

解:由正弦定理 $\dfrac{a}{\sin A}=\dfrac{b}{\sin B}$,

得 $m=\dfrac{4\sqrt{3}}{3}\sin B(0<B<\dfrac{2\pi}{3})$.

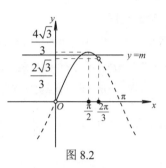

图8.2

因为关于 B 的方程解的个数是三角形解的个数,

所以方程 $m=\dfrac{4\sqrt{3}}{3}\sin B(0<B<\dfrac{2\pi}{3})$ 有两个解.

如图8.2,直线 $y=m$ 与函数 $y=\dfrac{4\sqrt{3}}{3}\sin B(0<B<\dfrac{2\pi}{3})$ 的图象有两个交点.

由图8.2可知,m 的取值范围为 $(2,\dfrac{4\sqrt{3}}{3})$.

点拨 三角形解的个数问题,可根据正弦定理或余弦定理建立边角关系,然后根据题意确定方程根的个数,从而确定三角形解的个数.

2.判断三角形的形状

例1.在 $\triangle ABC$ 中,$b\cos C+c\cos B=a\sin A$,则 $\triangle ABC$ 的形状是(　　　　)

    A.直角三角形　　　　　　B.锐角三角形

    C.钝角三角形　　　　　　D.无法确定

解:由射影定理,得 $b\cos C+c\cos B=a$,

又因为 $b\cos C+c\cos B=a\sin A$,

所以 $a=a\sin A$,从而 $\sin A=1$,所以 $A=\dfrac{\pi}{2}$,

所以 $\triangle ABC$ 是直角三角形.选A.

例2.在 $\triangle ABC$ 中,$\dfrac{a}{b}=\dfrac{\cos B}{\cos A}$,判断 $\triangle ABC$ 的形状.

解:由 $\dfrac{a}{b}=\dfrac{\cos B}{\cos A}\Rightarrow\dfrac{\sin A}{\sin B}=\dfrac{\cos B}{\cos A}$,

所以 $\sin A\cos A=\cos B\sin B$,从而 $2\sin A\cos A=2\sin B\cos B$,

即 $\sin 2A=\sin 2B$,

因为 $0<A<\pi$,$0<B<\pi$,所以 $2A=2B$ 或 $2A+2B=\pi$,

则有 $A=B$ 或 $A+B=\dfrac{\pi}{2}$,所以 $\triangle ABC$ 是等腰三角形或直角三角形.

三、三角形的周长与面积

1.三角形的周长

例1.在 $\triangle ABC$ 中,若 $a=4$, $B=\dfrac{\pi}{3}$,且 $S_{\triangle ABC}=5\sqrt{3}$,求 $\triangle ABC$ 的周长.

解:因为 $S_{\triangle ABC}=\dfrac{1}{2}ac\sin B=5\sqrt{3}$,所以 $c=5$.

由余弦定理得 $b^2=a^2+c^2-2ac\cos B$,得 $b^2=21$,所以 $b=\sqrt{21}$.

从而 $\triangle ABC$ 的周长为 $9+\sqrt{21}$.

例2.在 $\triangle ABC$ 中, $b=a\cos C+\dfrac{\sqrt{3}}{3}c\sin A$,且 $\overrightarrow{AB}\cdot\overrightarrow{AC}=2$.

　　(1)求 A ;　　　(2)若 $a=2$,求 $b=a\cos C+\dfrac{\sqrt{3}}{3}c\sin A$ 的周长.

解:(1)因为 $b=a\cos C+\dfrac{\sqrt{3}}{3}c\sin A$,所以 $\sin B=\sin A\cos C+\dfrac{\sqrt{3}}{3}\sin C\sin A$.

而 $\sin B=\sin(A+C)=\sin A\cos C+\cos A\sin C$,所以 $\dfrac{\sqrt{3}}{3}\sin C\sin A=\cos A\sin C$.

因为 $\sin C\neq 0$,所以 $\tan A=\sqrt{3}$,而 $A\in(0,\pi)$,所以 $A=\dfrac{\pi}{3}$.

(2)由 $\overrightarrow{AB}\cdot\overrightarrow{AC}=2$,得 $bc\cos 60°=2$,即 $bc=4$.

由余弦定理 $a^2=b^2+c^2-2bc\cos 60°$,得 $b^2+c^2=8$,

从而 $(b+c)^2=b^2+c^2+2bc=16$,所以 $b+c=4$,故 $a+b+c=6$ 的周长为 $a+b+c=6$.

点拨　若已知 a ,则求出 $b+c$ 可得周长.此时根据余弦定理和条件求出 bc 与 b^2+c^2 后代入 $(b+c)^2=b^2+c^2+2bc$ 可得 $b+c$ 的值.

2.三角形的面积

例1.在 $\triangle ABC$ 中, $2b=a+c$, $B=30°$, $S_{\triangle ABC}=\dfrac{3}{2}$,求边 b 的长度.

解:因为 $S_{\triangle ABC}=\dfrac{1}{2}ac\sin B=\dfrac{3}{2}$,所以 $ac=6$,

由 $b^2=a^2+c^2-2ac\cos B=a^2+c^2-\sqrt{3}ac$,得 $b^2=a^2+c^2-6\sqrt{3}$ ①,

对 $2b=a+c$ 两边平方,得 $4b^2=a^2+c^2+12$ ②,

由②-①得, $b^2=4+2\sqrt{3}=(\sqrt{3})^2+2\times\sqrt{3}\times 1+1^2=(\sqrt{3}+1)^2$,所以 $b=\sqrt{3}+1$.

例2.(2022·新高考Ⅱ卷) $\triangle ABC$ 的内角 A , B , C 所对的边分别为 a , b , c ,分别以 a , b , c

为边长的正三角形的面积依此为 S_1 , S_2 , S_3 ,满足 $S_1-S_2+S_3=\dfrac{\sqrt{3}}{2}$, $\sin B=\dfrac{1}{3}$.

(1)求 $\triangle ABC$ 的面积;

(2)若 $\sin A\sin C=\dfrac{\sqrt{2}}{3}$,求 b .

解：(1) $S_1=\dfrac{1}{2}a^2\sin 60°=\dfrac{\sqrt{3}}{4}a^2$，同理可得 $S_2=\dfrac{\sqrt{3}}{4}b^2$，$S_3=\dfrac{\sqrt{3}}{4}c^2$.

根据 $S_1-S_2+S_3=\dfrac{\sqrt{3}}{2}$，得 $a^2+c^2-b^2=2$，所以 $\cos B=\dfrac{a^2+c^2-b^2}{2ac}=\dfrac{1}{ac}>0$，

由 $\sin B=\dfrac{1}{3}$ 得，$\cos B=\dfrac{2\sqrt{2}}{3}$，从而 $ac=\dfrac{3\sqrt{2}}{4}$.

所以 $S_{\triangle ABC}=\dfrac{1}{2}ac\sin B=\dfrac{\sqrt{2}}{8}$.

(2) 由 $\dfrac{a}{\sin A}=\dfrac{b}{\sin B}$，得 $a=\dfrac{b\sin A}{\sin B}$，于是 $S_{\triangle ABC}=\dfrac{1}{2}ab\sin C=\dfrac{1}{2}b^2\dfrac{\sin A\sin C}{\sin B}=\dfrac{\sqrt{2}}{8}$.

因为 $\sin A\sin C=\dfrac{\sqrt{2}}{3}$，$\sin B=\dfrac{1}{3}$，所以 $b^2=\dfrac{1}{4}$，解得 $b=\dfrac{1}{2}$.

点拨 （1）对于三角形的面积公式 $S_{\triangle ABC}=\dfrac{1}{2}ab\sin C=\dfrac{1}{2}ac\sin B=\dfrac{1}{2}bc\sin A$，要根据题目

给出的角或待求解的角去选择，也就是题目中给出哪个角则选择哪个公式.

（2）常用三角形面积公式：

①如图 8.3，$S_{\triangle}=\dfrac{1}{2}dh$.

②如图 8.4，$S_{\triangle}=\dfrac{1}{2}mn\sin\theta$.

③如图 8.5，记 $p=\dfrac{a+b+c}{2}$，则 $S_{\triangle}=\sqrt{p(p-a)(p-b)(p-c)}$（海伦公式）.

④如图 8.6，记三角形内切圆的半径为 r，则 $S_{\triangle}=\dfrac{1}{2}r(a+b+c)$.

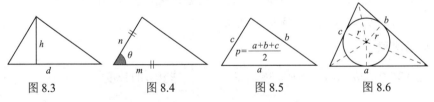

图 8.3　　　　图 8.4　　　　图 8.5　　　　图 8.6

⑤如图 8.7，记三角形外接圆的半径为 R，则 $S_{\triangle}=\dfrac{abc}{4R}$.

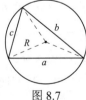

图 8.7

⑥在直角坐标系 xOy 中，若 $\overrightarrow{OA}=(a,b)$，$\overrightarrow{OB}=(x,y)$，则 $S_{\triangle}=\dfrac{1}{2}|ay-bx|$.

四、求最值与范围

1.均值不等式求最值

例1.在 $\triangle ABC$ 中,若 $B=\dfrac{\pi}{6}$, $b=1$,求 $\triangle ABC$ 面积的最大值.

解:由余弦定理得 $1=a^2+c^2-\sqrt{3}\,ac.$ 因为 $a^2+c^2\geqslant 2ac$,

所以 $1=a^2+c^2-\sqrt{3}\,ac\geqslant 2ac-\sqrt{3}\,ac$,从而 $1\geqslant(2-\sqrt{3})ac$,

解得 $ac\leqslant\dfrac{1}{2-\sqrt{3}}=2+\sqrt{3}.$ 所以 $S_{\triangle ABC}=\dfrac{1}{2}ac\sin B=\dfrac{1}{4}ac\leqslant\dfrac{2+\sqrt{3}}{4}$,

当且仅当 $a=c$ 时, $S_{\triangle ABC}$ 取得最大值为 $\dfrac{2+\sqrt{3}}{4}.$

例2.在 $\triangle ABC$ 中, $A=\dfrac{2\pi}{3}$, $S_{\triangle ABC}=\sqrt{3}$,求 $\triangle ABC$ 周长的最小值.

解:因为 $A=\dfrac{2\pi}{3}$,所以 $S_{\triangle ABC}=\dfrac{1}{2}bc\sin A=\sqrt{3}$,于是 $bc=4.$ 由余弦定理,得 $a^2=b^2+c^2+bc.$

因为 $b^2+c^2\geqslant 2bc$,所以 $a^2=b^2+c^2+bc\geqslant 3bc=12$,从而 $a\geqslant 2\sqrt{3}$,当且仅当 $b=c$ 时,

取得等号.又 $b+c\geqslant 2\sqrt{bc}=4$,当且仅当 $b=c=2$ 时,取得等号.

所以 $\triangle ABC$ 周长的最小值为 $4+2\sqrt{3}.$

点拨　余弦定理、三角形面积公式和均值不等式含有相似的代数结构,所以这三者常常结合到一起解决三角形中的最值问题.

2.转三角函数求范围

例1.在 $\triangle ABC$ 中,若 $B=\dfrac{\pi}{3}$, $a+c=1$,求 b 的取值范围.

解:根据正弦定理 $\dfrac{a}{\sin A}=\dfrac{c}{\sin C}=\dfrac{b}{\sin B}=\dfrac{2b}{\sqrt{3}}$,得 $a=\dfrac{2b}{\sqrt{3}}\sin A$, $c=\dfrac{2b}{\sqrt{3}}\sin C.$

因为 $a+c=1$,所以 $\dfrac{2b}{\sqrt{3}}\sin A+\dfrac{2b}{\sqrt{3}}\sin C=1$,从而 $b=\dfrac{\sqrt{3}}{2(\sin A+\sin C)}.$

令 $y=\sin A+\sin C$,因为 $A+C=\dfrac{2\pi}{3}$,所以 $C=\dfrac{2\pi}{3}-A(0<A<\dfrac{2\pi}{3}).$

从而 $y=\sin A+\sin\left(\dfrac{2\pi}{3}-A\right)=\sqrt{3}\sin\left(A+\dfrac{\pi}{6}\right).$

由 $0<A<\dfrac{2\pi}{3}\Rightarrow\dfrac{\pi}{6}<A+\dfrac{\pi}{6}<\dfrac{5\pi}{6}$,所以 $\dfrac{1}{2}<\sin\left(A+\dfrac{\pi}{6}\right)\leqslant 1.$

从而 $\dfrac{\sqrt{3}}{2}<\sqrt{3}\sin\left(A+\dfrac{\pi}{6}\right)\leqslant\sqrt{3}$,则 b 的取值范围为 $\left[\dfrac{1}{2},1\right).$

点拨　(1)求解三角形三边和的范围问题,要用正弦定理将边化为角的三角函数形式.

(2)若三角形为锐角或钝角三角形,则角的范围会有所限制,临界值在角为直角的时候取得.

五、在几何图形中的应用

1.互补建等式

例1.如图8.8，$\triangle ABC$ 的面积 $S_{\triangle ABC}=\dfrac{3\sqrt{3}}{2}$，$A=\dfrac{\pi}{3}$，若 D 为边 BC 的中点，$AD=\dfrac{\sqrt{19}}{2}$．求 $\triangle ABC$ 的周长．

解：由 $S_{\triangle ABC}=\dfrac{3\sqrt{3}}{2}$，$A=\dfrac{\pi}{3}$ 得 $bc=6$.

在 $\triangle ADB$ 中，由余弦定理得 $\cos\angle ADB=\dfrac{19+a^2-4c^2}{2a\sqrt{19}}$，

在 $\triangle ADC$ 中，由余弦定理得 $\cos\angle ADC=\dfrac{19+a^2-4b^2}{2a\sqrt{19}}$.

因为 $\angle ADB$ 与 $\angle ADC$ 互补，所以 $\dfrac{19+a^2-4b^2}{2a\sqrt{19}}=-\dfrac{19+a^2-4c^2}{2a\sqrt{19}}$，

化简得 $2b^2+2c^2-a^2=19$.在 $\triangle ABC$ 中，由余弦定理，得 $a^2=b^2+c^2-6$.

于是 $b^2+c^2=13$，$a^2=7$，因为 $bc=6$，所以 $(b+c)^2=b^2+c^2+2bc=25$.

所以 $b+c=5$，而 $a=\sqrt{7}$，所以 $\triangle ABC$ 的周长为 $5+\sqrt{7}$.

点拨 （1）如图8.9，在 $\triangle ABD$ 中应用余弦定理得 $\cos\angle ADB$，在 $\triangle ACD$ 中应用余弦定理得 $\cos\angle ADC$，由 $\cos\angle ADB=-\cos\angle ADC$ 可建立等式．

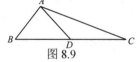
图8.9

（2）因为 $\sin\angle ADB=\sin\angle ADC$，所以在 $\triangle ABD$ 和 $\triangle ACD$ 中应用正弦定理可得 $\dfrac{b}{\sin\angle BAD}=\dfrac{c}{\sin\angle CAD}$.

2.互余转角

例1.如图8.10，在 $\triangle ABC$ 中，已知点 D 在边 BC 上，且 $AD\perp AC$，$\sin\angle BAC=\dfrac{2\sqrt{2}}{3}$，$AB=3\sqrt{2}$，$AD=3$，求 BD 的长度．

解：由 $AD\perp AC$，得 $\angle BAC=90°+\angle BAD$，

$\sin\angle BAC=\sin(90°+\angle BAD)=\cos\angle BAD=\dfrac{2\sqrt{2}}{3}$.

在 $\triangle ABD$ 中，由余弦定理得 $BD^2=AB^2+AD^2-2AB\cdot AD\cos\angle BAD=3$，所以 $BD=\sqrt{3}$.

点拨 如图8.11，在 $\triangle ABC$ 中，若 $AD\perp AC$，则 $\angle BAC$ 与 $\angle BAD$ 的三角函数值可通过诱导公式相互转化．

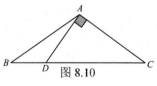
图8.11

3.转向量后两边平方

例1.已知 $\triangle ABC$ 面积 $S_{\triangle ABC}=\dfrac{3\sqrt{3}}{2}$，$A=\dfrac{\pi}{3}$.若 D 为边 BC 的中点，求线段 AD 长的最小值.

解:如图8.12，由 $S_{\triangle ABC}=\dfrac{1}{2}bc\sin A=\dfrac{3\sqrt{3}}{2}$，$A=\dfrac{\pi}{3}$，得 $bc=6$.

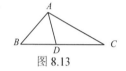

图 8.12

在 $\triangle ADC$ 中，$\overrightarrow{AD}=\dfrac{1}{2}(\overrightarrow{AB}+\overrightarrow{AC})$，

等式两边同时平方，得 $\overrightarrow{AD}^2=\dfrac{1}{4}(\overrightarrow{AB}^2+2\overrightarrow{AB}\cdot\overrightarrow{AC}+\overrightarrow{AC}^2)$，

即 $AD^2=\dfrac{b^2+c^2+bc}{4}\geqslant\dfrac{2bc+bc}{4}=\dfrac{3bc}{4}$，因为 $bc=6$，所以 $AD^2\geqslant\dfrac{9}{2}$.

从而 $|AD|_{\min}\geqslant\dfrac{3\sqrt{2}}{2}$，此时 $b=c=\sqrt{6}$.

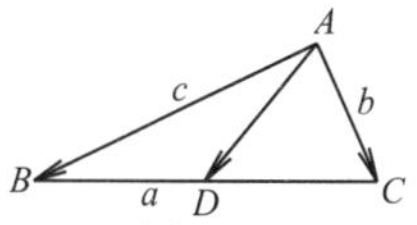

点拨 （1）如图8.13，在 $\triangle ABC$ 中，若点 D 分 BC 的比值已知，则

$\overrightarrow{AD}=x\overrightarrow{AB}+y\overrightarrow{AC}$.显然 $\overrightarrow{BC}=\overrightarrow{AC}-\overrightarrow{AB}$，对等式两边同时平方
可得边角关系.

（2）转向量后两边平方主要用于三角形的顶角和分线段的
比值已知的情况.

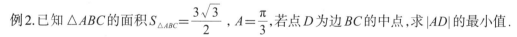

图 8.13

4.解析法

例1.$\triangle ABC$ 满足条件 $AB=2$，$AC=\sqrt{2}BC$，则 $\triangle ABC$ 的面积最大值是_____.

解:以点 A 为坐标原点建系如图8.14，

则 $A(0,0)$，$B(2,0)$.设点 $C(x,y)$，

根据 $AC=\sqrt{2}BC$ 可得 $\sqrt{x^2+y^2}=\sqrt{2}\sqrt{(x-2)^2+y^2}$，

化简得 $(x-4)^2+y^2=8$，

所以点 C 在圆 $(x-4)^2+y^2=8$ 上运动.

图 8.14

显然当 C 到 AB 所在直线的距离最大时，$\triangle ABC$ 的面积最大，

此时 $\triangle ABC$ 的高为 $2\sqrt{2}$，所以 $S_{\triangle ABC}=2\sqrt{2}$.

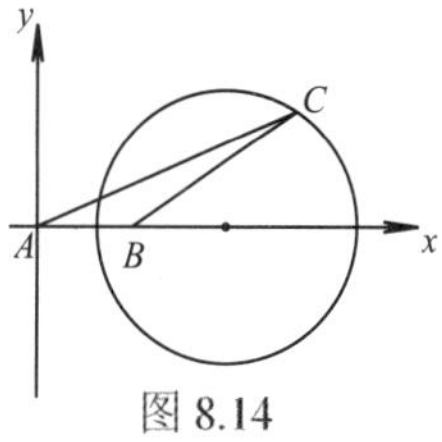

例2.已知 $\triangle ABC$ 的面积 $S_{\triangle ABC}=\dfrac{3\sqrt{3}}{2}$，$A=\dfrac{\pi}{3}$，若点 D 为边 BC 的中点，求 $|AD|$ 的最小值.

解:由 $S_{\triangle ABC}=\dfrac{1}{2}bc\sin A=\dfrac{3\sqrt{3}}{2}$，$A=\dfrac{\pi}{3}$，得 $bc=6$.

以点 A 为坐标原点建立直角坐标系如图8.15，

因为 $bc=6$，所以 $b=\dfrac{6}{c}$.从而 $B(c,0)$，$C\left(\dfrac{3}{c},\dfrac{3\sqrt{3}}{c}\right)$，

而点 D 为边 BC 的中点，所以 $D\left(\dfrac{c^2+3}{2c},\dfrac{3\sqrt{3}}{2c}\right)$.

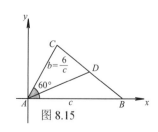

图 8.15

$$|AD| = \sqrt{(\frac{c^2+3}{2c})^2 + (\frac{3\sqrt{3}}{2c})^2} = \sqrt{\frac{c^2}{4} + \frac{9}{c^2} + \frac{3}{2}} \geqslant \sqrt{2\sqrt{\frac{c^2}{4} \times \frac{9}{c^2}} + \frac{3}{2}} = \frac{3\sqrt{2}}{2}.$$

所以 $b = c = \sqrt{6}$ 时, $|AD|_{\min} = \frac{3\sqrt{2}}{2}$.

点拨 通常情况下,已知三角形的一个角及该角的邻边长度即可建系;已知一边长及它与另外两边的代数关系也可建系.

5.四边形问题

例1.如图8.16,在四边形 $ABCD$ 中, $AB \perp AD$, $\sin\angle BAC = \frac{2}{3}$, $B = 135°$, $BC = 6$, $AD = 4\sqrt{2}$,求 DC .

解: 由 $\frac{AC}{\sin B} = \frac{BC}{\sin\angle BAC}$,得 $AC = \frac{BC}{\sin\angle BAC} \cdot \sin B = \frac{9\sqrt{2}}{2}$.

因为 $AB \perp AD$,所以 $\cos\angle DAC = \sin\angle BAC = \frac{2}{3}$.

在 $\triangle ADC$ 中, $DC^2 = AC^2 + AD^2 - 2AC \cdot AD \cdot \cos\angle DAC$.

从而 $DC^2 = \frac{49}{2}$,即 $DC = \frac{7\sqrt{2}}{2}$.

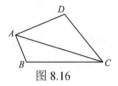

图 8.16

例2.如图8.17,在平面四边形 $ABCD$ 中, $BC \perp CD$, $AB = 1$, $\angle ABC = 135°$.

(1)当 $BC = \sqrt{2}$, $CD = \sqrt{7}$ 时,求 $\triangle ACD$ 的面积;

(2)当 $\angle ADC = 30°$, $AD = 2$ 时,求 $\cos\angle ACD$.

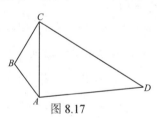

图 8.17

解:(1)当 $BC = \sqrt{2}$ 时,在 $\triangle ABC$ 中,由余弦定理,

得 $AC^2 = 3 - 2\sqrt{2}\cos135° = 5$,

解得 $AC = \sqrt{5}$,因为 $\angle BCD = 90°$,

$\sin\angle ACD = \cos\angle ACB = \frac{AC^2 + BC^2 - AB^2}{2AC \cdot BC} = \frac{3\sqrt{10}}{10}$.

又 $CD = \sqrt{7}$,所以 $\triangle ACD$ 的面积为 $S_{\triangle ACD} = \frac{1}{2}AC \cdot CD\sin\angle ACD = \frac{3\sqrt{14}}{4}$.

(2)在 $\triangle ABC$ 中, $\frac{AB}{\sin\angle ACB} = \frac{AC}{\sin\angle ABC}$,即 $AC = \frac{AB \cdot \sin135°}{\sin\angle ACB} = \frac{\sqrt{2}}{2\cos\angle ACD}$,

在 $\triangle ACD$ 中, $\frac{AD}{\sin\angle ACD} = \frac{AC}{\sin\angle ADC}$,即 $AC = \frac{AD \cdot \sin30°}{\sin\angle ACD} = \frac{1}{\sin\angle ACD}$,

所以 $\frac{\sqrt{2}}{2\cos\angle ACD} = \frac{1}{\sin\angle ACD}$,得 $\sin\angle ACD = \sqrt{2}\cos\angle ACD$,

而 $\sin^2\angle ACD + \cos^2\angle ACD = 1$, $\angle ACD$ 为锐角,则 $\cos\angle ACD = \frac{\sqrt{3}}{3}$.

点拨 四边形的一条对角线将四边形分成两个三角形,在两个三角形中应用正余弦定理建立相关边长和角度的代数关系.

六、在实际问题中的应用

1.测量问题

例1. 如图8.18，AE 是底部不可到达的一个烟囱，为测量烟囱的高度，在地面选取 C，D 两点，使 C，D，E 三点在同一条直线上，在 C，D 两点测得顶点 A 的仰角分别为 $\alpha=37°$，$\beta=67°$，且 C，D 两点之间的距离为20米，则烟囱 AE 的高度为 _____ 米.(结果精确到个位数)参考数据：$\sin67° \approx 0.92$，$\cos67° \approx 0.39$，$\sin37° \approx 0.60$，$\cos37° \approx 0.80$，$\sqrt{3} \approx 1.73$.

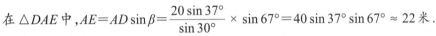

图 8.18

解： 在 $\triangle ACD$ 中，由正弦定理得 $\dfrac{CD}{\sin(\beta-\alpha)}=\dfrac{AD}{\sin\alpha}$，

即 $\dfrac{20}{\sin 30°}=\dfrac{AD}{\sin 37°}$，得 $AD=\dfrac{20\sin 37°}{\sin 30°}$.

在 $\triangle DAE$ 中，$AE=AD\sin\beta=\dfrac{20\sin 37°}{\sin 30°} \times \sin 67°=40\sin 37°\sin 67° \approx 22$ 米.

例2. 如图8.19，要测量河对岸 A，B 两点间的距离.选取相距 $\sqrt{3}$ km的 C，D 两点，并测得 $\angle ACB=75°$，$\angle BCD=45°$，$\angle ADC=30°$，$\angle ADB=45°$，则 A，B 间的距离为 _____ km.

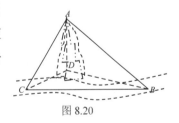

图 8.19

解： 在 $\triangle ACD$ 中，$\angle ACD=120°$，

$\angle CAD=\angle ADC=30°$，所以 $AC=CD=\sqrt{3}$.

在 $\triangle BCD$ 中，由正弦定理，得 $BC=\dfrac{\sqrt{3}\sin 75°}{\sin 60°}=\dfrac{\sqrt{6}+\sqrt{2}}{2}$.

在 $\triangle ABC$ 中，由余弦定理，得 $AB^2=AC^2+BC^2-2AC \cdot BC \cdot \cos 75°=5$，

所以 $AB=\sqrt{5}$，即 A，B 之间的距离为 $\sqrt{5}$ km.

例3. 如图8.20，为测量如图的一座山 AD 的高度，技术人员在 B 处测量得山顶的仰角为30°，然后沿公路 BC 行使 $\sqrt{3}$ km后到达 C 处测得山顶的仰角为45°，且此时 $\angle BCD=150°$.求此山的高度 AD.

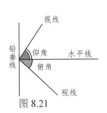

图 8.20

解： 设 $AD=x$ 中，在 $Rt\triangle ADC$ 中，

因为 $\angle ACD=45°$，所以 $CD=AD=x$.在 $Rt\triangle ADB$ 中，$\angle ABD=30°$，则 $BD=\sqrt{3}\,x$，

在 $\triangle BCD$ 中，$\sqrt{3}^2=x^2+(\sqrt{3}\,x)^2-2 \times x \times \sqrt{3}\,x \times \cos 150°$，

化简得 $x=\dfrac{\sqrt{21}}{7}$，即此山的高度为 $\dfrac{\sqrt{21}}{7}$ km.

点拨 如图8.21，在同一铅垂平面内，目标视线在水平线上方所成的角叫仰角，目标视线在水平线下方所成的角叫俯角.

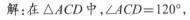

图 8.21

2.运动问题

例1.在南海伏季渔期中,某天我国渔政船在 A 处观测到一外国偷渔船在渔政船北偏东 $60°$ 的方向,相距 a 海里的 B 处,偷渔船正在向北行驶.若渔政船速度是偷渔船速度的 $\sqrt{3}$ 倍,问渔政船应沿什么方向前进才能最快追上偷渔船?此时偷渔船已行驶多少海里?

解: 解法1,如图8.22,若渔政船最快在 C 处追上偷渔船,则经过 t

小时后两船恰好在 C 处相遇.设偷渔船行驶的速度为 v,则渔政船速度为 $\sqrt{3}v$, $BC=vt$, $AC=\sqrt{3}vt$.

在 $\triangle ABC$ 中, $\angle ABC=120°$,

由正弦定理,得 $\dfrac{\sqrt{3}vt}{\sin 120°}=\dfrac{vt}{\sin\angle CAB}$,

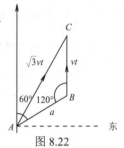

图8.22

从而 $\sin\angle CAB=\dfrac{1}{2}$.所以 $\angle CAB=30°$,此时 $BC=a$.

即渔政船应沿北偏东 $30°$ 方向去追赶偷渔船,在偷渔船行驶了 a 海里处相遇.

解法2,若渔政船最快在 C 处追上偷渔船,则经过 t 小时后两船恰好在 C 处相遇.设偷渔船行驶的速度为 v,则渔政船速度为 $\sqrt{3}v$, $BC=vt$, $AC=\sqrt{3}vt$.

在 $\triangle ABC$ 中, $\angle ABC=120°$,于是 $AC^2=AB^2+BC^2-2AB\cdot BC\cdot\cos 120°$,

即 $3v^2t^2=a^2+v^2t^2+vat$,所以 $2v^2t^2-vat-a^2=0$.

解得 $t_1=\dfrac{a}{v}$, $t_2=-\dfrac{a}{2v}$(舍去),所以 $BC=a$,从而 $\angle CAB=30°$.

即渔政船应沿北偏东 $30°$ 方向去追赶偷渔船,在偷渔船行驶了 a 海里处相遇.

点拨 (1)运动问题关键是找到或假设出"相遇点"的位置,也就是事件恰好发生的位置,此时两运动对象所用的时间相同.

(2)方向角:如图8.23,正北或正南方向线与目标方向线所成的锐角 α,通常表述为北偏东 α 度.

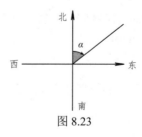

图8.23

数 列

一、等差数列

1.公式应用

例1. 已知等差数列 $\{a_n\}$ 的前 n 项和为 S_n，$a_3=7$，$a_7=-9$，求 a_n 与 S_n.

解： 依题 $\begin{cases} a_1+2d=7, \\ a_1+6d=-9, \end{cases}$ 解得 $\begin{cases} a_1=15, \\ d=-4, \end{cases}$

所以 $a_n=a_1+(n-1)d=-4n+19$，$S_n=na_1+\dfrac{n(n-1)}{2}d=-2n^2+17n$.

例2. 已知等差数列 $\{a_n\}$ 满足 $a_1=\dfrac{5}{6}$，若该数列第 k 项为 $a_k=-\dfrac{3}{2}$，且前 k 项和 $S_k=-5$. 求 k 及公差 d.

解： 设等差数列的公差为 d，则 $\begin{cases} a_1+(k-1)d=-\dfrac{3}{2}, \\ \dfrac{(a_1+a_k)k}{2}=-5, \end{cases}$ 解得 $\begin{cases} k=15, \\ d=-\dfrac{1}{6}. \end{cases}$

例3. 等差数列 $\{a_n\}$ 的前 n 项和为 S_n，且 $a_3=5$，$S_6=36$.

(1) 求数列 $\{a_n\}$ 的通项 a_n 及前 n 项和为 S_n；

(2) 令 $T_n=a_2+a_4+\cdots+a_{2n}$，求 T_n.

解： (1) 设等差数列的公差为 d，依题 $\begin{cases} a_1+2d=5, \\ 6a_1+\dfrac{6\times5}{2}d=36, \end{cases}$ 解得 $\begin{cases} a_1=1, \\ d=2, \end{cases}$

所以 $a_n=2n-1$，$S_n=n^2$.

(2) 令 $b_n=a_{2n}$，则 $b_n=4n-1$ 是首项为3，公差为4的等差数列.

所以 $T_n=3n+\dfrac{n(n-1)}{2}\times4=2n^2+n$.

点拨 (1) 求得等差数列的首项与公差便能求得通项与前 n 项和公式.

(2) 等差数列相关公式：

① $a_n=a_1+(n-1)d$.

② $S_n=\dfrac{(a_1+a_n)n}{2}$，$S_n=na_1+\dfrac{n(n-1)}{2}d$.

③ 若 $\{a_n\}$ 是等差数列，可设通项为 $a_n=An+B$，设前 n 项和为 $S_n=Cn^2+Dn$，其中 A 为公差，$A=2C$ 且 $A+B=C+D$.

2.等差数列的判定与证明

例1.已知数列 $\{a_n\}$ 的前 n 项和为 S_n,则下列条件使得 $\{a_n\}$ 是等差数列的有_____.

①$a_n=-3n+1$ ②$S_n=\dfrac{1}{2}n^2+2n-1$

③满足 $a_n-a_{n-1}=0(n\geqslant 2)$ ④满足 $a_n-a_{n-1}=a_{n+1}-a_n(n\geqslant 2)$

解:使得 $\{a_n\}$ 是等差数列的有①③④.

点拨 $a_n-a_{n-1}=a_{n+1}-a_n(n\geqslant 2)$,即 $2a_n=a_{n-1}+a_{n+1}(n\geqslant 2)$.

例2.数列 $\{a_n\}$ 满足 $a_1=1$, $a_n=\dfrac{a_{n-1}}{2a_{n-1}+1}(n\geqslant 2)$.证明:$\left\{\dfrac{1}{a_n}\right\}$ 是等差数列,并求 $\{a_n\}$ 的通项公式.

证:令 $b_n=\dfrac{1}{a_n}$,则 $b_{n-1}=\dfrac{1}{a_{n-1}}$ 且 $b_n=\dfrac{2a_{n-1}+1}{a_{n-1}}$.

于是 $b_n-b_{n-1}=\dfrac{2a_{n-1}+1}{a_{n-1}}-\dfrac{1}{a_{n-1}}=\dfrac{2a_{n-1}}{a_{n-1}}=2$(为常数),

所以 $\left\{\dfrac{1}{a_n}\right\}$ 是首项为1,公差为2的等差数列.

于是 $\dfrac{1}{a_n}=2n-1$,所以 $a_n=\dfrac{1}{2n-1}$.

例3.数列 $\{a_n\}$ 满足 $a_1=2$, $a_{n+1}=2a_n+2^{n+1}$,令 $b_n=\dfrac{a_n}{2^n}$.证明:数列 $\{b_n\}$ 为等差数列,并求出数列 $\{a_n\}$ 的通项公式.

证:$b_{n+1}=\dfrac{a_{n+1}}{2^{n+1}}=\dfrac{2a_n+2^{n+1}}{2^{n+1}}=\dfrac{a_n}{2^n}+1$,则 $b_{n+1}-b_n=1$(为常数).

而 $b_1=\dfrac{a_1}{2}=1$,所以数列 $\{b_n\}$ 是首项为1,公差为1的等差数列.

从而 $b_n=n$,即 $\dfrac{a_n}{2^n}=n$,解得 $a_n=n\cdot 2^n$.

点拨 (1)若数列 $\{a_n\}$ 满足 $a_n-a_{n-1}=d(n\geqslant 2)$,则 $\{a_n\}$ 是公差为 d 的等差数列.

(2)若数列 $\{a_n\}$ 满足 $2a_n=a_{n-1}+a_{n+1}(n\geqslant 2)$,则 $\{a_n\}$ 是等差数列.

(3)若 $a_n=An+B$,则 $\{a_n\}$ 是以 A 为公差,$A+B$ 为首项的等差数列.

(4)若 $\{a_n\}$ 的前 n 项和 $S_n=Cn^2+Dn$,则 $\{a_n\}$ 是以 $2C$ 为公差的等差数列.

3.等差数列的性质

例1.等差数列 $\{a_n\}$ 的前 n 项和为 S_n,且 $a_3+a_9+a_{15}=6$.

(1)求 a_5+a_{13}; (2)求 S_{17}.

解:(1)因为 $a_3+a_9+a_{15}=6$,而 $a_3+a_{15}=2a_9$,解得 $a_9=2$,则 $a_5+a_{13}=2a_9=4$.

(2)$S_{17}=\dfrac{(a_1+a_{17})\times 17}{2}=\dfrac{(a_5+a_{13})\times 17}{2}=34$.

点拨 满足 $a_3+a_9+a_{15}=6$ 的等差数列有无数个,可取 $\{a_n\}$ 为常数数列.

设 $\{a_n\}$ 的每一项都是 x,由 $a_3+a_9+a_{15}=6\Rightarrow 3x=6\Rightarrow x=2$,

从而 $a_5+a_{13}=2x=4$,$S_{17}=17x=34$.

例2.公差为正数的等差数列 $\{a_n\}$ 的前 n 项和为 S_n,下列四个命题中真命题是(   )

p_1:数列 $\{2a_n-1\}$ 是递增数列　　　　p_2:数列 $\{na_n\}$ 是递增数列

p_3:数列 $\left\{\dfrac{S_n}{n}\right\}$ 是递增数列　　　　p_4:数列 $\{a_n-n\}$ 是递增数列

　　A.p_1,p_2　　　　B.p_3,p_4　　　　C.p_1,p_3　　　　D.p_2,p_4

解:设 $a_n=An+B$,$S_n=Cn^2+Dn$,其中公差 $A>0$ 且 $C=\dfrac{A}{2}>0$,则

$2a_n-1=2An+2B-1$ 的公差 $2A>0$,所以 $\{2a_n-1\}$ 是递增数列,p_1 是真命题;

数列 $na_n=An^2+Bn$ 对应的函数为二次函数,存在先减后增的可能,p_2 是假命题;

数列 $\dfrac{S_n}{n}=Cn+D$ 的公差 $C>0$,所以 $\left\{\dfrac{S_n}{n}\right\}$ 是递增数列,p_3 是真命题;

数列 $a_n-n=(A-1)n+B$ 的公差为 $A-1$,不能判断其正负性,p_4 是假命题.选 C.

例3.已知数列 $\{a_n\}$ 和 $\{b_n\}$ 分别是公差为 2 和 3 的等差数列,令 $c_n=3a_{2n-1}-2b_n$,则

$c_{13}-c_8=($ $)$

　　A.6　　　　　　B.12　　　　　　C.30　　　　　　D.60

解:设 $a_n=2n+B_1$,$b_n=3n+B_2$,则 $a_{2n-1}=4n-2+B_1$,$2b_n=6n+2B_2$,

从而 $c_n=3(4n-2+B_1)-2(3n+B_2)=6n+(3B_1-2B_2-6)$,

所以 $\{c_n\}$ 是以 6 为公差的等差数列,从而 $c_{13}-c_8=(13-8)\times 6=30$.选 C.

例 4. 已知数列 $\{a_n\}$ 满足 $a_n-a_{n-1}=3$,且 $a_1+a_5+a_9+\cdots+a_{77}=42$,则

$a_4+a_8+a_{12}+\cdots+a_{80}=\underline{\hspace{2cm}}$.

解:因为 $a_4-a_1=a_8-a_5=\cdots=a_{80}-a_{77}=3\times 3=9$,

所以 $(a_4+a_8+\cdots+a_{80})-(a_1+a_5+\cdots+a_{77})=20\times 9=180$,

从而 $a_4+a_8+a_{12}+\cdots+a_{80}=180+42=222$.

点拨 (1)等差数列的通项 $a_n=An+B$ 对应的函数为 $y=Ax+B$.若 $A>0$,则 $\{a_n\}$ 单调递增;若 $A<0$,则 $\{a_n\}$ 单调递减.

　　(2)和等性:若 $m+n=p+q$,则 $a_m+a_n=a_p+a_q$.当 $m+n=2p$ 时,$a_m+a_n=2a_p$.

　　(3)等差中项:若 a,G,b 构成等差数列,则 $2G=a+b$,G 称为 a,b 的等差中项.

　　(4)差距性:等差数列 $\{a_n\}$ 的公差为 d,则 $a_n-a_m=(n-m)d$.

4.等差数列前 n 项和的性质

例1.设等差数列 $\{a_n\}$ 的前 n 项和为 S_n,若 $S_{m-1}=-2$,$S_m=0$,$S_{m+1}=3$,则 $m=($ $)$

　　A.3　　　　　　B.4　　　　　　C.5　　　　　　D.6

解：因为 $\left\{\dfrac{S_n}{n}\right\}$ 是等差数列，

所以 $\dfrac{S_{m-1}}{m-1}=\dfrac{-2}{m-1}$，$\dfrac{S_m}{m}=\dfrac{0}{m}=0$，$\dfrac{S_{m+1}}{m+1}=\dfrac{3}{m+1}$ 构成等差数列．

从而 $\dfrac{-2}{m-1}+\dfrac{3}{m+1}=0$，解得 $m=5$．选C．

例2. 设等差数列 $\{a_n\}$ 的前 n 项和为 S_n，若 $S_m=10$，$S_{2m}=30$，则 $S_{3m}=($　　$)$

　　A.40　　　　　　B.50　　　　　　C.60　　　　　　D.90

解：解法1，因为数列 S_m，$S_{2m}-S_m$，$S_{3m}-S_{2m}$ 构成等差数列，

而 $S_m=10$，$S_{2m}-S_m=20$，所以 $S_{3m}-S_{2m}=30$，从而 $S_{3m}=60$．选C．

解法2，因为 $\dfrac{S_m}{m}=\dfrac{10}{m}$，$\dfrac{S_{2m}}{2m}=\dfrac{30}{2m}$，$\dfrac{S_{3m}}{3m}$ 构成等差数列，

所以 $2\times\dfrac{S_{2m}}{2m}=\dfrac{S_m}{m}+\dfrac{S_{3m}}{3m}$，即 $2\times\dfrac{30}{2m}=\dfrac{10}{m}+\dfrac{S_{3m}}{3m}$，解得 $S_{3m}=60$．选C．

例3. 设 S_n，T_n 分别是等差数列 $\{a_n\}$ $\{b_n\}$ 的前 n 项和，且 $\dfrac{a_4}{b_6}=\dfrac{1}{3}$，则 $\dfrac{S_7}{T_{11}}=$ _____．

解：$\dfrac{S_7}{T_{11}}=\dfrac{(a_1+a_7)\times 7}{(b_1+b_{11})\times 11}=\dfrac{2a_4\times 7}{2b_6\times 11}=\dfrac{7}{33}$．

例4. 设 S_n，T_n 分别是等差数列 $\{a_n\}$ $\{b_n\}$ 的前 n 项和，满足 $\dfrac{S_n}{T_n}=\dfrac{2n+3}{3n-1}$，则

$$\dfrac{a_6}{b_6}=\underline{\qquad}，\dfrac{a_9}{b_{11}}=\underline{\qquad}.$$

解：因为 $\dfrac{S_{2n-1}}{T_{2n-1}}=\dfrac{a_n}{b_n}$，所以 $\dfrac{a_6}{b_6}=\dfrac{S_{11}}{T_{11}}=\dfrac{25}{32}$．

$\dfrac{S_n}{T_n}=\dfrac{2n+3}{3n-1}=\dfrac{(2n+3)n}{(3n-1)n}=\dfrac{2n^2+3n}{3n^2-n}$，

于是可设 $S_n=x(2n^2+3n)$，$T_n=x(3n^2-n)$．

从而 $a_n=x(4n+1)$，$b_n=x(6n-4)$，所以 $\dfrac{a_9}{b_{11}}=\dfrac{x(4\times 9+1)}{x(6\times 11-4)}=\dfrac{37}{62}$．

例5. 已知等差数列 $\{a_n\}$ 的前 n 项和为 S_n，满足 $a_2+a_4=18$，$S_7=35$．

　　求 S_n 的最大值及此时 n 的值．

解：(1)依题 $\begin{cases}(a_1+d)+(a_1+3d)=18,\\ 7a_1+\dfrac{7\times 6}{2}d=35,\end{cases}$　　　解得 $\begin{cases}a_1=17,\\ d=-4,\end{cases}$

所以 $S_n=\dfrac{(a_1+a_n)n}{2}=-2n^2+19n$，对应的函数为 $y=-2x^2+19x$，

该函数的图象开口向下，对称轴为 $x=\dfrac{19}{4}$．

所以当 $n=5$ 时，S_n 取得最大值为 $S_5=45$．

例 6. 单调递增的等差数列 $\{a_n\}$ 的前 n 项和为 S_n，且 $S_3 = S_{12}$，下列结论错误的是(　　)

A. S_7，S_8 均为 S_n 的最小值　　　　B. $a_8 = 0$

C. $S_{15} = 0$　　　　　　　　　　　　D. $S_{14} + S_{16} = 0$

解：由 $\{a_n\}$ 单调递增且 $S_3 = S_{12}$，可得 $S_n = Cn^2 + Dn$ 对应的函数 $y = Cx^2 + Dx$ 的图象，

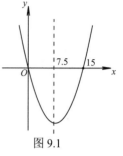

如图 9.1. 因为 $S_3 = S_{12}$，所以抛物线的对称轴为 $x = 7.5$，

而 $n = 7$，8 离抛物线的距离相等，所以 S_7，S_8 均为 S_n 的最小值.

因为 $S_8 = S_7$，而 $S_8 = S_7 + a_8$，所以 $a_8 = 0$.

由抛物线的对称轴 $x = 7.5$ 可得 $S_{15} = 0$.

因为 $\{a_n\}$ 单调递增且 $a_8 = 0$，所以 $a_7 < 0$，$a_9 > 0$

且 $a_7 + a_9 = 0$，所以 $S_{14} + S_{16} = \dfrac{(a_1 + a_{14}) \times 14}{2} + \dfrac{(a_1 + a_{16}) \times 16}{2}$

图 9.1

$= 7(a_7 + a_8) + 8(a_8 + a_9) = 7a_7 + 8a_9 = 7(a_7 + a_9) + a_9 = a_9 > 0.$ 选 D.

例 7. 等差数列 $\{a_n\}$ 的前 n 项和为 S_n，满足 $S_{15} > 0$，$S_{16} < 0$，令 $A_n = \dfrac{S_n}{a_n}$，若

$\forall n \in \{1, 2, \cdots, 15\}$，$A_k \geqslant A_n$，则 $k = $ _____.

解：解法 1，由 $S_{15} = \dfrac{15(a_1 + a_{15})}{2} = 15a_8 > 0$，得 $a_8 > 0$.

由 $S_{16} = \dfrac{16(a_1 + a_{16})}{2} = 8(a_8 + a_9) < 0$，而 $a_8 > 0$，所以 $a_9 < 0$.

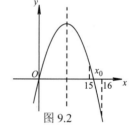

于是 $\{S_n\}$ 中 S_8 最大，$\{a_n\}$ 中 a_8 为最小正项，

则 $\{A_n\}$ 中 A_8 最大，故 $k = 8$.

解法 2，依题 S_n 对应的函数 $y = Cx^2 + Dx$ 的图象，

如图 9.2，由图可知 $15 < x_0 < 16$，

于是对称轴 $x = -\dfrac{D}{2C} \in (7.5, 8)$，

图 9.2

所以 $\{S_n\}$ 中 S_8 最大，$\{a_n\}$ 中 a_8 为最小正项.

所以 $\{A_n\}$ 中 A_8 最大，故 $k = 8$.

点拨　设等差数列 $\{a_n\}$　$\{b_n\}$ 的前 n 项和分别为 S_n，T_n，

(1) 设 $S_n = Cn^2 + Dn$，其对应的函数 $y = Cx^2 + Dx$ 的图象是过坐标原点的抛物线.

(2) 数列 $\left\{\dfrac{S_n}{n}\right\}$ 是等差数列.

(3) S_m，$S_{2m} - S_m$，$S_{3m} - S_{2m}$，$\cdots$ 为等差数列.

(4) $\dfrac{S_{2n-1}}{T_{2n-1}} = \dfrac{a_n}{b_n}$.

二、等比数列

1.公式应用

例1.在递增等比数列$\{a_n\}$中,其前n项和为S_n:

    (1)$S_2=30$,$S_3=155$,求S_n;

    (2)$a_1=2$,$a_n=64$,$S_n=126$,求公比q;

    (3)$S_3=168$,$a_2-a_5=42$,求a_n.

解:(1)因为$\{a_n\}$单调递增,所以公比$q>0$.

    依题$\begin{cases} a_1(1+q)=30, \\ a_1(1+q+q^2)=155, \end{cases}$ 解得 $\begin{cases} a_1=5, \\ q=5, \end{cases}$ 所以 $S_n=\dfrac{1}{4}\times 5^{n+1}-\dfrac{5}{4}$.

    (2)将$a_1=2$,$a_n=64$代入$S_n=\dfrac{a_1(1-q^n)}{1-q}=\dfrac{a_1-qa_n}{1-q}=126$,得$q=2$.

    (3)依题$\begin{cases} a_1(1+q+q^2)=168, \\ a_1q(1-q^3)=42, \end{cases}$ 两式相除得 $\dfrac{1+q+q^2}{q(1-q^3)}=4$,

    又因为$1-q^3=(1-q)(1+q+q^2)$.

    所以$\dfrac{1}{q(1-q)}=4$,解得$q=\dfrac{1}{2}$,从而$a_1=96$,所以$a_n=3\times 2^{6-n}$.

点拨 (1)若等比数列单调递增或者单调递减,则它的公比q一定为正数.

    (2)求公比时可能用到三次方公式:$(a^3\pm b^3)=(a\pm b)(a^2\mp ab+b^2)$.

例2.设$\{a_n\}$是各项均为正数的等比数列,其前n项为S_n,满足$a_2a_4=1$,$S_3=7$.

    (1)求数列$\{a_n\}$的通项公式;

    (2)若$S_n=\dfrac{31}{4}$,求正整数n的值.

解:(1)由$(a_1q)(a_1q^3)=1$且各项均为正数得$a_1q^2=1$,于是$\begin{cases} a_1q^2=1, \\ a_1+a_1q+a_1q^2=7. \end{cases}$

    两式相除,得$6q^2-q-1=0$,解得$q=\dfrac{1}{2}$或$q=-\dfrac{1}{3}$(舍去),从而$a_1=4$.

    所以$a_n=a_1q^{n-1}=4\times(\dfrac{1}{2})^{n-1}=2^{3-n}$.

    (2)$S_n=\dfrac{a_1(1-q^n)}{1-q}=\dfrac{4[1-(\dfrac{1}{2})^n]}{1-\dfrac{1}{2}}=8-2^{3-n}$,即$8-2^{3-n}=\dfrac{31}{4}$,解得$n=5$.

例3.已知等比数列$\{a_n\}$中,$a_1=1$,$a_8=3a_6+4a_4$.

    (1)求数列$\{a_n\}$的通项a_n;

    (2)令$T_n=a_1+a_3+\cdots+a_{2n-1}$,求$T_n$.

解： (1)因为 $a_1 q^7 = 3a_1 q^5 + 4a_1 q^3$，所以 $q^4 - 3q^2 - 4 = 0$，

解得 $q^2 = 4$ 或 $q^2 = -1$(含去)，所以 $q = 2$ 或 $q = -2$.

当 $q = 2$ 时，$a_n = a_1 q^{n-1} = 2^{n-1}$；当 $q = -2$ 时，$a_n = a_1 q^{n-1} = (-2)^{n-1}$.

(2)令 $b_n = a_{2n-1}$，当 $a_n = 2^{n-1}$ 时，$b_n = a_{2n-1} = 2^{2n-2} = (2^2)^{n-1} = 4^{n-1}$；

当 $a_n = (-2)^{n-1}$ 时，$b_n = a_{2n-1} = (-2)^{2n-2} = [(-2)^2]^{n-1} = 4^{n-1}$.

所以 $\{b_n\}$ 是以首项为 1，公比为 4 的等比数列，

从而 $T_n = b_1 + b_2 + \cdots + b_n = \dfrac{b_1(1-q^n)}{1-q} = \dfrac{4^n - 1}{3}$.

例 4. 记数列 $\{a_n\}$ 的前 n 项和为 S_n，$a_1 = 1$，且 $\{S_n\}$ 是以 2 为公比的等比数列.

　　(1)求数列 $\{a_n\}$ 的通项公式；

　　(2)设 $b_n = a_{2n-1}$，求 $T_n = b_1 + b_2 + \cdots + b_{n+1}$.

解： (1)依题 $S_n = 2^{n-1}$.

当 $n = 1$ 时，$a_1 = S_1 = 1$；当 $n \geq 2$ 时，$a_n = S_n - S_{n-1} = 2^{n-1} - 2^{n-2} = 2^{n-2}$.

所以 $a_n = \begin{cases} 1, & n = 1, \\ 2^{n-2}, & n \geq 2. \end{cases}$

(2)因为 $b_n = a_{2n-1}$，所以 $b_n = \begin{cases} 1, & n = 1, \\ 2^{2n-3}, & n \geq 2, \end{cases}$

所以数列 $\{b_n\}$ 从第二项起构成公比为 4 的等比数列.

当 $n = 1$ 时，$T_1 = 1$；当 $n \geq 2$ 时，$T_n = 1 + \dfrac{2(1-4^{n-1})}{1-4} = \dfrac{2^{2n-1} + 1}{3}$，

又 $T_1 = \dfrac{2^{2 \times 1 - 1} + 1}{3} = 1$，所以 $T_n = \dfrac{2^{2n-1} + 1}{3}$.

例 5. 在正项等比数列 $\{a_n\}$ 中，$a_5 = \dfrac{1}{2}$，$a_6 + a_7 = 3$，求满足 $a_1 + a_2 + \cdots + a_n > 4$ 的最小正整数 n 的值.

解： 设等比数列 $\{a_n\}$ 的公比为 $q > 0$，依题 $\begin{cases} a_1 q^4 = \dfrac{1}{2}, \\ a_1 q^5 + a_1 q^6 = 3, \end{cases}$　解得 $\begin{cases} a_1 = \dfrac{1}{32}, \\ q = 2. \end{cases}$

所以 $a_n = 2^{n-6}$，从而 $a_1 + a_2 + \cdots + a_n = \dfrac{a_1(1-q^n)}{1-q} = 2^{n-5} - 2^{-5}$.

从而 $2^{n-5} - 2^{-5} > 4$，即 $2^n > 2^7 + 1$，所以正整数 n 的最小值为 8.

点拨 (1)等比数列的任意项不能为 0，公比不能为 0.

　　(2)设等比数列 $\{a_n\}$ 的公比为 q，前 n 项和为 S_n，则

　　① $a_n = a_1 q^{n-1}$；　　② $S_n = \begin{cases} na_1, & q = 1, \\ \dfrac{a_1(1-q^n)}{1-q}, & q \neq 1. \end{cases}$

2.等比数列的判定与证明

例1.已知 $a_n=2\cdot3^{2n-1}$,求数列 $\{a_n\}$ 的前 n 项和 S_n.

解:因为 $a_n=2\cdot3^{2n-1}$,所以 $\{a_n\}$ 是首项为6,公比为9的等比数列,

所以 $S_n=\dfrac{a_1(1-q^n)}{1-q}=\dfrac{6(1-9^n)}{1-9}=\dfrac{3^{2n+1}-3}{4}$.

例2.已知单调递增的数列 $\{a_n\}$ 满足 $a_n^2=a_{n-1}a_{n+1}(n\geqslant2)$,且 $a_2=2$, $S_4=5S_2$.求数列 $\{a_n\}$ 的前 n 项和 S_n.

解:因为单调递增的数列 $\{a_n\}$ 满足 $a_n^2=a_{n-1}a_{n+1}(n\geqslant2)$,且 $a_2=2$, $S_4=5S_2$,

所以数列 $\{a_n\}$ 是公比 $q>0$ 且 $q\neq1$ 的等比数列,

从而 $\begin{cases}a_1q=2,\\ \dfrac{a_1(1-q^4)}{1-q}=5\dfrac{a_1(1-q^2)}{1-q},\end{cases}$ 解得 $\begin{cases}a_1=1,\\ q=2,\end{cases}$ 所以 $S_n=\dfrac{a_1(1-q^n)}{1-q}=2^n-1$.

例3.在数列 $\{a_n\}$ 中, $a_1=1$, $a_n=3a_{n-1}+2(n\geqslant2)$.

(1)求证:数列 $\{a_n+1\}$ 为等比数列;

(2)求数列 $\{a_n\}$ 的通项公式.

解:(1)证:令 $b_n=a_n+1$,则 $b_{n-1}=a_{n-1}+1$,且 $b_n=(3a_{n-1}+2)+1=3a_{n-1}+3$.

从而 $\dfrac{b_n}{b_{n-1}}=\dfrac{3a_{n-1}+3}{a_{n-1}+1}=\dfrac{3(a_{n-1}+1)}{a_{n-1}+1}=3$(为常数).

所以 $\{a_n+1\}$ 是首项为 $a_1+1=2$,公比为3的等比数列.

(2)因为 $\{a_n+1\}$ 是首项为2,公比为3的等比数列,所以 $a_n=2\cdot3^{n-1}-1$.

例4.数列 $\{a_n\}$ 的首项 $a_1=\dfrac{2}{3}$, $a_{n+1}=\dfrac{2a_n}{a_n+1}$.证明:数列 $\{\dfrac{1}{a_n}-1\}$ 是等比数列,并求 a_n.

证:取 $b_n=\dfrac{1}{a_n}-1$,则 $b_{n+1}=\dfrac{1}{a_{n+1}}-1=\dfrac{a_n+1}{2a_n}-1$,

于是 $\dfrac{b_{n+1}}{b_n}=\dfrac{\dfrac{a_n+1}{2a_n}-1}{\dfrac{1}{a_n}-1}=\dfrac{\dfrac{1-a_n}{2a_n}}{\dfrac{1-a_n}{a_n}}=\dfrac{1}{2}$(为常数).

所以数列 $\{\dfrac{1}{a_n}-1\}$ 是首项为 $\dfrac{1}{2}$,公比为 $\dfrac{1}{2}$ 的等比数列.

即 $\dfrac{1}{a_n}-1=(\dfrac{1}{2})^n$,解得 $a_n=\dfrac{2^n}{2^n+1}$.

点拨 (1)若数列 $\{a_n\}$ 满足 $\dfrac{a_n}{a_{n-1}}=q(n\geqslant2)$,则 $\{a_n\}$ 是公比为 q 的等比数列.

(2)若数列 $\{a_n\}$ 满足 $a_n^2=a_{n-1}a_{n+1}(n\geqslant2)$ 且 $a_n\neq0$,则 $\{a_n\}$ 是等比数列.

(3)若数列 $\{a_n\}$ 的通项 $a_n=Aq^{kn+b}$,则 $\{a_n\}$ 是以 q^k 为公比的等比数列.

3.等比数列的性质

例1. 已知 $k < -1$，数列 $\{x_n\}$ 满足，$x_1 \in (0, 1)$，$x_n = k \cdot x_{n-1}$，则数列 $\{x_n\}$ 的单调性为（　　）

  A.单调递增   B.单调递减

  C.奇数项递增,偶数项递减   D.奇数项递减,偶数项递增

解：依题 $\dfrac{x_n}{x_{n-1}} = k$，所以 $\{x_n\}$ 是公比为 $k < -1$，首项 $x_1 \in (0, 1)$ 的等比数列,所以 $\{x_n\}$ 奇数

  项递增,偶数项递减.选C.

点拨   取 $k = -2$，$x_1 = \dfrac{1}{2}$ 算出前几项的数字,从而可得该等比数列的单调性.

例2. 已知数列 $\{a_n\}$ 满足，$a_2 a_6 a_{10} = 8$，则 $\log_2 a_3 + \log_2 a_5 + \log_2 a_7 + \log_2 a_9 = （　　）$

  A.2   B.3   C.4   D.5

解：因为 $a_2 a_6 a_{10} = 8$，所以 $a_6^3 = 8$，从而 $a_6 = 2$.

  而 $\log_2 a_3 + \log_2 a_5 + \log_2 a_7 + \log_2 a_9 = \log_2 a_3 a_5 a_7 a_9 = \log_2 a_6^4 = 4$.选C.

点拨   满足 $a_2 a_6 a_{10} = 8$ 的等比数列有无数个,可取 $\{a_n\}$ 为满足题意的常数数列,于是可

  设 $\{a_n\}$ 的每一项都为 $x > 0$，则 $a_2 a_6 a_{10} = 8 \Leftrightarrow x^3 = 8 \Rightarrow x = 2(x > 0)$，从而

  $\log_2 a_3 + \log_2 a_5 + \log_2 a_7 + \log_2 a_9 = 4$.

例3. 在等比数列 $\{a_n\}$ 中，$\lg a_2 + \lg a_{18} = 2$，则 $a_3 a_{10} a_{17} = $ _____.

解：由 $\lg a_2 + \lg a_{18} = 2$ 得 $\lg a_2 a_{18} = 2$，所以 $a_2 a_{18} = a_3 a_{17} = a_{10}^2 = 100$，

  从而 $a_{10}^2 = 100$，即 $a_{10} = \pm 10$.

  因为等比数列偶数项正负性相同,而 a_2，a_{18} 作为对数的真数为正数,

  所以 $a_{10} = 10$，故 $a_3 a_{10} a_{17} = 1\,000$.

例4. 数列 $\{a_n\}$ 满足 $\log_3 a_n + 1 = \log_3 a_{n+1} (n \in \mathbf{N}^*)$，且 $a_2 + a_4 + a_6 + \cdots + a_{100} = 27$，则

  $\log_{\frac{1}{3}}(a_3 + a_5 + a_7 + \cdots + a_{101}) = $ _____.

解：由 $\log_3 a_n + 1 = \log_3 a_{n+1}$，得 $\dfrac{a_{n+1}}{a_n} = 3$，从而数列 $\{a_n\}$ 是公比为3的等比数列.

  因为 $a_3 + a_5 + a_7 + \cdots + a_{101} = q(a_2 + a_4 + a_6 + \cdots + a_{100}) = 81$，

  所以 $\log_{\frac{1}{3}}(a_3 + a_5 + a_7 + \cdots + a_{101}) = \log_{\frac{1}{3}} 81 = -4$.

例5. 已知数列 $\{a_n\}$ 满足 $a_{n+1} = -2a_n$，且 $a_2 + a_6 + a_{10} + \cdots + a_{38} = 27$，则 $a_5 + a_9 + a_{13} + \cdots + a_{41} = （　　）$

  A.-54 B.108   C.-216 D.432

解：因为 $a_{n+1} = -2a_n$，所以数列 $\{a_n\}$ 是公比为 -2 的等比数列.

  从而 $a_5 + a_9 + a_{13} + \cdots + a_{41}$

  $= q^3 (a_2 + a_6 + a_{10} + \cdots + a_{38}) = -8 \times 27 = -216$.选C.

例6. 已知等比数列 $\{a_n\}$ 的前 n 项和 $S_n = t \cdot 2^{n-1} - 1$，则 $t = ($ $)$

    A.2   B. -2 C.1   D. -1

解： 因为 $S_n = t \cdot 2^{n-1} - 1 = \dfrac{t}{2} \cdot 2^n - 1$，所以 $\dfrac{t}{2} + (-1) = 0$，解得 $t = 2$. 选 A.

点拨   若数列 $\{a_n\}$ 的前 n 项和 $S_n = Aq^n - A$，则 $\{a_n\}$ 是以 q 为公比的等比数列.

例7. 已知等比数列 $\{a_n\}$ 的前 n 项和为 T_n，且 $T_5 = 5$，$T_{10} = 30$，则 $T_{15} = $ _____.

解： 由题可知 T_5，$T_{10} - T_5$，$T_{15} - T_{10}$ 构成等比数列，

    $T_5 = 5$，$T_{10} - T_5 = 25$，所以 $T_{15} - T_{10} = 125$，于是 $T_{15} = 155$.

例8. 已知各项均为正数的等比数列 $\{a_n\}$，$a_1 a_2 a_3 = 5$，$a_7 a_8 a_9 = 10$，则 $a_4 a_5 a_6 = ($ $)$

    A. $5\sqrt{2}$ B.7   C.6   D. $4\sqrt{2}$

解： 因为 $a_1 a_2 a_3$，$a_4 a_5 a_6$，$a_7 a_8 a_9$ 构成等比数列，

    所以 $(a_4 a_5 a_6)^2 = (a_1 a_2 a_3)(a_7 a_8 a_9) = 50$，

    从而 $a_4 a_5 a_6 = \pm\sqrt{50} = \pm 5\sqrt{2}$.

    又因为 $\{a_n\}$ 各项均为正数，所以 $a_4 a_5 a_6 = 5\sqrt{2}$. 选 A.

点拨   (1)等比数列的单调性较为复杂，需根据首项和公比算出前几项，再进一步确认.

    (2)等比数列 $\{a_n\}$ 中，若 $m + n = p + q$，则 $a_m a_n = a_p a_q$. 当 $m + n = 2p$ 时，$a_m a_n = a_p^2$.

    (3)若 a，G，b 构成等比数列，则 $G^2 = ab$，此时称 G 是 a，b 的等比中项.

    (4)等比数列中，奇数项的正负性相同，偶数项的正负性相同.

    (5)在公比为 q 的等比数列 $\{a_n\}$ 中，$\dfrac{a_n}{a_m} = q^{n-m}$.

    (6)记等比数列 $\{a_n\}$ 的前 n 项和为 S_n，前 n 项积为 T_n，则

S_m，$S_{2m} - S_m$，$S_{3m} - S_{2m}$ 构成等比数列，T_m，$\dfrac{T_{2m}}{T_m}$，$\dfrac{T_{3m}}{T_{2m}}$ 构成等比数列.

三、数列求和

1.并项求和

例1. 设 $a_n = (-1)^n (2n-1)$，求数列 $\{a_n\}$ 的前 2 016 项和.

解： $S_{2016} = a_1 + a_2 + a_3 + \cdots + a_{2015} + a_{2016} = -1 + 3 - 5 + 7 - 9 + \cdots - 4\,029 + 4\,031$

    $= (-1 + 3) + (-5 + 7) + \cdots + (-4\,029 + 4\,031) = 1\,008 \times 2 = 2\,016$. 所以 $S_{2016} = 2\,016$.

例2. 已知 S_n 是数列 $\{a_n\}$ 的前 n 项和，若 $a_n = n \cdot \sin(\dfrac{n\pi}{2})$，则 $S_{80} = ($ $)$

    A.80   B. -80 C.40   D. -40

解: $a_1=1$，$a_2=0$，$a_3=-3$，$a_4=0$，$a_5=5$，$a_6=0$，$a_7=-7$，$a_8=0$，…

不难发现，该数列相邻 4 项的和为 -2，所以 $S_{80}=20\times(-2)=-40$. 选 D.

例 3. 数列 $\{a_n\}$ 满足 $a_{n+1}+a_n=2n$，则该数列的前 200 项和 $S_{200}=$ _____.

解: 令 $a_1=1$，则 $a_2=1$，$a_3=3$，$a_4=3$，$a_5=5$，$a_6=5$，$a_7=7$，$a_8=7$，…

设 $\{b_n\}$ 是 $\{a_n\}$ 相邻四项之和构成的新数列，

不难发现数列 $\{b_n\}$ 是首项为 $b_1=8$，公差为 16 的等差数列.

记 $\{b_n\}$ 的前 n 项和为 T_n，则 $S_{200}=T_{50}=50\times 8+\dfrac{50\times 49}{2}\times 16=20\,000$.

点拨　并项求和法主要用于数列相邻几项之和构成的新数列求和问题，原数列的规律可通过计算出前几项观察得到.

2. 分组求和

例 1. 已知 $a_n=2^n+2n-1$，求前 n 项和 S_n.

解: $S_n=(2^1+1)+(2^2+3)+\cdots+(2^n+2n-1)$

$=(2^1+2^2+2^3+\cdots+2^n)+[1+3+5+\cdots+(2n-1)]$

$=\dfrac{2^1(1-2^n)}{1-2}+\dfrac{[1+(2n-1)]\cdot n}{2}=2^{n+1}+n^2-2$.

例 2. 等比数列 $\{a_n\}$ 中，a_1，a_2，a_3 分别是下表第一、二、三行中的某一个数，且 a_1，a_2，a_3 中的任何两个数不在下表的同一列.

(1) 求数列 $\{a_n\}$ 的通项公式；

(2) 设 $b_n=a_n+(-1)^n\ln a_n$，求 $\{b_n\}$ 的前 $2n$ 项和 S_{2n}.

	第一列	第二列	第三列
第一行	3	2	10
第二行	6	4	14
第三行	9	8	18

解: (1) 显然 a_1，a_2，a_3 分别为 2，6，18，

从而等比数列 $\{a_n\}$ 的首项为 2，公比为 3，所以 $a_n=2\cdot 3^{n-1}$.

(2) $b_n=a_n+(-1)^n\ln a_n=2\cdot 3^{n-1}+(-1)^n\cdot(n-1)\cdot\ln 3+(-1)^n\cdot\ln 2$

$S_{2n}=b_1+b_2+b_3+\cdots+b_{2n-1}+b_{2n}=(2\cdot 3^0+2\cdot 3^1+2\cdot 3^2+\cdots+2\cdot 3^{2n-1})+$

$[-0+1-2+3-4+\cdots-(2n-2)+(2n-1)]\cdot\ln 3+0$

$=\dfrac{2\cdot 3^0(1-3^{2n})}{1-3}+n\cdot\ln 3=3^{2n}+n\cdot\ln 3-1$. 所以 $S_{2n}=3^{2n}+n\cdot\ln 3-1$.

点拨　若数列 $a_n=b_n\pm c_n$，且均为可求和数列，其中 a_n，b_n，c_n 的前 n 项和分别为 S_n，T_n，R_n，则 $S_n=T_n\pm R_n$.

3.裂项相消

例1.已知数列$b_n = \dfrac{1}{9n^2+3n-2}$,求$\{b_n\}$的前$n$项和$T_n$.

解:$b_n = \dfrac{1}{9n^2+3n-2} = \dfrac{1}{(3n-1)(3n+2)} = \dfrac{1}{3}\left(\dfrac{1}{3n-1} - \dfrac{1}{3n+2}\right)$,

从而 $T_n = b_1 + b_2 + \cdots + b_n$

$= \dfrac{1}{3}\left(\dfrac{1}{2} - \dfrac{1}{5}\right) + \dfrac{1}{3}\left(\dfrac{1}{5} - \dfrac{1}{8}\right) + \cdots + \dfrac{1}{3}\left(\dfrac{1}{3n-1} - \dfrac{1}{3n+2}\right) = \dfrac{1}{3}\left(\dfrac{1}{2} - \dfrac{1}{3n+2}\right) = \dfrac{n}{6n+4}$.

所以 $T_n = \dfrac{n}{6n+4}$.

例2.已知数列$\{a_n\}$的前n项和为S_n,若$a_n = \dfrac{1}{(2n-1)(2n+1)}$,求证:$\dfrac{1}{3} \leqslant S_n < \dfrac{1}{2}$.

解:$a_n = \dfrac{1}{(2n-1)(2n+1)} = \dfrac{1}{2}\left(\dfrac{1}{2n-1} - \dfrac{1}{2n+1}\right)$,

于是 $S_n = \dfrac{1}{2}\left[\left(1 - \dfrac{1}{3}\right) + \left(\dfrac{1}{3} - \dfrac{1}{5}\right) + \cdots + \left(\dfrac{1}{2n-1} - \dfrac{1}{2n+1}\right)\right] = \dfrac{1}{2} - \dfrac{1}{4n+2}$.

显然 $S_n = \dfrac{1}{2} - \dfrac{1}{4n+2}$ 在 $n \in \mathbf{N}^*$ 时单调递增,所以 $\dfrac{1}{3} \leqslant S_n < \dfrac{1}{2}$.

例3.已知$a_n = \dfrac{2^n}{(2^n-1)(2^{n+1}-1)}$,$n \in \mathbf{N}^*$,求数列$\{a_n\}$的前$n$项和$S_n$.

解:因为$a_n = \dfrac{2^n}{(2^n-1)(2^{n+1}-1)} = \dfrac{1}{2^n-1} - \dfrac{1}{2^{n+1}-1}$,所以

$S_n = \left(\dfrac{1}{2^1-1} - \dfrac{1}{2^2-1}\right) + \left(\dfrac{1}{2^2-1} - \dfrac{1}{2^3-1}\right) + \cdots + \left(\dfrac{1}{2^n-1} - \dfrac{1}{2^{n+1}-1}\right) = 1 - \dfrac{1}{2^{n+1}-1}$.

点拨 (1)裂项相消常用于通项公式是分式,且其分母为两式相乘的数列.

(2)若分式分母是二次式,则将分母因式分解为两个因式相乘的形式.

(3)常见裂项公式有:

①若$\{a_n\}$是公差为d的等差数列,则 $\dfrac{1}{a_n a_{n+1}} = \dfrac{1}{d}\left(\dfrac{1}{a_n} - \dfrac{1}{a_{n+1}}\right)$.

②$\dfrac{1}{\sqrt{n+k}+\sqrt{n}} = \dfrac{\sqrt{n+k}-\sqrt{n}}{(\sqrt{n+k}+\sqrt{n})(\sqrt{n+k}-\sqrt{n})} = \dfrac{\sqrt{n+k}-\sqrt{n}}{k}$ $(k>0)$.

③$\dfrac{k \cdot 2^n}{(2^n-1)(2^{n+1}-1)} = k\left(\dfrac{1}{2^n-1} - \dfrac{1}{2^{n+1}-1}\right)$.

④$\tan n \cdot \tan(n+1) = \dfrac{\tan n - \tan(n+1)}{\tan 1} - 1$.

⑤若$\{a_n\}$是公差为d的等差数列,则

$\dfrac{\sin d}{\cos a_n \cos a_{n+1}} = \dfrac{\sin(a_{n+1}-a_n)}{\cos a_n \cos a_{n+1}} = \tan a_{n+1} - \tan a_n$.

4. 错位相减

例1. 设 $a_n=(2n-1)(\frac{1}{2})^n$，求 $\{a_n\}$ 的前 n 项和 S_n.

解： 因为 $S_n=1\cdot(\frac{1}{2})^1+3\cdot(\frac{1}{2})^2+\cdots+(2n-1)\cdot(\frac{1}{2})^n$，

所以 $\frac{1}{2}S_n=1\cdot(\frac{1}{2})^2+3\cdot(\frac{1}{2})^3+\cdots+(2n-1)\cdot(\frac{1}{2})^{n+1}$.

两式相减，得 $\frac{1}{2}S_n=\frac{1}{2}+2\cdot\dfrac{(\frac{1}{2})^2[1-(\frac{1}{2})^{n-1}]}{1-\frac{1}{2}}-(2n-1)\cdot(\frac{1}{2})^{n+1}$.

则 $S_n=3-(2n+3)\cdot(\frac{1}{2})^n$.

例2. 数列 $\{a_n\}$ 的前 n 项和为 S_n，$\forall n\in\mathbf{N}^*$，点 $(n，S_n)$ 在函数 $f(x)=2^{x+2}-4$ 的图象上．

　　(1) 求数列 $\{a_n\}$ 的通项公式；

　　(2) 设 $b_n=a_n\log_2 a_n$，求数列 $\{b_n\}$ 的前 n 项和 T_n.

解：(1) 依题 $S_n=2^{n+2}-4$.

　　① 当 $n=1$ 时，$a_1=S_1=2^{1+2}-4=4$；

　　② 当 $n\geqslant 2$ 时，$a_n=S_n-S_{n-1}=(2^{n+2}-4)-(2^{n+1}-4)=2^{n+1}$.

　　因为 $2^{1+1}=4=a_1$，所以 $a_n=2^{n+1}(n\in\mathbf{N}^*)$.

　　(2) $b_n=a_n\log_2 a_n=(n+1)\cdot2^{n+1}$.

于是 $T_n=2\cdot2^2+3\cdot2^3+4\cdot2^4+\cdots+n\cdot2^n+(n+1)\cdot2^{n+1}$，

$2T_n=2\cdot2^3+3\cdot2^4+4\cdot2^5+\cdots+n\cdot2^{n+1}+(n+1)\cdot2^{n+2}$.

两式相减，得 $-T_n=2\cdot2^2+(2^3+2^3+2^5+\cdots+2^{n+1})-(n+1)\cdot2^{n+2}$

$=8+\dfrac{2^3(1-2^{n-1})}{1-2}-(n+1)\cdot2^{n+2}$，则 $T_n=n\cdot2^{n+2}$.

> **点拨**　数列 $a_n=(an+b)q^{n-1}$ 的前 n 项和为 $S_n=(An+B)q^n+C$.
>
> 　　其中 $A=\dfrac{a}{q-1}$，$B=\dfrac{b-A}{q-1}$，$C=-B$，此公式只用于计算结果，对于解答题必须
>
> 写出化简之前的步骤．注意：应用此公式时，$a_n=(an+b)q^{n-1}$ 中 q 的指数必须是
>
> $n-1$，而 $S_n=(An+B)q^n+C$ 中 q 的指数是 n.

5. 奇偶分析

例1. 已知 $a_n=(-1)^n(2n-1)$，求数列 $\{a_n\}$ 的前 n 项和 S_n.

解： 显然 a_n 各项为 -1，3，-5，7，-9，$11\cdots$

当 n 为偶数时，$S_n=(-1+3)+(-5+7)+\cdots[-(2n-3)+(2n-1)]=n$；

当 n 为奇数时，$S_n=S_{n-1}+a_n=\dfrac{n-1}{2}\times2-(2n-1)=-n$，所以 $S_n=\begin{cases}n，&n\text{为偶数，}\\-n，&n\text{为奇数．}\end{cases}$

例2.已知 $a_n=\begin{cases} n, & n\text{为奇数}, \\ 2^n, & n\text{为偶数}, \end{cases}$ 求数列 $\{a_n\}$ 的前 n 项和 S_n.

解：显然 a_n 各项为 1，2^2，3，2^4，5，$2^6\cdots$

当 n 为偶数时，$S_n=(a_1+a_3+\cdots+a_{n-1})+(a_2+a_4+\cdots+a_n)$

$=(1+3+5+\cdots+n-1)+(2^2+2^4+2^6+\cdots+2^n)$

$=\dfrac{(1+n-1)\times\frac{n}{2}}{2}+\dfrac{2^2\times(1-4^{\frac{n}{2}})}{1-4}=\dfrac{2^{n+2}-4}{3}+\dfrac{n^2}{4}$；

当 n 为奇数时，$S_n=S_{n-1}+a_n=\dfrac{2^{n+1}-4}{3}+\dfrac{(n-1)^2}{4}+n=\dfrac{2^{n+1}-4}{3}+\dfrac{(n+1)^2}{4}$.

所以 $S_n=\begin{cases} \dfrac{2^{n+1}-4}{3}+\dfrac{(n+1)^2}{4}, & n\text{为奇数}, \\[3mm] \dfrac{2^{n+2}-4}{3}+\dfrac{n^2}{4}, & n\text{为偶数}. \end{cases}$

例3.数列 $\{a_n\}$ 满足 $a_1=1$，$a_2=2$，$a_{n+2}=3a_n$，求数列 $\{a_n\}$ 的前 n 项和 S_n.

解：由 $a_1=1$，$a_2=2$，$a_{n+2}=3a_n$ 可得，a_n 各项为 1，2，3，6，9，18，$\cdots$

则数列 $\{a_n\}$ 的奇数项构成首项为 1，公比为 3 的等比数列；

数列 $\{a_n\}$ 的偶数项构成首项为 2，公比为 3 的等比数列.

当 n 为偶数时，$S_n=(a_1+a_3+\cdots+a_{n-1})+(a_2+a_4+\cdots+a_n)$

$=\dfrac{1\times(1-3^{\frac{n}{2}})}{1-3}+\dfrac{2\times(1-3^{\frac{n}{2}})}{1-3}=\dfrac{3^{\frac{n+2}{2}}-3}{2}$；

当 n 为奇数时，$S_n=S_{n-1}+a_n=\dfrac{3^{\frac{n+1}{2}}-3}{2}+3^{n-1}=\dfrac{2\cdot 3^{n-1}+3^{\frac{n+1}{2}}-3}{2}$.

所以 $S_n=\begin{cases} \dfrac{2\cdot 3^{n-1}+3^{\frac{n+1}{2}}-3}{2}, & n\text{为奇数}, \\[3mm] \dfrac{3^{\frac{n+2}{2}}-3}{2}, & n\text{为偶数}. \end{cases}$

点拨 若 $\{a_n\}$ 的奇数项和偶数项规律不同，可先求出 n 为偶数时的 S_n，则当 n 为奇数时 $S_n=S_{n-1}+a_n$，此时 $n-1$ 为偶数代入偶数时的公式，a_n 为奇数项中的尾项.

6.倒序相加

例1.已知数列 $\{a_n\}$ 满足 $a_n=\dfrac{2n-98}{2n-99}$，求数列 $\{a_n\}$ 的前 98 项和 S_{98}.

解：因为 $S_{98}=\dfrac{96}{97}+\dfrac{94}{95}+\cdots+\dfrac{96}{95}+\dfrac{98}{97}$，

所以 $S_{98}=\dfrac{98}{97}+\dfrac{96}{95}+\cdots+\dfrac{94}{95}+\dfrac{96}{97}$，

两式相加得 $2S_{98}=98\times 2$，解得 $S_{98}=98$.

例 2. 德国大数学家高斯年少成名，被誉为数学届的"王子"．他年幼时，在 $1+2+\cdots+100$ 的求和运算中，提出了倒序相加法的原理，该原理基于所给数据前后对应项的和呈现一定的规律．因此，此方法也称为高斯算法．现有函数 $f(x)=\dfrac{4^x}{4^x+2}$，则 $f(\dfrac{1}{2\,019})+f(\dfrac{2}{2\,019})+f(\dfrac{3}{2\,019})+\cdots+f(\dfrac{2\,018}{2\,019})=($ $)$

    A.1 008   B.1 009   C.2 018   D.2 019

解：因为 $f(x)=\dfrac{4^x}{4^x+2}$，所以 $f(x)+f(1-x)=\dfrac{4^x}{4^x+2}+\dfrac{4^{1-x}}{4^{1-x}+2}=1$．

    令 $S=f(\dfrac{1}{2\,019})+f(\dfrac{2}{2\,019})+f(\dfrac{3}{2\,019})+\cdots+f(\dfrac{2\,018}{2\,019})$，

    则 $S=f(\dfrac{2\,018}{2\,019})+f(\dfrac{2\,017}{2\,019})+f(\dfrac{2\,016}{2\,019})+\cdots+f(\dfrac{1}{2\,019})$，

    两式相加，得 $2S=2\,018\times1$，解得 $S=1\,009$．选 B．

例 3. 已知函数 $f(x)=x+3\sin(x-\dfrac{1}{2})+\dfrac{1}{2}$，数列 $a_n=\dfrac{n}{200}$，则 $f(a_1)+f(a_2)+f(a_3)+\cdots+f(a_{199})=($ $)$

    A.$\dfrac{199}{2}$ B.199   C.100   D.200

解：因为 $f(x)=x+3\sin(x-\dfrac{1}{2})$，所以 $f(1-x)=1-x+3\sin(\dfrac{1}{2}-x)$．

    从而 $f(x)+f(1-x)=1$．

    令 $S=f(a_1)+f(a_2)+f(a_3)+\cdots+f(a_{199})$

    则 $S=f(\dfrac{1}{200})+f(\dfrac{2}{200})+f(\dfrac{3}{200})+\cdots+f(\dfrac{199}{200})$，

    且 $S=f(\dfrac{199}{200})+f(\dfrac{198}{200})+f(\dfrac{197}{200})+\cdots+f(\dfrac{1}{200})$，

    两式相加，得 $2S=199\times1$，解得 $S=\dfrac{199}{2}$．选 A．

点拨   倒序相加的本质是函数 $f(x)$ 关于点 $(\dfrac{a}{2},\dfrac{b}{2})$ 对称，从而 $f(x)=b-f(a-x)$ 恒成立，即 $f(x)+f(a-x)=b$（为定值）．

四、通项与和的关系

1. 求通项

例 1. 已知数列 $\{a_n\}$ 的前 n 项和 $S_n=3^n-1$，求 a_n．

解：当 $n=1$ 时，$a_1=S_1=3^1-1=2$；

    当 $n\geq2$ 时，由 $a_n=S_n-S_{n-1}=(3^n-1)-(3^{n-1}-1)=2\cdot3^{n-1}$．

    因为 $a_1=2=2\cdot3^{1-1}$，所以 $a_n=2\cdot3^{n-1}(n\in\mathbf{N}^*)$．

例2.已知数列$\{a_n\}$的前n项和$S_n=2^{n-1}+2n^2-1$,求通项公式a_n.

解:当$n=1$时,$a_1=S_1=2$;

当$n\geq 2$时,$a_n=S_n-S_{n-1}=(2^{n-1}+2n^2-1)-[2^{n-2}+2(n-1)^2-1]=2^{n-2}+4n-2$.

所以$a_n=\begin{cases}2,n=1,\\2^{n-2}+4n-2,n\geq 2.\end{cases}$

点拨 (1)通项a_n与其前n项和S_n的关系为$a_n=\begin{cases}S_1,n=1,\\S_n-S_{n-1},n\geq 2.\end{cases}$

(2)该公式为分段形式,应用时应分段讨论.

(3)若a_1满足$n\geq 2$时的通项公式,则合并写出通项公式.

2.相减消和

例1.已知数列$\{a_n\}$的前n项和为S_n,满足$a_1=\dfrac{1}{2}$,$4S_n=2a_{n+1}-1$,求$\{a_n\}$的通项公式.

解:依题$4S_n=2a_{n+1}-1$.

当$n\geq 2$时,由$4S_n=2a_{n+1}-1$,得$4S_{n-1}=2a_n-1$,

两式相减,得$4a_n=2a_{n+1}-2a_n$,即$\dfrac{a_{n+1}}{a_n}=3(n\geq 2)$.

由$a_1=\dfrac{1}{2}$,$4S_1=2a_2-1$,得$a_2=\dfrac{3}{2}$,从而$\dfrac{a_2}{a_1}=3$.

所以$\dfrac{a_{n+1}}{a_n}=3(n\geq 1)$成立,即数列$\{a_n\}$是首项为$a_1=\dfrac{1}{2}$,公比为3的等比数列.

从而$a_n=\dfrac{1}{2}\cdot 3^{n-1}$.

例2.各项均为正数的数列$\{a_n\}$的前n项和为S_n,满足$2S_n=2a_n^2+a_n-1$,求$\{a_n\}$的通项公式.

解:当$n=1$时,$2S_1=2a_1^2+a_1-1$,因为$a_1=S_1$,所以$a_1=1$或$a_1=-\dfrac{1}{2}$(舍去).

当$n\geq 2$时,由$2S_n=2a_n^2+a_n-1$,得$2S_{n-1}=2a_{n-1}^2+a_{n-1}-1$.

两式相减得$2a_n=2(a_n^2-a_{n-1}^2)+(a_n-a_{n-1})$,

即$a_n+a_{n-1}=2(a_n^2-a_{n-1}^2)=2(a_n-a_{n-1})(a_n+a_{n-1})$,

因为$a_n+a_{n-1}>0$,所以$a_n-a_{n-1}=\dfrac{1}{2}$(为常数).

所以数列$\{a_n\}$是首项为$a_1=1$,公差为$\dfrac{1}{2}$的等差数列.

从而$a_n=\dfrac{n+1}{2}$.

点拨 在a_n和S_n的关系式中,取$n=1$,结合$a_1=S_1$,可求出首项a_1.

3.代入消通项

例1.已知正项数列 $\{a_n\}$ 的前 n 项和为 S_n,满足 $a_n(2S_n-a_n)=1(n\in\mathbf{N}^*)$.

求证:$\{S_n^2\}$ 是等差数列,并求出 S_n 的表达式.

解:当 $n=1$ 时,$a_1(2S_1-a_1)=1$,因为 $a_1=S_1$,所以 $S_1=1$.

当 $n\geqslant2$ 时,将 $a_n=S_n-S_{n-1}$ 代入 $a_n(2S_n-a_n)=1$,

得 $(S_n-S_{n-1})(S_n+S_{n-1})=1$,即 $S_n^2-S_{n-1}^2=1$(为常数).

所以数列 $\{S_n^2\}$ 是首项为 $S_1^2=1$,公差为 1 的等差数列.

从而 $S_n=\sqrt{n}$.

例2.已知数列 $\{a_n\}$ 的前 n 项和为 S_n,满足 $a_1=1$,$na_{n+1}=S_n+n(n+1)$.求 $\{a_n\}$ 的前 n 项和 S_n.

解:因为 $a_{n+1}=S_{n+1}-S_n$,而 $na_{n+1}=S_n+n(n+1)$,

所以 $n(S_{n+1}-S_n)=S_n+n(n+1)$,

即 $nS_{n+1}-(n+1)S_n=n(n+1)$,两边同时除 $n(n+1)$,得 $\dfrac{S_{n+1}}{n+1}-\dfrac{S_n}{n}=1$.

所以数列 $\left\{\dfrac{S_n}{n}\right\}$ 是首项为 $\dfrac{S_1}{1}=\dfrac{a_1}{1}=1$,公差为 1 的等差数列.从而 $S_n=n^2$.

点拨 （1）将 $a_{n+1}=S_{n+1}-S_n(n\geqslant1)$ 代入 $a_{n+1}=2S_n$,可得 $S_{n+1}=3S_n$.

（2）用 S_n-S_{n-1} 或 $S_{n+1}-S_n$ 可替换关系式中的 a_n 或 a_{n+1},留下只有 S_{n-1},S_n,S_{n+1} 的关系式.

五、数列典型问题

1.数列的周期性

例1.数列 $\{a_n\}$ 满足 $a_1=2$,$a_{n+1}=-\dfrac{1}{1+a_n}$ $(n\in\mathbf{N}^*)$.

（1）求 a_{201} 的值;

（2）求数列 $\{a_n\}$ 的前 $1\,008$ 项之积 $S_{1\,008}$.

解:（1）因为 $a_{n+1}=-\dfrac{1}{1+a_n}$,所以 $a_{n+2}=-\dfrac{1}{1+a_{n+1}}=-\dfrac{1+a_n}{a_n}$,

从而 $a_{n+3}=-\dfrac{1}{1+a_{n+2}}=a_n$,所以数列 $\{a_n\}$ 是周期为 3 的数列.

因为 $a_1=2$,$a_2=-\dfrac{1}{3}$,$a_3=-\dfrac{3}{2}$,故 $a_{201}=a_{67\times3}=a_3=-\dfrac{3}{2}$.

（2）因为 $S_{1\,008}=(a_1\cdot a_2\cdot a_3)^{336}$,而 $a_1\cdot a_2\cdot a_3=1$,所以 $S_{1\,008}=1$.

点拨 给出递推公式或通项公式,可先算出前几项,观察数列的周期性,从而解决问题.

2.数列的最值

例1.已知 $a_n = \dfrac{3}{2n-11}$ $(n \in \mathbf{N}^*)$，求 a_n 的最大项与最小项.

解：$a_n = \dfrac{3}{2n-11}$ $(n \in \mathbf{N}^*)$ 对应的函数 $y = \dfrac{3}{2x-11}$

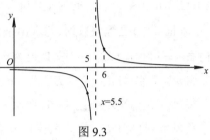

的图象如图9.3，由图可知，a_n 的最小项为
$a_5 = -3$，最大项为 $a_6 = 3$.

图 9.3

例2.已知等差数列 $\{a_n\}$ 的前 n 项和为 S_n，满足 $a_1 = -15$，$S_4 = -48$. 记 $b_n = nS_n$，求 b_n 的最小项及此时 n 的数值.

解：依题 $\begin{cases} a_1 = -15, \\ 4a_1 + \dfrac{4 \times 3}{2}d = -48, \end{cases}$ 解得 $\begin{cases} a_1 = -15, \\ d = 2, \end{cases}$ 所以 $S_n = n^2 - 16n$.

所以 $b_n = n^3 - 16n^2$ 对应的函数为 $f(x) = x^3 - 16x^2$ $(x > 0)$，从而 $f'(x) = 3x^2 - 32x$.

由 $f'(x) > 0 \Rightarrow x > \dfrac{32}{3}$，由 $f'(x) < 0 \Rightarrow 0 < x < \dfrac{32}{3}$.

所以 $f(x)$ 在 $\left(0, \dfrac{32}{3}\right)$ 上单调递减，

在 $\left(\dfrac{32}{3}, +\infty\right)$ 上单调递增，如图9.4.

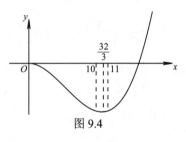

图 9.4

由图可知，b_n 在 $n = 10$ 或 $n = 11$ 处取得最小项.

因为 $b_{10} = -600$，$b_{11} = -605$，所以在 $n = 11$ 时，b_n 取得最小项 $b_{11} = -605$.

点拨 根据通项公式所对应的函数图象可分析数列的单调性与最值问题，注意取得最值时 n 应为正整数. 若数列对应的函数过于复杂，可用导数分析函数的性质.

3.项的性质

例1.已知 $a_n = 2^{n-1}$，求满足 $a_n \in (0, 2\,000)$ 的所有项之和.

解：令 $0 < a_n = 2^{n-1} < 2\,020$，得 $n < \log_2 2\,020 + 1$.

因为 $11 < \log_2 2\,020 + 1 < 12$，所以 $n \leqslant 11$.

从而满足 $a_n \in (0, 2\,000)$ 的所有项之和为 $S_{11} = \dfrac{1 \times (1 - 2^{11})}{1 - 2} = 2\,047$.

例2.已知数列 $\{a_n\}$ 满足 $\log_3 a_n = n - 1$，$b_n = 2n - 1$.

(1)求满足 $b_1 \leqslant a_k \leqslant b_{1\,000}$ 的正整数 k 的取值构成的集合 K.

(2)若集合 $A = \{m \mid a_n \leqslant b_m \leqslant a_{n+1}\}$ 中恰有27个元素，求 n 的值.

解：(1)因为 $\log_3 a_n = n - 1$，所以 $a_n = 3^{n-1}$，从而 $b_1 \leqslant a_k \leqslant b_{1\,000}$ 即 $1 \leqslant 3^{n-1} \leqslant 1\,999$.

由 $1 \leqslant 3^{n-1}$ 得 $n \geqslant 1$，由 $3^{n-1} \leqslant 1\,999$，得 $n - 1 \leqslant \log_3 1\,999 < \log_3 3^7 = 7$.

综上所述，$1 \leqslant n < 8$，所以集合 $K = \{1, 2, 3, 4, 5, 6, 7\}$.

(2)$a_n \leqslant b_m \leqslant a_{n+1}$ 即 $3^{n-1} \leqslant 2m-1 \leqslant 3^n$，所以 $\dfrac{3^{n-1}+1}{2} \leqslant m \leqslant \dfrac{3^n+1}{2}$.

因为 $\dfrac{3^{n-1}+1}{2}$，$\dfrac{3^n+1}{2}$ 均为整数，所以 $\dfrac{3^n+1}{2} - \dfrac{3^{n-1}+1}{2} = 27$，解得 $n=4$.

4.公共项问题

例1.已知数列 $\{a_n\}$ $\{b_n\}$ 的通项公式分别为 $a_n = 4n-1$，$b_n = 3n+2$，把它们的公共项由小到大排成数列 $\{x_n\}$，求数列 $\{x_n\}$ 的通项公式.

解：设 $a_n = b_m$，则 $4n-1 = 3m+2$，所以 $n = \dfrac{3(m+1)}{4}$.

因为 3 与 4 互质，所以 $m+1$ 是 4 的倍数，

记 $m+1 = 4k$，$k \in \mathbf{N}^*$，得 $m = 4k-1$，

从而 $b_m = b_{4k-1} = 3(4k-1)+2 = 12k-1$，

所以 $x_n = 12n-1$，$n \in \mathbf{N}^*$.

点拨 若该类型题为选择题，可列举两个数列的多个项，提取公共项后得新的数列，根据新数列的规律可归纳出它的通项公式.

5.先定值再证明

例1.数列 $\{a_n\}$ 中，$a_1 = 2$，$a_n a_{n+1} = 2^{pn+1}$（p 为常数），是否存在 p，使 $\{a_n\}$ 为等比数列？并说明理由.

解：令 $n=1$，得 $a_2 = 2^p$，令 $n=2$，得 $a_3 = 2^{p+1}$.

要使 $\{a_n\}$ 是等比数列，则 $a_2^2 = a_1 \cdot a_3$，即 $2^{2p} = 2 \cdot 2^{p+1}$，解得 $p=2$.

当 $p=2$ 时，$a_n a_{n+1} = 2^{2n+1}$，且 $a_1 = 2$，$a_2 = 4$，$a_3 = 8$.

当 $n \geqslant 2$ 时，由 $a_n a_{n+1} = 2^{2n+1}$ 得 $a_{n-1} a_n = 2^{2n-1}$，两式相除得 $\dfrac{a_{n+1}}{a_{n-1}} = 4$，

而 $a_1 = 2$，$a_2 = 4$，$a_3 = 8$，所以 $a_n = 2^n$.综上所述当 $p=2$ 时，数列 $\{a_n\}$ 是等比数列.

点拨 讨论参数是否存在的问题，可先通过列举前几项确定参数，再进行具体的论证.

6.三项成等差或等比

例1.在数列 $a_n = \dfrac{2n-1}{2n+t-1}$ 中，能否存在正整数 t 和 m，使得 a_1，a_2，a_m（$m \geqslant 3$）构成等差数列？若存在，求出满足条件的 t 和 m；若不存在，说明理由.

解：假设存在正整数 t，m，使得 a_1，a_2，a_m 成等差数列，则 $a_1 + a_m = 2a_2$，

于是 $\dfrac{1}{t+1} + \dfrac{2m-1}{2m+t-1} = \dfrac{6}{t+3}$，即 $m = \dfrac{3t+1}{t-1} = 3 + \dfrac{4}{t-1}$，

因为 t，$m \in \mathbf{N}^*$，所以 $\dfrac{4}{t-1}$ 为整数，故 $t=2$，3，5.

所以存在满足条件的 t，m，有 $\begin{cases} t=2, \\ m=7, \end{cases}$ $\begin{cases} t=3, \\ m=5, \end{cases}$ $\begin{cases} t=5, \\ m=4. \end{cases}$

例2. 在数列 $b_n = \dfrac{n}{2n+1}$ 中,能否存在正整数 m 和 n,使得 b_1,b_m,$b_n(2 \leqslant m < n)$ 构成等比数列? 若存在,求出满足条件的 m 和 n;若不存在,说明理由.

解: 假设存在正整数 m,n,使得 b_1,b_m,$b_n(2 \leqslant m < n)$ 成等比数列,

则 $b_m^2 = b_1 \cdot b_n (2 \leqslant m < n)$,于是 $\left(\dfrac{m}{2m+1}\right)^2 = \dfrac{n}{3(2n+1)}$.

即 $\dfrac{3m^2}{4m^2+4m+1} = \dfrac{1}{2+\dfrac{1}{n}}$,化简得 $\dfrac{1}{n} = \dfrac{4m^2+4m+1}{3m^2} - 2$.

因为 $n > 3$,所以 $0 < \dfrac{1}{n} \leqslant \dfrac{1}{3}$,从而 $\begin{cases} 0 < \dfrac{4m^2+4m+1}{3m^2} - 2 < \dfrac{1}{3}, \\ m \geqslant 2, \end{cases}$

解得 $m = 2$,从而 $n = 12$,所以 $\begin{cases} m = 2, \\ n = 12 \end{cases}$ 符合题意.

点拨 对于有些数列的某三项构成等差或等比的问题,可先假设成等差或等比,建立含有未知量的方程,将问题归结为方程是否存在正整数解等问题.

7. 数阵问题

例1. 将偶数数列 $\{2n\}$ 按下列方式进行排列:若偶数 2018 在第 i 行、第 j 列,则 $i = $ _____,$j = $ _____.

	第一列	第二列	第三列	第四列	第五列
第一行	2	4	5	8	
第二行		16	14	12	10
第三行	18	20	22	24	
第四行		32	30	28	26
…	…	…	…	…	…

解: 设 $a_n = 2n$,令 $2n = 2018$,解得 $n = 1\,009$.因为 $1\,009 = 252 \times 4 + 1$,所以 $2\,018$ 在第 253 行从左到右的第一个数,奇数行的第一个数在第一列.所以 $i = 253$,$j = 1$.

点拨 按一定规律将数排成一个数阵,某个数所在多少行多少列的问题叫数阵问题.

六、数列中的放缩

例1. 证明:$1 + \dfrac{1}{2^2} + \dfrac{1}{3^2} + \cdots + \dfrac{1}{n^2} < \dfrac{7}{4}$.

证: $1 + \dfrac{1}{2^2} + \dfrac{1}{3^2} + \cdots + \dfrac{1}{n^2} < 1 + \dfrac{1}{2^2} + \dfrac{1}{2 \times 3} + \cdots + \dfrac{1}{(n-1)n}$

$$= \frac{5}{4} + [(\frac{1}{2} - \frac{1}{3}) + (\frac{1}{3} - \frac{1}{4}) + \cdots + (\frac{1}{n-1} - \frac{1}{n})] = \frac{7}{4} - \frac{1}{n} < \frac{7}{4},所以原命题成立.$$

例 2. 已知数列 $\{a_n\}$ 的通项 $a_n = \frac{3^n}{(3^n-1)^2}$,证明:$a_1 + a_2 + \cdots + a_n < 1$.

证: 不难证明 $3^n - 1 \geqslant \frac{1}{4}(3^{n+1} - 1)$,$n \in \mathbf{N}^*$,

从而 $a_n = \frac{3^n}{(3^n-1)^2} \leqslant \frac{4 \cdot 3^n}{(3^n-1)(3^{n+1}-1)} = 2(\frac{1}{3^n-1} - \frac{1}{3^{n+1}-1})$.

所以 $a_1 + a_2 + \cdots + a_n$

$$\leqslant 2[(\frac{1}{3^1-1} - \frac{1}{3^2-1}) + (\frac{1}{3^2-1} - \frac{1}{3^3-1}) + \cdots + (\frac{1}{3^n-1} - \frac{1}{3^{n+1}-1})]$$

$$= 2(\frac{1}{2} - \frac{1}{3^{n+1}-1}) < 1.所以原命题成立.$$

点拨 (1)一次式放缩:$\frac{1}{(n+1)(n+2)} < \frac{1}{(n+1)^2} < \frac{1}{n(n+1)}$

推广:若 a_n 单调递增,则 $\frac{1}{a_{n+1}a_{n+2}} < \frac{1}{a_{n+1}^2} < \frac{1}{a_n a_{n+1}}$.

(2)指数式放缩:

① $\frac{1}{p^n-1} = \frac{p^{n+1}-1}{(p^n-1)(p^{n+1}-1)} < \frac{p^{n+1}}{(p^n-1)(p^{n+1}-1)} = \frac{p}{p-1}(\frac{1}{p^n-1} - \frac{1}{p^{n+1}-1})$.

② 当 $p > 1$ 时,$p^n - 1 \geqslant (p-1)p^{n-1}$,$p^n - 1 \geqslant \frac{1}{p+1}(p^{n+1}-1)$.

七、数学归纳法

例 1. 已知各项均为正数的数列 $\{a_n\}$ 的前 n 项和为 S_n,满足 $S_n = \frac{a_n}{2} + \frac{1}{a_n} - 1$,$n \in \mathbf{N}^*$.

(1)求 a_1,a_2,a_3;

(2)猜测 $\{a_n\}$ 的通项公式,并给予证明.

解: (1) $a_1 = \sqrt{3} - 1$,$a_2 = \sqrt{5} - \sqrt{3}$,$a_3 = \sqrt{7} - \sqrt{5}$.

(2)猜测 $a_n = \sqrt{2n+1} - \sqrt{2n-1}$.

用数学归纳法给予证明如下:

当 $n = 1$ 时,$a_1 = \sqrt{3} - 1$,显然成立;

假设当 $n = k$ 时,$a_k = \sqrt{2k+1} - \sqrt{2k-1}$ 成立.

当 $n = k+1$ 时,$a_{k+1} = S_{k+1} - S_k = \frac{a_{k+1}}{2} + \frac{1}{a_{k+1}} - \frac{a_k}{2} - \frac{1}{a_k}$,

将 $a_k=\sqrt{2k+1}-\sqrt{2k-1}$ 代入化简得 $a_{k+1}^2+2\sqrt{2k+1}\,a_{k+1}-2=0$,

解得 $a_{k+1}=\sqrt{2k+3}-\sqrt{2k+1}=\sqrt{2(k+1)+1}-\sqrt{2(k+1)-1}$

即当 $n=k+1$ 时,原命题成立.

所以 $\forall n\in \mathbf{N}^*$,都有 $a_n=\sqrt{2n+1}-\sqrt{2n-1}$.

例2.设 $a_n=1+\dfrac{1}{2}+\dfrac{1}{3}+\cdots+\dfrac{1}{n}(n\in \mathbf{N}^*)$,是否存在关于 n 的整式 $g(n)$,使得对于任意大于2的自然数 n,都有 $a_1+a_2+\cdots+a_{n-1}=g(n)(a_n-1)$,并证明你的结论.

解:假设 $g(n)$ 存在.

当 $n=2$ 时,$a_1=g(2)(a_2-1)$,解得 $g(2)=2$;

当 $n=3$ 时,$a_1+a_2=g(3)(a_3-1)$,解得 $g(3)=3$.

由此猜测,$g(n)=n$.下面用数学归纳法进行证明:

当 $n\geqslant2$ 时,$a_1+a_2+\cdots+a_{n-1}=n(a_n-1)$ 成立.

当 $n=2$ 时,$a_1=1$,$g(2)(a_2-1)=2\times\dfrac{1}{2}=1$,结论成立;

假设当 $n=k(k\geqslant2)$ 时结论成立.

当 $n=k+1$ 时,$a_1+a_2+\cdots+a_{k-1}+a_k=k(a_k-1)+a_k=(k+1)a_k-(k+1)+1$

$=(k+1)(a_k+\dfrac{1}{k+1}-1)=(k+1)(a_{k+1}-1)$.

所以当 $n=k+1$ 时,结论也成立.

综上所述,对于任意大于2的自然数 n,都有 $a_1+a_2+\cdots+a_{n-1}=g(n)(a_n-1)$ 成立.

点拨 数学归纳法的步骤

(1)验证 $n=1$ 时,$p(1)$ 成立;

(2)假设当 $n=k$ 时,$p(k)$ 成立;

(3)由题设条件及 $p(k)$ 成立,推出 $n=k+1$ 时,$p(k+1)$ 也成立,则 $p(n)$ 成立.

第10章 立体几何

DI SHI ZHANG

一、几何体的体积与表面积

1. 多面体

例1. 正四棱锥的一个侧面是边长为2的正三角形，求此正四棱锥的体积.

解: 正四棱锥如图10.1，设底面的中心为O，则PO为该四棱锥的高.

于是$|PO|=\sqrt{|PA|^2-|AO|^2}=\sqrt{2^2-(\sqrt{2})^2}=\sqrt{2}$，

底面积为4，所以该正四棱锥的体积$\dfrac{1}{3}\times 4\times\sqrt{2}=\dfrac{4\sqrt{2}}{3}$.

图10.1

例2. 正四棱台侧面的高与上、下底面边长之比为$5:2:8$，体积为14，求此棱台的高.

解: 正四棱台如图10.2，设上底面边长为$2x$，则下底面边长为$8x$，侧面的高为$5x$，不难算得正四棱台的高$h=4x$，从而上底面面积$S'=4x^2$，下底面面积$S=64x^2$.所以体积

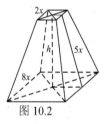

$$V=\frac{1}{3}(S'+\sqrt{S'S}+S)h=\frac{1}{3}(4x^2+\sqrt{4x^2\times64x^2}+64x^2)4x=14,$$

解得$x=\dfrac{1}{2}$，所以棱台的高$h=4x=2$.

图10.2

点拨 正四棱台的上、下底面是相似多边形，各侧棱延伸后，侧面以及轴截面均可找到相似三角形.

2. 旋转体

例1. 某圆锥的底面半径为1，体积为$\dfrac{2\sqrt{2}}{3}\pi$，求此圆锥侧面展开后所得扇形的圆心角.

解: 圆锥的侧面展开图如图10.3，设侧面展开图的圆心角为θ.依题

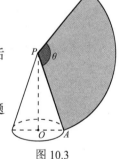

$V=\dfrac{1}{3}\times\pi\times|OP|=\dfrac{2\sqrt{2}}{3}\pi$，所以圆锥的高$|OP|=2\sqrt{2}$，于是

图10.3

圆锥的母线长$|PA|=3$，而弧AB为圆锥底面圆的周长2π，所以

圆心角$\theta=\dfrac{2\pi}{3}$.

例2. 某圆台的轴截面是一个上、下底边长分别为4，8，一个底角为$60°$的等腰梯形，求此圆台的侧面积.

解: 如图10.4，将圆台延伸为圆锥并侧面展开.

在$\triangle ABC$中，$AE=2$，$\angle CAE=60°$，从而$AC=4$.

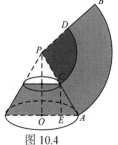

图10.4

显然 $PC=AC=4$，弧 CD 的长为 4π，弧 AB 的长为 8π.

所以扇形 PCD 的面积为 $\dfrac{1}{2}\times 4\pi \times 4=8\pi$，

扇形 PAB 的面积 $\dfrac{1}{2}\times 8\pi \times 8=32\pi$，所以圆台的侧面积为 $32\pi-8\pi=24\pi$.

点拨　圆锥和圆台的表面积问题常按母线将侧面展开.

例3. 已知球的两平行截面的面积分别为 5π 和 8π，它们位于圆心的同一侧，且相距为 1，求这个球的体积.

解： 轴截面如图 10.5，显然截面积为 5π，8π 的圆 O_1 与圆 O_2 的半径

分别为 $\sqrt{5}$，$2\sqrt{2}$，$O_1O_2=1$.

设球的半径为 R，$OO_2=x$，则 $\begin{cases} x^2+8=R^2, \\ (x+1)^2+5=R^2, \end{cases}$

解得 $x=1$，$R=3$.

所以球的体积 $V=\dfrac{4}{3}\pi R^3=36\pi$.

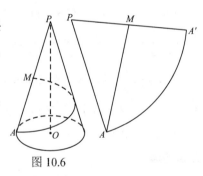

图 10.5

点拨　球截面的圆心与球心的连线垂直于球截面.

3.路径最短问题

例1. 如图 10.6，圆锥的底面半径为 1，高是 $\sqrt{35}$，从母线 PA 的点 A 出发，绕侧面绕行到 PA 的中点 M，则最短路径长为_____.

解： 从理论上可看作将圆锥沿 PA 展开得扇形 PAA'，则最短路径为 AM.

依题 $PA=6$，$PM=3$，$\angle APA'=\dfrac{\pi}{3}$，

所以最短路径 $AM=3\sqrt{3}$.

图 10.6

点拨　绕几何体侧面的最短路径问题，其主要解题思路是将几何体的侧面展开.在多面体上，侧面展开后可能有多条可选路径，此时应进行比较，确定最短路径.

二、基本定理的应用

1.延伸

例1. 如图 10.7，空间四边形 $ABCD$ 各边 AB，BC，CD，DA 上分别取 E，F，G，H 四点，如果 EF 与 GH 能相交于点 P，下列结论错误的是（　　　）

A.EG 必与 FH 相交　　　　B.点 P 必在平面 ACD 内

C.EH 必与 FG 平行　　　　D.点 P 必在直线 AC 上

解：显然 E，F，G，H 四点共面，所以 EG 必与 FH 相交；

因为 $P\in GH$，而 $GH\subset$ 平面 ACD，

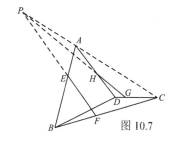

图 10.7

所以点 P 必在平面 ACD 内；

因为点 P 在平面 ACD 内，点 P 在平面 ABC 内，

所以点 P 一定在它们的交线 AC 上.

因此 C 选项错误.选 C.

例2. 在边长为 2 正方体 $ABCD$-$A_1B_1C_1D_1$ 中，点 M 是 B_1C_1 的中点，过 A，M，D_1 的平面 α 截此正方体所得截面的面积为_____.

解： 如图 10.8，过点 M 作 $MN/\!/BC_1$ 且 $MN\bigcap BB_1=N$.

因为 $MN/\!/BC_1$，而 $BC_1/\!/AD_1$，所以 $MN/\!/AD_1$，

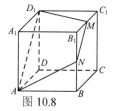

图 10.8

从而 $MN\subset$ 平面 AD_1M，因为 M 是 B_1C_1 的中点，

所以 MN 是 $\triangle BB_1C_1$ 的中位线，从而点 N 为 BB_1 的中点.

所以截面图形 $ANMD_1$ 为等腰梯形.

显然 $MN=\sqrt{2}$，$D_1A=2\sqrt{2}$，$MD_1=NA=\sqrt{5}$，

所以 $h=\dfrac{3\sqrt{2}}{2}$，故所求截面的面积为 $\dfrac{9}{2}$.

点拨 平面的延伸问题的两个基本事实：

(1)某点在两个平面内，则一定在这两个平面的交线上.

(2)过平面内一点作平面内直线的平行线，所得直线一定也在该平面内.

2.动点

例1. 如图 10.9，已知正方体 $ABCD$-$A_1B_1C_1D_1$ 的棱长为 2，E，F 分别是棱 AA_1，A_1D_1 的中点，点 P 为底面四边形 $ABCD$ 内（包括边界）的一动点，若直线 D_1P 与平面 BEF 无公共点，则点 P 的轨迹长度为（ ）

A.2　　　　　　　　B.$\sqrt{5}$

C.$\sqrt{6}$　　　　　　　D.$2\sqrt{2}$

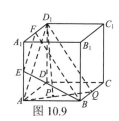

图 10.9

解： 若直线 D_1P 与平面 BEF 无公共点，则 $D_1P/\!/$ 平面 BEF，过点 D_1 作 $D_1A/\!/EF$，取 BC 的中点为 Q，连接 D_1Q，AQ，则平面 $D_1AQ/\!/$ 平面 BEF.若 $D_1P/\!/$ 平面 BEF，则点 P 的轨迹为 AQ，显然 $AQ=\sqrt{5}$.选 B.

点拨 动点问题应关注动点运动引起的相关量的变化，以及在变化中的不变量.

三、证明平行

1. 中位线

例1. 如图10.10的长方体中，M是BC的中点. 求证: 直线BD_1//平面C_1DM.

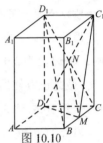

证: 连接CD_1交C_1D于点N, 连接MN.

在$\triangle BCD_1$中, $MN \underline{\underline{//}} \frac{1}{2}BD_1$,

$\begin{cases} BD_1//MN, \\ MN \subset 平面C_1DM, \Rightarrow BD_1//平面C_1DM. \\ BD_1 \subset 平面C_1DM \end{cases}$

图10.10

点拨 用直尺将直线BD_1沿$\vec{BC}$方向平移至平面C_1DM内可得直线
MN, 从而得到MN为三角形BCD_1的中位线.

2. 平行四边形

例1. 如图10.11, 四棱锥$E\text{-}ABCD$中, F是DE的中点, $AB//CD$, $CD=2AB$.

求证: 直线AF//平面BCE.

证: 取CE的中点为G, 连接BG, FG.

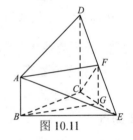

在$\triangle CDE$中, $FG \underline{\underline{//}} \frac{1}{2}CD$, 而$AB \underline{\underline{//}} \frac{1}{2}CD$,

所以$FG \underline{\underline{//}} AB$, 所以四边形$AFGB$是平行四边形,

从而$AF//BG$.

图10.11

$\begin{cases} AF//BG, \\ BG \subset 平面BCE, \Rightarrow AF//平面BCE. \\ AF \subset 平面BCE \end{cases}$

点拨 用直尺将直线AF沿$\vec{AB}$方向平移至平面BCE内得到直线BG, 不难发现
$AF=BG$, 此时考虑证明四边形$ABGF$为平行四边形, 从而得到AF//平面BCG.

3. 线段成比例

例1. 如图10.12, 底面是平行四边形的四棱锥$P\text{-}ABCD$中, 点M, N分别是PB, AC上的

点, 且满足$\frac{PM}{MB}=\frac{AN}{NC}$. 求证: 直线$MN$//平面$PAD$.

证: 连接BN交AD于点Q, 连接PQ.

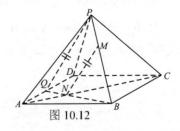

因为$\triangle ANQ \backsim \triangle CNB$, 所以$\frac{QN}{NB}=\frac{AN}{NC}$.

又因为$\frac{PM}{MB}=\frac{AN}{NC}$, 所以$\frac{QN}{NB}=\frac{PM}{MB}$, 从而$MN//PQ$.

图10.12

$\begin{cases} MN//PQ, \\ PQ \subset 平面PAD, \Rightarrow MN//平面PAD. \\ MN \subset 平面PAD \end{cases}$

点拨　将直线 MN 沿 $\overrightarrow{MP}$ 方向平移至平面 PAD 内可得直线 PQ，再根据线段成比例得线线平行.

4. 交线平行

例 1. 如图 10.13，在底面是平行四边形的四棱锥 $P-ABCD$ 中，平面 $PAB \cap$ 平面 $PCD=l$.

求证：直线 l//平面 $ABCD$.

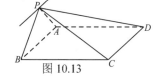

图 10.13

证：$\begin{cases} CD//AB, \\ AB \subset 平面PAB, \Rightarrow CD// 平面 PAB, \\ CD \subset 平面 PAB \end{cases}$

$\begin{cases} CD//平面PAB, \\ CD \subset 平面 PCD, \quad\quad \Rightarrow CD//l, \\ 平面 PAB \cap 平面 PCD = l \end{cases}$

$\begin{cases} l//CD, \\ CD \subset 平面 ABCD, \Rightarrow 直线 l//平面 ABCD. \\ l \subset 平面 ABCD \end{cases}$

点拨　(1) 若直线 l 同时平行于两个相交平面，则 l 平行于两平面的交线.

(2) 若过平面 α 内两条平行直线的两个平面相交，则它们的交线平行于平面 α.

5. 面面平行

例 1. 如图 10.14，底面是平行四边形的四棱锥 $P-ABC$ 中，M，N 分别是 AB 和 BC 的中点，点 Q 在 PD 上，且 $2PQ=QD$. 证明：平面 PMN//平面 ACQ.

证：连接 BD 交 MN 于点 E，交 AC 于点 F，连接 PE，QF.

因为底面是平行四边形，M，N 分别是 AB 和 BC 的中点，

所以 $EF:FD=1:2$.

从而在 $\triangle PED$ 中，$\dfrac{PQ}{QD}=\dfrac{EF}{FD}=\dfrac{1}{2}$，所以 $PE//QF$.

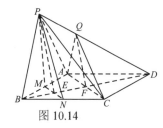

图 10.14

$\begin{cases} PE//QF, \\ QF \subset 平面 ACQ, \Rightarrow PE// 平面 ACQ, \\ PE \subset 平面 ACQ \end{cases}$

$\begin{cases} MN//AC, \\ AC \subset 平面 ACQ, \Rightarrow MN//平面 ACQ. \\ MN \subset 平面 ACQ \end{cases}$

$\begin{cases} PE//平面ACQ, \\ MN//平面 ACQ, \Rightarrow 平面 PMN//平面 ACQ. \\ PE \cap MN=E \end{cases}$

点拨　证明面面平行，需要证明一个平面内有两条相交直线平行于另一个平面.

6.面面平行得线面平行

例1. 如图10.15的三棱柱中,点 E, F 分别是 B_1C_1 和 AA_1 的中点.求证:$A_1E/\!/$平面 B_1CF.

证:过点 E 作 $EG/\!/CB_1$,则 G 为 CC_1 的中点,连接 A_1G.

因为 $EG/\!/CB_1$,所以 $EG/\!/$平面 B_1FC.

因为 $A_1F\underline{/\!/}CG$,所以四边形 A_1FCG 是平行四边形,

从而 $A_1G/\!/FC$,所以 $A_1G/\!/$平面 B_1FC.

$$\begin{cases} EG/\!/\text{平面}B_1FC, \\ A_1G/\!/\text{平面}B_1FC, \Rightarrow \text{平面}A_1EG/\!/\text{平面}B_1FC, \\ EG\cap A_1G=G \end{cases}$$

所以 $A_1E/\!/$平面 B_1FC.

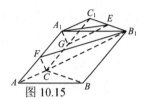
图10.15

点拨 应用此方法的基本操作是过线段的一个端点作平面内某直线的平行线.

四、证明垂直

1.几何关系得线面垂直

例1. 如图10.16,底面是矩形的四棱锥 $P\text{-}ABCD$ 中,$PA\perp$底面 $ABCD$,$PA=AD$,点 Q 是 PD 的中点.证明:$AQ\perp$平面 PCD.

证:因为 $PA=AD$,点 Q 是 PD 的中点,所以 $AQ\perp PD$.

因为 $PA\perp$底面 $ABCD$,而 $CD\subset$底面 $ABCD$,所以 $PA\perp CD$.

$$\begin{cases} CD\perp PA, \\ CD\perp AD, \quad\Rightarrow CD\perp\text{平面}PAD, \\ PA\cap AD=A \end{cases}$$

而 $AQ\subset$平面 PAD,所以 $CD\perp AQ$.

$$\begin{cases} AQ\perp PD, \\ AQ\perp CD, \quad\Rightarrow AQ\perp\text{平面}PCD. \\ PD\cap CD=D \end{cases}$$

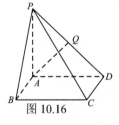
图10.16

例2. 如图10.17,三棱锥 $P\text{-}ABC$ 中,$PA\perp$底面 ABC,$PA=AB$,$\angle ABC=90°$,M 是 PB 的中点.证明:$AM\perp PC$.

证:因为 $PA\perp$底面 ABC,$BC\subset$平面 ABC,所以 $PA\perp BC$.

$$\begin{cases} BC\perp AB, \\ BC\perp PA, \quad\Rightarrow BC\perp\text{平面}PAB, \\ AB\cap PA=A \end{cases}$$

而 $AM\subset$平面 PAB,所以 $BC\perp AM$.

因为 $PA=AB$,而 M 是 PB 的中点,所以 $AM\perp PB$.

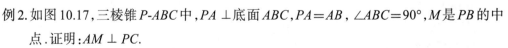
图10.17

$$\begin{cases} AM \perp PB, \\ AM \perp BC, \\ PB \bigcap BC = B \end{cases} \Rightarrow AM \perp 平面\ PBC, 而\ PC \subset 平面\ PBC, 所以\ AM \perp PC.$$

例3. 如图10.18，底面是直角梯形的四棱锥 $P-ABCD$ 中，$PA \perp$ 底面 $ABCD$，

$AD // BC, \angle ABC = 90°, PA = 2AD = 4, AB = 2\sqrt{3}, BC = 6.$

求证：$BD \perp$ 平面 PAC.

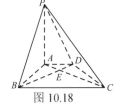

图10.18

证： 因为 $PA \perp$ 底面 $ABCD$，$BD \subset$ 平面 $ABCD$，

所以 $PA \perp BD$. 在底面 $ABCD$ 的平面图中建立平面直角坐标系

如图10.19.

由图可得 $B(0, 0), A(0, 2\sqrt{3}), D(2, 2\sqrt{3}), C(6, 0),$

从而 $\overrightarrow{BD} = (2, 2\sqrt{3}), \overrightarrow{AC} = (6, -2\sqrt{3}),$

于是 $\overrightarrow{BD} \cdot \overrightarrow{AC} = 2 \times 6 + 2\sqrt{3} \times (-2\sqrt{3}) = 0$，所以 $BD \perp AC.$

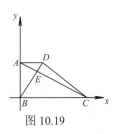

图10.19

$$\begin{cases} BD \perp PA \\ BD \perp AC \\ PA \bigcap AC = A \end{cases} \Rightarrow BD \perp 平面\ PAC.$$

点拨 几何关系证明线面垂直常用结论：

(1)等腰三角形 ABC 中，$AB = AC$，D 是底边 BC 的中点，则 $AD \perp BC$；

(2)菱形 $ABCD$ 的对角线 $AC \perp BD$；

(3)矩形 $ABCD$ 中，若 $AB = 2BC$，M 为 AB 的中点，则 $CM \perp DM$；

(4)正方形 $ABCD$ 中，M，N 分别为 AB 和 BC 的中点，则 $CM \perp DN$；

(5)直径所对的圆周角为直角；

(6)梯形中的两直线垂直，可建立平面直角坐标系用向量进行证明；

(7)若 $l \perp \alpha, a \subset \alpha$，则 $l \perp a.$

2.代数关系得线面垂直

例1. 如图10.20，已知矩形 $ABCD$ 中，$AB = 2AD = 2$，O 为 CD 的中点，沿 AO 将三角形 AOD 折起，使得 $DB = \sqrt{3}$.求证：$OB \perp$ 平面 AOD.

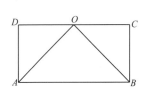
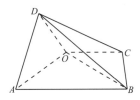

图10.20

证： 因为 $OD = 1, OB = \sqrt{2}, BD = \sqrt{3}$，所以 $OD^2 + OB^2 = BD^2 = 3$，所以 $OB \perp OD$.

因为 $OA = OB = \sqrt{2}, AB = 2$，所以 $OA^2 + OB^2 = AB^2 = 4$，所以 $OB \perp OA.$

$$由 \begin{cases} OB \perp OD \\ OB \perp OA \\ OD \bigcap OA = O \end{cases} \Rightarrow OB \perp 平面 AOD.$$

例2. 如图10.21，直三棱柱 $ABC\text{-}A_1B_1C_1$ 中，$\angle BAC = 120°$，$AA_1 = 2AB = 2$，$AC = 2$，点 P 是 AA_1 的中点．证明：$B_1P \perp$ 平面 PBC_1.

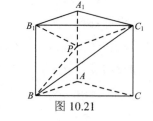
图 10.21

证： 在 $\triangle BPB_1$ 中，$B_1P = BP = \sqrt{2}$，$BB_1 = 2$，

所以 $BB_1^2 = B_1P^2 + BP^2 = 4$，所以 $B_1P \perp BP$.

在 $\triangle A_1B_1C_1$ 中，

$B_1C_1^2 = A_1B_1^2 + A_1C_1^2 - 2A_1B_1 \cdot A_1C_1 \cdot \cos 120° = 7$，

所以 $B_1C_1 = \sqrt{7}$.

在 $\triangle B_1PC_1$ 中，$B_1P = \sqrt{2}$，$PC_1 = \sqrt{5}$，$B_1C_1 = \sqrt{7}$，

所以 $B_1C_1^2 = B_1P^2 + PC_1^2 = 7$，所以 $B_1P \perp PC_1$.

$$\begin{cases} B_1P \perp BP, \\ B_1P \perp PC_1, \\ BP \bigcap PC_1 = P \end{cases} \Rightarrow B_1P \perp 平面 PBC_1.$$

点拨 若立体几何问题中已知的垂直关系较少，而边的长度和夹角数值较多，则可通过勾股定理得到线线垂直，进一步得线面垂直．此类问题可能用余弦定理计算某线段的长度．

3. 面面垂直

例1. 如图10.22，四边形 $ABCD$ 是菱形，$\angle ABC = 120°$，E，F 是平面 $ABCD$ 同一侧的两点，$BE \perp$ 平面 $ABCD$，$DF \perp$ 平面 $ABCD$，$BE = 2DF$，$AE \perp EC$. 求证：平面 $AEC \perp$ 平面 AFC.

证： 设 $BD \bigcap AC = G$，连接 EG，FG，EF，不妨设 $GB = 1$，

因为 $\angle ABC = 120°$，所以 $AG = GC = \sqrt{3}$.

在 $\triangle ACE$，因为 $AE \perp EC$，

而 G 是 AC 的中点，所以 $EG = \sqrt{3}$.

又因为 $AB = BC$，所以 $AE = EC$，

所以 $EG \perp AC$.

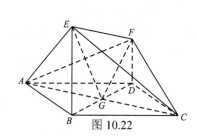
图 10.22

在 $Rt\triangle EBG$ 中，可得 $BE = \sqrt{2}$，故 $DF = \dfrac{\sqrt{2}}{2}$.

在 $Rt\triangle FDG$ 中，可得 $FG = \dfrac{\sqrt{6}}{2}$.

在直角梯形 $BDFE$ 中，由 $BD = 2$，$BE = \sqrt{2}$，$DF = \dfrac{\sqrt{2}}{2}$，可得 $EF = \dfrac{3\sqrt{2}}{2}$.

从而 $EG^2 + FG^2 = EF^2$，所以 $EG \perp FG$.

$$\begin{cases} EG \perp AC, \\ EG \perp FG, \\ AC \cap FG = G \end{cases} \Rightarrow EG \perp \text{平面} AFC.$$

而 $EG \subset$ 平面 AEC, 所以平面 $AEC \perp$ 平面 AFC.

例2. 如图10.23, 三棱台 $ABC\text{-}DEF$ 中, 平面 $ACFD \perp$ 平面 ABC, $\angle ACB = \angle ACD = 45°$, $DC = 2BC$. 证明: $EF \perp BD$.

证: 过点 D 作 $DO \perp AC$, 连接 OB, 设 $BC = 1$, 则 $DC = 2$.

因为平面 $ACFD \perp$ 平面 ABC, 所以 $DO \perp$ 平面 ABC,

因为 $OB \subset$ 平面 ABC, 所以 $DO \perp OB$.

在 $\text{Rt}\triangle DOC$ 中, $DO = OC = \sqrt{2}$.

在 $\triangle OBC$ 中, $OB^2 = CB^2 + CO^2 - 2CB \cdot CO \cdot \cos 45° = 1$.

所以在 $\triangle OBC$ 中, $OB^2 + BC^2 = OC^2 = 2$, 所以 $BC \perp OB$.

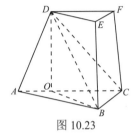

图 10.23

$$\begin{cases} BC \perp OB, \\ BC \perp OD, \\ OB \cap OD = O \end{cases} \Rightarrow BC \perp \text{平面} OBD, \text{因为} EF /\!/ BC, \text{所以} EF \perp \text{平面} OBD.$$

因为 $BD \subset$ 平面 OBD, 所以 $EF \perp BD$.

点拨 (1)题目中已知面面垂直或要证明两平面垂直, 找其中一个平面内一条垂直于两平面交线的直线, 证此该直线垂直于另一个平面.

(2)若找不到垂直于交线的直线, 则在其中一个平面内作一条垂直于两平面交线的直线.

五、外接球

1. 柱体的外接球

例1. 三棱柱 $ABC\text{-}A_1B_1C_1$ 的 6 个点都在球 O 的球面上, $AA_1 = \sqrt{7}$, $AB = AC = \sqrt{6}$, $BC = 2\sqrt{2}$, 求球 O 的表面积.

解: 如图10.24, 设球的半径为 R, 底面圆的半径为 r.

依题底面 $\triangle ABC$ 为等腰三角形, 底边 BC 上的高为2,

所以 $S_{\triangle ABC} = 2\sqrt{2}$.

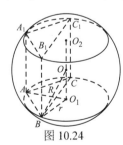

图 10.24

根据 $S_{\triangle ABC} = \dfrac{abc}{4r}$ 得 $\dfrac{\sqrt{6} \times \sqrt{6} \times 2\sqrt{2}}{4r} = 2\sqrt{2}$, 解得 $r = \dfrac{3}{2}$.

从而 $R = \sqrt{OO_1^2 + r^2} = \sqrt{(\dfrac{\sqrt{7}}{2})^2 + (\dfrac{3}{2})^2} = 2$, 所以球 O 的表面积为 $4\pi R^2 = 16\pi$.

点拨 求柱体外接球的半径关键是求柱体底面外接圆的半径.

2.有侧棱垂直于底面的锥体

例1.底面是长方形的四棱锥 P-$ABCD$ 的所有顶点都在球 O 的球面上,且 $PA\perp$ 平面 $ABCD$,$PA=\sqrt{3}$,$AB=2$,$AD=1$.求球 O 的体积.

解:将此四棱锥以 PA 为侧棱补全为长方体如图10.25,

则外接球的半径 $R=\dfrac{1}{2}\sqrt{PA^2+AB^2+AD^2}=\sqrt{2}$,

所以球 O 的体积为 $\dfrac{4}{3}\pi R^3=\dfrac{8\sqrt{2}}{3}\pi$.

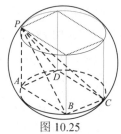
图10.25

点拨 若锥体有侧棱垂直于底面,则将此锥体补全为柱体,将问题归结到柱体的外接球问题.

3.有侧面垂直于底面的锥体

例1.三棱锥 P-ABC 的各个顶点都在球 O 的球面上,若 $AB=3$,$AC=5$,$BC=7$,$\triangle PAB$ 为正三角形,侧面 $PAB\perp$ 底面 ABC.求球 O 的表面积.

解:如图10.26,设球的半径为 R,

$\triangle ABC$ 外接圆 O_1 的半径为 r_1,$\triangle PAB$ 外接圆 O_2 的半径为 r_2.

在 $\triangle ABC$ 中,由余弦定理得 $\cos A=-\dfrac{1}{2}$,

所以 $\sin A=\dfrac{\sqrt{3}}{2}$,于是 $r_1=\dfrac{BC}{2\sin A}=\dfrac{7}{\sqrt{3}}$.

在 $\triangle PAB$ 中,$r_2=\dfrac{AB}{2\sin 60°}=\dfrac{3}{\sqrt{3}}$,

从而 $R^2=r_1^2+r_2^2-\dfrac{l^2}{4}=\dfrac{205}{12}$.

所以球 O 的表面积为 $4\pi R^2=\dfrac{205\pi}{3}$.

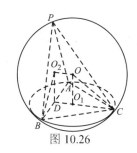
图10.26

点拨 公式 $R^2=r_1^2+r_2^2-\dfrac{l^2}{4}$ 适用于任何存在两个互相垂直平面的几何体的外接球问题.

4.正锥体

例1.三棱锥 P-ABC 的所有顶点都在同一个球面上,$\triangle ABC$ 是边长为2的正三角形,三棱锥 P-ABC 体积的最大值为 $\dfrac{4}{3}$.求此球的表面积.

解:如图10.27,当三棱锥 P-ABC 为正三棱锥时,该三棱锥体积取得最大值.

$\triangle ABC$ 的面积为 $S_{\triangle ABC}=\sqrt{3}$,所以 $\dfrac{1}{3}PO_1\cdot S_{\triangle ABC}=\dfrac{4}{3}$,

解得 $PO_1=\dfrac{4}{\sqrt{3}}$.$\triangle ABC$ 外接圆的半径 $r=\dfrac{2}{2\sin 60°}=\dfrac{2}{\sqrt{3}}$.

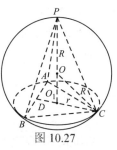
图10.27

设外接球的半径为 R,则 $(PO_1-R)^2+r^2=R^2$,

即 $(\dfrac{4}{\sqrt{3}}-R)^2+(\dfrac{2}{\sqrt{3}})^2=R^2$，解得 $R=\dfrac{5}{2\sqrt{3}}$.

从而外接球的表面积为 $4\pi R^2=\dfrac{25\pi}{3}$.

点拨　正锥体外接球半径公式 $R=\dfrac{a^2}{2h}$，其中 a 为侧棱长，h 为高.

5. 有棱为直径的锥体

例1. 三棱锥 $S\text{-}ABC$ 的所有顶点都在球 O 的球面上，$\triangle ABC$ 是边长为1的正三角形，SC 是球 O 的直径，且 $SC=2$，则此棱锥的体积为_____.

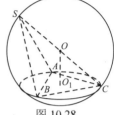

图 10.28

解：如图 10.28，设 O_1 为底面 $\triangle ABC$ 所在圆的圆心，连接 OO_1，则 $OO_1\perp$ 底面 ABC，记点 S 到底面的距离为 h，因为 O 为 CS 的中点，所以 $h=2OO_1$.

在边长为1的正 $\triangle ABC$ 中，$CO_1=\dfrac{\sqrt{3}}{3}$.

在 $\mathrm{Rt}\triangle COO_1$ 中，$OC=1$，$OO_1=\sqrt{1-\left(\dfrac{\sqrt{3}}{3}\right)^2}=\dfrac{\sqrt{6}}{3}$，所以 $h=\dfrac{2\sqrt{6}}{3}$，故 $V=\dfrac{\sqrt{2}}{6}$.

点拨　若三棱锥 $S\text{-}ABC$ 的棱 SC 是它外接球的直径，此时外接球的球心 O 是 SC 的中点，从而点 S 到底面 ABC 的距离是球心 O 到底面 ABC 的距离的2倍.

6. 对棱相等的锥体

例1. 三棱锥 $A\text{-}BCD$ 中，$AB=CD=5$，$AD=BC=7$，$AC=BD=6$，求此三棱锥外接球的表面积.

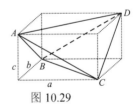

图 10.29

解：如图 10.29，设长方体的长宽高分别为 a，b，c，

则 $a^2+b^2=BC^2=49$，

$b^2+c^2=AB^2=25$，$a^2+c^2=AC^2=36$，

解得 $a^2+b^2+c^2=55$，

从而外接球的半径 $R=\dfrac{1}{2}\sqrt{a^2+b^2+c^2}=\dfrac{\sqrt{55}}{2}$，

所以外接球的体积为 $4\pi R^2=55\pi$.

点拨　若三棱锥对棱相等，则此三棱锥可由某长方体的六条面对角线构成.

7. 成二面角的锥体

例1. 在 $\square ABCD$ 中，$\triangle ABD$ 是腰长为2的等腰直角三角形，$\angle ABD=90°$，现将 $\triangle ABD$ 沿 BD 折起，使二面角 $A\text{-}BD\text{-}C$ 的大小为 $120°$，则三棱锥 $A\text{-}BCD$ 外接球的表面积为_____.

解：如图 10.30，则 BC，AD 的中点 O_1，O_2 分别为 $\triangle ABC$ 和 $\triangle PAB$ 外接圆的圆心，

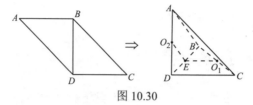

图 10.30

于是 $|O_1E|=m=1$，$|O_2E|=n=1$，$|AB|=l=2$.

设此三棱锥外接球的半径为 R，则

$$R^2=\frac{1^2+1^2-2\times1\times1\times\cos120°}{\sin^2120°}+\frac{2^2}{4}=5,$$

所以外接球的表面积为 $4\pi R^2=20\pi$.

点拨 如图 10.31，三棱锥 $P\text{-}ABC$ 中，二面角 $P\text{-}AB\text{-}C$ 的大小为 θ，O_1，O_2 分别为 $\triangle ABC$ 和 $\triangle PAB$ 外接圆的圆心，点 O 为此三棱锥外接球的球心，过 O_1 作 $O_1D\perp AB$，连接 O_2D，则 $\angle O_1DO_2=\theta$，记 $|O_1D|=m$，$|O_2D|=n$，$|AB|=l$，外接球的半径为 R，则 $R^2=\dfrac{m^2+n^2-2mn\cos\theta}{\sin^2\theta}+\dfrac{l^2}{4}$.

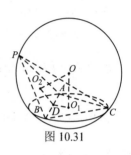

图 10.31

8.向量法求外接球半径

例1.在 $\square ABCD$ 中，$\triangle ABD$ 是腰长为 2 的等腰直角三角形，$\angle ABD=90°$，现将 $\triangle ABD$ 沿 BD 折起，使二面角 $A\text{-}BD\text{-}C$ 的大小为 $120°$，则三棱锥 $A\text{-}BCD$ 外接球的表面积为 _____.

解：设外接球的球心为 O，建系如图 10.32.

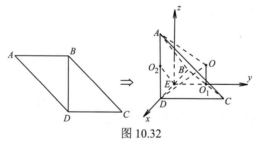

图 10.32

因为球心 O 在点 O_1 的正上方，所以可设 $O(0,1,t)$.

则 $D(1,0,0)$，$O_2(0,-\dfrac{1}{2},\dfrac{\sqrt{3}}{2})$，因为 O_2 是 AD 的中点，所以 $A(-1,-1,\sqrt{3})$.

由 $|OD|=|OA|$ 得 $\sqrt{(-1)^2+1^2+t^2}=\sqrt{1^2+2^2+(t-\sqrt{3})^2}$，解得 $t=\sqrt{3}$.

所以外接球的半径 $R=|OD|=|OA|=\sqrt{5}$，所以外接球的表面积为 $4\pi R^2=20\pi$.

点拨 （1）几何体外接球问题，可以建立空间直角坐标系确定球心坐标，从而得到半径. 建系时应先分析外接球球心的大概位置.

（2）建系求半径的思路，可用于本节的绝大部分题型.

六、内切球

1.柱体的内切球

例1.有形状为正三棱柱的木条,底面边长为 $2\sqrt{3}$,侧棱长为3,用该木条打磨出一个球体,则打磨得到的球体的最大体积为( )

A. $\dfrac{2\pi}{3}$ B. $\dfrac{9\pi}{2}$ C. $\dfrac{4\pi}{3}$ D. $\dfrac{27\pi}{2}$

解:如图10.33,设上下底面相切时球体半径为 r_1,则 $r_1=\dfrac{3}{2}$.

设侧面相切时球体半径为 r_2,

此时内切球在底面的投影为 $\triangle ABC$ 的内切圆,且半径为 r_2.

则 $S_{\triangle ABC}=\dfrac{1}{2}r_2(2\sqrt{3}+2\sqrt{3}+2\sqrt{3})$,而 $S_{\triangle ABC}=\dfrac{1}{2}\times 2\sqrt{3}\times 2\sqrt{3}\times\sin 60°=3\sqrt{3}$,

所以 $3\sqrt{3}r_2=3\sqrt{3}$,解得 $r_2=1$.因为 $r_1=\dfrac{3}{2}>r_2=1$.

所以球体的最大体积为 $\dfrac{4}{3}\pi r_2^3=\dfrac{4}{3}\pi$.选C.

点拨 如图10.34,球体与柱体并不能保证和各个面都相切,解题时须判断球体是侧面相切还是上下相切,这需要计算出两种情况下球体的半径,取小不取大.

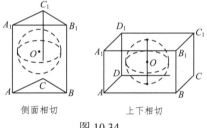

侧面相切   上下相切

图10.34

2.锥体的内切球

例1.在四棱锥 $P\text{-}ABCD$ 中,底面 $ABCD$ 为正方形,PD 是四棱锥的高,且 $PD=AD=2$,在该四棱锥内放入一个球,求该球体积最大时的半径.

解:如图10.35,根据对称性,当球体与四棱锥各个面都相切时,球体的体积最大.

设半径为 r,不难算得 $PA=PC=2\sqrt{2}$,$PB=2\sqrt{3}$,

且该四棱锥各个侧面均为直角三角形.

于是 $S_{\text{四边形}ABCD}=4$,$S_{\triangle PAB}=S_{\triangle PBC}=2\sqrt{2}$,

$S_{\triangle PCD}=S_{\triangle PAD}=2$.

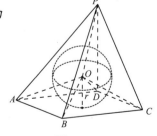

图10.35

从而 $V_{P\text{-}ABCD}=\dfrac{1}{3}r(S_{\text{四边形}ABCD}+S_{\triangle PAB}+S_{\triangle PBC}+S_{\triangle PCD}+S_{\triangle PAD})=\dfrac{(8+4\sqrt{2})r}{3}$.

而 $V_{P-ABCD}=\dfrac{1}{3}PD \cdot S_{四边形ABCD}=\dfrac{8}{3}$,

所以 $\dfrac{(8+4\sqrt{2})r}{3}=\dfrac{8}{3}$,解得 $r=\dfrac{2-\sqrt{2}}{2}$.

点拨 设棱锥内切球的半径为 r,则 $V_{锥体}=\dfrac{1}{3}rS_{锥体表面积}$.

七、空间向量的线性表示

1.共面定理

例 1. 已知在正方体 $ABCD$-$A_1B_1C_1D_1$ 中,P,M 为空间任意两点,如果有 $\overrightarrow{PM}=\overrightarrow{PB_1}+7\overrightarrow{BA}+6\overrightarrow{AA_1}-4\overrightarrow{A_1D_1}$,那么点 M 必在(　　)

A.平面 BA_1D_1 内　　　　B.平面 ABD_1 内

C.平面 A_1B_1D 内　　　　D.平面 AA_1B_1 内

解: $\overrightarrow{PM}=\overrightarrow{PB_1}+7\overrightarrow{BA}+6\overrightarrow{AA_1}-4\overrightarrow{A_1D_1}$

$=\overrightarrow{PB_1}+\overrightarrow{BA}+6\overrightarrow{BA_1}-4\overrightarrow{A_1D_1}=\overrightarrow{PB_1}+\overrightarrow{B_1A_1}+6\overrightarrow{BA_1}-4\overrightarrow{A_1D_1}$

$=\overrightarrow{PA_1}+6(\overrightarrow{PA_1}-\overrightarrow{PB})-4(\overrightarrow{PD_1}-\overrightarrow{PA_1})$

$=11\overrightarrow{PA_1}-6\overrightarrow{PB}-4\overrightarrow{PD_1}$.

因为 $11+(-6)+(-4)=1$,所以 M,B,A_1,D_1 四点共面,即点 M 必在平面 BA_1D_1 内.选 A.

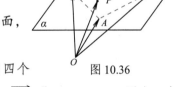

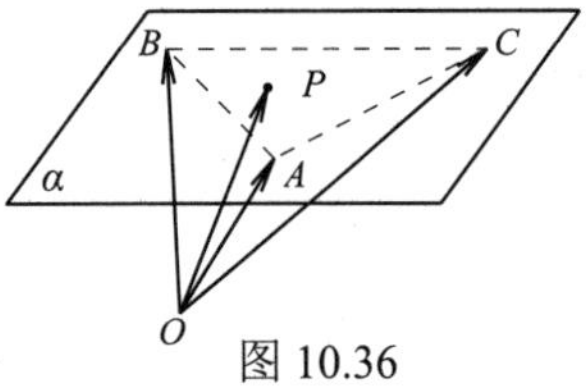

点拨 如图 10.36,已知 O,A,B,C 是空间中不共面的四个点,对于空间中任意一点 P 满足 $\overrightarrow{OP}=x\overrightarrow{OA}+y\overrightarrow{OB}+z\overrightarrow{OC}$,若 $x+y+z=1$,则点 P 在 A,B,C 所确定的平面 α 内.

图 10.36

2.空间向量的数量积

例 1. 如图 10.37,在平行六面体 $ABCD-A_1B_1C_1D_1$ 中,$AA_1=AD=AB=2$,$\angle BAD=90°$,$\angle BAA_1=\angle A_1AD=60°$,则 $\overrightarrow{AB_1}\cdot\overrightarrow{AD_1}=$_____.

解: $\overrightarrow{AB_1}\cdot\overrightarrow{AD_1}=(\overrightarrow{AB}+\overrightarrow{AA_1})\cdot(\overrightarrow{AD}+\overrightarrow{AA_1})$

$=\overrightarrow{AB}\cdot\overrightarrow{AD}+\overrightarrow{AB}\cdot\overrightarrow{AA_1}+\overrightarrow{AD}\cdot\overrightarrow{AA_1}+\overrightarrow{AA_1}^2$

所以 $\overrightarrow{AB_1}\cdot\overrightarrow{AD_1}=0+2\times 2\times\dfrac{1}{2}+2\times 2\times\dfrac{1}{2}+2^2=8$.

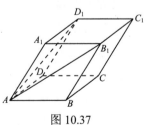

图 10.37

例 2. 如图 10.38,空间四边形 $OABC$ 中,$OA=OB=OC=2$,$\angle AOC=\angle BOC=90°$,$\angle AOB=60°$,点 M,N 分别在 OA,BC 上,且 $OM=2MA$,$BN=CN$,则 $MN=$_____.

解：因为 $OM=2MA$，$BN=CN$，所以 $\overrightarrow{MN}=-\dfrac{2}{3}\overrightarrow{OA}+\dfrac{1}{2}\overrightarrow{OB}+\dfrac{1}{2}\overrightarrow{OC}$．

又 $OA=OB=OC=2$，$\angle AOC=\angle BOC=90°$，$\angle AOB=60°$，

所以 $\overrightarrow{OA}\cdot\overrightarrow{OC}=0$，$\overrightarrow{OB}\cdot\overrightarrow{OC}=0$，

$\overrightarrow{OA}\cdot\overrightarrow{OB}=|\overrightarrow{OA}|\cdot|\overrightarrow{OB}|\cos 60°=2$，

所以

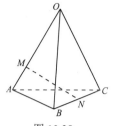

图 10.38

$$\overrightarrow{MN}^2=\left(-\dfrac{2}{3}\overrightarrow{OA}+\dfrac{1}{2}\overrightarrow{OB}+\dfrac{1}{2}\overrightarrow{OC}\right)^2=\dfrac{4}{9}|\overrightarrow{OA}|^2+\dfrac{1}{4}|\overrightarrow{OB}|^2+\dfrac{1}{4}|\overrightarrow{OC}|^2-\dfrac{2}{3}\overrightarrow{OA}\cdot\overrightarrow{OB}=\dfrac{22}{9}，$$

所以 $|\overrightarrow{MN}|=\dfrac{\sqrt{22}}{3}$．

点拨　空间向量的数量积可转化到基底的运算，基底必须已知模长和它们之间的夹角．

八、向量法处理几何关系

1. 向量法证明平行

例 1. 如图 10.39，正四棱柱 $ABCD\text{-}A_1B_1C_1D_1$ 中，四边形 $ABCD$ 是正方形，$AB=1$，$AA_1=2$，M，N 分别是 B_1C_1，CC_1 的中点．求证：A_1M//平面 AND_1．

解：以点 D 为坐标原点，建立空间直角坐标系如图，则

$A(1,0,0)$，$N(0,1,1)$，$D_1(0,0,2)$，

$A_1(1,0,2)$，$M\left(\dfrac{1}{2},1,2\right)$．

从而 $\overrightarrow{AN}=(-1,1,1)$，$\overrightarrow{AD_1}=(-1,0,2)$，

$\overrightarrow{A_1M}=\left(-\dfrac{1}{2},1,0\right)$，

设平面 AND_1 的法向量为 $\boldsymbol{m}=(x,y,z)$，

则 $\begin{cases}\boldsymbol{m}\cdot\overrightarrow{AN}=0,\\ \boldsymbol{m}\cdot\overrightarrow{AD_1}=0,\end{cases}$　所以 $\begin{cases}-x+y+z=0,\\ -x+2z=0,\end{cases}$

令 $x=2$，得 $z=1$，$y=1$，所以 $\boldsymbol{m}=(2,1,1)$．

于是 $\overrightarrow{A_1M}\cdot\boldsymbol{m}=0$，所以 $\overrightarrow{A_1M}\perp\boldsymbol{m}$，

而 $A_1M\subset$ 平面 AND_1，所以 A_1M//平面 AND_1．

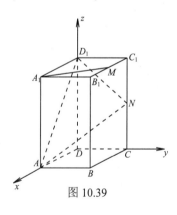

图 10.39

例 2. 如图 10.40，在底面是正方形的四棱锥 $P\text{-}ABCD$ 中，$PD\perp$ 底面 $ABCD$，$PD=AD=2$，E，F 分别是 PA 和 PC 的中点，点 G 在 PB 上且满足 $PG=2GB$．求证：平面 DEF//平面 ACG．

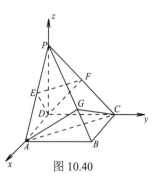

图 10.40

证：以点 D 为坐标原点，建立空间直角坐标系如图，

则 $E(1, 0, 1)$，$F(0, 1, 1)$，$A(2, 0, 0)$，$C(0, 2, 0)$，$G(\frac{4}{3}, \frac{4}{3}, \frac{2}{3})$.

从而 $\overrightarrow{DE}=(1, 0, 1)$，$\overrightarrow{DF}=(0, 1, 1)$，$\overrightarrow{AC}=(-2, 2, 0)$，$\overrightarrow{AG}=(-\frac{2}{3}, \frac{4}{3}, \frac{2}{3})$.

设平面 DEF 的法向量为 $\boldsymbol{m}=(x, y, z)$，

则 $\begin{cases} \boldsymbol{m} \cdot \overrightarrow{DE}=0, \\ \boldsymbol{m} \cdot \overrightarrow{DF}=0, \end{cases}$ 所以 $\begin{cases} x+z=0, \\ y+z=0, \end{cases}$ 令 $x=1$，得 $z=-1$，$y=1$. 所以 $\boldsymbol{m}=(1, 1, -1)$.

于是 $\boldsymbol{m} \cdot \overrightarrow{AC}=1 \times(-2)+1 \times 2+(-1) \times 0=0,$

$\boldsymbol{m} \cdot \overrightarrow{AG}=1 \times(-\frac{2}{3})+1 \times \frac{4}{3}+(-1) \times \frac{2}{3}=0,$

所以 $\boldsymbol{m} \perp$ 平面 ACG，从而平面 DEF//平面 ACG.

点拨 （1）要证明直线 l//平面 α，只需证明直线 l 的方向向量 $\overrightarrow{AP} \perp$ 平面 α 的法向量 $\boldsymbol{n}$，如图 10.41.

（2）要证明平面 α//平面 β，只需证明平面 α 的法向量 $\boldsymbol{n} \perp$ 平面 β. 即证明一个平面的法向量 $\boldsymbol{n}$ 垂直于另一个平面内的两个不共线向量 $\boldsymbol{a}, \boldsymbol{b}$，如图 10.42.

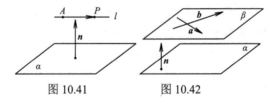

图 10.41　　　　图 10.42

2.向量法证明垂直

例 1. 如图 10.43，在长方体 $ABCD$-$A_1B_1C_1D_1$ 中，E，F 分别是棱 BC，CC_1 上的点，$CF=AB=2CE$，$4AB=2AD=AA_1=4$. 证明：$AF \perp$ 平面 A_1ED.

解：建立空间直角坐标系如图，则 $A(0, 0, 0)$，$F(1, 2, 1)$，

$A_1(0, 0, 4)$，$E(1, \frac{3}{2}, 0)$，$D(0, 2, 0)$.

所以 $\overrightarrow{AF}=(1, 2, 1)$，$\overrightarrow{A_1D}=(0, 2, -4)$，$\overrightarrow{A_1E}=(1, \frac{3}{2}, -4)$.

从而 $\overrightarrow{AF} \cdot \overrightarrow{A_1D}=0$，$\overrightarrow{AF} \cdot \overrightarrow{A_1E}=0$，

所以 $AF \perp A_1D$，$AF \perp A_1E$.

$\begin{cases} AF \perp A_1D, \\ AF \perp A_1E, \\ A_1D \bigcap A_1E=A_1 \end{cases} \Rightarrow AF \perp$ 平面 A_1ED.

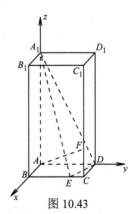

图 10.43

例 2. 如图 10.44，正三棱柱 ABC-$A_1B_1C_1$ 中，$AB=AA_1$，D 是 BC 的中点，在棱 CC_1 上是否存在一点 P，使直线 $PB_1 \perp$ 平面 AC_1D? 若存在，找出这个点，并加以证明；若不存在，请说明理由.

解:如图10.44建系,设 $AB=2$,

则 $A(\sqrt{3},0,0)$, $C_1(0,-1,2)$, $B_1(0,1,2)$.

设点 $P(0,-1,t)$,则 $\overrightarrow{DA}=(\sqrt{3},0,0)$,

$\overrightarrow{DC_1}=(0,-1,2)$, $\overrightarrow{PB_1}=(0,2,2-t)$.

若直线 $PB_1\perp$ 平面 AC_1D,

则 $\overrightarrow{DA}\cdot\overrightarrow{PB_1}=0$, $\overrightarrow{PB_1}\cdot\overrightarrow{DC_1}=0$,

从而 $-2+2(2-t)=0$,解得 $t=1$.

所以当点 P 是 CC_1 的中点时,直线 $PB_1\perp$ 平面 AC_1D.

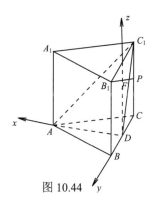

图 10.44

点拨　(1)若题中有动点,应根据动点所满足的特点(在某直线上、满足一定的比例关系等)假设出动点的坐标.

(2)要证明直线 $l\perp$ 平面 α,只需证明 l 的方向向量 $\overrightarrow{AP}$ 垂直于平面 α 内的两个不共线向量 $\boldsymbol{a}$, $\boldsymbol{b}$,即 $\begin{cases}\overrightarrow{AP}\cdot\boldsymbol{a}=0,\\\overrightarrow{AP}\cdot\boldsymbol{b}=0,\end{cases}$ 如图10.45.

(3)如图10.46,若平面 $\alpha\perp$ 平面 β,则法向量 $\boldsymbol{m}\perp\boldsymbol{n}$.所以要证明两平面互相垂直,只需证明两平面的法向量的数量积为0.

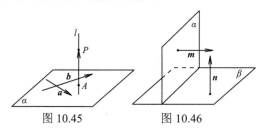

图 10.45　　　　图 10.46

九、求距离

1.等积法

例1.如图10.47,在底面是正三角形的三棱锥 $P\text{-}ABC$ 中,$PA\perp$ 底面 ABC,$AB=2$,$PA=\sqrt{6}$,则点 A 到平面 PBC 的距离为_____.

解:设点 A 到平面 PBC 的距离为 d.

依题 $PA=\sqrt{6}$, $S_{\triangle ABC}=\sqrt{3}$, $PB=PC=\sqrt{10}$.

所以 $\triangle PBC$ 是底边高为3的等腰三角形,从而 $S_{\triangle PBC}=3$.

因为 $V_{P\text{-}ABC}=V_{A\text{-}PBC}$,所以 $\dfrac{1}{3}PA\cdot S_{\triangle ABC}=\dfrac{1}{3}d\cdot S_{\triangle PBC}$.

将 $PA=\sqrt{6}$, $S_{\triangle ABC}=\sqrt{3}$, $S_{\triangle PBC}=3$ 代入上式,得 $d=\sqrt{2}$.

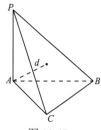

图 10.47

例2.如图10.48,将边长为 $AB=1$, $BC=\sqrt{3}$ 的矩形 $ABCD$ 沿对角线 BD 对折,当所得锥体 $A\text{-}BCD$ 的体积最大时,点 B 到平面 ACD 的距离为_____.

解:当椎体 $A\text{-}BCD$ 体积最大时,

平面 $ABD\perp$ 平面 BCD.

过点 A 作 $AO\perp BD$,

则 $AO\perp$ 平面 BCD.

图 10.48

不难算得 $AO=\dfrac{\sqrt{3}}{2}$, $OC=\dfrac{\sqrt{7}}{2}$, $AC=\dfrac{\sqrt{10}}{2}$.

从而 $\cos\angle ADC=\dfrac{\sqrt{3}}{4}$, $\sin\angle ADC=\dfrac{\sqrt{13}}{4}$,于是 $S_{\triangle BCD}=\dfrac{\sqrt{3}}{2}$, $S_{\triangle ACD}=\dfrac{\sqrt{39}}{8}$.

设点 B 到平面 ACD 的距离为 d ,由 $V_{A\text{-}BCD}=V_{B\text{-}ACD}$,得 $\dfrac{1}{3}d\cdot S_{\triangle ACD}=\dfrac{1}{3}\cdot AO\cdot S_{\triangle BCD}$,

将数据代入可得 $d=\dfrac{2\sqrt{39}}{13}$.

点拨 如图10.49,三棱锥 $P\text{-}ABC$ 中, $PA\perp$ 底面 ABC. 设点 A 到平面 PBC 的距离为 d ,由 $V_{P\text{-}ABC}=V_{A\text{-}PBC}$,得 $\dfrac{1}{3}\times PA\times S_{\triangle ABC}=\dfrac{1}{3}\times d\times S_{\triangle PBC}$. 求得 PA , $S_{\triangle ABC}$, $S_{\triangle PBC}$,可得点 A 到平面 PBC 的距离 d.

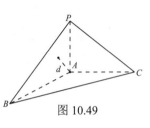

图 10.49

2.向量法

例1.正三棱柱 $ABC\text{-}A_1B_1C_1$ 中, $AB=\sqrt{2}\,BB_1=2$,则 C 到直线 AB_1 的距离为( )

A.$\dfrac{\sqrt{15}}{5}$ B.$\dfrac{\sqrt{10}}{5}$ C.$\dfrac{\sqrt{15}}{3}$ D.$\dfrac{\sqrt{30}}{3}$

解:取 AB 的中点 O 建系,如图10.50,

则 $A(-1,0,0)$, $B_1(1,0,\sqrt{2})$, $C(0,\sqrt{3},0)$.

于是 $\overrightarrow{AC}=(1,\sqrt{3},0)$, $\overrightarrow{AB_1}=(2,0,\sqrt{2})$,

从而 $\overrightarrow{AC}$ 在 $\overrightarrow{AB_1}$ 上的投影 $d=\dfrac{\overrightarrow{AC}\cdot\overrightarrow{AB_1}}{|\overrightarrow{AB_1}|}=\dfrac{\sqrt{6}}{3}$,

所以点 C 到直线 AB_1 的距离 $d=\sqrt{AC^2-h^2}=\dfrac{\sqrt{30}}{3}$. 选 D.

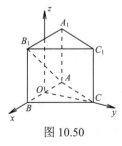

图 10.50

例2.正三棱柱 $ABC\text{-}A_1B_1C_1$ 中, $AA_1=2AB=4$, D 是 BC 的中点.求点 B 到平面 ADC_1 的距离.

解:建系如图10.51,则 $A(\sqrt{3},0,0)$, $D(0,0,0)$, $B(0,1,0)$,

$A_1(\sqrt{3},0,4)$, $C_1(0,-1,4)$,于是 $\overrightarrow{A_1B}=(-\sqrt{3},1,-4)$,

$\overrightarrow{AD}=(-\sqrt{3},0,0)$, $\overrightarrow{AC_1}=(-\sqrt{3},-1,4)$,

$$\overrightarrow{AB}=(-\sqrt{3}\,,\,1\,,\,0).$$

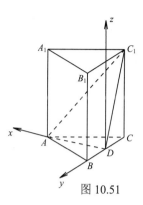

图 10.51

因为 $\overrightarrow{AD}\times\overrightarrow{AC_1}=\begin{vmatrix} \boldsymbol{i} & \boldsymbol{j} & \boldsymbol{k} \\ -\sqrt{3} & 0 & 0 \\ -\sqrt{3} & -1 & 4 \end{vmatrix}=(0\,,\,4\sqrt{3}\,,\,\sqrt{3})$，

所以平面 ADC_1 的法向量 $\boldsymbol{m}=(0\,,\,4\,,\,1)$.

从而 B 到平面 ADC_1 的距离 $d=\left|\dfrac{\overrightarrow{AB}\cdot\boldsymbol{m}}{|\boldsymbol{m}|}\right|=\dfrac{4\sqrt{17}}{17}$.

点拨　(1)点到线的距离：

如图 10.52，在直线 a 上任取点 A，则 $\overrightarrow{PA}$ 在直线 l 的方向向量 $\boldsymbol{a}$ 上的投影 $d=\dfrac{\overrightarrow{PA}\cdot\boldsymbol{a}}{|\boldsymbol{a}|}$，从而点 P 到直线 a 的距离 $|PP'|=\sqrt{|\overrightarrow{PA}|^2-d^2}$.

(2)点到面的距离：

如图 10.53，在直线 a 上任取点 A，点 P 到平面 α 的距离 d 是向量 $\overrightarrow{AP}$ 在平面 α 的法向量 $\boldsymbol{m}$ 上的投影的绝对值，即 $d=\left|\dfrac{\overrightarrow{AP}\cdot\boldsymbol{m}}{|\boldsymbol{m}|}\right|$.

(2)外积法求法向量：

如图 10.54，$\boldsymbol{a}=(x_1\,,\,y_1\,,\,z_1)$，$\boldsymbol{b}=(x_2\,,\,y_2\,,\,z_2)$ 是平面 α 内的两个不共线向量，则

$$\boldsymbol{a}\times\boldsymbol{b}=\begin{vmatrix} \boldsymbol{i} & \boldsymbol{j} & \boldsymbol{k} \\ x_1 & y_1 & z_1 \\ x_2 & y_2 & z_2 \end{vmatrix}=(a\,,\,b\,,\,c)\,,$$

其中 $a=y_1z_2-y_2z_1$，$b=-(x_1z_2-x_2z_1)$，$c=x_1y_2-x_2y_1$.

口诀：求谁去谁，余下交叉，相减得值，纵标添负.

向量 $\boldsymbol{m}=(a\,,\,b\,,\,c)$ 就是平面 α 的法向量，从而 $\lambda\boldsymbol{m}=(\lambda a\,,\,\lambda b\,,\,\lambda c)$ 也是平面 α 的法向量.为计算方便，可取恰当的非零常数 λ，使法向量更简洁.

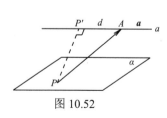

图 10.52

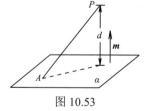

图 10.53

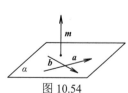

图 10.54

十、求异面直线所成的角

1.定义法

例1. 正四面体$P\text{-}ABC$中,M为棱AB的中点,则PA与CM所成角的余弦值为_____.

解: 如图10.55,取PB的中点N,连接MN,CN,

则$MN//PA$,所以$\angle NMC$是异面直线PA与CM所成的角.

设$AB=2$则$CN=CM=\sqrt{3}$,$MN=1$.

在$\triangle NMC$中,$\cos\angle NMC=\dfrac{MN^2+CM^2-CN^2}{2MN\cdot CM}=\dfrac{\sqrt{3}}{6}$.

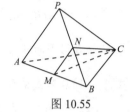

图10.55

例2. 已知点A是平面BCD外一点,$AD=BC=2$,E,F分别是AB,CD的中点.若

$EF=\sqrt{3}$,求异面直线AD与BC所成角的大小.

解: 如图10.56,将BC沿$\overrightarrow{BA}$方向平移至EO,

此时$EO \underset{=}{//} \dfrac{1}{2}BC$,连接$OF$,则$OF \underset{=}{//} \dfrac{1}{2}AD$,

从而$\angle EOF$或其补角是异面直线AD与BC所成的角.

在$\triangle EOF$中,$|EO|=|OF|=1$,$|EF|=\sqrt{3}$,

由余弦定理得$\cos\angle EOF=-\dfrac{1}{2}$,所以$\angle EOF=120°$.

所以异面直线AD与BC所成的角是$\angle EOF$的补角$60°$.

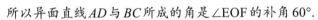

图10.56

点拨 (1)要得到异面直线所成的角,可平移其中一条直线与另一条直线相交,或者将两条直线都进行平移,使得它们相交.

(2)平移直线经常会用到中位线定理或平行四边形对边平行等性质.

(3)求角通常在三角形中运用三角函数或余弦定理进行求解,所以平移后关注夹角所在的三角形,并求出此三角形的边长.

2.向量法

例1. 直三棱柱$ABC\text{-}A_1B_1C_1$中,$CA=CC_1=2CB=2$,$\angle ACB=90°$,则BC_1与AB_1夹角的余弦值为_____.

解: 建系如图10.57,则$A(2,0,0)$,$B_1(0,1,2)$,

$B(0,1,0)$,$C_1(0,0,2)$.

于是$\overrightarrow{AB_1}=(-2,1,2)$,$\overrightarrow{BC_1}=(0,-1,2)$.

设BC_1与AB_1夹角为θ,则$\cos\theta=\left|\dfrac{\overrightarrow{AB_1}\cdot\overrightarrow{BC_1}}{|\overrightarrow{AB_1}||\overrightarrow{BC_1}|}\right|=\dfrac{\sqrt{5}}{5}$.

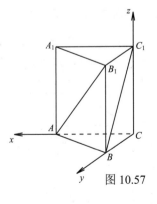

图10.57

点拨 (1)两直线a,b的方向向量$\boldsymbol{a}$,$\boldsymbol{b}$所成的角是异面直线所成的角或是它的补角.

(2)若异面直线所成的角为θ,则$\cos\theta=\left|\dfrac{\boldsymbol{a}\cdot\boldsymbol{b}}{|\boldsymbol{a}|\cdot|\boldsymbol{b}|}\right|$.

十一、求线面角

1.定义法

例1.已知正三棱柱ABC-$A_1B_1C_1$的所有棱长为2,则直线AB_1与平面AA_1C_1C所成角的余弦值为(　　)

A.$\dfrac{\sqrt{3}}{2}$　　　　B.$\dfrac{\sqrt{6}}{2}$　　　　C.$\dfrac{\sqrt{3}}{4}$　　　　D.$\dfrac{\sqrt{10}}{4}$

解:如图10.58,过点B_1作$B_1O\perp A_1C_1$,则点O为A_1C_1的中点,连接AO.

因为上底面$A_1B_1C_1\perp$侧面AA_1C_1C,

所以$B_1O\perp$侧面AA_1C_1C,

从而直线AB_1在平面AA_1C_1C内的投影为AO,

所以直线AB_1与平面AA_1C_1C所成的角为$\angle B_1AO$.

依题$AO=\sqrt{AA_1^2+A_1O^2}=\sqrt{5}$,

$AB_1=\sqrt{AB^2+BB_1^2}=2\sqrt{2}$,

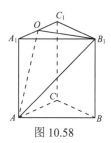

图10.58

在$\text{Rt}\triangle B_1OA$中,$\cos\angle B_1AO=\dfrac{AO}{AB_1}=\dfrac{\sqrt{5}}{2\sqrt{2}}=\dfrac{\sqrt{10}}{4}$.选D.

点拨　(1)如图10.59,直线l和平面α所成的角,是指直线l与它在平面α内的投影l'所成的角.

(2)过斜线上一点作平面的垂线,连接斜足和垂足得斜线在平面内的投影.

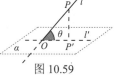

图10.59

2.距离法

例1.在正四棱柱$ABCD$-$A_1B_1C_1D_1$中,底面正方形$ABCD$的边长为2,侧棱$AA_1=4$.求直线BB_1与平面A_1BC_1所成角的正弦值.

解:如图10.60,设点B_1到平面A_1BC_1的距离为d,

显然$A_1B=C_1B=2\sqrt{5}$,$A_1C_1=2\sqrt{2}$,不难算得$S_{\triangle A_1BC_1}=6$.

由$V_{B-A_1B_1C_1}=V_{B_1-A_1BC_1}$,

得$\dfrac{1}{3}BB_1\cdot S_{\triangle A_1B_1C_1}=\dfrac{1}{3}d\cdot S_{\triangle A_1BC_1}$,解得$d=\dfrac{4}{3}$.

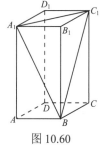

图10.60

设直线BB_1与平面A_1BC_1所成角为θ,则$\sin\theta=\dfrac{d}{BB_1}=\dfrac{1}{3}$.

点拨　(1)若找不到斜线在平面内的投影,可先用等积法求斜线上一点到平面的距离,如图10.61,再求出该线面角的正弦值.

(2)设点P到平面ABC的距离为d,则PA与平面ABC所成角的正弦值为$\sin\theta=\dfrac{d}{|PA|}$.

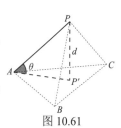

图10.61

3.向量法

例1. 如图10.62,四棱椎 $P-ABCD$ 中,底面 $ABCD$ 是直角梯形, $AD // BC$, $\angle ABC=90°$, $PA \perp$ 底面 $ABCD$, $PA=AD=2$, $AB=BC=1$.求直线 PB 与平面 PCD 所成角的正弦值.

解: 建系如图,

则 $P(0, 0, 2)$, $B(1, 0, 0)$, $C(1, 1, 0)$, $D(0, 2, 0)$,

从而 $\overrightarrow{PB}=(1, 0, -2)$, $\overrightarrow{PC}=(1, 1, -2)$, $\overrightarrow{PD}=(0, 2, -2)$.

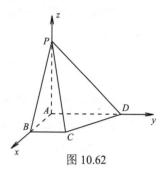

图 10.62

则 $\overrightarrow{PC} \times \overrightarrow{PD}= \begin{vmatrix} \boldsymbol{i} & \boldsymbol{j} & \boldsymbol{k} \\ 1 & 1 & -2 \\ 0 & 2 & -2 \end{vmatrix}=(2, 2, 2)$,

所以平面 PCD 的法向量为 $\boldsymbol{n}=(1, 1, 1)$,

于是 $\cos <\boldsymbol{n}, \overrightarrow{PB}> = \dfrac{\boldsymbol{n} \cdot \overrightarrow{PB}}{|\boldsymbol{n}| \cdot |\overrightarrow{PB}|}=\dfrac{-1}{\sqrt{3} \times \sqrt{5}}=-\dfrac{\sqrt{15}}{15}$.

所以直线 PB 与平面 PCD 所成角的正弦值为 $\dfrac{\sqrt{15}}{15}$.

例2. 如图10.63,三棱锥 $P-ABC$ 中, $PA \perp$ 平面 ABC, $AB \perp AC$, $PA=AC=\dfrac{1}{2}AB=2$, N 为 AB 上一点, $AB=4AN$, M 为 PB 的中点.求 PC 与平面 CMN 所成角的余弦值.

解: 如图10.64建系,则 $P(0, 0, 2)$, $M(2, 0, 1)$,

$N(1, 0, 0)$, $C(0, 2, 0)$, 于是 $\overrightarrow{MN}=(-1, 0, -1)$,

$\overrightarrow{MC}=(-2, 2, -1)$, $\overrightarrow{PC}=(0, 2, -2)$.

因为 $\overrightarrow{MN} \times \overrightarrow{MC}= \begin{vmatrix} \boldsymbol{i} & \boldsymbol{j} & \boldsymbol{k} \\ -1 & 0 & -1 \\ -2 & 2 & -1 \end{vmatrix}=(2, 1, -2)$,

所以平面 MNC 的法向量 $\boldsymbol{m}=(2, 1, -2)$.

设 PC 与平面 CMN 所成角的大小为 θ,

则 $\sin \theta=|\cos <\boldsymbol{m}, \overrightarrow{PC}>|=|\dfrac{\boldsymbol{m} \cdot \overrightarrow{PC}}{|\boldsymbol{m}| \cdot |\overrightarrow{PC}|}|=\dfrac{2}{3}$.

所以 PC 与平面 CMN 所成角的余弦值为 $\dfrac{\sqrt{5}}{3}$.

点拨 如图10.64,直线 l 的方向向量为 $\overrightarrow{OP}$.

设平面 α 的法向量为 $\boldsymbol{n}$,直线 l 与平面 α 所成的角为 θ,

则 $\sin \theta=|\cos <\overrightarrow{OP}, \boldsymbol{n}>|=|\dfrac{\overrightarrow{OP} \cdot \boldsymbol{n}}{|\overrightarrow{PC}| \cdot |\boldsymbol{n}|}|$.

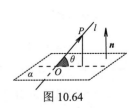

图 10.64

十二、求二面角

1.定义法

例1. 如图10.65,在三棱锥 $P\text{-}ABC$ 中,底面 $\triangle ABC$ 是正三角形,平面 $PAB\perp$ 平面 ABC,
$\angle APB=90°$, $\angle PAB=60°$, $AB=2$.

(1)求二面角 $P\text{-}AC\text{-}B$ 的正切值

(2)求二面角 $B\text{-}AP\text{-}C$ 的余弦值.

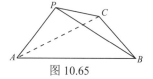

图10.65

解: (1)如图10.66,取 AC 的中点 M,连接 BM,则 $BM\perp AC$.

过点 P 作 $PD\perp AB$,因为平面 $PAB\perp$ 平面 ABC,所以 $PD\perp$ 平面 ABC,从而 $PD\perp AC$.过点 D 作 $DE/\!/BM$,则 $DE\perp AC$,连接 PE.

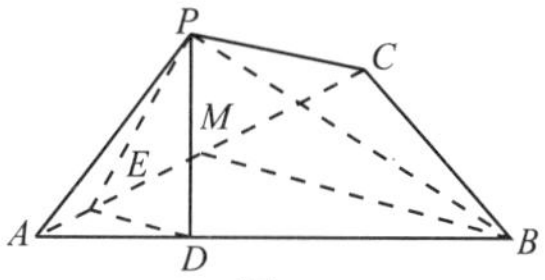

$$\begin{cases} DE\perp AC,\\ PD\perp AC,\\ PD\cap DE=D \end{cases}\Rightarrow AC\perp \text{平面}PDE,\text{从而}AC\perp PE.$$

所以 $\angle PED$ 是二面角 $P\text{-}AC\text{-}B$ 的平面角,显然 $\triangle PDE$ 是直角三角形.

不难算得 $PD=\dfrac{\sqrt{3}}{2}$, $AD=\dfrac{1}{2}$, $BM=\sqrt{3}$.因为 $\triangle AED\backsim\triangle AMB$,所以 $\dfrac{AD}{AB}=\dfrac{DE}{BM}$,

从而 $DE=\dfrac{\sqrt{3}}{4}$,所以 $\tan\angle PED=\dfrac{PD}{DE}$,所以二面角 $P\text{-}AC\text{-}B$ 的正切值为 2.

(2)如图10.67,取 AB 的中点 O,连接 OC,则 $OC\perp AB$.

因为平面 $PAB\perp$ 平面 ABC,所以 $OC\perp$ 平面 PAB,

从而 $OC\perp PA$.

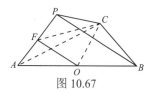

图10.67

过点 O 作 $OF/\!/PB$,则 $OF\perp PA$,连接 CF.

$$\begin{cases} PA\perp OC,\\ PA\perp OF,\\ OC\cap OF=O \end{cases}\Rightarrow PA\perp \text{平面}FOC,\text{从而}PA\perp FC.$$

所以 $\angle OFC$ 是二面角 $B\text{-}AP\text{-}C$ 的平面角,显然 $PB=\sqrt{3}$, $OF=\dfrac{\sqrt{3}}{2}$, $OC=\sqrt{3}$.

显然 $\triangle FOC$ 是直角三角形,所以 $CF=\dfrac{\sqrt{15}}{2}$,从而 $\cos\angle OFC=\dfrac{OF}{FC}=\dfrac{\sqrt{5}}{5}$,

所以二面角 $B\text{-}AP\text{-}C$ 的余弦值为 $\dfrac{\sqrt{5}}{5}$.

点拨 (1)如图10.68,直线 m 垂直于二面角 $\alpha\text{-}l\text{-}\beta$ 的棱 l 且与两半平面相交于点 A, B,过点 A 作棱 l 的垂线交棱 l 于点 O,连接 OB,由 $l\perp m$, $l\perp OA$ 可得棱 $l\perp$ 平面 AOB,从而 $OB\perp l$,于是 $\angle AOB$ 就是二面角的平面角.

(2)按定义求二面角需步骤完整:一作,二证,三计算.

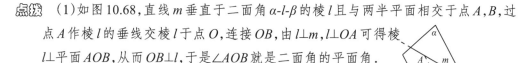

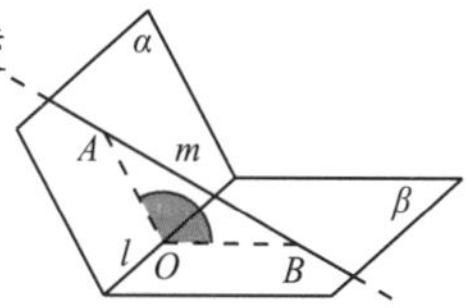

图10.68

2.投影法

例1. 如图10.69,四棱锥 $A\text{-}BCDE$ 中,侧面 ABC 为等腰直角三角形,底面 $BCDE$ 是矩形,且侧面 $ABC\perp$ 底面 $BCDE$, $AB=AC=CD=2$.

(1)求二面角 $C\text{-}AB\text{-}D$ 的大小;

(2)求二面角 $A\text{-}BD\text{-}E$ 的大小.

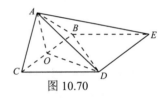

图10.69

解: (1)因为侧面 $ABC\perp$ 底面 $BCDE$,

而 $CD\perp BC$,所以 $CD\perp$ 平面 ABC.

不难算得, $BC=2\sqrt{2}$, $AD=2\sqrt{2}$, $BD=2\sqrt{3}$,

从而 $BD^2=AB^2+AD^2$,所以 $\angle BAD=90°$.

设二面角 $C\text{-}AB\text{-}D$ 的平面角大小为 θ,

则 $\cos\theta=\dfrac{S_{\triangle ABC}}{S_{\triangle ABD}}=\dfrac{\sqrt{2}}{2}$.

所以二面角 $C\text{-}AB\text{-}D$ 的平面角大小 $45°$.

(2)如图10.70,取 BC 的中点 O,连接 AO, OD.

因为侧面 $ABC\perp$ 底面 $BCDE$,而 $AO\perp BC$,

所以 $AO\perp$ 底面 $BCDE$.

二面角 $A\text{-}BD\text{-}E$ 的平面角大小为 θ,

从而 $\cos(\pi-\theta)=\dfrac{S_{\triangle BOD}}{S_{\triangle ABD}}=\dfrac{1}{2}$,即 $\cos=-\dfrac{1}{2}$,

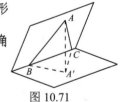

图10.70

从而二面角 $A\text{-}BD\text{-}E$ 的平面角大小 $120°$.

点拨 如图10.71,二面角的一个半平面内有 $\triangle ABC$ 在另一半平面内的射影为 $\triangle A'BC$,则二面角的夹角 θ 的余弦值是射影三角形的面积除以原三角形的面积: $\cos\theta=\dfrac{S_{\triangle A'BC}}{S_{\triangle ABC}}$,这种求二面角的方法叫射影法.当二面角是钝二面角时,可以先求二面角补角的余弦值.

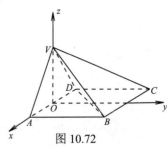

图10.71

3.向量法

例1. 如图10.72,四棱锥 $V\text{-}ABCD$ 中,侧面 $VAB\perp$ 底面 $ABCD$,且 $\triangle VAB$ 是正三角形,底面 $ABCD$ 是正方形, $AB=2$.求二面角 $V\text{-}BD\text{-}C$ 的余弦值.

解: 取 AD 的中点 O,建立空间直角坐标系如图,

则 $V(0,0,\sqrt{3})$, $B(1,2,0)$, $D(-1,0,0)$.

从而 $\overrightarrow{VB}=(1,2,-\sqrt{3})$, $\overrightarrow{VD}=(-1,0,-\sqrt{3})$,

设平面 VBD 的法向量为 $\boldsymbol{m}=(x,y,z)$,

则 $\begin{cases} \boldsymbol{m}\cdot\overrightarrow{VB}=0, \\ \boldsymbol{m}\cdot\overrightarrow{VD}=0, \end{cases}$ 所以 $\begin{cases} x+2y-\sqrt{3}\,z=0, \\ -x-\sqrt{3}\,z=0, \end{cases}$

令 $z=\sqrt{3}$，则 $x=-3,y=3$．

所以平面 VBD 的法向量 $\boldsymbol{m}=(-3,3,\sqrt{3})$．

显然，平面 BDC 的法向量 $\boldsymbol{n}=(0,0,1)$．

从而 $\cos<\boldsymbol{m},\boldsymbol{n}>=\dfrac{\boldsymbol{m}\cdot\boldsymbol{n}}{|\boldsymbol{m}|\cdot|\boldsymbol{n}|}=\dfrac{\sqrt{3}}{\sqrt{21}\times 1}=\dfrac{\sqrt{7}}{7}$，

因为二面角 $V\text{-}BD\text{-}C$ 为钝二面角，所以二面角 $V\text{-}BD\text{-}C$ 的余弦值为 $-\dfrac{\sqrt{7}}{7}$．

例2. 如图10.73，四棱锥 $A\text{-}EFCB$ 中，$\triangle AEF$ 为等边三角形，平面 $AEF\perp$ 平面 $EFCB$，$EF/\!/$ BC，$BC=4$，$EF=2a$，$\angle EBC=\angle FCB=60^\circ$，$O$ 为 EF 的中点．求二面角 $F\text{-}AE\text{-}B$ 的余弦值．

解： 取 BC 的中点 G，连接 OG，显然 $EFCB$ 是等腰梯形，所以 $OG\perp EF$，因为平面 $AEF\perp$ 平面 $EFCB$，所以可建系如图，则 $E(a,0,0)$，$A(0,0,\sqrt{3}a)$，$B(2,\sqrt{3}(2-a),0)$，从而 $\overrightarrow{EA}=(-a,0,\sqrt{3}a)$，$\overrightarrow{BE}=(a-2,\sqrt{3}(a-2),0)$．

设平面 AEB 的法向量为 $\boldsymbol{m}=(x,y,z)$，

由 $\begin{cases}\boldsymbol{m}\cdot\overrightarrow{EA}=0,\\ \boldsymbol{m}\cdot\overrightarrow{BE}=0,\end{cases}$ 所以 $\begin{cases}-ax-\sqrt{3}\,az=0,\\ (a-2)x+\sqrt{3}\,(a-2)y=0,\end{cases}$

令 $z=1$，则 $x=\sqrt{3}$，$y=-1$，于是 $\boldsymbol{m}=(\sqrt{3},-1,1)$．

显然平面 AEF 的法向量为 $\boldsymbol{n}=(0,1,0)$，

所以 $\cos<\boldsymbol{m},\boldsymbol{n}>=\dfrac{\boldsymbol{m}\cdot\boldsymbol{n}}{|\boldsymbol{m}|\cdot|\boldsymbol{n}|}=-\dfrac{\sqrt{5}}{5}$．

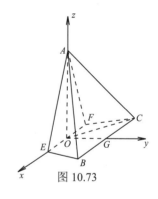

图 10.73

因为二面角 $F\text{-}AE\text{-}B$ 为钝二面角，所以余弦值为 $-\dfrac{\sqrt{5}}{5}$．

点拨 （1）二面角可以是锐二面角、直二面角、钝二面角，但二面角的夹角为锐角．

（2）如图10.74，设两平面的法向量为 $\boldsymbol{m}$，$\boldsymbol{n}$，二面角的夹角为 θ，

则 $\cos\theta=|\cos<\boldsymbol{m},\boldsymbol{n}>|=\left|\dfrac{\boldsymbol{m}\cdot\boldsymbol{n}}{|\boldsymbol{m}|\cdot|\boldsymbol{n}|}\right|$．

图 10.74

十三、立体几何综合问题

1.固定型几何体

例1. 如图10.75,在四棱锥 $P\text{-}ABCD$ 中,底面 $ABCD$ 为平行四边形,$\triangle PCD$ 为等边三角形,平面 $PAC \perp$ 平面 PCD,$PA \perp CD$,$CD=2$,$AD=3$.

（1）求证:$PA \perp$ 平面 PCD;

（2）求二面角 $P\text{-}AD\text{-}C$ 的余弦值.

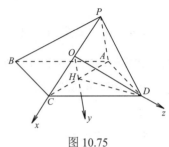

图10.75

解:（1）证:过点 D 作 $DO \perp PC$,

因为平面 $PAC \perp$ 平面 PCD,所以 $DO \perp$ 平面 PAC.

因为 $\triangle PCD$ 为等边三角形,所以 O 为 PC 中点.

取 AC 的中点 H,连接 OH,在 $\triangle PAC$ 中,$OH \underset{=}{\parallel} \dfrac{1}{2} PA$.

因为 $DO \perp$ 平面 PAC,而 $PA \subset$ 平面 PAC,所以 $DO \perp PA$.

$$\begin{cases} PA \perp CD, \\ PA \perp OD, \\ CD \cap OD = D \end{cases} \Rightarrow PA \perp 平面 PCD.$$

（2）在 $Rt\triangle PAD$ 中,$PD=2$,$AD=3$,所以 $PA=\sqrt{5}$.

在 $Rt\triangle PAC$ 中,$PC=2$,$PA=\sqrt{5}$,所以 $AC=3$.

在 $Rt\triangle OHD$ 中,$OH=\dfrac{\sqrt{5}}{2}$,$OD=\sqrt{3}$,所以 $HD=\dfrac{\sqrt{7}}{2}$.

以 O 为坐标原点,OC,OH,OD 分别为 x,y,z 轴建系,

则 $A(-1,\sqrt{5},0)$,$D(0,0,\sqrt{3})$,$P(-1,0,0)$,$C(1,0,0)$,

$\overrightarrow{AD}(1,-\sqrt{5},\sqrt{3})$,$\overrightarrow{AP}(0,-\sqrt{5},0)$,$\overrightarrow{AC}(2,-\sqrt{5},0)$.

因为 $\overrightarrow{AD} \times \overrightarrow{AP} = \begin{vmatrix} \boldsymbol{i} & \boldsymbol{j} & \boldsymbol{k} \\ 1 & -\sqrt{5} & \sqrt{3} \\ 0 & -\sqrt{5} & 0 \end{vmatrix} = (\sqrt{15},0,-\sqrt{5})$,

所以平面 PAD 的一个法向量 $\boldsymbol{m}=(\sqrt{3},0,-1)$.

因为 $\overrightarrow{AD} \times \overrightarrow{AC} = \begin{vmatrix} \boldsymbol{i} & \boldsymbol{j} & \boldsymbol{k} \\ 1 & -\sqrt{5} & \sqrt{3} \\ 2 & -\sqrt{5} & 0 \end{vmatrix} = (\sqrt{15},2\sqrt{3},\sqrt{5})$,

所以平面 ACD 的一个法向量 $\boldsymbol{n}=(\sqrt{15},2\sqrt{3},\sqrt{5})$.

于是 $\cos<\boldsymbol{m},\boldsymbol{n}> = \dfrac{\boldsymbol{m} \cdot \boldsymbol{n}}{|\boldsymbol{m}| \cdot |\boldsymbol{n}|} = \dfrac{\sqrt{10}}{8}$.

因为二面角 $P\text{-}AD\text{-}C$ 是锐二面角,所以二面角 $P\text{-}AD\text{-}C$ 的余弦值为 $\dfrac{\sqrt{10}}{8}$.

点拨 几何体的形状固定,但它的某些数量关系或几何关系需要对题设条件进行推理才能被确定,此类问题常需计算相应边的长度并证明垂直关系之后才能建系.

2.动点型几何体

例 1. 如图 10.76,在直三棱柱 $ABC\text{-}A'B'C'$ 中,已知 $AB\perp$ 侧面 BB_1C_1C,$AB=BC=1$,

$BB_1=2$,$\angle BCC_1=60°$.

(1)证明:$C_1B\perp$ 平面 ABC;

(2)点 E 在 CC_1 上,设 $\overrightarrow{CE}=\lambda\overrightarrow{CC_1}$($0\leqslant\lambda\leqslant1$),

且平面 AB_1E 与平面 BB_1E 所成锐二面角的大小为

$30°$,求 λ 的值.

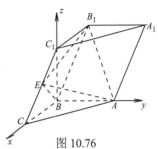

图 10.76

解:(1)证:因为 $AB\perp$ 侧面 BB_1C_1C,

而 $C_1B\subset$ 侧面 BB_1C_1C,所以 $AB\perp C_1B$.

在 $\triangle CBC_1$ 中,$BC=1$,$CC_1=2$,$\angle BCC_1=60°$,由余弦定理得 $C_1B=\sqrt{3}$.

从而 $C_1B^2+BC^2=CC^2=4$,所以 $C_1B\perp BC$.

$$\begin{cases}C_1B\perp AB,\\C_1B\perp BC,\ \Rightarrow C_1B\perp\text{平面}ABC.\\AB\bigcap BC=B\end{cases}$$

(2)建立空间直角坐标系如图,则 $B(0,0,0)$,$A(0,1,0)$,$B_1(-1,0,\sqrt{3})$,

$C(1,0,0)$,$C_1(0,0,\sqrt{3})$,

所以 $\overrightarrow{CC_1}=(-1,0,\sqrt{3})$,从而 $\overrightarrow{CE}=(-\lambda,0,\sqrt{3}\lambda)$,于是 $E(1-\lambda,0,\sqrt{3}\lambda)$,

于是 $\overrightarrow{AE}=(1-\lambda,-1,\sqrt{3}\lambda)$,$\overrightarrow{AB_1}=(-1,-1,\sqrt{3})$,

因为 $\overrightarrow{AE}\times\overrightarrow{AB_1}=\begin{vmatrix}\boldsymbol{i}&\boldsymbol{j}&\boldsymbol{k}\\1-\lambda&-1&\sqrt{3}\lambda\\-1&-1&\sqrt{3}\end{vmatrix}=(\sqrt{3}\ (\lambda-1)\ ,-\sqrt{3},\lambda-2)$,

所以平面 AB_1E 的一个法向量为 $\boldsymbol{m}=(\sqrt{3}\lambda-\sqrt{3},-\sqrt{3},\lambda-2)$,

显然平面 BB_1E 的法向量为 $\overrightarrow{BA}=(0,1,0)$.

所以 $\cos<\boldsymbol{m},\overrightarrow{BA}>=\dfrac{\boldsymbol{m}\cdot\overrightarrow{BA}}{|\boldsymbol{m}|\cdot|\overrightarrow{BA}|}=\dfrac{-\sqrt{3}}{\sqrt{4\lambda^2-10\lambda+10}}$.

因为平面 AB_1E 与平面 BB_1E 所成锐二面角的大小为 $30°$,

所以 $\left|\dfrac{-\sqrt{3}}{\sqrt{4\lambda^2-10\lambda+10}}\right|=\dfrac{\sqrt{3}}{2}$,解得 $\lambda=1$ 或 $\lambda=\dfrac{3}{2}$(舍去).

点拨 几何体某棱上存在动点或长度未确定,此类动点型问题是为高考重点题型,常设未知的棱的长度为变量或将向量的比例值设为一个参数,然后根据条件确定该参数,从而解决问题.

3.翻折型几何体

例1.平面图形$ABB_1A_1C_1C$如图10.77(1)所示,其中BB_1C_1C是矩形,$BC=2$,$BB_1=4$,$AB=AC=\sqrt{2}$,$A_1B_1=A_1C_1=\sqrt{5}$.现将该平面图形分别沿BC和B_1C_1折叠,使$\triangle ABC$与$\triangle A_1B_1C_1$所在平面都与平面BB_1C_1C垂直,再分别连接AA_1,BA_1,CA_1,得到图10.77(2)所示的空间图形.对此空间图形解答下列问题.

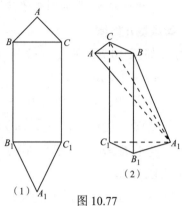

图 10.77

(1)证明:$AA_1 \perp BC$;

(2)求AA_1的长;

(3)求二面角$A\text{-}BC\text{-}A_1$的余弦值.

解:取BC,B_1C_1的中点分别为D,D_1,连接A_1D_1,DD_1,AD,建立直角坐标系如图10.78,

则$A(0,-1,4)$,$B(1,0,4)$,$C(-1,0,4)$,$D(0,0,4)$,$A_1(0,2,0)$,

于是$\overrightarrow{AA_1}=(0,3,-4)$,$\overrightarrow{BC}=(-2,0,0)$,

$\overrightarrow{DA}=(0,-1,0)$,$\overrightarrow{DA_1}=(0,2,-4)$.

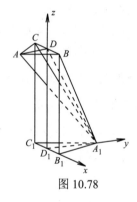

图 10.78

(1)因为$\overrightarrow{AA_1}\cdot\overrightarrow{BC}=0$,所以$AA_1 \perp BC$.

(2)因为$\overrightarrow{AA_1}=(0,3,-4)$,所以$|AA_1|=5$.

(3)因为$DA \perp BC$,$DA_1 \perp BC$,

所以$\angle ADA_1$为二面角$A\text{-}BC\text{-}A_1$的平面角.

因为$\cos<\overrightarrow{DA},\overrightarrow{DA_1}>=\dfrac{\overrightarrow{DA}\cdot\overrightarrow{DA_1}}{|\overrightarrow{DA}|\cdot|\overrightarrow{DA_1}|}=-\dfrac{\sqrt{5}}{5}$.

所以二面角$A\text{-}BC\text{-}A_1$的余弦值为$-\dfrac{\sqrt{5}}{5}$.

点拨 通过折叠平面图形得到的几何体,在折叠前后,同一平面内的线段长度、夹角大小及几何关系不变.

第11章
DI SHIYI ZHANG

直线与圆的方程

一、直线的方程

1.直线的方程

例1.直线 l 过点 $(-2,4)$,且与坐标轴围成三角形面积为4,求直线 l 的斜率.

解:显然直线 l 的斜率 k 存在且不为0,设 $l:y-4=k(x+2)$.

令 $x=0$,得 $y=2k+4$,令 $y=0$,得 $x=-\dfrac{2k+4}{k}$,

依题 $\dfrac{1}{2} \times |2k+4| \times |-\dfrac{2k+4}{k}|=4$,即 $(k+2)^2=2|k|$.

当 $k>0$ 时,$k^2+2k+4=0$,此方程无解;

当 $k<0$ 时,$k^2+6k+4=0$,解得 $k=-3\pm\sqrt{5}$.

例2.过点 $(2,-4)$ 的直线 l 在 y 轴上截距是 x 轴上截距的三倍,求直线 l 的方程.

解:当直线 l 过坐标原点时,设 $l:y=kx$,依题 $-4=k\times 2$,

解得 $k=-2$,此时 $l:y=-2x$;

当直线 l 不过坐标原点时,设 $l:\dfrac{x}{a}+\dfrac{y}{3a}=1$,

依题 $\dfrac{2}{a}+\dfrac{-4}{3a}=1$,解得 $a=\dfrac{2}{3}$,于是 $l:3x+y-2=0$.

所以直线 l 的方程为 $2x+y=0$ 或 $3x+y-2=0$.

点拨 直线的两截距相等或成倍数,包含了直线过原点的情况.

2.过定点的直线

例1.点 $A(2,-5)$ 到直线 $l:mx+y-3m+1=0$ 的距离的最大值为_____.

解:由 $mx+y-3m+1=0 \Rightarrow m(x-3)+y+1=0$.

当 $x=2$ 时,$y=-1$,所以直线 l 过定点 $P(3,-1)$.

当 $AP\perp l$ 时,点 A 到直线 l 的距离取得最大值为 $|AP|=\sqrt{17}$.

例2.已知点 $A(1,-2)$,$B(4,3)$,若直线 $l:mx+y-2=0$ 与线段 AB 有公共点,求实数 m 的取值范围.

解:直线 $l:mx+y-2=0$ 过定点 $P(0,2)$,如图11.1.

显然 $k_{PA}=-4$,$k_{PB}=\dfrac{1}{4}$,因为 l 与线段 AB 有公共点,

所以 l 的斜率 $k=-m$ 且 $-4 \leqslant -m \leqslant \dfrac{1}{4}$,解得 $m \in [-\dfrac{1}{4},4]$.

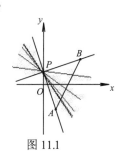

图 11.1

181

点拨 直线过定点是指直线方程含参数,提参消参后所得 x,y 的值构成的坐标为直线所过的定点.

3.两直线的位置关系

例1.已知点 $P(-1,3)$,$A(2,-1)$,$B(4,5)$.

(1)过点 P 且与直线 AB 平行的直线 l 的方程;

(2)求线段 AB 的中垂线 m 的方程.

解:(1) $k_{AB}=3$,于是 $l:y-3=3(x+1)$,化简得 $l:3x-y+6=0$.

(2)线段 AB 的中点坐标为 $(3,2)$,$k_{AB}=3$,

设中垂线 l 的斜率为 k,则 $3k=-1$,得 $k=-\dfrac{1}{3}$.

于是线段 AB 的中垂线 m 的方程为 $y-2=-\dfrac{1}{3}(x-3)$,即 $x+3y-9=0$.

例2.已知点 $P(-2,4)$,直线 $l:3x-2y+1=0$.

(1)求过点 P 且与 l 平行的直线 m 的方程;

(2)求过点 P 且与 l 垂直的直线 n 的方程.

解:(1)设直线 $m:3x-2y+C_1=0$,则 $3\times(-2)-2\times4+C_1=0$,

解得 $C_1=14$,所以 $m:3x-2y+14=0$.

(2)设直线 $n:2x+3y+C_2=0$,则 $2\times(-2)+3\times4+C_2=0$,

解得 $C_2=-8$,所以 $n:2x+3y-8=0$.

例3.已知直线 $l_1:x+(a-1)y+2=0$,直线 $l_2:ax+2y+4=0$.

(1)若 $l_1/\!/l_2$,求实数 a 的值;

(2)若 $l_1\perp l_2$,求实数 a 的值.

解:(1)因为 $l_1/\!/l_2$,所以 $\dfrac{1}{a}=\dfrac{a-1}{2}$,即 $a^2-a-2=0$,解得 $a=2$ 或 $a=-1$,

经检验 $a=2$ 不符合题意,所以 $a=-1$.

(2)因为 $l_1\perp l_2$,所以 $1\times a+(a-1)\times2=0$,即 $3a-2=0$,解得 $a=\dfrac{2}{3}$.

总结 (1)与 $Ax+By+C=0$ 平行的直线可假设为 $Ax+By+C_1=0$.

(2)与 $Ax+By+C=0$ 垂直的直线可假设为 $Bx-Ay+C_2=0$.

(3)设 $l_1:y=k_1x+b_1$,$l_2:y=k_2x+b_2$,若 $l_1/\!/l_2$,则 $k_1=k_2$ 且 $b_1\neq b_2$.

设 $l_1:A_1x+B_1y+C_1=0$,$l_2:A_2x+B_2y+C_2=0$,若 $l_1/\!/l_2$,则 $\dfrac{A_1}{A_2}=\dfrac{B_1}{B_2}$ $(A_2B_2\neq0)$.

(4)设 $l_1:y=k_1x+b_1$,$l_2:y=k_2x+b_2$,若 $l_1\perp l_2$,则 $k_1\cdot k_2=-1$

设 $l_1:A_1x+B_1y+C_1=0$,$l_2:A_2x+B_2y+C_2=0$,若 $l_1\perp l_2$,则 $A_1A_2+B_1B_2=0$.

4.距离问题

例1.在第一象限的点 $A(1, a)$ 到直线 $4x+3y-1=0$ 的距离为 3，则 a 的值为 _____.

解：$A(1, a)$ 在一象限，所以 $a>0$，

依题 $\dfrac{|4+3a-1|}{5}=3$.

解得 $a=4$ 或 $a=-6$，因为 $a>0$，所以 $a=4$.

例2.已知直线 $l_1: x-2y+m=0(m>0)$ 与直线 $l_2: x+ny-3=0$ 互相平行，且它们之间的距离是 $\sqrt{5}$，则 $m+n=$ _____.

解：因为 $l_1//l_2$，所以 $n=-2$，因为它们之间的距离是 $\sqrt{5}$，

所以 $\dfrac{|m+3|}{\sqrt{5}}=\sqrt{5}$，解 $m=2$ 或 $m=-8$(舍去).所以 $m+n=0$.

例3.已知直线 l 过点 $P(1, 2)$，若点 $A(2, 3)$，$B(4, -5)$ 到直线 l 的距离相等，求直线 l 的方程.

解：当直线 l 的斜率不存在时，$l: x=1$，显然不符合题意.

当直线 l 的斜率存在时，设斜率为 k，则 $l: y-2=k(x-1)$，即 $l: kx-y-k+2=0$，

因为点 $A(2, 3)$，$B(4, -5)$ 到直线 l 的距离相等，

所以 $\dfrac{|k-1|}{\sqrt{k^2+(-1)^2}}=\dfrac{|3k+7|}{\sqrt{k^2+(-1)^2}}$，

从而 $|k-1|=|3k+7|$，即 $k-1=3k+7$ 或 $k-1=-(3k+7)$，解得 $k=-4$ 或 $k=-\dfrac{3}{2}$.

所以直线 l 的方程为 $4x+y-6=0$ 或 $3x+2y-7=0$.

点拨　例3中所求直线与直线 AB 平行或过线段 AB 的中点即可.

例4.实数 x_1，y_1，x_2，y_2 满足：$x_1^2-\ln x_1-y_1=0$，$x_2-y_2-4=0$，则 $(x_1-x_2)^2+(y_1-y_2)^2$ 的最小值为（　　）

A.0　　　　　　B.$2\sqrt{2}$　　　　　　C.$4\sqrt{2}$　　　　　　D.8

解：依题点 $A(x_1, y_1)$，$B(x_2, y_2)$ 分别是曲线 $y=x^2-\ln x(x>0)$ 和直线 $x-y-4=0$ 上的点，如图11.2，$(x_1-x_2)^2+(y_1-y_2)^2$ 表示 $|AB|^2$.

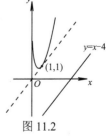

由 $y=x^2-\ln x(x>0)$，得 $y'=2x-\dfrac{1}{x}$，

令 $2x-\dfrac{1}{x}=1$，解得 $x=1$ 或 $x=-\dfrac{1}{2}$(舍去)，

所以平行于 $x-y-4=0$ 且与 $y=x^2-\ln x(x>0)$

相切的直线的切点为 $(1, 1)$.

图 11.2

从而 $|AB|^2$ 的最小值为点 $(1, 1)$ 到直线 $x-y-4=0$ 的距离的平方等于8.选D.

点拨　（1）点 $P_1(x_1, y_1)$，$P_2(x_2, y_2)$ 之间的距离为 $|P_1P_2|=\sqrt{(x_1-x_2)^2+(y_1-y_2)^2}$.

(2)点$P(x_0, y_0)$到直线$Ax+By+C=0$的距离为$d=\dfrac{|Ax_0+By_0+C|}{\sqrt{A^2+B^2}}$.

(3)两平行直线$l_1: Ax+By+C_1=0$,$l_2: Ax+By+C_2=0$之间的距离$d=\dfrac{|C_1-C_2|}{\sqrt{A^2+B^2}}$.

注意:求两平行直线之间距离时,必须保证两直线中x,y的系数相同.

二、对称问题

1.求对称点的坐标

例1.求点$(-3, 4)$关于直线$4x-y-1=0$的对称点的坐标.

解:设对称点为(a, b),

则$\begin{cases}\dfrac{b-4}{a+3}\times 4=-1,\\ 4\times\dfrac{-3+a}{2}-\dfrac{4+b}{2}-1=0,\end{cases}$ 解得$\begin{cases}a=5,\\ b=2,\end{cases}$所求对称点的坐标为$(5, 2)$.

例2.光线通过点$A(2, 3)$,在直线$l: x+y+1=0$上反射,反射光线经过点$B(1, 1)$.

　　(1)求反射光线所在直线的方程;

　　(2)求入射光线所在直线的方程.

解:(1)设点$A(2, 3)$关于直线$l: x+y+1=0$的对称点为$A'(a, b)$.

则$\begin{cases}\dfrac{b-3}{a-2}\times(-1)=-1,\\ \dfrac{2+a}{2}+\dfrac{3+b}{2}+1=0,\end{cases}$ 解得$\begin{cases}a=-4,\\ b=-3,\end{cases}$

即$A'(-4, -3)$.因为反射光线经过$B(1, 1)$和$A'(-4, -3)$,

所以反射光线所在直线的方程为$4x-5y+1=0$.

(2)设反射光线与镜面直线的交点为P,

由$\begin{cases}4x-5y+1=0,\\ x+y+1=0,\end{cases}$ 得$\begin{cases}x=-\dfrac{2}{3},\\ y=-\dfrac{1}{3}.\end{cases}$ 因为入射光线过点$A(2, 3)$和$P(-\dfrac{2}{3}, -\dfrac{1}{3})$,

所以入射光线所在直线的方程为$5x-4y+2=0$.

点拨 如图11.3,设点$P(x_0, y_0)$关于直线$l: y=kx+b$对称的点为$P'(x_0', y_0')$,则

①$k_{PP'}\cdot k=-1$,即$\dfrac{y_0-y_0'}{x_0-x_0'}\cdot k=-1$;

②线段PP'的中点M在直线l上,即$(\dfrac{y_0+y_0'}{2})=k(\dfrac{x_0+x_0'}{2})+b$.

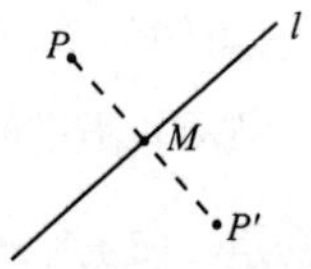

图11.3

2. 距离最值

例1. 已知直线 l: $3x-y-1=0$,两点 $A(4,1)$,$B(0,4)$.在直线 l 上求一点 P,使 $||PA|-|PB||$ 取得最大值,并求此最大值.

解: 设 $B(0,4)$ 关于直线 l 的对称点为 $B'(a,b)$,

则 $\begin{cases} \dfrac{b-4}{a-0} \times 3 = -1, \\ 3 \times \dfrac{0+a}{2} - \dfrac{4+b}{2} - 1 = 0, \end{cases}$ 解得 $B'(3,3)$.

因为 $||PA|-|PB||=||PA|-|PB'|| \leqslant |AB'|$,

所以 $||PA|-|PB||$ 的最大值为 $|AB'|=\sqrt{5}$,

此时点 P 是 AB' 与直线 l 的交点.

不难求得直线 AB' 的方程为 $2x+y-9=0$.

由 $\begin{cases} 2x+y-9=0, \\ 3x-y-1=0, \end{cases}$ 解得 $\begin{cases} x=2, \\ y=5, \end{cases}$ 所以所求点 P 的坐标为 $(2,5)$.

例2. 点 $A(2,15)$,$B(-3,5)$,在直线 $3x-4y+4=0$ 上求一点 P,使 $|PA|+|PB|$ 的值最小值,并求此最小值.

解: 设 $B(-3,5)$ 关于直线 l 的对称点为 $B'(a,b)$,

则 $\begin{cases} \dfrac{b-5}{a+3} \times \dfrac{3}{4} = -1, \\ 3 \times \dfrac{-3+a}{2} - 4 \times \dfrac{5+b}{2} + 4 = 0, \end{cases}$ 解得 $B'(3,-3)$.

因为 $|PA|+|PB|=|PA|+|PB'| \geqslant |AB'|$,

所以 $|AP|+|PB|$ 的最小值为 $|AB'|=5\sqrt{13}$,

此时点 M 是 AB' 与直线 l 的交点.

不难求得直线 AB' 的方程为 $18x+y-51=0$.

由 $\begin{cases} 18x+y-51=0, \\ 3x-4y+4=0, \end{cases}$ 解得 $\begin{cases} x=\dfrac{8}{3}, \\ y=3, \end{cases}$ 所以所求点 M 的坐标为 $\left(\dfrac{8}{3},3\right)$.

点拨 (1)同侧和的最小值:

如图11.4,点 A,B 是直线 l 同侧的两点,点 P 是直线 l 上的动点,

设点 B 关于直线 l 对称的点为 B',

则 $|PA|+|PB|=|PA|+|PB'| \geqslant |AB'|$.

所以 $|AP|+|PB|$ 的最小值为 $|AB'|$,此时点 P 是 AB' 与直线 l 的交点 P_0.

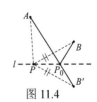

图11.4

(2)异侧差的最大值:

如图11.5,点A,B是直线l异侧的两点,点P是直线l上的动点,设点B关于直线l对称的点为B'.

则$||PA|-|PB||=||PA|-|PB'||\leqslant|AB'|$,所以$||PA|-|PB||$的最大值为$|AB'|$,此时点$P$是$AB'$与直线$l$的交点$P_0$.

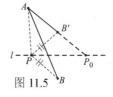

图11.5

三、圆的方程

1.求圆的方程

例1.求圆心C在直线l: $x-y+1=0$上,且过点$A(1,1)$,$B(2,-2)$的圆C的标准方程.

解:圆心是直线l: $x-y+1=0$与线段AB与的中垂线的交点M,

线段AB的中垂线方程为$x-3y-3=0$,

由$\begin{cases} x-3y-3=0, \\ x-y+1=0, \end{cases}$ 解得$\begin{cases} x=-3, \\ y=-2, \end{cases}$

即圆心$M(-3,-2)$,从而半径$r=|AM|=5$,

所以圆C的标准方程为$(x+3)^2+(y+2)^2=25$.

例2.已知圆C: $x^2+y^2+Dx+Ey-12=0$关于直线$x+2y-4=0$对称,且圆心在y轴上,求圆C的标准方程.

解:$x^2+y^2+Dx+Ey-12=0$,

即$(x+\dfrac{D}{2})^2+(y+\dfrac{E}{2})^2=12+\dfrac{D^2+E^2}{4}$.

因为圆心$C(-\dfrac{D}{2},-\dfrac{E}{2})$在直线$x+2y-4=0$上,又有圆心在$y$轴上,

所以圆心为$(0,2)$,从而$D=0$,$E=-4$,

则圆C的标准方程为$x^2+(y-2)^2=16$.

点拨 (1)求圆的方程就是求圆心与半径,圆心是两条弦的垂直平分线交点.

(2)将一般式方程配方可得标准方程,从而得圆心与半径.

(3)圆的一般方程$x^2+y^2+Dx+Ey+F=0$具有以下特点:

①x^2,y^2的系数为1;

②没有xy的项;

③须满足$D^2+E^2-4F>0$;

④半径$r=\sqrt{\dfrac{D^2+E^2-4F}{4}}$.

2.圆的参数方程

例1.已知点 $A(6，0)$,点 P 是圆 $C:x^2+y^2-4x=0$ 上的动点,M 是 PA 的中点,求点 M 的轨迹方程.

解:设 $M(x_0，y_0)$,由 $x^2+y^2-4x=0$,得 $(x-2)^2+y^2=4$.

所以圆 C 的圆心为 $C(2，0)$,半径 $r=2$.

可设 $P(2+2\cos\theta，2\sin\theta)$,从而 $\begin{cases} x_0=\dfrac{2+2\cos\theta+6}{2}, \\ y_0=\dfrac{2\sin\theta+0}{2}, \end{cases}$

即 $\begin{cases} x_0=4+\cos\theta, \\ y_0=\sin\theta, \end{cases}$ 所以 $\begin{cases} (x_0-4)^2=\cos^2\theta, \\ y_0^2=\sin^2\theta, \end{cases}$

从而 $(x_0-4)^2+y_0^2=1$.所以点 M 的轨迹方程为 $(x-4)^2+y^2=1$.

例2.已知点 $P(x，y)$ 是圆 $C:(x-2)^2+(y+1)^2=4$ 上的动点.

(1)求 $z=x+\sqrt{3}\,y$ 的取值范围;

(2)若 $A(1，2)$,$B(3，-2)$,求 $|PA|^2+|PB|^2$ 的取值范围.

解:设 $P(2+2\cos\theta，-1+2\sin\theta)$,

(1) $x+\sqrt{3}\,y=(2+2\cos\theta)+\sqrt{3}\,(-1+2\sin\theta)$

$=2\sqrt{3}\sin\theta+2\cos\theta+2-\sqrt{3}=4\sin\left(\theta+\dfrac{\pi}{6}\right)+2-\sqrt{3}$.

所以 z 取得最大值为 $6-\sqrt{3}$,最小值为 $-2-\sqrt{3}$.

故 $z\in[-2-\sqrt{3}，6-\sqrt{3}]$.

(2) $|PA|^2+|PB|^2=(2\cos\theta+1)^2+(2\sin\theta-3)^2+(2\cos\theta-1)^2+(2\sin\theta+1)^2$

$=-8\sin\theta+20$.

当 $\sin\theta=-1$ 时,$|PA|^2+|PB|^2$ 取得最大值为 28;

当 $\sin\theta=1$ 时,$|PA|^2+|PB|^2$ 取得最小值为 12.

所以 $|PA|^2+|PB|^2$ 的取值范围为 $[12，28]$.

点拨　(1)圆心为 $C(a，b)$,半径为 r 的圆的参数方程为 $\begin{cases} x=a+r\cos\theta, \\ y=b+r\sin\theta. \end{cases}$

(2)圆 $(x-a)^2+(y-b)^2=r^2$ 上的点 P 可设为 $P(a+r\cos\theta，b+r\sin\theta)$

3.阿波罗尼斯圆

例1.已知两定点 $A(-2，0)$,$B(1，0)$,动点 P 满足 $|PA|=2|PB|$,求动点 P 的轨迹方程.

解:设 $P(x，y)$,由 $|PA|=2|PB|$,得 $\sqrt{(x+2)^2+y^2}=2\sqrt{(x-1)^2+y^2}$.

化简得 $x^2+y^2-4x=0$,

即动点 P 的轨迹方程为 $(x-2)^2+y^2=4$.

例2. 在 $\triangle ABC$ 中，$AB=4$，$2|AC|=|BC|$，求 $\triangle ABC$ 面积的最大值.

解: 以 AB 的中点为坐标原点，如图11.6建系，

则 $A(-2,0)$，$B(2,0)$. 设点 $C(x,y)$，

由 $2|AC|=|BC|$，

得 $2\sqrt{(x+2)^2+y^2}=\sqrt{(x-2)^2+y^2}$，

即点 C 的轨迹方程为 $(x+\dfrac{10}{3})^2+y^2=\dfrac{64}{9}$ $(y\neq 0)$，

其半径为 $r=\dfrac{8}{3}$，于是 $\triangle ABC$ 面积的最大值为 $\dfrac{1}{2}r|AB|=\dfrac{16}{3}$.

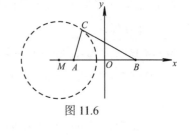

图11.6

点拨 如图11.7，动点 P 到两定点 A，B 的距离之比为常数 λ 的点的轨迹是圆，称为阿波罗尼斯圆，简称阿氏圆. 也就是动点 P 满足 $|PA|=\lambda|PB|(\lambda>0,\lambda\neq 1)$，当 $\lambda>1$ 时，点 B 在圆 O 内，点 A 在圆 O 外；当 $0<\lambda<1$ 时，点 A 在圆 O 内，点 B 在圆 O 外.

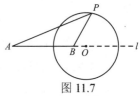

图11.7

四、有关圆的位置关系

1.直线与圆的位置关系

例1. 已知圆 $C: x^2+(y-1)^2=5$，直线 $l: mx-y+1-m=0$，判断直线 l 与圆 C 的位置关系.

解: 圆心 $C(0,1)$，半径 $r=\sqrt{5}$，

C 到 l 的距离 $d=\dfrac{|-m|}{\sqrt{m^2+1}}<1<r$，所以直线 l 与圆 C 相交.

另解: $l: m(x-1)-y+1=0$ 过定点 $(1,1)$，$(1,1)$ 为圆内一定点，所以直线 l 与圆 C 相交.

例2. 直线 $l: y=kx+2$ 和圆 $C:(x-1)^2+y^2=2$，若 l 与圆 C 相交，求 k 的取值范围.

解: 圆心为 $C(1,0)$，半径 $r=\sqrt{2}$.

因为直线 l 与圆 C 相交，所以 $\dfrac{|k+2|}{\sqrt{k^2+1}}<\sqrt{2}$，

化简得 $k^2-4k-2>0$，解得 $k\in(-\infty,2-\sqrt{6})\bigcup(2+\sqrt{6},+\infty)$.

点拨 （1）若直线所过定点在圆内，则直线与圆相交.

（2）设圆心到直线 l 的距离为 d，圆的半径为 r，则

当 $d<r$ 时，相交；

当 $d=r$ 时，相切；

当 $d>r$ 时，相离.

2.圆与圆的位置关系

例 1.圆 C_1:$x^2+y^2-14x=0$ 与圆 C_2:$(x-3)^2+(y-4)^2=15$ 的位置关系为(　　)

    A.相交　　　　　B.内切　　　　　C.外切　　　　　D.相离

解:由 C_1:$x^2+y^2-14x=0$ 与圆 C_2:$(x-3)^2+(y-4)^2=15$,

    可得圆心 $C_1(7,0)$,$C_2(3,4)$,半径 $r_1=7$,$r_2=\sqrt{15}$.

    于是 $|C_1C_2|=4\sqrt{2}$,且 $r_1+r_2=7+\sqrt{15}$,$r_1-r_2=7-\sqrt{15}$,

    显然 $r_1-r_2<|C_1C_2|<r_1+r_2$,所以两圆相交.选 A.

例 2.求圆 C_1:$x^2+y^2-4x=0$ 与圆 C_2:$(x+1)^2+(y-1)^2=10$ 的公共弦所在直线方程.

解:C_1:$x^2+y^2-4x=0$,C_2:$x^2+y^2+2x-2y-8=0$,

    两式相减得 $3x-y-4=0$.

    所以两圆的公共弦所在直线方程为 $3x-y-4=0$.

点拨　(1)设两个圆的圆心距为 d,半径分别为 r_1,$r_2(r_1\geqslant r_2)$.

    当 $d>r_1+r_2$ 时,两圆相离,它们有 4 条公切线;

    当 $d=r_1+r_2$ 时,两圆外切,它们有 3 条公切线;

    当 $r_1-r_2<d<r_1+r_2$ 时,两圆相交,它们有 2 条公切线;

    当 $d=r_1-r_2$ 时,两圆内切,它们有 1 条公切线;

    当 $d<r_1-r_2$ 时,两圆内含,它们没有公切线.

    (2)若两个圆相交,则两个圆的一般方程相减所得为公共弦所在直线方程.

五、直线与圆相切

1.切线方程

例 1.圆 C:$(x-1)^2+y^2=2$ 的在点 $A(2,-1)$ 处的切线方程为_____.

解:设切线的斜率为 k,则 $kk_{AC}=-1$,解得 $k=1$,所以切线方程为 $y=x-3$.

例 2.设直线 l 过点 $P(-2,0)$,且与圆 $x^2+y^2=1$ 相切,则直线 l 的斜率是_____.

解:设直线 l:$x=my-2$,则 l 的斜率 $k=\dfrac{1}{m}$.

    依题 $\dfrac{|2|}{\sqrt{1+m^2}}=1$,解得 $m=\pm\sqrt{3}$,

    所以直线 l 的斜率 $k=\pm\dfrac{\sqrt{3}}{3}$.

点拨　(1)因为切点与圆心的连线垂直于切线,所以已知切点和圆心坐标可求切线的

    斜率.

(2)圆 $C:(x-a)^2+(y-b)^2=r^2$ 上一点 $P(x_0，y_0)$ 处的切线方程为

$(x_0-a)(x-a)+(y_0-b)(y-b)=r^2$.

(3)过圆外一点可作圆的两条切线,此时圆心到切线的距离等于半径.

2.圆上的点到直线的距离

例1.已知点 P 是圆 $C:x^2+y^2-2x=0$ 上任意一点,两点 $A(0，2)$, $B(-2，0)$,则 $\triangle PAB$ 的面积最小值是_____.

解:如图11.8,圆 $C:x^2+y^2-2x=0$,即 $(x-1)^2+y^2=1$.

直线 AB 的方程为 $y=x+2$,

圆心 $C(1，0)$ 到直线 AB 的距离 $d=\dfrac{|3|}{\sqrt{2}}=\dfrac{3\sqrt{2}}{2}$,

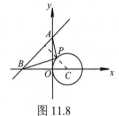

图11.8

从而圆心 C 到直线 AB 距离的最小值为 $\dfrac{3\sqrt{2}}{2}-1$.

因为 $|AB|=2\sqrt{2}$,所以 $\triangle PAB$ 面积的最小值为 $\dfrac{1}{2}|AB|\times(\dfrac{3\sqrt{2}}{2}-1)=3-\sqrt{2}$.

例2.已知直线 $l:y=mx+1$ 与圆 $C:(x-3)^2+y^2=1$.

(1)当 $m=\dfrac{4}{3}$ 时,求圆上一动点 P 到直线 l 的距离 d 的最值;

(2)求圆上一动点 P 到直线 l 的距离的最大值.

解:(1)当 $m=\dfrac{4}{3}$ 时,直线 $l:4x-3y+3=0$,圆 C 的圆心 $C(3，0)$,半径 $r=1$.

所以圆心 C 到直线 l 的距离为 $\dfrac{|4\times3-3\times0+3|}{\sqrt{4^2+(-3)^2}}=3$,

所以 $d_{max}=3+1=4$, $d_{min}=3-1=2$.

(2)直线 $l:y=mx+1$ 过定点 $A(0，1)$,

当 $AC\perp l$ 时,动点 P 到直线 l 的距离的最大值为 $|AC|+r=\sqrt{10}+1$.

点拨 设圆心 C 到直线 l 的距离为 d ,圆的半径为 r.

(1)如图11.9,圆 C 上的点 Q 到直线 l 的距离的最小值为 $|QA|=d-r$;圆 C 上的点 P 到直线 l 的距离的最大值为 $|PA|=d+r$.

(2)如图11.10,若直线过圆外一定点 P ,则当 $CP\perp l$ 时,圆上的动点到直线 l 的距离达到最大.

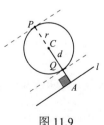

图11.9

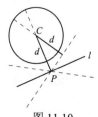

图11.10

3.切点弦的方程

例1.过点 $P(3,1)$ 作圆 $C:(x-1)^2+y^2=1$ 的两条切线,切点分别为 A,B,求 AB 的方程.

解:如图11.11,直线 AB 是以点 P 为圆心,

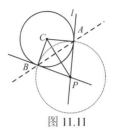

$|PA|$ 为半径的圆 P 与圆 C 的公共弦.

圆心 $C(1,0)$,半径 $r=1$,$|PC|=\sqrt{5}$.

从而 $|PA|=\sqrt{|PC|^2-r^2}=\sqrt{5-1}=2$.

所以圆 P 的方程为 $(x-3)^2+(y-1)^2=4$,

两圆一般式方程相减得直线 AB 的方程为 $2x+y-3=0$.

图11.11

点拨 (1)如图11.11,过圆 $C:(x-a)^2+(y-b)^2=r^2$ 外一点 $P(x_0,y_0)$ 可引圆的两条切线,切点为 A,B,则切点弦 AB 的方程为 $(x_0-a)(x-a)+(y_0-b)(y-b)=r^2$.

(2) $|PA|=\sqrt{|CP|^2-r^2}$.

(3)线段 AB 是以点 P 为圆心,$|PA|$ 为半径的圆 P 与圆 C 的公共弦.

(4)四边形 $ACBP$ 是筝形,$AB\perp CP$,从而 $S_{筝形ACBP}=\dfrac{1}{2}|AB||CP|=2S_{\triangle ACP}$.

六、直线与圆相交

1.弦长

例1.直线 $l:3x-4y-2=0$ 与圆 $(x-2)^2+y^2=16$ 相交于 A,B 两点,求弦 AB 的长度.

解:圆的半径为 $r=4$,圆心 $(2,0)$ 到直线 l 的距离 $d=\dfrac{|3\times2-4\times0-2|}{\sqrt{3^2+(-4)^2}}=\dfrac{4}{5}$,

所以 $|AB|=2\sqrt{r^2-d^2}=\dfrac{16\sqrt{6}}{5}$.

例2.过点 $(1,0)$ 的直线 l 与圆 $(x+1)^2+y^2=9$ 相交于 A,B 两点,如果 $|AB|=4\sqrt{2}$,求直线 l 的方程.

解:因为 $|AB|=4\sqrt{2}$,而半径 $r=3$,设圆心 $(-1,0)$ 到 l 的距离为 d,

由 $|AB|=2\sqrt{r^2-d^2}$,得 $d=1$.

①当 l 的斜率不存在时,l 的方程为 $x=1$,此时圆心到 l 的距离为2,不符合题意.

②当 l 的斜率存在时,设 $l:kx-y-k=0$.

于是 $(-1,0)$ 到 l 的距离 $d=\dfrac{|k\times(-1)-k|}{\sqrt{k^2+(-1)^2}}=1$,两边平方化简得 $3k^2-1=0$,

解得 $k=\pm\dfrac{\sqrt{3}}{3}$,所以直线 l 的方程为 $x\pm\sqrt{3}\,y-1=0$.

点拨 如图11.12,设圆心C到直线l的距离为d,圆的半径为r.

当直线l与圆C相交于A,B两点时,设点M是弦AB的中点.

(1)弦长$|AB|=2\sqrt{r^2-d^2}$;

(2)$CM \perp AB$,则$k_{AB} \cdot k_{CM}=-1$.

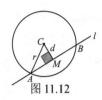

图11.12

2.过圆内一点的弦

例1.若点$P(2,-1)$为圆$C:(x-1)^2+y^2=25$的弦AB的中点,则直线AB的方程是(　　)

　A.$x-y-3=0$　　B.$2x+y-3=0$　　C.$x+y-1=0$　　D.$2x-y-5=0$

解:显然圆心$C(1,0)$,因为点P为弦AB的中点,所以$CP \perp AB$.设直线AB的斜率为k,

则$k_{CP}=-1$,解得$k=1$.所以AB的方程为$x-y-3=0$.选A.

例2.已知直线$l:2mx-y-8m-3=0$和圆$C:x^2+y^2-6x+12y+20=0$相交于A,B两点,

当m取何值时,直线l与被圆C所截得的弦长$|AB|$最短.

解:$2mx-y-8m-3=0 \Leftrightarrow m(2x-8)-y-3=0$.所以直线$l$过定点$D(4,-3)$,

圆$C:(x-3)^2+(y+6)^2=25$的圆心$C(3,-6)$,半径$r=5$.

显然当定点$D(4,-3)$为弦AB的中点时,弦长$|AB|$最短,此时$CD \perp AB$.

而直线l的斜率为$2m$,所以$2m \times \dfrac{-3-(-6)}{4-3}=-1$,解得$m=-\dfrac{1}{6}$.

点拨 如图11.13,若直线l过圆内一定点P,则当点P是弦AB的中点时,

弦AB最短,此时$CP \perp l$且圆心到直线l的距离取得最大值为$|CP|$.

若设直线l的斜率为k,则$k \cdot k_{CP}=-1$.

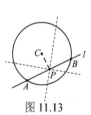

图11.13

3.半圆问题

例1.若直线$y=x+b$与曲线$y=\sqrt{1-x^2}$有两个交点,则b的取值范围是(　　)

　A.$(-\sqrt{2},\sqrt{2})$　　　　　B.$[1,\sqrt{2})$

　C.$[-1,\sqrt{2})$　　　　　　D.$(-\sqrt{2},-1]$

解:曲线$y=\sqrt{1-x^2} \Leftrightarrow x^2+y^2=1(y \geqslant 0)$,该曲线是以$(0,0)$为圆心,

半径为1的圆在x轴上方的部分,如图11.14.

由图可知,直线$y=x+b$过点$(0,1)$且往上平移至相切的过程中,

直线与圆有两个交点.

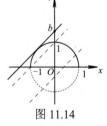

图11.14

相切时$\dfrac{|b|}{\sqrt{1^2+(-1)^2}}=1$,解得$b=\sqrt{2}$或$b=-\sqrt{2}$(舍去).

所以b的取值范围为$[1,\sqrt{2})$.选B.

点拨 曲线C的方程$x=-\sqrt{4-y^2} \Leftrightarrow x^2+y^2=4(x \leqslant 0)$图象如图

11.15.因为$x \leqslant 0$,从而只取圆$x^2+y^2=4$在y轴左侧的图象.

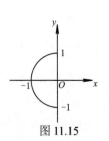

图11.15

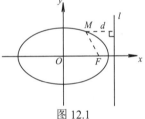

第12章 圆锥曲线

DI SHIER ZHANG

一、椭圆的定义与方程

1. 椭圆的定义

例1. 一动圆 M 与圆 $C_1: x^2 + y^2 + 6x + 5 = 0$ 外切,同时与圆 $C_2: x^2 + y^2 - 6x - 91 = 0$ 内切,求动圆圆心 M 的轨迹方程.

解: 圆 C_1 的圆心为 $(-3, 0)$,半径 $r_1 = 2$,圆 C_2 的圆心为 $(3, 0)$,半径 $r_2 = 10$.

依题 $|MC_1| + |MC_2| = r_1 + r_2 = 12 > 6$,所以点 M 的轨迹是以 C_1 和 C_2 为焦点,$r_1 + r_2 = 12$ 为长轴的椭圆,所以动圆的圆心 M 的轨迹方程为 $\dfrac{x^2}{36} + \dfrac{y^2}{27} = 1$.

例2. 动点 M 到定点 $P(4, 0)$ 的距离与它到定直线 $l: x = \dfrac{25}{4}$ 的距离之比是 $\dfrac{4}{5}$,求动点 M 的轨迹方程.

解: 如图 12.1,设点 $M(x, y)$ 到定直线 $l: x = \dfrac{25}{4}$ 的距离为 d,

依题 $\dfrac{|MF|}{d} = \dfrac{4}{5}$,即 $\dfrac{\sqrt{(x-4)^2 + y^2}}{\left|\dfrac{25}{4} - x\right|} = \dfrac{4}{5}$,

图 12.1

两边平方并化简,则动点 M 的轨迹方程为 $\dfrac{x^2}{25} + \dfrac{y^2}{9} = 1$.

例3. 设两定点 $A(-2, 0)$,$B(2, 0)$.直线 AP,BP 相交于点 P,且它们的斜率之积为 $-\dfrac{3}{4}$.求点 P 的轨迹方程.

解: 设点 $P(x, y)$,因为 $k_{AP} \cdot k_{BP} = -\dfrac{3}{4}$,所以 $\dfrac{y}{x+2} \cdot \dfrac{y}{x-2} = -\dfrac{3}{4}$,$x \neq \pm 2$,

化简得点 P 的轨迹方程为 $\dfrac{x^2}{4} + \dfrac{y^2}{3} = 1$,$x \neq \pm 2$.

点拨 椭圆的三种定义

(1) 平面内到两定点 $F_1(c, 0)$,$F_2(-c, 0)$ 的距离之和为定值 $2a(2a > 2c)$ 的点的轨迹是椭圆.

(2) 平面内到定点 $F(\pm c, 0)$ 的距离与到定直线 $l: x = \pm \dfrac{a^2}{c}$ 的距离之比为定值 $e \in (0, 1)$ 的点的轨迹是椭圆.

(3) 已知两定点 $A_1(-a, 0)$,$A_2(a, 0)$,动点 P 满足直线 PA_1,PA_2 的斜率之积为定值 $-\dfrac{b^2}{a^2}(a > b > 0)$,则动点 P 的轨迹是椭圆(不包含左、右顶点).

2.含参数的椭圆方程

例1. 已知椭圆 $x^2+\dfrac{y^2}{m^2}=1(m>0)$ 的一个焦点坐标为 $(0,1)$,则 $m=$ _____.

解: 椭圆的焦点在 y 上,所以 $a=m$,$b=1$,$c=1$,从而 $m^2=2$,所以 $m=\sqrt{2}$.

例2. 已知椭圆 $\dfrac{x^2}{2m-1}+\dfrac{y^2}{m^2}=1$ 的离心率 $e\in[\dfrac{1}{2},1)$,则 m 的取值范围为 _____.

解: 由 $\begin{cases}2m-1>0,\\ m^2\neq 2m-1,\end{cases}$ 解得 $m>\dfrac{1}{2}$ 且 $m\neq 1$.

显然 $m^2>2m-1$,从而 $a=m$,$b=\sqrt{2m-1}$,$c=\sqrt{m^2-2m+1}$,

依题 $\dfrac{1}{2}\leqslant\dfrac{\sqrt{m^2-2m+1}}{m}<1$,解得 $m\in(\dfrac{1}{2},\dfrac{2}{3})\cup(2,+\infty)$.

点拨 (1)椭圆的标准方程中 x^2,y^2 的系数为正数且不相等,较大系数的分母是 a^2.

(2)椭圆的 a,b,c 三个数中 a 最大,且 $a^2=b^2+c^2$ 恒成立.

3.求椭圆的方程

例1. 求适合下列条件的椭圆的标准方程:

(1)长轴长为10,焦距为6.

(2)经过点 $(2,3)$,且与椭圆 $9x^2+4y^2=36$ 有共同的焦点.

(3)经过 $P(-2\sqrt{3},1)$,$Q(\sqrt{3},-2)$ 两点.

解: (1)依题 $a=5$,$c=3$,所以 $b=4$.

若焦点在 x 轴上,则椭圆的标准方程为 $\dfrac{x^2}{25}+\dfrac{y^2}{16}=1$;

若焦点在 y 轴上,则椭圆的标准方程为 $\dfrac{x^2}{16}+\dfrac{y^2}{25}=1$.

(2)椭圆 $9x^2+4y^2=36$,即 $\dfrac{x^2}{4}+\dfrac{y^2}{9}=1$,从而 $c=\sqrt{5}$,所以它的焦点为 $(0,\pm\sqrt{5})$.

设所求椭圆的方程为 $\dfrac{y^2}{a^2}+\dfrac{x^2}{a^2-5}=1(a>\sqrt{5})$,于是 $\dfrac{9}{a^2}+\dfrac{4}{a^2-5}=1$,

解得 $a^2=15$ 或 $a^2=3$(舍去),所求椭圆的方程为 $\dfrac{y^2}{15}+\dfrac{x^2}{10}=1$.

(3)设所求椭圆的方程 $mx^2+ny^2=1$,

将 $P(-2\sqrt{3},1)$,$Q(\sqrt{3},-2)$ 代入方程,

得 $\begin{cases}12m+n=1,\\ 3m+4n=1,\end{cases}$ 解得 $m=\dfrac{1}{15}$,$n=\dfrac{1}{5}$.

则椭圆的方程为 $\dfrac{x^2}{15}+\dfrac{y^2}{5}=1$.

点拨 (1)在标准方程中,分母大的那个数为 a^2,且焦点在此坐标轴上.

(2)过两点的椭圆可设其方程形式为 $mx^2+ny^2=1$.

二、双曲线的定义与方程

1.双曲线的定义

例1.一动圆 M 与圆 C_1:$(x+4)^2+y^2=1$ 和圆 C_2:$(x-4)^2+y^2=9$ 均外切,求动圆圆心 M 的轨迹方程.

解:圆 C_1 的圆心为 $(-4,0)$,半径 $r_1=1$,圆 C_2 的圆心为 $(4,0)$,半径 $r_2=3$.

依题 $|MC_2|-|MC_1|=r_2-r_1=2<8$,所以点 M 的轨迹是以 C_1 和 C_2 为焦点,

$r_2-r_1=2$ 为实轴长的双曲线.

所以圆心 M 的轨迹方程为 $x^2-\dfrac{y^2}{15}=1(x<0)$.

例2.动点 M 到定点 $F(4,0)$ 的距离和与它到定直线 l:$x=\dfrac{9}{4}$ 的距离之比是 $\dfrac{4}{3}$.求动点 M 的轨迹方程.

解:如图 12.2,设点 $M(x,y)$ 到定直线 l:$x=\dfrac{9}{4}$ 的距离为 d,

依题 $\dfrac{|MF|}{d}=\dfrac{4}{3}$,即 $\dfrac{\sqrt{(x-4)^2+y^2}}{\left|x-\dfrac{9}{4}\right|}=\dfrac{4}{3}$,

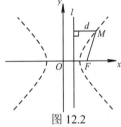

图 12.2

两边平方并化简,则动点 M 的轨迹方程为 $\dfrac{x^2}{9}-\dfrac{y^2}{7}=1$.

例3.设两定点 $A(-3,0)$,$B(3,0)$.直线 AP,BP 相交于点 P,且它们的斜率之积为 $\dfrac{4}{9}$.求点 P 的轨迹方程.

解:如图 12.3,设点 $P(x,y)$,依题 $k_{AP}\cdot k_{BP}=\dfrac{4}{9}$,

即 $\dfrac{y}{x+3}\cdot\dfrac{y}{x-3}=\dfrac{4}{9}$,$x\neq\pm3$,

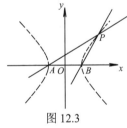

图 12.3

化简得动点 P 的轨迹方程 $\dfrac{x^2}{9}-\dfrac{y^2}{4}=1(x\neq\pm3)$.

点拨 双曲线的三种定义

(1)平面内到两定点 $F_1(-c,0)$,$F_2(c,0)$ 的距离之差的绝对值为定长 $2a(2a<2c)$ 的点的轨迹是双曲线.

(2)平面内到定点 $F(\pm c,0)$ 的距离与到定直线 l:$\pm\dfrac{a^2}{c}$ 的距离之比为定值 $e\in(1,+\infty)$ 的点的轨迹是双曲线.

(3)已知两定点 $A_1(-a,0)$,$A_2(a,0)$,动点 P 满足直线 PA_1,PA_2 的斜率之积为 $\dfrac{b^2}{a^2}(a>b>0)$,则动点 P 的轨迹是双曲线(不包含左右顶点).

2.含参数的双曲线方程

例1.已知双曲线$(m-1)x^2+my^2=1$的离心率为$\sqrt{3}$,则$m=$_____.

解:依题$(m-1)m<0$,解得$0<m<1$,

由$(m-1)x^2+my^2=1$,化简得$\dfrac{y^2}{\dfrac{1}{m}}-\dfrac{x^2}{\dfrac{1}{1-m}}=1$.

从而$a^2=\dfrac{1}{m}$,$b^2=\dfrac{1}{1-m}$,从而$c^2=\dfrac{1}{m}+\dfrac{1}{1-m}$.所以$e^2=\dfrac{c^2}{a^2}=1+\dfrac{m}{1-m}=3$,解得$m=\dfrac{2}{3}$.

点拨 (1)双曲线的标准方程中x^2,y^2的系数一正一负,系数为正的分母是a^2.

(2)双曲线的a,b,c三个数中c最大,且$c^2=a^2+b^2$.

3.求双曲线的方程

例1.求适合下列条件的双曲线的标准方程:

(1)顶点在x轴上,焦距为6,离心率是$\sqrt{3}$.

(2)一条渐近线方程为$y=\dfrac{1}{2}x$,实轴长为4.

(3)过点$(3,-1)$和$(3\sqrt{2},2)$.

解:(1)依题$c=3$,$a=\sqrt{3}$,从而$b=\sqrt{6}$,所以标准方程为$\dfrac{x^2}{3}-\dfrac{y^2}{6}=1$.

(2)显然$a=2$,当焦点在x轴时,由$\dfrac{b}{a}=\dfrac{1}{2}$,得$b=1$,此时方程为$\dfrac{x^2}{4}-y^2=1$.

当焦点在y轴时,由$\dfrac{a}{b}=\dfrac{1}{2}$,得$b=4$,此时方程为$\dfrac{y^2}{4}-\dfrac{x^2}{16}=1$.

(3)设双曲线的方程为$mx^2+ny^2=1(mn<0)$,

则$\begin{cases}9m+n=1,\\18m+4n=1,\end{cases}$解得$m=\dfrac{1}{6}$,$n=-\dfrac{1}{2}$,所以双曲线的方程为$\dfrac{x^2}{6}-\dfrac{y^2}{2}=1$.

例2.若双曲线$\dfrac{y^2}{a^2}-\dfrac{x^2}{b^2}=1(a>0,b>0)$的一个焦点到一条渐近线$y=2x$的距离为2,求此双曲线的方程.

解:因为双曲线一个焦点到一条渐近线的距离为2,所以$b=2$,而$\dfrac{a}{b}=2$,

所以$a=4$,所以此双曲线的方程为$\dfrac{y^2}{16}-\dfrac{x^2}{4}=1$.

点拨 (1)注意双曲线的焦点所在坐标轴,从而确定方程中的a^2,b^2.

(2)在标准方程中,系数为正的项的分母为a^2,且焦点在此坐标轴上.

(3)双曲线方程可设为$mx^2+ny^2=1(mn<0)$的形式.

(4)将双曲线的标准右边的1换为0,化简即为渐近线方程.

(5)焦点到渐近线的距离为虚轴的一半.

三、抛物线的定义与方程

例1. 抛物线 $y=ax^2$ 的焦点为 F，$M(x_0, 2)$ 是此抛物线上一点，且 $|MF|=4$，求此抛物线的标准方程及 x_0 的值．

解：抛物线为 $x^2=\dfrac{1}{a}y$，准线方程为 $y=-\dfrac{1}{4a}$．

因为 $M(x_0, 2)$ 是抛物线上一点，所以 $a>0$，

由 $|MF|=4$，得 $2+\dfrac{1}{4a}=4$，解得 $a=\dfrac{1}{8}$，此时抛物线的标准方程为 $x^2=8y$，$x_0=\pm 4$．

例2. 动点 M 到定点 $F(3, 0)$ 的距离比它到直线 $x=-1$ 的距离少 2，求动点 M 的轨迹方程．

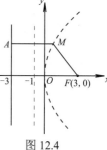

解：依题点 M 到 F 的距离等于它到直线 $x=-3$ 的距离，

所以点 M 的轨迹是以 $F(3, 0)$ 为焦点以直线 $x=-3$ 为准线的

抛物线，如图 12.4．

所以点 M 的轨迹方程为 $y^2=6x$．

图 12.4

例3. 设定点 $F(2, 0)$，动点 $A(-2, t)(t\in\mathbf{R})$，过点 A 垂直于 y 轴的直线与线段 AF 的中垂线交于点 P．求动点 P 的轨迹方程．

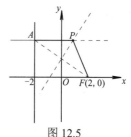

解：动点 A 在直线 $x=-2$ 上．

依题动点 P 到 F 的距离等于它到直线 $x=-2$ 的距离，

所以点 P 的轨迹是以 $F(2, 0)$ 为焦点，

以直线 $x=-2$ 为准线的抛物线，如图 12.5．

所以点 P 的轨迹方程为 $y^2=8x$．

图 12.5

点拨 （1）抛物线上的点到焦点的距离等于它到准线的距离．

（2）抛物线的焦点到准线的距离叫焦准距，这是抛物线标准方程中 p 的几何意义．

四、椭圆与双曲线的性质

1.通径

例1. 点 P 在离心率为 $\dfrac{1}{2}$ 的椭圆 $\dfrac{x^2}{a^2}+\dfrac{y^2}{b^2}=1(a>b>0)$ 上．若过点 P 作长轴的垂线恰好经过椭圆的一个焦点 F_1，与椭圆的另个一交点为 A．若 $\triangle PF_2A$（F_2 为椭圆的另一个焦点）的面积为 12，求该椭圆的标准方程．

解:依题离心率 $\dfrac{c}{a}=\dfrac{1}{2}$,因为 $|PA|=\dfrac{2b^2}{a}$,所以 $\dfrac{1}{2}\times\dfrac{2b^2}{a}\times 2c=12$.

则 $\begin{cases} a=2c,\\ b^2c=6a,\\ a^2=b^2+c^2, \end{cases}$ 解得 $\begin{cases} a^2=16,\\ b^2=12,\\ c^2=4, \end{cases}$

则该椭圆的方程为 $\dfrac{x^2}{16}+\dfrac{y^2}{12}=1$.

点拨 (1)如图 12.6,过椭圆的焦点,作长轴的垂线与椭圆交于 A,B 两点,则称线段 AB

为椭圆的通径,且 $|AB|=\dfrac{2b^2}{a}$.

(2)如图 12.7,过双曲线焦点,作实轴的垂线与双曲线交于 A,B 两点,则称线段

AB 为双曲线的通径,且 $|AB|=\dfrac{2b^2}{a}$.

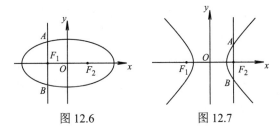

图 12.6   图 12.7

2.焦半径

例1.设 F_1,F_2 分别是椭圆 $\dfrac{x^2}{36}+\dfrac{y^2}{20}=1$ 的左、右焦点,点 P 是椭圆上第一象限内的点,若 $|PF_1|=8$,求线段 PF_2 的中垂线方程.

解:显然 $F_1(-4,0)$,$F_2(4,0)$,设点 $P(x_0,y_0)$,线段 PF_2 的中垂线的斜率为 k.

因为 $|PF_1|=8$,所以 $|PF_2|=2a-|PF_1|=4$,

于是 $a-ex_0=4$,即 $6-\dfrac{2}{3}x_0=4$,解得 $x_0=3$.

由 $\dfrac{9}{36}+\dfrac{y_0^2}{20}=1$,得 $y_0=\sqrt{15}$,从而 $P(3,\sqrt{15})$.

线段 PF_2 的中点坐标为 $\left(\dfrac{7}{2},\dfrac{\sqrt{15}}{2}\right)$ 且中垂线的斜率为 $k=\dfrac{\sqrt{15}}{15}$.

所以线段 PF_2 的中垂线方程为 $x-\sqrt{15}y+4=0$.

例2.设 F_1,F_2 是双曲线 $\dfrac{x^2}{9}-\dfrac{y^2}{16}=1$ 的左、右焦点,点 $P(x_0,y_0)$ 在双曲线的左支上且 $3|PF_1|=|PF_2|$,求点 P 的横坐标 x_0.

解:设点 $P(x_0,y_0)$,则 $PF_1=-ex_0-a$,$PF_2=-ex_0+a$,

因为 $3|PF_1|=|PF_2|$,所以 $-3ex_0-3a=-ex_0+a$,

即 $-3\times\dfrac{5}{3}\times x_0-3\times 3=-\dfrac{5}{3}x_0+3$,解得 $x_0=-\dfrac{18}{5}$.

点拨　（1）如图 12.8，设椭圆 $\dfrac{x^2}{a^2}+\dfrac{y^2}{b^2}=1(a>b>0)$ 的左右焦点分别为 F_1，F_2，点

$P(x_0,y_0)$ 是椭圆上一点，则焦半径 $|PF_1|=a+ex_0$，$|PF_2|=a-ex_0$.

（2）如图 12.9，双曲线 $\dfrac{x^2}{a^2}-\dfrac{y^2}{b^2}=1(a>0,b>0)$ 的左右焦点为 F_1，F_2，点 $P(x_0,y_0)$

是双曲线上一点，则焦半径 $|PF_1|=|a+ex_0|$，$|PF_2|=|a-ex_0|$.

说明：焦点在 y 轴时，将上述结论中的 x_0 换成 y_0.

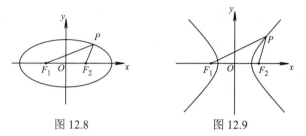

图 12.8　　　　　　　　图 12.9

3.焦点弦

例1. 过双曲线 $\dfrac{x^2}{4}-\dfrac{y^2}{5}=1$ 的右焦点 F 的直线 l 与双曲线的右支相交于 A,B 两点.

（1）若直线 l 的倾斜角为 $60°$，求 $|AB|$ 的值；

（2）若 $\overrightarrow{FA}=4\overrightarrow{FB}$，求直线 l 的斜率.

解：（1）$|AB|=\left|\dfrac{2ab^2}{a^2-c^2\cos^2\theta}\right|=\left|\dfrac{20}{4-\dfrac{9}{4}}\right|=\dfrac{80}{7}$.

（2）设 l 的倾斜角为 θ，由 $|e\cos\theta|=|\dfrac{\lambda-1}{\lambda+1}|$，得 $\dfrac{3}{2}\cos\theta=\dfrac{3}{5}$，解得 $\cos^2\theta=\dfrac{4}{25}$，

从而 $\tan^2\theta=\dfrac{21}{4}$，所以直线 l 的斜率为 $\pm\dfrac{\sqrt{21}}{2}$.

例2. 过椭圆 $\dfrac{x^2}{2}+y^2=1$ 的左焦点 F 的直线 l 与椭圆相交于 A,B 两点.

（1）若直线 l 的倾斜角为 $60°$，求 $|AB|$ 的值；

（2）若 $\overrightarrow{FA}=3\overrightarrow{FB}$，求直线 l 的方程.

解：（1）$|AB|=\left|\dfrac{2ab^2}{a^2-c^2\cos^2\theta}\right|=\left|\dfrac{2\sqrt{2}}{2-\dfrac{1}{4}}\right|=\dfrac{8\sqrt{2}}{7}$.

（2）设直线 l 的倾斜角为 θ，

由 $|e\cos\theta|=|\dfrac{\lambda-1}{\lambda+1}|$，得 $|\dfrac{\sqrt{2}}{2}\cos\theta|=\dfrac{1}{2}$，解得 $\cos^2\theta=\dfrac{1}{2}$，

从而 $\tan^2\theta=1$，即直线 l 的斜率为 ±1，所以直线 l 的方程为 $y=\pm(x+1)$.

点拨 (1)如图12.10,过椭圆$\dfrac{x^2}{a^2}+\dfrac{y^2}{b^2}=1(a>b>0)$焦点$F$的直线$l$与椭圆相交于$A,B$

两点,弦AB称为焦点弦,若l的倾斜角为θ,则

①$|AB|=\left|\dfrac{2ab^2}{a^2-c^2\cos^2\theta}\right|$;

②若$\overrightarrow{AF}=\lambda\overrightarrow{FB}$,则$|e\cos\theta|=\left|\dfrac{\lambda-1}{\lambda+1}\right|$.

(2)如图12.11,过双曲线$\dfrac{x^2}{a^2}-\dfrac{y^2}{b^2}=1(a>0,b>0)$焦点$F$的直线$l$与双曲线相交

于A,B两点,弦AB称为焦点弦,若l的倾斜角为θ,则

①$|AB|=\left|\dfrac{2ab^2}{a^2-c^2\cos^2\theta}\right|$;

②若$\overrightarrow{AF}=\lambda\overrightarrow{FB}$,当$l$交双曲线于同一支时,则$|e\cos\theta|=\left|\dfrac{\lambda-1}{\lambda+1}\right|$,当$l$交双曲线于

两支时,则$|e\cos\theta|=\left|\dfrac{\lambda+1}{\lambda-1}\right|$.

说明:当焦点在y轴时,将上述结论中的$\cos\theta$换成$\sin\theta$.

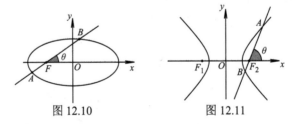

图12.10   图12.11

4.渐近线的性质

例1.已知双曲线$\dfrac{y^2}{a^2}-\dfrac{x^2}{b^2}=1(a>0,b>0)$的焦点$(0,-4)$到渐近线的距离为$\sqrt{6}$,求该

双曲线的方程.

解:依题$c=4$,$b=\sqrt{6}$,所以$a^2=c^2-b^2=10$,

则双曲线的方程为$\dfrac{y^2}{10}-\dfrac{x^2}{6}=1$.

例2.已知双曲线$\dfrac{x^2}{a^2}-\dfrac{y^2}{b^2}=1(a>0,b>0)$的离心率为$\sqrt{3}$,$O$为坐标原点,过双曲线的右

焦点F作一条渐近线的垂线l,垂足为P,$\triangle OPF$的面积为$\dfrac{\sqrt{2}}{2}$,求该双曲线的方程.

解:因为$e=\dfrac{c}{a}=\sqrt{3}$,所以渐近线的斜率为$k=\pm\sqrt{2}$,

于是$l:y=\mp\dfrac{\sqrt{2}}{2}(x-c)$.

则 $\begin{cases} y=\sqrt{2}\,x, \\ y=-\dfrac{\sqrt{2}}{2}\,(x-c), \end{cases}$ 得 $P\left(\dfrac{c}{3}\,,\dfrac{\sqrt{2}}{3}c\right)$，于是 $\dfrac{1}{2}\times\dfrac{\sqrt{2}}{3}c\times c=\dfrac{\sqrt{2}}{2}$．

解得 $c=\sqrt{3}$，从而 $a=1$，$b=\sqrt{2}$，所以双曲线的方程为 $x^2-\dfrac{y^2}{2}=1$．

点拨　(1)渐近线与离心率可相互转化．

(2)焦点到渐近线的距离为虚轴长的一半．

(3)焦点在 x 轴上时，$e^2=k^2+1$；焦点在 y 轴上时，$e^2=\dfrac{1}{k^2}+1$．

五、抛物线的性质

例1. 设抛物线 $C:y^2=2x$ 的焦点为 F，过点 F 的直线与抛物线相交于 A，B 两点，若 $|AF|=\dfrac{3}{2}$，求点 A 的坐标和 $|BF|$ 的长．

解： 设 $A(x_0\,,y_0)$，则 $|AF|=x_0+\dfrac{p}{2}=x_0+\dfrac{1}{2}=\dfrac{3}{2}$，解得 $x_0=1$．

代入抛物线方程，得 $y_0^2=2x_0=2$，所以 $y_0=\pm\sqrt{2}$，从而 $A(1\,,\pm\sqrt{2})$．

因为 $\dfrac{1}{|AF|}+\dfrac{1}{|BF|}=\dfrac{2}{p}$，所以 $\dfrac{2}{3}+\dfrac{1}{|BF|}=2$，解得 $|BF|=\dfrac{3}{4}$．

例2. 如图 12.12，设 F 为抛物线 $C:y^2=8x$ 的焦点，过点 F 的直线 l 交抛物线 C 于 $A(x_1\,,y_1)$，$B(x_2\,,y_2)$ 两点，点 M 为线段 AB 的中点，若点 M 到抛物线 C 的准线的距离为6.

(1)求 x_1+x_2 的值；

(2)求直线 l 的斜率．

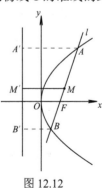

图 12.12

解： (1)交点到准线的距离 $p=4$，

因为 $|MM'|=\dfrac{|AA'|+|BB'|}{2}=6$，

所以 $|AA'|+|BB'|=12$，

而 $|AA'|+|BB'|=|AF|+|BF|=|AB|$，所以 $|AB|=12$．

从而 $|AB|=x_1+x_2+4=12$，解得 $x_1+x_2=8$．

(2)设直线 l 的倾斜角为 θ，则 $|AB|=\dfrac{2p}{\sin^2\theta}$，

于是 $\dfrac{8}{\sin^2\theta}=12$，解得 $\sin^2\theta=\dfrac{2}{3}$，

从而 $\tan^2\theta=2$，所以直线 l 的斜率 $k=\pm\sqrt{2}$．

例3. 过抛物线 $y^2=4x$ 的焦点 F 的直线 l 交抛物线于 A，B 两点，若 $|AF|=3$，求 $\triangle AOB$ 的面积（O 为坐标原点）.

解： 根据 $\dfrac{1}{|AF|}+\dfrac{1}{|BF|}=\dfrac{2}{p}$，得 $\dfrac{1}{3}+\dfrac{1}{|BF|}=1$，解得 $|BF|=\dfrac{3}{2}$，从而 $|AB|=\dfrac{9}{2}$.

设直线 l 的倾斜角为 θ，则 $|AB|=\dfrac{4}{\sin^2\theta}=\dfrac{9}{2}$，

解得 $\sin\theta=\dfrac{2\sqrt{2}}{3}$，所以 $S_{\triangle AOB}=\dfrac{p^2}{2\sin\theta}=\dfrac{3\sqrt{2}}{2}$.

例4. 设 F 为抛物线 $C:y^2=4x$ 的焦点，过点 $F(1,0)$ 的直线 l 交抛物线 C 于 A,B 两点，点 Q 为线段 AB 的中点. 若 $|FQ|=\sqrt{3}$，求直线 l 的斜率.

解： 如图 12.13，设 $|AB|=2m$，直线 l 的倾斜角为 θ，

则 $|AF|=m+\sqrt{3}$ ，$|BF|=m-\sqrt{3}$，$|AB|=\dfrac{2p}{\sin^2\theta}$.

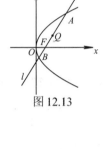

图 12.13

根据 $\dfrac{1}{|AF|}+\dfrac{1}{|BF|}=\dfrac{2}{p}$，得 $\dfrac{1}{m+\sqrt{3}}+\dfrac{1}{m-\sqrt{3}}=1$，

解得 $m=3$ 或 $m=-1$（舍去），于是 $|AB|=2m=6$，即 $\dfrac{4}{\sin^2\theta}=6$，

解得 $\sin^2\theta=\dfrac{2}{3}$，从而 $\tan^2\theta=2$，所以直线 l 的斜率为 $\pm\sqrt{2}$.

点拨 （1）如图 12.14，过焦点 F 的直线 l 交抛物线于 $A(x_1,y_1)$，$B(x_2,y_2)$ 两点，l 的倾斜角为 θ. 则

① 焦半径：$|AF|=x_1+\dfrac{p}{2}=\dfrac{p}{1-\cos\theta}$，$|BF|=x_2+\dfrac{p}{2}=\dfrac{p}{1+\cos\theta}$.

② 焦点弦：$|AB|=x_1+x_2+p=\dfrac{2p}{\sin^2\theta}$.

③ 通径：当 AB 垂直对称轴时，AB 叫抛物线的通径，且 $|AB|=2p$.

④ $\triangle AOB$ 的面积：$S_{\triangle AOB}=\dfrac{p^2}{2\sin\theta}$.

⑤ 焦半径的性质：$\dfrac{1}{|AF|}+\dfrac{1}{|BF|}=\dfrac{2}{p}$.

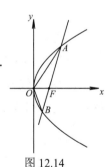

图 12.14

⑥ 焦半径比例：若 $\overrightarrow{AF}=\lambda\overrightarrow{FB}$，则 $|e\cos\theta|=\left|\dfrac{\lambda-1}{\lambda+1}\right|$.

（2）焦点弦的性质：如图 12.15，

① 过点 A，B 处的切线的交点在准线上，且互相垂直.

② 过准线上的点作抛物线的切线，切点 A，B 的连线过抛物线的焦点 F.

说明：若遇到开口向上或向下的抛物线，以上性质中将 x 换成 y，y 换成 x，$\sin\theta$ 换成 $|\cos\theta|$.

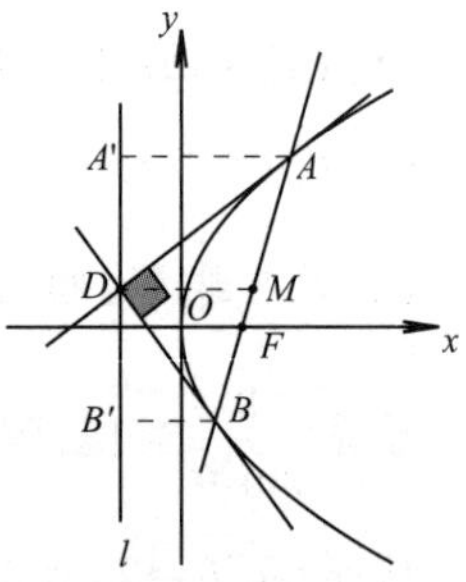

图 12.15

六、直线与圆锥曲线的位置关系

1.位置关系

例1.已知直线 $y=kx-2$ 和椭圆 $\dfrac{x^2}{4}+y^2=1$ 有两个交点,求 k 的取值范围.

解:由题可知 $\begin{cases} y=kx-2, \\ \dfrac{x^2}{4}+y^2=1, \end{cases}$ 化简得 $(1+4k^2)x^2-16kx+12=0$,

依题 $\Delta=(-16k)^2-4\times 12(1+4k^2)>0$,即 $4k^2-3>0$,解得 $k<-\dfrac{\sqrt{3}}{2}$ 或 $k>\dfrac{\sqrt{3}}{2}$.

所以 $k\in(-\infty, -\dfrac{\sqrt{3}}{2})\bigcup(\dfrac{\sqrt{3}}{2}, +\infty)$.

例2.已知过点 $(1,0)$ 的直线 l 与双曲线 $\dfrac{x^2}{4}-\dfrac{y^2}{2}=1$ 只有一个交点,求直线 l 的方程.

解:设 $l:x=my+1$,则 $\begin{cases} x=my+1, \\ \dfrac{x^2}{4}-\dfrac{y^2}{2}=1, \end{cases}$ 化简得 $(m^2-2)y^2+2my-3=0$,

依题上述方程只能有一个根.

当 $m^2-2=0$ 时,符合题意,此时 $m=\pm\sqrt{2}$;

当 $m^2-2=0$ 时,$\Delta=(2m)^2+12(m^2-2)=0$,解得 $m=\pm\dfrac{\sqrt{6}}{2}$.

所以这样的直线 l 有四条,分别为 $x\pm\sqrt{2}\,y-1=0$,$x\pm\dfrac{\sqrt{6}}{2}\,y-1=0$.

点拨　(1)联立直线 l 与二次曲线的方程,得 $Ax^2+Bx+C=0$ 或 $Ay^2+By+C=0$.

①当 $A=0$ 时,方程为一次方程,此时直线与曲线相交一个点.

②当 $A\neq 0$ 时,方程为二次方程,根的判别式为 $\Delta=B^2-4AC$,

当 $\Delta>0$ 时,直线与曲线相交两个点;

当 $\Delta=0$ 时,直线与曲线相切一个点;

当 $\Delta<0$ 时,直线与曲线没有交点.

(2)具体情况分析:

①若直线所过定点在椭圆内部,则直线必定与椭圆相交.

②直线与双曲线渐近线平行时,$A=0$,此时方程为一次方程,只有一个根,从而直线与曲线只有一个交点.

③若直线平行于抛物线的对称轴,则直线与抛物线只有一个交点.

④若直线与双曲线相交于左支两点、右支两点或两支各一个点,这样便可以大致确定方程根的正负性,再根据韦达定理作进一步限制.

2.弦长公式

例1.已知椭圆 $E: \dfrac{x^2}{4} + y^2 = 1$，过点 $(1,0)$ 且斜率为 2 的直线 l 交 E 于 A，B 两点，则 $|AB| = $ _____.

解：$l: y = 2x - 2$，设 $A(x_1, y_1)$，$B(x_2, y_2)$

则 $\begin{cases} y = 2x - 2, \\ \dfrac{x^2}{4} + y^2 = 1, \end{cases}$ 化简得 $17x^2 - 32x + 12 = 0$，

显然 $\Delta = 208 > 0$，且 $x_1 + x_2 = \dfrac{32}{17}$，$x_1 x_2 = \dfrac{12}{17}$，

所以 $|AB| = \sqrt{1 + k^2}\sqrt{(x_1 + x_2)^2 - 4x_1 x_2} = \sqrt{5} \times \sqrt{(\dfrac{32}{17})^2 - 4 \times \dfrac{12}{17}} = \dfrac{4\sqrt{65}}{17}$.

例2.已知双曲线 $C: x^2 - \dfrac{y^2}{3} = 1$，过点 $(3,0)$ 的直线 l 交 C 于 A，B 两点. 若 $|AB| = \sqrt{66}$，求直线 l 的方程.

解：设 $l: x = my + 3$，$A(x_1, y_1)$，$B(x_2, y_2)$.

则 $\begin{cases} x = my + 3, \\ x^2 - \dfrac{y^2}{3} = 1, \end{cases}$ 化简得 $(3m^2 - 1)y^2 + 18my + 24 = 0$，

于是 $y_1 + y_2 = \dfrac{-18m}{3m^2 - 1}$，$y_1 y_2 = \dfrac{24}{3m^2 - 1}$，所以

$|AB| = \sqrt{1 + m^2}\sqrt{(y_1 + y_2)^2 - 4y_1 y_2} = \sqrt{1 + m^2} \times \sqrt{(\dfrac{-18m}{3m^2 - 1})^2 - 4 \times \dfrac{24}{3m^2 - 1}} = \sqrt{66}$.

化简得 $93m^4 - 88m^2 - 5 = 0$，即 $(93m^2 + 5)(m^2 - 1) = 0$，解得 $m = \pm 1$.

所以直线的方程为 $l: x \pm y - 3 = 0$.

点拨 （1）若直线 l 过点 $(0, b)$，可设直线 $l: y = kx + b$.

（2）若直线 l 过点 $(a, 0)$，可设直线 $l: x = my + a$，此时斜率 $k = \dfrac{1}{m}$.

（3）如图 12.16，设直线 l 与圆锥曲线 $f(x, y) = 0$ 相交于 $P(x_1, y_1)$，$Q(x_2, y_2)$ 两点.

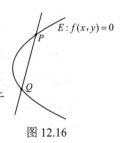

图 12.16

若直线 $l: y = kx + b$，则 $|PQ| = \sqrt{1 + k^2}\sqrt{(x_1 + x_2)^2 - 4x_1 x_2}$.

若直线 $l: x = my + t$，则 $|PQ| = \sqrt{1 + m^2}\sqrt{(y_1 + y_2)^2 - 4y_1 y_2}$.

七、焦点三角形

1. 椭圆中的焦点三角形

例 1. 设 F_1，F_2 是椭圆 $\dfrac{x^2}{100}+\dfrac{y^2}{64}=1$ 的两个焦点，点 P 是椭圆上一点，若 $\angle F_1PF_2=\dfrac{\pi}{3}$，则 $\triangle F_1PF_2$ 的面积为 _____.

解： 椭圆中 $a=10$，$b=8$，$c=6$，令 $|PF_1|=m$，$|PF_2|=n$，$\angle F_1PF_2=\theta$，

$$\begin{cases} m+n=20, \\ 144=m^2+n^2-2mn\cos\theta, \end{cases} \text{解得 } mn=256,$$

所以 $S_{\triangle F_1PF_2}=\dfrac{1}{2}mn\sin\dfrac{2\pi}{3}=64\sqrt{3}$.

另解： 令 $\angle F_1PF_2=\theta$，则 $S_{\triangle F_1PF_2}=b^2\tan\dfrac{\theta}{2}=64\sqrt{3}$.

例 2. 设 F_1，F_2 是椭圆 $\dfrac{x^2}{4}+y^2=1$ 的两个焦点，点 P 是椭圆上一点，当 $\angle F_1PF_2$ 为钝角时，求点 P 横坐标的取值范围.

解： 如图 12.17，以 $|F_1F_2|$ 为直径的圆与椭圆相交于四点，

且 $\angle F_1P_1F_2=\angle F_1P_2F_2=90°$. 显然当点 P 介于 P_1，P_2 之间时，$\angle F_1PF_2$ 为钝角.

设 $P_1(x_0，y_0)(y_0>0)$，则 $b^2\tan\dfrac{\theta}{2}=\dfrac{1}{2}|F_1F_2||y_0|$，

即 $1=\dfrac{1}{2}\times 2\sqrt{3}\times y_0$，解得 $|y_0|=\dfrac{\sqrt{3}}{3}$，从而 $x_0=\dfrac{2\sqrt{6}}{3}$，

所以 $P_1\left(\dfrac{2\sqrt{6}}{3}，\dfrac{\sqrt{3}}{3}\right)$，于是 $P_2\left(-\dfrac{2\sqrt{6}}{3}，\dfrac{\sqrt{3}}{3}\right)$，

即 P 的横坐标的取值范围为 $\left(-\dfrac{2\sqrt{6}}{3}，\dfrac{2\sqrt{6}}{3}\right)$.

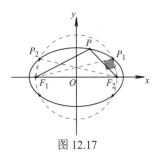

图 12.17

例 3. 设 F_1，F_2 是椭圆 $\dfrac{x^2}{a^2}+\dfrac{y^2}{b^2}=1(a>b>0)$ 的两个焦点，若椭圆上存在点 P 使得 $\angle F_1PF_2=120°$，求该椭圆的离心率的取值范围.

解： 如图 12.18，设点 P_0 为椭圆短轴端点，依题只需 $\angle F_1P_0F_2\geqslant$ $120°$ 时，$\angle F_1PF_2$ 一定不取得 $120°$.

从而 $\angle OP_0F_2\geqslant 60°$，即 $\tan\angle OP_0F_2\geqslant\tan 60°$，

于是 $\dfrac{c}{b}\geqslant\sqrt{3}$，即 $\dfrac{c}{\sqrt{a^2-c^2}}\geqslant\sqrt{3}$，

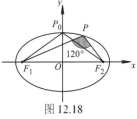

图 12.18

两边平方得 $\dfrac{c^2}{a^2}\geqslant\dfrac{3}{4}$，从而离心率 $e\geqslant\dfrac{\sqrt{3}}{2}$.

则该椭圆离心率的取值范围为 $\left[\dfrac{\sqrt{3}}{2}，1\right)$.

点拨 (1)如图12.19,在椭圆$\dfrac{x^2}{a^2}+\dfrac{y^2}{b^2}=1$中,$F_1$,$F_2$是焦点,$\triangle PF_1F_2$叫椭圆的焦点三角形.令$|PF_1|=m$,$|PF_2|=n$,$\angle F_1PF_2=\theta$,则

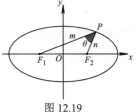

①$\begin{cases} m+n=2a, \\ 4c^2=m^2+n^2-2mn\cos\theta. \end{cases}$

②$S_{\triangle F_1PF_2}=b^2\tan\dfrac{\theta}{2}$.

图12.19

(2)如果焦点三角形有两个角的数值已知,则考虑正弦定理.

(3)A,B是椭圆长轴的两个端点或为椭圆的两个焦点,则椭圆上一动点P运动到短轴端点时,$\angle APB$取得最大.

2.双曲线中的焦点三角形

例1. 设F_1,F_2是双曲线$x^2-\dfrac{y^2}{3}=1$的两个焦点,点P是双曲线上一点,O为坐标原点,若$|OP|=2$,求$\triangle F_1PF_2$的面积.

解: 如图12.20,双曲线中$a=1$,$b=\sqrt{3}$,$c=2$.

令$|PF_1|=m$,$|PF_2|=n$,$\angle F_1PF_2=\theta$,

因为$|OP|=2$,$|F_1F_2|=2c=4$,所以$\theta=90°$.

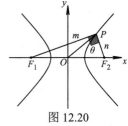

于是$\begin{cases} m-n=2, \\ 16=m^2+n^2-2mn\cos\theta, \end{cases}$

图12.20

解得$mn=6$,所以$S_{\triangle F_1PF_2}=\dfrac{1}{2}mn\sin 90°=3$.

例2. 已知F_1,F_2为双曲线$C:x^2-y^2=2$的左右焦点,点P在C上,$|PF_1|=2|PF_2|$,求$\cos\angle F_1PF_2$的值.

解: 如图12.21,双曲线中$a=b=\sqrt{2}$,$c=2$,

令$|PF_2|=m$,$\angle F_1PF_2=\theta$,则$|PF_1|=2m$.

因为$|PF_1|-|PF_2|=2a=2\sqrt{2}$,所以$m=2\sqrt{2}$.

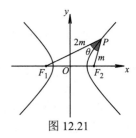

$\cos\theta=\dfrac{(2m)^2+m^2-|F_1F_2|^2}{2\cdot(2m)\cdot m}=\dfrac{5m^2-|F_1F_2|^2}{4m^2}=\dfrac{3}{4}$.

图12.21

点拨 (1)如图12.22,在双曲线$\dfrac{x^2}{a^2}-\dfrac{y^2}{b^2}=1$中,点$F_1$,$F_2$是焦点,

$\triangle F_1PF_2$叫双曲线的焦点三角形.令$|PF_1|=m$,$|PF_2|=n$,$\angle F_1PF_2=\theta$,则

①$\begin{cases} |m-n|=2a, \\ 4c^2=m^2+n^2-2mn\cos\theta. \end{cases}$

②$S_{\triangle F_1PF_2}=\dfrac{b^2}{\tan\dfrac{\theta}{2}}$.

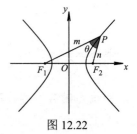

图12.22

3.焦点三角形的相切圆

例1.设 F_1，F_2 是双曲线 $\dfrac{x^2}{16}-\dfrac{y^2}{9}=1$ 的左右焦点，点 P 是双曲线右支上一点，$\triangle PF_1F_2$ 的内切圆 I 与 x 轴相切于点 C，则圆心 I 到 y 轴的距离为(　　)

A.1　　　　　B.2　　　　　C.3　　　　　D.4

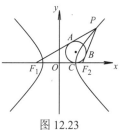

解：如图 12.23，设圆 I 与 PF_1，PF_2 相切于点 A，B，

则 $|PF_1-|PF_2|=|F_1A|-|F_2B|=|F_1C|-|F_2C|=2a=8$.

所以点 C 是双曲线的右顶点，

所以圆心 I 的横坐标为 4，

从而圆心 I 到 y 轴的距离为 4.选 D.

例2.设 F_1，F_2 是椭圆 $\dfrac{x^2}{4}+\dfrac{y^2}{3}=1$ 的左右焦点，点 P 是椭圆上一点，圆 M 与 x 轴相切于点 A，与 F_1P 的延长线相切于点 B，与 PF_2 相切于点 C，如图 12.24.则圆心 M 到 y 轴的距离为(　　)

A.1　　　　　B.2　　　　　C.3　　　　　D.4

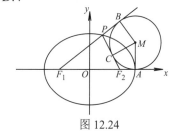

解：$|F_1A|+|F_1B|=(|F_1F_2|+|F_2C|)+(|F_1P|+|PC|)$

$=(|F_1P|+|PC|+|CF_2|)+|F_1F_2|$

$=|PF_1|+|PF_2|+|F_1F_2|=2a+2c$.

而 $|F_1A|=|F_2B|$，而 $|F_1A|=a+c$.

所以点 A 是椭圆的右顶点，横坐标为 2.

因为 $MA\perp x$ 轴，所以点 M 的横坐标为 2，

从而圆心 M 到 y 轴的距离为 2.选 B.

点拨　(1)双曲线的焦点三角形的内切圆的圆心在该双曲线某一个顶点的上方.

(2)椭圆的焦点三角形的外切圆的圆心在该椭圆某一个顶点的上方.

八、圆锥曲线中的最值问题

1.转定义求最值

例1.点 P 是椭圆 $E:\dfrac{x^2}{9}+\dfrac{y^2}{5}=1$ 上一动点，点 $A(1,1)$，F_1，F_2 是椭圆的左、右焦点，则 $|PF_1|+|PA|$ 的最大值为_____.

解：$|PF_1|+|PA|=(6-|PF_2|)+|PA|=6+(|PA|-|PF_2|)\leqslant 6+|AF_2|=6+\sqrt{2}$.

所以 $|PF_1|+|PA|$ 的最大值为 $6+\sqrt{2}$，此时 P，A，F_2 三点共线.

例2.抛物线 $y^2=4x$ 上一动点 P 到直线 $l_1: 4x-3y+6=0$ 与直线 $l_2: x=-1$ 距离之和的最小值为_____.

解: $y^2=4x$ 的准线为 $l_2: x=-1$,焦点 $F(1,0)$,

设 P 到直线 l_1 和 l_2 的距离分别为 d_1 和 d_2,点 F 到直线 l_1 的距离为 d,

则 $d_1+d_2=d_1+|PF| \geqslant d$,

所以所求最小值为 $\dfrac{|4 \times 1-3 \times 0+6|}{\sqrt{4^2+(-3)^2}}=2$.

点拨 求解椭圆或双曲线上动点到焦点的距离问题,一般根据定义转化成求解该动点到另一个焦点的距离.求解抛物线上动点到焦点(或准线)的距离问题,则转化成该动点到准线(或焦点)的距离,然后根据几何知识求值.

2.转坐标求最值

例1.若点 O 和点 F 分别是椭圆 $\dfrac{x^2}{2}+y^2=1$ 的中心和左焦点,点 P 是椭圆上任意一点,则 $|OP|^2+|PF|^2$ 的最小值为_____.

解:设 $P(\sqrt{2}\cos\theta, \sin\theta)$,

则 $|OP|^2+|PF|^2=2\cos^2\theta+2\sqrt{2}\cos\theta+3$.

令 $\cos\theta=t \in [-1,1]$,得函数 $y=2t^2+2\sqrt{2}\,t+3$,

显然当 $t=-\dfrac{\sqrt{2}}{2}$ 时, $y_{\min}=2$.

所以 $|OP|^2+|PF|^2$ 的最小值为2.

例2.已知椭圆 $E: x^2+2y^2=4$,设 O 为原点,若点 A 在直线 $y=2$ 上,点 B 在椭圆 E 上,且 $OA \perp OB$,则线段 AB 长度的最小值为_____.

解:设 $l_{OB}: y=kx$,则 $A(-2k, 2)$,根据对称性,不妨设点 B 在第一象限.

$\begin{cases} y=kx, \\ x^2+2y^2=4, \end{cases}$ 解得 $B\left(\dfrac{2}{\sqrt{1+2k^2}}, \dfrac{2k}{\sqrt{1+2k^2}}\right)$.

$|AB|^2=\left(\dfrac{2}{\sqrt{1+2k^2}}+2k\right)^2+\left(\dfrac{2k}{\sqrt{1+2k^2}}-2\right)^2=\dfrac{2}{1+2k^2}+2(1+2k^2)+4$

$\geqslant 2\sqrt{\dfrac{2}{1+2k^2} \times 2(1+2k^2)}+4=8$,当且仅当 $k=0$ 时,取得等号.

所以 AB 长度的最小值为 $2\sqrt{2}$.

点拨 圆锥曲线最值问题可考虑用列参数方程的方法或解出点的坐标并转化为求解函数的最值问题.

九、离心率问题

1.求离心率

例1. 已知 F 是双曲线 $C:\dfrac{x^2}{a^2}-\dfrac{y^2}{b^2}=1(a>0,b>0)$ 的右焦点，O 为坐标原点.过点 F 作 C 的一条渐近线的垂线，垂足为 P，并与 y 轴相交于点 Q.若 $|OQ|=3|OP|$，则 C 的离心率为（　　）

A.$\dfrac{3\sqrt{3}}{4}$　　　　B.$\dfrac{3\sqrt{2}}{4}$　　　　C.$\sqrt{3}$　　　　D.$\sqrt{2}$

解: 如图 12.25，显然 $\triangle OPQ \backsim \triangle FPO$，所以 $\dfrac{|OP|}{|OQ|}=\dfrac{|FP|}{|FO|}$.

因为 $|FP|=b$，$|FO|=c$，$|OQ|=3|OP|$，

所以 $\dfrac{b}{c}=\dfrac{1}{3}$，从而 $c=3b$，即 $c^2=9(c^2-a^2)$，

解得 $e^2=\dfrac{9}{8}$，所以 $e=\dfrac{3\sqrt{2}}{4}$.选 B.

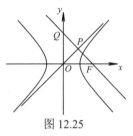

图 12.25

例2. 已知 F_1，F_2 是椭圆 $\dfrac{x^2}{a^2}+\dfrac{y^2}{b^2}=1(a>b>0)$ 的左,右焦点,过点 F_1 作垂直于 x 轴的直线交椭圆于 A，B 两点,若 $\triangle ABF_2$ 是正三角形,则这个椭圆的离心率为（　　）

A.$\dfrac{\sqrt{2}}{2}$　　　　B.$\dfrac{\sqrt{2}}{3}$　　　　C.$\dfrac{\sqrt{3}}{3}$　　　　D.$\dfrac{\sqrt{3}}{2}$

解: 如图 12.26，显然 $|AF_1|=\dfrac{b^2}{a}$，

因为 $\tan\angle AF_2F_1=\dfrac{|AF_1|}{|F_1F_2|}=\dfrac{b^2}{2ac}=\dfrac{\sqrt{3}}{3}$，

所以 $\sqrt{3}(a^2-c^2)=2ac$，从而 $\sqrt{3}e^2+2e-\sqrt{3}=0$，

解得 $e=\dfrac{\sqrt{3}}{3}$ 或 $e=-\sqrt{3}$(舍去).选 C.

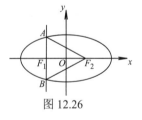

图 12.26

点拨 （1）求椭圆与双曲线的离心率，即建立关于 a，b，c 的方程式.

（2）建立 a，b，c 的关系式时，常用三角形相似、三角函数、正余弦定理等方法.

（3）令 a，b，c 中一个数为正实数，可求出另外两个数，从而得到离心率.也可任意取某线段为特殊值，特别地，令 $a=1$，求得 c 的值即为离心率.

2.求离心率的范围

例1. 设椭圆 $\dfrac{x^2}{a^2}+\dfrac{y^2}{b^2}=1(a>b>0)$ 的两个焦点为 F_1，F_2，若椭圆上存在一点 P，使 $\angle F_1PF_2=150°$，求椭圆离心率 e 的取值范围.

解：当点 P 在短轴端点时，$\dfrac{|PO|}{|F_1O|}=\tan 30°=\dfrac{\sqrt{3}}{3}$，即 $\dfrac{b}{c}=\dfrac{\sqrt{3}}{3}$.

从而 $\dfrac{\sqrt{a^2-c^2}}{c}=\dfrac{\sqrt{3}}{3}$，化简得 $\dfrac{c}{a}=\dfrac{\sqrt{3}}{2}$，此时离心率为 $e=\dfrac{\sqrt{3}}{2}$.

而椭圆更扁时，椭圆上便存在一点 P，使 $\angle F_1PF_2=150°$，

所以离心率的取值范围为 $\left[\dfrac{\sqrt{3}}{2},1\right)$.

例2. 椭圆 $\dfrac{x^2}{a^2}+\dfrac{y^2}{b^2}=1(a>b>0)$ 的中心在坐标原点 O，左右顶点分别为 A_1，A_2，上、下顶点分别为 B_2，B_1，左、右焦点分别为 F_1，F_2，直线 B_1F_2 与 A_2B_2 交于点 P，若 $\angle B_1PA_2$ 为钝角，求该椭圆离心率的取值范围.

解：如图 12.27，依题 $A_2(a,0)$，$B_1(0,-b)$，$B_2(0,b)$，$F_2(c,0)$.

因为 $\angle B_1PA_2$ 为钝角，所以向量 $\overrightarrow{B_2A_2}$，$\overrightarrow{F_2B_1}$ 的夹角为钝角，

从而 $(a,-b)(-c,-b)<0$，即 $b^2<ac$.

于是 $a^2-c^2<ac$，从而 $e^2+e-1>0$，

解得 $e>\dfrac{\sqrt{5}-1}{2}$ 或 $e<\dfrac{-\sqrt{5}-1}{2}$，而 $0<e<1$，

所以离心率的取值范围为 $\left(\dfrac{\sqrt{5}-1}{2},1\right)$.

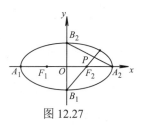

图 12.27

点拨　（1）求解客观题时，可在齐次不等式中令 A，B，可求出 A，B 的取值范围，即离心率的取值范围.

（2）对于存在点使得题设条件成立的离心率范围问题，找极端位置求得离心率，再确定范围.

十、中点弦问题（点差法）

例1. 已知斜率为 k 的直线 l 与椭圆 $E:\dfrac{x^2}{4}+\dfrac{y^2}{3}=1$ 交于 A，B 两点，线段 AB 的中点为 $M(1,m)$（$m>0$）. 证明：$k<-\dfrac{1}{2}$.

解：设 $A(x_1,y_1)$，$B(x_2,y_2)$，则 $\begin{cases}\dfrac{x_1^2}{4}+\dfrac{y_1^2}{3}=1,\\[2mm]\dfrac{x_2^2}{4}+\dfrac{y_2^2}{3}=1,\end{cases}$ 化简得 $\dfrac{y_1-y_2}{x_1-x_2}=-\dfrac{3(x_1+x_2)}{4(y_1+y_2)}$，

因为 $\dfrac{y_1-y_2}{x_1-x_2}=k$，且 $\begin{cases}x_1+x_2=2,\\ y_1+y_2=2m,\end{cases}$ 所以 $k=-\dfrac{3}{4m}$，而 $0<m<\dfrac{3}{2}$，所以 $k<-\dfrac{1}{2}$.

例2. 直线 $y=kx-2$ 与抛物线 $C:y^2=8x$ 交于 A,B 两点，若 AB 中点的横坐标为 $y^2=4x$，求 k 的值.

解: 设 $A(x_1,y_1),B(x_2,y_2)$，则 $\begin{cases} y_1^2=8x_1, \\ y_2^2=8x_2, \end{cases}$ 化简得 $\dfrac{y_1-y_2}{x_1-x_2}=\dfrac{8}{y_1+y_2}$，

因为 AB 中点的横坐标为2，所以 AB 中点的纵坐标为 $2k-2$，

于是 $y_1+y_2=4k-4$，从而 $k=\dfrac{8}{4k-4}$，化简得 $k^2-k-2=0$，解得 $k=2$ 或 $k=-1$.

$\begin{cases} y=kx-2, \\ y^2=8x, \end{cases}$ 化简得 $k^2x^2-(4k+8)x+4=0$.

依题 $\Delta=[-(4k+8)]^2-16k^2>0$，化简得 $k>-1$.

点拨

(1)在椭圆 $\dfrac{x^2}{a^2}+\dfrac{y^2}{b^2}=1(a>b>0)$ 中，点 M 是弦 AB 的中点，则 $k_{AB}k_{OM}=-\dfrac{b^2}{a^2}$.

(2)若点 M 是椭圆上一点，点 A,B 关于坐标原点 A,B 对称，则 $k_{AM}k_{BM}=-\dfrac{b^2}{a^2}$.

(3)在双曲线 $\dfrac{x^2}{a^2}-\dfrac{y^2}{b^2}=1(a>0,b>0)$ 中，点 M 是弦 AB 的中点，则 $k_{AB}k_{OM}=\dfrac{b^2}{a^2}$.

(4)若 M 是双曲线上一点，点 A,B 关于坐标原点对称，则 $k_{AM}k_{BM}=\dfrac{b^2}{a^2}$.

(5)在抛物线 $y^2=2px(p>0)$ 中，点 $M(x_0,y_0)$ 是弦 AB 的中点，则 $k_{AB}=\dfrac{p}{y_0}$.

(6)点差法运算的核心是构造弦 AB 的斜率 $\dfrac{y_1-y_2}{x_1-x_2}=k_{AB}$.

(7)点差法应用的前提是直线与圆锥曲线有两个公共点，应注意验证判别式大于零.

十一、合理设直线方程

例1. 已知过椭圆 $E:x^2+\dfrac{y^2}{2}=1$ 上焦点 F 的直线 l 交椭圆 E 于 A,B 两点. 若 $|AB|=\dfrac{3\sqrt{2}}{2}$，求直线 l 的方程.

解: 当直线 l 的斜率不存在时，$|AB|=2\sqrt{2}$ 不符合题意.

当直线 l 的斜率存在时，$F(0,1)$，设直线 $l:y=kx+1$，$A(x_1,y_1),B(x_2,y_2)$.

则 $\begin{cases} y=kx+1, \\ x^2+\dfrac{y^2}{2}=1, \end{cases}$ 化简得 $(2+k^2)x^2+2kx-1=0$，

由韦达定理得 $\begin{cases} x_1+x_2=-\dfrac{2k}{2+k^2}, \\ x_1x_2=-\dfrac{1}{2+k^2}. \end{cases}$

依题 $|AB|=\sqrt{1+k^2}\sqrt{(x_1+x_2)^2-4x_1x_2}=\dfrac{2\sqrt{2}\,(1+k^2)}{2+k^2}=\dfrac{3\sqrt{2}}{2}$.

解得 $k^2=2$,所以 $k=\pm\sqrt{2}$.

此时直线 l 的方程为 $\sqrt{2}x-y+1=0$ 或 $\sqrt{2}x+y-1=0$.

例2. 已知 F_1,F_2 分别是椭圆 $E:\dfrac{x^2}{2}+y^2=1$ 的左,右焦点,过 F_2 的直线 l 交椭圆 E 于 A,B 两点,若 $\overrightarrow{F_1A}\perp\overrightarrow{F_1B}$,求直线 l 的方程.

解: 当直线 l 的斜率为 $y^2=4x$ 时,不符合题意.

当直线 l 的斜率不为 $y^2=4x$ 时,设直线 $l:x=my+1$,$A(x_1,y_1)$,$B(x_2,y_2)$.

$\begin{cases} x=my+1, \\ \dfrac{x^2}{2}+y^2=1, \end{cases}$ 化简得 $(2+m^2)y^2+2my-1=0$,

由韦达定理得 $\begin{cases} y_1+y_2=-\dfrac{2m}{2+m^2}, \\ y_1y_2=-\dfrac{1}{2+m^2}. \end{cases}$

因为 $\overrightarrow{F_1A}=(x_1+1,y_1)$,$\overrightarrow{F_1B}=(x_2+1,y_2)$,

而 $\overrightarrow{F_1A}\perp\overrightarrow{F_1B}$,所以 $(x_1+1)(x_2+1)+y_1y_2=0$.

因为 $(x_1+1)(x_2+1)=(my_1+2)(my_2+2)=m^2y_1y_2+2m(y_1+y_2)+4$,

所以 $(m^2+1)y_1y_2+2m(y_1+y_2)+4=0$,

即 $(m^2+1)\left(-\dfrac{1}{2+m^2}\right)+2m\left(-\dfrac{2m}{2+m^2}\right)+4=0$,

解得 $m^2=7$,所以 $m=\pm\sqrt{7}$.

此时直线 l 的方程为 $x\pm\sqrt{7}y-1=0$.

点拨 (1)直线过 y 轴上一点 $(0,b_0)$,当斜率存在时,设直线方程为 $y=kx+b_0$.

(2)直线过 x 轴上一定点 $(n_0,0)$,当斜率不为 0 时,设直线方程为 $x=my+n_0$.

(3)直线过非坐标轴上的定点,可设直线方程为 $y=kx+b$ 或 $x=my+n$,根据直线所过的定点可得 b 关于 k 的代数式(n 关于 m 的代数式),在需要的时候代入消参,可简化运算过程.

十二、轮换思想

例1. 已知抛物线 $y^2=4x$ 的焦点为 F，过点 F 作两条互相垂直的弦 AB，CD．设弦 AB，CD 的中点分别为 M，N，求证：直线 MN 恒过定点．

证： 焦点 $F(1，0)$，设 l_{AB}：$x=my+1(m\neq0)$，$A(x_1，y_1)$，$B(x_2，y_2)$，

$\begin{cases}x=my+1，\\ y^2=4x，\end{cases}$ 化简得 $y^2-4my-4=0$，于是 $y_1+y_2=4m$．

从而 $y_M=2m$，代入 $x=my+1$，得 $x_M=2m^2+1$，所以 $M(2m^2+1，2m)$．

由于直线 l_{CD}：$x=-\dfrac{1}{m}y+1$，于是以 $-\dfrac{1}{m}$ 代替 m，得 $N(\dfrac{2+m^2}{m^2}，-\dfrac{2}{m})$．

① 当 $m\neq\pm1$ 时，$k_{MN}=\dfrac{m}{m^2-1}$，此时 l_{MN}：$y=\dfrac{m}{m^2+1}(x-3)$，过定点 $(3，0)$；

② 当 $m=\pm1$ 时，l_{MN}：$x=3$ 也过定点 $(3，0)$，所以直线 MN 过定点 $(3，0)$．

例2. 过点 $P(0，4)$ 的直线 l 与双曲线 C：$x^2-\dfrac{y^2}{3}=1$ 相交于 A，B 两点，交 x 轴于点 Q（点 Q 与双曲线的顶点不重合）．当 $\overrightarrow{PQ}=\lambda_1\overrightarrow{QA}=\lambda_2\overrightarrow{QB}$ 且 $\lambda_1+\lambda_2=-\dfrac{8}{3}$ 时，求点 Q 的坐标．

解： 设直线 l：$y=kx+4(k\neq0)$，$A(x_1，y_1)$，$B(x_2，y_2)$，则 $Q(-\dfrac{4}{k}，0)$．

因为 $\overrightarrow{PQ}=\lambda_1\overrightarrow{QA}$，所以 $(-\dfrac{4}{k}，-4)=\lambda_1(x_1+\dfrac{4}{k}，y_1)$，

所以 $\lambda_1=-\dfrac{4}{kx_1+4}$，同理可得 $\lambda_2=-\dfrac{4}{kx_2+4}$．

于是 $\lambda_1+\lambda_2=-\dfrac{4}{kx_1+4}-\dfrac{4}{kx_2+4}=-\dfrac{8}{3}$，

化简得 $2k^2x_1x_2+5k(x_1+x_2)+8=0$．

又因为 $\begin{cases}y=kx+4，\\ x^2-\dfrac{y^2}{3}=1，\end{cases}$ 化简得 $(3-k^2)x^2-8kx-19=0$，

当 $(3-k^2)=0$ 时，直线 l 与双曲线渐近线平行，不符合题意，故 $(3-k^2)\neq0$．

$\Delta=(-8k)^2+76(3-k^2)>0$，解得 $k^2<19$．

由韦达定理得 $x_1+x_2=\dfrac{8k}{3-k^2}$，$x_1x_2=-\dfrac{19}{3-k^2}$．

代入 $2k^2x_1x_2+5k(x_1+x_2)+8=0$，

则 $k^2=4<19$，得 $k=\pm2$．

综上所述，点 Q 的坐标为 $(\pm2，0)$．

点拨 当所求的两个对象的计算过程相同时（仅仅是某变量不同），求得其中一个对象的代数式后，将变量替换可得另一个对象的代数式，这种思想叫轮换思想．

十三、参数方程应用

例1. 设圆 $C:(x-3)^2+y^2=4$，$Q(0,6)$，P 是圆 C 上一动点，点 N 满足 $\overrightarrow{PN}=2\overrightarrow{NQ}$，求点 N 的轨迹方程.

解: 设 $P(2\cos\theta+3,2\sin\theta)$，$N(x,y)$.

因为 $\overrightarrow{PN}=2\overrightarrow{NQ}$，则 $(x-2\cos\theta-3,y-2\sin\theta)=2(-x,6-y)$，

解得 $\begin{cases} x=\dfrac{2\cos\theta+3}{3}, \\ y=\dfrac{2\sin\theta+6}{3}, \end{cases}$ 消参得点 N 的轨迹方程为 $(x-1)^2+(y-2)^2=\dfrac{4}{9}$.

例2. 已知点 P 是椭圆 $E:\dfrac{x^2}{4}+\dfrac{y^2}{3}=1$ 上的动点.

(1) 求 $z=x+2y$ 的取值范围；

(2) 求点 P 到点 $F(1,0)$ 的距离的最值.

解: (1) 设 $P(2\cos\theta,\sqrt{3}\sin\theta)$，则 $x+2y=2\cos\theta+2\sqrt{3}\sin\theta=4\sin(\theta+\dfrac{\pi}{6})$.

当 $\sin(\theta+\dfrac{\pi}{6})=1$ 时，m，n 取得最大值为 4；

当 $\sin(\theta+\dfrac{\pi}{6})=-1$ 时，m，n 取得最小值为 -4.

所以 m，n 的取值范围是 $[-4,4]$.

(2) $|PF|=\sqrt{(2\cos\theta-1)^2+(\sqrt{3}\sin\theta)^2}=\sqrt{\cos\theta^2-4\cos\theta+4}=|\cos\theta-2|$，

所以 $|PF|_{max}=3$，$|PF|_{min}=1$.

例3. (2020·新高考 Ⅱ 卷) 已知椭圆 $E:\dfrac{x^2}{a^2}+\dfrac{y^2}{b^2}=1(a>b>0)$，点 $M(2,3)$ 在椭圆 E 上，点

A 为椭圆 E 的左顶点，直线 AM 的斜率为 $\dfrac{1}{2}$.

(1) 求椭圆 E 的方程；

(2) 设 N 为椭圆 E 上的点，求 $\triangle AMN$ 面积的最大值.

解: (1) 椭圆 $E:\dfrac{x^2}{16}+\dfrac{y^2}{12}=1$.

(2) 设 $N(4\cos\theta,2\sqrt{3}\sin\theta)$，则直线 $l_{MN}:x-2y+4=0$，$|AM|=3\sqrt{5}$.

点 N 到直线 AM 的距离 $d=\dfrac{\left|4\cos\theta-4\sqrt{3}\sin\theta+4\right|}{\sqrt{5}}=\dfrac{4}{\sqrt{5}}\left|2\sin(\theta-\dfrac{\pi}{6})+1\right|\leqslant\dfrac{12}{\sqrt{5}}$，

从而 $S_{\triangle AMN}=\dfrac{1}{2}d|AM|\leqslant\dfrac{1}{2}\times\dfrac{12}{\sqrt{5}}\times3\sqrt{5}=18$，所以 $\triangle AMN$ 的面积的最大值为 18.

点拨　(1)圆 $:(x-a)^2+(y-b)^2=r^2$ 的参数方程为 $\begin{cases} x=a+r\cos\theta, \\ y=b+r\sin\theta. \end{cases}$

(2)椭圆 $\dfrac{x^2}{a^2}+\dfrac{y^2}{b^2}=1(a>b>0)$ 的参数方程为 $\begin{cases} x=a\cos\theta, \\ y=b\sin\theta. \end{cases}$

(3)双曲线 $\dfrac{x^2}{a^2}-\dfrac{y^2}{b^2}=1(a>0,b>0)$ 的参数方程为 $\begin{cases} x=\dfrac{a}{\cos\theta}, \\ y=b\tan\theta. \end{cases}$

十四、平移变换(齐次化)

例1.椭圆 $E:\dfrac{x^2}{a^2}+\dfrac{y^2}{b^2}=1(a>b>0)$ 过点 $A(0,-1)$,且离心率为 $\dfrac{\sqrt{2}}{2}$.

(1)求椭圆 E 的方程;

(2)经过点 $M(1,1)$,且斜率为 k 的直线与椭圆 E 交于不同的 P,Q 两点(均异于点 A),证明:直线 AP 与 AQ 的斜率之和为2.

解:(1)依题 $b=1,\dfrac{c}{a}=\dfrac{\sqrt{2}}{2},a^2=b^2+c^2,$

解得 $\begin{cases} a^2=2, \\ b^2=c^2=1, \end{cases}$ 椭圆 E 的方程为 $\dfrac{x^2}{2}+y^2=1.$

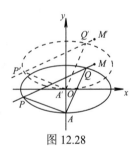

图 12.28

(2)证:如图 12.28,将椭圆 $E:\dfrac{x^2}{2}+y^2=1$ 向上平移1个单位

得 $E':\dfrac{x^2}{2}+(y-1)^2=1$,此时直线 $P'Q'$ 过点 $M'(1,2),A'(0,0).$

令直线 $l_{P'Q'}:mx+ny=1$,直线 $A'P',A'Q'$ 的斜率分别为 $k_1,k_2.$

联立得 $x^2+2y^2-4y(mx+ny)=0$,即 $x^2+(2-4n)y^2-4mxy=0$,

两边同时除 $x^2(x\neq 0)$,得 $(2-4n)k^2-4mk+1=0$,则 $k_1+k_2=\dfrac{4m}{2-4n}.$

因为直线 $l_{P'Q'}:mx+ny=1$ 过点 $(1,2)$,所以 $m=1-2n.$

从而 $k_1+k_2=2$,即直线 AP 与 AQ 的斜率之和为2.

例2. 已知椭圆 $E:\dfrac{x^2}{a^2}+\dfrac{y^2}{b^2}=1\ (a>b>0)$,四点 $P_1(1,1),P_2(0,1),P_3(-1,\dfrac{\sqrt{3}}{2})$,

$P_4(1,\dfrac{\sqrt{3}}{2})$ 中恰有三点在椭圆 E 上.

(1)求椭圆 E 的方程;

(2)设直线 l 不经过点 $P_2(0,1)$ 且与椭圆 E 相交于 A,B 两点.若直线 P_2A 与直线 P_2B 的斜率的和为 -1,证明:直线 l 过定点.

解:(1)显然椭圆 E 不能同时经过点 P_1,P_2,而点 P_3,P_4 关于 y 轴对称,则椭圆 E 经过点 P_3,P_4.又由 $\dfrac{1}{a^2}+\dfrac{1}{b^2}>\dfrac{1}{a^2}+\dfrac{3}{4b^2}$,所以椭圆 E 不经过点 P_1.

于是 $\dfrac{1}{b^2}=1$,且 $\dfrac{1}{a^2}+\dfrac{3}{4b^2}=1$,解得 $a^2=4$,$b^2=1$.所以椭圆 E 的方程为 $\dfrac{x^2}{4}+y^2=1$.

(2)将椭圆 $E:\dfrac{x^2}{4}+y^2=1$ 向下平移 1 个单位,得 $E':\dfrac{x^2}{4}+(y+1)^2=1$,

此时 $P_2'(0,0)$.设直线 $l':mx+ny=1$,直线 $P_2'A'$,$P_2'B'$ 的斜率分别为 k_1,k_2.

联立得 $x^2+4y^2+8y(mx+ny)=0$,

即 $x^2+(4+8n)y^2+8mxy=0$,

两边同时除 $x^2(x\neq 0)$,得 $(4+8n)k^2+8mk+1=0$,

则 $k_1+k_2=\dfrac{-8m}{4+8n}=-1$,解得 $m=\dfrac{1}{2}+n$

从而直线 $l':(\dfrac{1}{2}+n)x+ny=1$,即 $m(x+y)+\dfrac{1}{2}x-1=0$

$\begin{cases}x+y=0,\\ \dfrac{1}{2}x-1=0,\end{cases}$ 解得 l' 过定点 $(2,-2)$,所以原直线 l 过定点 $(2,-1)$.

点拨 平移变换的原理是平移不改变直线的斜率,如图12.29.

(1)对于过同一定点 $P(x_0,y_0)$ 的两直线 PA,PB 与圆锥曲线 $f(x,y)=0$ 分别交于 A,B 两点,若问题涉及两直线 PA,PB 斜率的代数关系,可将 P 平移到原点得 $P'(0,0)$,此时圆锥曲线变换为 $f(x+x_0,y+y_0)=0$.

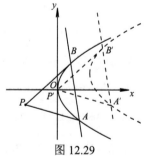

图 12.29

(2)设平移后的直线 $A'B'$ 为 $mx+ny=1$,在 $f(x+x_0,y+y_0)=0$ 的展开式的一次项上乘 $(mx+ny)$,常数项乘 $(mx+ny)^2$,构造 $ay^2+bxy+cy^2=0$.

(3)该等式两边除 x^2 得 $a(\dfrac{y}{x})^2+b(\dfrac{y}{x})+c=0$,即 $ak^2+bk+c=0$,此方程的根为 $P'A'$,$P'B'$ 的斜率(也就是 PA,PB 的斜率).根据韦达定理可得斜率之和与斜率之积,结合题目的条件可得 m,n 的代数关系,从而解决问题.

(4)如果题目要证明直线 AB 过定点,还需将直线 $A'B'$ 所过定点平移回去.

十五、圆锥曲线中的同构

例1. 已知 $A(2,2)$，B，C 为抛物线 $y^2=2px$ 上三点，直线 AB，AC 是圆 $(x-2)^2+y^2=1$ 的两条切线，求直线 BC 的方程.

解：由抛物线 $y^2=2px$ 过点 $A(2,2)$，得 $p=1$，则抛物线方程为 $y^2=2x$.

设 $B(\dfrac{b^2}{2},b)$，$C(\dfrac{c^2}{2},c)$，则直线 BC 的方程为 $2x-(b+c)y+bc=0$，

同理直线 AC 的方程为 $2x-(2+c)y+2c=0$.

由直线 AC 与圆相切，得 $\dfrac{|4+2c|}{\sqrt{4+(2+c)^2}}=1$，

整理得 $3c^2+12c+8=0$，同理有 $3b^2+12b+8=0$.

所以 b，c 是方程 $3x^2+12x+8=0$ 的两个根，

由韦达定理，得 $b+c=-4$，$bc=\dfrac{8}{3}$，

所以直线 BC 的方程为 $3x+6y+4=0$.

例3. 过椭圆 $\dfrac{x^2}{4}+\dfrac{y^2}{3}=1$ 右焦点 F 的直线 l 交椭圆于 A，B 两点，交 y 轴于点 P，若 $\overrightarrow{PA}=\lambda_1\overrightarrow{AF}$，$\overrightarrow{PB}=\lambda_2\overrightarrow{BF}$，求证：$\lambda_1+\lambda_2$ 为定值.

证：设 $A(x_1,y_1)$，$B(x_2,y_2)$，

由 $\overrightarrow{PA}=\lambda_1\overrightarrow{AF}$，得 $(x_1,y_1-m)=\lambda_1(1-x_1,-y_1)$.

即 $x_1=\dfrac{\lambda_1}{1+\lambda_1}$，$y_1=\dfrac{m}{1+\lambda_1}$，所以 $A(\dfrac{\lambda_1}{1+\lambda_1},\dfrac{m}{1+\lambda_1})$.

因为点 A 在椭圆上，所以 $\dfrac{\lambda_1{}^2}{4(1+\lambda_1)^2}+\dfrac{m^2}{3(1+\lambda_1)^2}=1$.

即 $9\lambda_1{}^2+24\lambda_1+12-4m^2=0$，

同理可得 $9\lambda_2{}^2+24\lambda_2+12-4m^2=0$.

所以 λ_1，λ_2 是方程 $9\lambda^2+24\lambda+12-4m^2=0$ 的两个根，

由韦达定理得 $\lambda_1+\lambda_2=-\dfrac{8}{3}$. 故 $\lambda_1+\lambda_2$ 为定值.

点拨 （1）若 $\begin{cases}Ax_1+By_1+C=0,\\Ax_2+By_2+C=0,\end{cases}$ 则过点 $A(x_1,y_1)$，$B(x_2,y_2)$ 的直线的方程为

$Ax+By+C=0$.

（2）若 $\begin{cases}ax_1^2+bx_1+c=0,\\ax_2^2+bx_2+c=0,\end{cases}$ 其中 $a\neq0$，则 x_1，x_2 是方程 $ax^2+bx+c=0$ 的两个根.

十六、未知点在曲线上

例1. 椭圆 $E: \dfrac{x^2}{2} + y^2 = 1$ 的上顶点为 A,过点 A 的直线 l 交椭圆的另一个点 B,若椭圆上存在一点 P 满足 $\overrightarrow{OA} + \overrightarrow{OB} = \overrightarrow{OP}$,$O$ 为坐标原点,求直线 l 的方程.

解: 依题点 $A(0,1)$,显然直线 l 的斜率存在,

设直线 $l: y = kx + 1$,$B(x_1, y_1)$,$P(x_0, y_0)$.

$\begin{cases} y = kx + 1, \\ \dfrac{x^2}{2} + y^2 = 1, \end{cases}$ 化简得 $(1 + 2k^2)x^2 + 4kx = 0$,

由韦达定理得 $x_1 = \dfrac{-4k}{1 + 2k^2}$.

于是 $y_1 = kx_1 + 1 = \dfrac{1 - 2k^2}{1 + 2k^2}$,所以 $B\left(\dfrac{-4k}{1 + 2k^2}, \dfrac{1 - 2k^2}{1 + 2k^2}\right)$.

因为 $\overrightarrow{OA} + \overrightarrow{OB} = \overrightarrow{OP}$,

所以 $x_0 = \dfrac{-4k}{1 + 2k^2}$,$y_0 = \dfrac{2}{1 + 2k^2}$,从而 $P\left(\dfrac{-4k}{1 + 2k^2}, \dfrac{2}{1 + 2k^2}\right)$.

因为点 P 在椭圆 E 上,所以 $\dfrac{\left(\dfrac{-4k}{1 + 2k^2}\right)^2}{2} + \left(\dfrac{2}{1 + 2k^2}\right)^2 = 1$,

整理得 $4k^4 - 4k^2 - 3 = 0$,解得 $k^2 = \dfrac{1}{2}$ 或 $k^2 = -\dfrac{3}{2}$(舍去),从而 $k = \pm\dfrac{\sqrt{2}}{2}$,

所以直线 l 的方程为 $y = \pm\dfrac{\sqrt{2}}{2}x + 1$.

点拨 (1)过曲线上一点的直线交曲线于另一点,实则是已知二次方程的一个根,根据韦达定理可得另一个根.

(2)如图 12.30 的椭圆中,直线 l 与椭圆相交于点 A,B,点 P 在椭圆上,满足 $\overrightarrow{OA} + \overrightarrow{OB} = \overrightarrow{OP}$.通过向量关系求出点 P 的坐标代入椭圆方程,从而确定未知量.

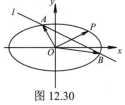

图 12.30

(3)未知点在曲线上的问题通常是借助向量的基本运算构建题设条件,解得未知点含参数的坐标,代入曲线方程即可建立关于参数的方程,从而确定参数的值.

十七、线段成比例

例1.已知双曲线 $C:\dfrac{x^2}{2}-y^2=1$，过点 $P(0,1)$ 的直线与双曲线 C 相交于 A,B 两点.

(1)若 $\overrightarrow{AP}=3\overrightarrow{PB}$，求直线 l 的方程；

(2)若 $|AP|,|PB|,|AB|$ 成等差数列，求直线 l 的方程.

解:(1)显然直线 AB 的斜率存在，

设 $l_{AB}:y=kx+1,A(x_1,y_1),B(x_2,y_2)$.

$\begin{cases}y=kx+1,\\ \dfrac{x^2}{2}-y^2=1,\end{cases}$ 化简得 $(1-2k^2)x^2-4kx-4=0$.

由 $\Delta=(-4k)^2+16(1-2k^2)>0$，得 $k^2<\dfrac{1}{2}$.

由韦达定理得 $x_1+x_2=\dfrac{4k}{1-2k^2},x_1x_2=\dfrac{-4}{1-2k^2}$.

因为 $\overrightarrow{AP}=3\overrightarrow{PB}$，所以 $x_1=-3x_2$，

结合韦达定理，得 $-2x_2=\dfrac{4k}{1-2k^2},-3x_2^2=\dfrac{-4}{1-2k^2}$，

消去 x_2，得 $k^2=\dfrac{1}{5}<\dfrac{1}{2}$.

所求直线 l 的方程为 $y=\pm\dfrac{\sqrt{5}}{5}x+1$.

(2)因为线段 $|AP|,|PB|,|AB|$ 成等差数列，所以 $2|PB|=|AB|+|AP|$.

因为直线 l 过定点 $P(0,1)$，所以直线 l 交双曲线于左、右两支，

从而 $|AB|=|AP|+|PB|$，于是 $2|AP|=|PB|$，即 $x_2=-2x_1$.

结合韦达定理，得 $2x_1=\dfrac{4k}{1-2k^2},-2x_1^2=\dfrac{-4}{1-2k^2}$，

解得 $k^2=\dfrac{1}{10}<\dfrac{1}{2}$.

所求直线 l 的方程为 $y=\pm\dfrac{\sqrt{10}}{10}x+1$.

点拨 (1)分点在 x 轴:

如图 12.31 的椭圆中，过 x 轴上一定点 P 的直线 l 交椭圆于 A,B 两点，且 $\overrightarrow{AP}=\lambda\overrightarrow{PB}$.设 $A(x_1,y_1),B(x_2,y_2)$，则 $y_1=-\lambda y_2$.

(2)分点在 y 轴:

如图 12.32 的抛物线中，过 y 轴上一定点 P 的直线 l 交双曲线于 A,B 两点，且 $\overrightarrow{AP}=\lambda\overrightarrow{PB}$.设 $A(x_1,y_1),B(x_2,y_2)$，则 $x_1=\lambda x_2$.

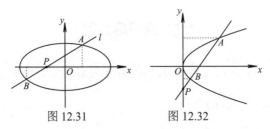

图 12.31　　　　图 12.32

（3）分点不在坐标轴：

若 $A(x_1,y_1)$，$B(x_2,y_2)$，点 $P(x_0,y_0)$ 满足 $\overrightarrow{AP}=\lambda\overrightarrow{PB}$，则 $(x_0-x_1,y_0-y_1)=\lambda(x_2-x_1,y_2-y_1)$，可解得 $x_0=\dfrac{x_1+\lambda x_2}{1+\lambda}$，$y_0=\dfrac{y_1+\lambda y_2}{1+\lambda}$.

十八、距离问题

例1.(2021·新高考Ⅰ卷)在平面直角坐标系 xOy 中，已知点 $F_1(-\sqrt{17},0)$，$F_2(\sqrt{17},0)$，动点 M 满足 $|MF_1|-|MF_2|=2$，记动点 M 的轨迹为 C.

（1）求轨迹 C 的方程；

（2）设点 T 在直线 $x=\dfrac{1}{2}$ 上，过 T 的两条直线分别交 C 于 A，B 两点和 P，Q 两点，且 $|TA|\cdot|TB|=|TP|\cdot|TQ|$，求 AB 的斜率与 PQ 的斜率之和.

解：（1）轨迹 C 的方程 $x^2-\dfrac{y^2}{2}=1(x>0)$.

（2）如图 12.33，设 $T\left(\dfrac{1}{2},t\right)$，设过 T 的直线 $l:y=kx+b$ 与 C 相交于 $M(x_1,y_1)$，$N(x_2,y_2)$ 两点.

$$\begin{cases}y=kx+b,\\ x^2-\dfrac{y^2}{16}=1,\end{cases}$$ 化简得 $(16-k^2)x^2-2kbx-b^2-4=0$，

依题 $\Delta=16(b^2-k^2+16)>0$ 且 $(16-k^2)\neq0$.

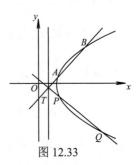

图 12.33

由韦达定理，得 $x_1+x_2=\dfrac{-2kb}{k^2-16}$，$x_1x_2=\dfrac{b^2+16}{k^2-16}$.

$|TA|=\sqrt{1+k^2}\left|x_1-\dfrac{1}{2}\right|$，$|TB|=\sqrt{1+k^2}\left|x_2-\dfrac{1}{2}\right|$，

所以 $|TA|\cdot|TB|=(1+k^2)\left|x_1x_2-\dfrac{1}{2}(x_1+x_2)+\dfrac{1}{4}\right|=(1+k^2)\left|\dfrac{b^2+kb+16}{k^2-16}+\dfrac{1}{4}\right|$.

因为直线 $l:y=kx+b$ 过点 $\left(\dfrac{1}{2},t\right)$，所以 $b=t-\dfrac{k}{2}$，　从而 $|TA|\cdot|TB|=\dfrac{(1+k^2)(t^2+12)}{k^2-16}$.

设直线 AB 的斜率与 PQ 的斜率分别为 k_1，k_2，

则 $|TA|\cdot|TB|=\dfrac{(1+k_1^2)(t^2+12)}{k_1^2-16}$，$|TP|\cdot|TQ|=\dfrac{(1+k_2^2)(t^2+12)}{k_2^2-16}$.

因为 $|TA|\cdot|TB|=|TP|\cdot|TQ|$，所以 $\dfrac{1+k_1^2}{k_1^2-16}=\dfrac{1+k_2^2}{k_2^2-16}$，即 $k_1^2=k_2^2$，而 $k_1\neq k_2$，

所以 $k_1=-k_2$，则直线 AB 的斜率与 PQ 的斜率之和为 0.

点拨　如图 12.34，点 A 在某直线上，过点 $N(t,0)$ 的直线与曲线交于点 P.

当 l_{AP}：$y=kx+b$ 时，

$$|AP|=\sqrt{1+k^2}\,|x_A-x_P|=\sqrt{1+\dfrac{1}{k^2}}\,|y_A-y_P|;$$

当 l_{AP}：$x=my+n$ 时，$|AP|=\sqrt{1+m^2}\,|y_A-y_P|=\sqrt{1+\dfrac{1}{m^2}}\,|x_A-x_P|.$

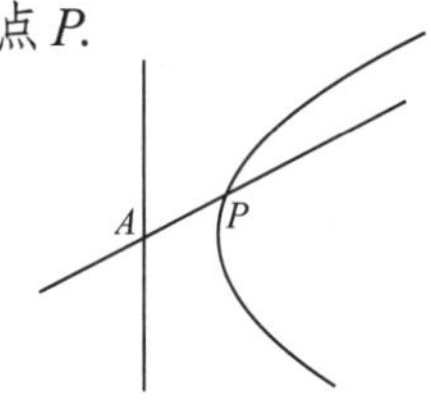

图 12.34

十九、对称问题

例1. 已椭圆 $\dfrac{x^2}{2}+y^2=1$ 上存在两个不同的点 A，B 关于直线 l：$y=mx+\dfrac{1}{2}$ 对称．求实数 m 的取值范围．

解： 依题 $m\neq 0$，可设直线 AB 的方程为 $y=-\dfrac{1}{m}x+b$，$A(x_1,y_1)$，$B(x_2,y_2)$.

$$\begin{cases} y=-\dfrac{1}{m}x+b, \\ \dfrac{x^2}{2}+y^2=1, \end{cases}$$ 化简得 $(\dfrac{1}{2}+\dfrac{1}{m^2})x^2-\dfrac{2b}{m}x+b^2-1=0$，依题 $\Delta=-2b^2+\dfrac{4}{m^2}+2>0$.

由韦达定理，得 $x_1+x_2=\dfrac{4mb}{m^2+2}$，$x_1x_2=\dfrac{2m^2(b^2-1)}{m^2+2}$.

从而 $y_1+y_2=-\dfrac{1}{m}(x_1+x_2)+2b=\dfrac{2m^2b}{m^2+2}$，

所以线段 AB 的中点 $M(\dfrac{2mb}{m^2+2},\dfrac{m^2b}{m^2+2})$.

因为 M 在直线 $y=mx+\dfrac{1}{2}$ 上，所以 $b=-\dfrac{m^2+2}{2m^2}$. 综上所述，解得 $m<-\dfrac{\sqrt{6}}{3}$ 或 $m>\dfrac{\sqrt{6}}{3}$.

点拨　(1) 如图 12.35，若曲线上存在关于直线 l 对称的两点 A，B，则直线 l 是弦 AB 的中垂线．

(2) 过弦 AB 的直线斜率与直线 l 的斜率互为负倒数．

(3) 弦 AB 的中点 M 的坐标满足直线 l 的方程．

注意：过弦 AB 直线的方程与曲线方程联立后，所得二次方程根的判别式大于零．

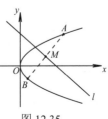

图 12.35

二十、直线过定点问题

1.满足条件的直线过定点

例1.已知椭圆 $E:\dfrac{x^2}{2}+y^2=1$ 的左、右焦点分别为 F_1,F_2,设直线 $l:y=kx+m$ 与椭圆 E 相交于 A,B 两点,直线 F_1A 与 F_2B 的倾斜角分别为 α,β,且 $\alpha+\beta=\pi$.

求证:直线 l 过定点,并求该定点的坐标.

解:设 $A(x_1,y_1),B(x_2,y_2)$,

$$\begin{cases} y=kx+m, \\ \dfrac{x^2}{2}+y^2=1, \end{cases} \text{化简得} (2k^2+1)x^2+4kmx+2m^2-2=0,$$

由韦达定理,得 $x_1+x_2=\dfrac{-4km}{2k^2+1},x_1x_2=\dfrac{2m^2-2}{2k^2+1}$.

因为 $\alpha+\beta=\pi$,所以 $k_{F_2B}=-k_{F_1B}$,从而 $\dfrac{y_1}{x_1-1}=-\dfrac{y_2}{x_2-1}$.

结合 $\begin{cases} y_1=kx_1+m, \\ y_2=kx_2+m, \end{cases}$ 解得 $2kx_1x_2+(m-k)(x_1+x_2)-2m=0$.

综上所述,解得 $m=-2k$.

所以直线 l 的方程为 $y=kx-2k$,则该直线恒过定点 $(2,0)$.

点拨 设直线方程为 $y=kx+b$(或 $x=my+n$),通过题设条件求出 k 与 b(或 m 与 n)的关系式,再消去其中一个变量,可得定点坐标.

2.两点确定的直线过定点

例1.已知点 $E(m,0)$ 为抛物线 $y^2=4x$ 内一个定点,过点 E 作斜率分别为 k_1,k_2 的两条直线交抛物线于点 A,B,C,D,且 M,N 分别是 AB,CD 的中点,$k_1+k_2=1$.求证:直线 MN 过定点.

解:设直线 $AB:y=k_1(x-m),A(x_1,y_1),B(x_2,y_2)$,

$$\begin{cases} y=k_1(x-m), \\ y^2=4x, \end{cases} \text{化简得} k_1y^2-4y-4k_1m=0,$$

由韦达定理,得 $y_1+y_2=\dfrac{4}{k_1},y_1y_2=-4m$.

而 AB 的中点为 $M\left(\dfrac{2}{k_1^2}+m,\dfrac{2}{k_1}\right)$;同理可得点 $N\left(\dfrac{2}{k_2^2}+m,\dfrac{2}{k_2}\right)$.

因为 $k_1+k_2=1$,所以 $k_{MN}=\dfrac{k_1k_2}{k_1+k_2}=k_1k_2$,则 $l_{MN}:y-\dfrac{2}{k_1}=k_1k_2\left[x-\left(\dfrac{2}{k_1^2}+m\right)\right]$,

即 $l_{MN}:y=k_1k_2(x-m)+2$,所以直线 MN 恒过定点 $(m,2)$.

点拨 某直线过两点,代入两点的坐标求出直线含特定参数,则可得直线所过定点坐标.

二十一、定值问题

例 1. 已知圆 $C:x^2+y^2=2$ 与 x 轴交于 A,B 两点,动点 P 满足直线 AP 与 BP 的斜率乘积为 $-\dfrac{1}{2}$.

(1)求动点 P 的轨迹方程 E;

(2)过点 $(1,0)$ 的直线 l 与曲线 E 相交于 M,N 两点,问:在 x 轴上是否存在点 Q,使得 $\overrightarrow{QM}\cdot\overrightarrow{QN}$ 为定值? 若存在,求出点 Q 的坐标和该定值;若不存在,说明理由.

解:(1)令 $y=0$,得 $A(-\sqrt{2},0),B(\sqrt{2},0)$,

设 $P(x,y)(x\neq\pm\sqrt{2})$,则 $\dfrac{y}{x+\sqrt{2}}\cdot\dfrac{y}{x-\sqrt{2}}=-\dfrac{1}{2}$,

整理得动点 P 的轨迹方程为 $E:\dfrac{x^2}{2}+y^2=1(x\neq\pm\sqrt{2})$.

(2)显然直线 l 的斜率不为 0,

设直线 $l:x=my+1,Q(t,0),M(x_1,y_1),N(x_2,y_2)$.

$\begin{cases}x=my+1,\\ \dfrac{x^2}{2}+y^2=1,\end{cases}$ 化简得 $(m^2+2)y^2+2my-1=0$,

由韦达定理,得 $y_1+y_2=-\dfrac{2m}{m^2+2},y_1y_2=-\dfrac{1}{m^2+2}$.

所以 $\overrightarrow{QM}\cdot\overrightarrow{QN}=(x_1-t)(x_2-t)+y_1y_2=(m^2+1)y_1y_2+(m-tm)(y_1+y_2)+(t-1)^2$

$=(t^2-2)-\dfrac{4t-5}{m^2+2}$.

所以当 $t=\dfrac{5}{4},\overrightarrow{QM}\cdot\overrightarrow{QN}=-\dfrac{7}{16}$.

所以存在点 $Q(\dfrac{5}{4},0)$,使得 $\overrightarrow{QM}\cdot\overrightarrow{QN}=-\dfrac{7}{16}$.

点拨 (1)定值问题的本质是所求代数式含参数,但是参数的变化并不影响代数式的数值.

(2)若代数式含两个参数,可取特殊值消参,常见结构如下:

在 $f(k)=(\lambda+1)-\dfrac{2\lambda-3}{k^2+2}$ 中,$\lambda=\dfrac{3}{2}$ 时,$f(k)=\dfrac{5}{2}$;

在 $g(k)=\dfrac{(-2\lambda-4)k^2+(-2\lambda-1)}{2k^2+1}$ 中,当 $\dfrac{-2\lambda-4}{2}=\dfrac{-2\lambda-1}{1}$ 时,即 $\lambda=1$ 时,$g(k)=3$.

二十二、圆过定点问题

例1. 已知椭圆 $E:\dfrac{x^2}{a^2}+\dfrac{y^2}{b^2}=1(a>b>0)$ 的离心率为 $\dfrac{\sqrt{3}}{2}$ ，过其右焦点 F 与长轴垂直的直线与椭圆在第一象限相交于点 M ，得到 $|MF|=\dfrac{1}{2}$ ．

(1)求椭圆 E 的方程；

(2)设椭圆 E 的左顶点为 A ，右顶点为 B ，点 P 是椭圆上的动点，且点 P 与点 A,B 不重合，直线 PA 与直线 $x=3$ 相交于点 S ，直线 PB 与直线 $x=3$ 相交于点 T ．求证：以线段 ST 为直径的圆恒过定点．

解：(1)由题可知 $e=\dfrac{c}{a}=\dfrac{\sqrt{3}}{2}$ ，又 $|MF|=\dfrac{b^2}{a}=\dfrac{1}{2}$ ， $a^2=b^2+c^2$ ，

联立解得 $a=2,b=1$ ，所以椭圆的方程为 $E:\dfrac{x^2}{4}+y^2=1$ ．

(2)证明：设直线 AP 的斜率为 k ，则直线 AP 的方程为 $y=k(x+2)$ ，联立 $x=3$ ，

得 $S(3,5k)$ ．

设 $P(x_0,y_0)$ ，则 $\dfrac{x_0^2}{4}+y_0^2=1(x_0\neq\pm2)$ ，整理得 $y_0^2=-\dfrac{1}{4}(x_0^2-4)$ ，即 $\dfrac{y_0^2}{x_0^2-4}=-\dfrac{1}{4}$ ．

又 $k=\dfrac{y_0}{x_0+2}$ ， $k'=\dfrac{y_0}{x_0-2}(k,k'$ 分别为直线 PA,PB 的斜率)，

所以 $kk'=\dfrac{y_0^2}{x_0^2-4}=-\dfrac{1}{4}$ ，所以直线 PB 的方程为 $y=-\dfrac{1}{4k}(x-2)$ ，

联立 $x=3$ 得 $T\left(3,-\dfrac{1}{4k}\right)$ ，

从而以 ST 为直径的圆的方程为 $(x-3)^2+\left[y-\left(\dfrac{5k}{2}-\dfrac{1}{8k}\right)\right]^2=\left(\dfrac{5k}{2}+\dfrac{1}{8k}\right)^2$ ，

令 $y=0$ ，解得 $x=3\pm\dfrac{\sqrt{5}}{2}$ ，所以以线段 ST 为直径的圆恒过定点 $\left(3\pm\dfrac{\sqrt{5}}{2},0\right)$ ．

点拨 (1)求证以 AB 为直径的圆恒过已知定点 P ，其实质是证明 $\overrightarrow{PA}\perp\overrightarrow{PB}$ ，验证这两个向量的数量积为0或直线 PA,PB 斜率的乘积为 -1 ．

(2)求证以 AB 为直径的圆恒过定点，但定点未知，通常是求出含参数的圆的方程，从而得定点坐标．

二十三、角度问题

例 1. 已知椭圆的两焦点坐标分别为 $F_1(-\sqrt{3},0)$，$F_2(\sqrt{3},0)$，且椭圆过点 $M\left(1,-\dfrac{\sqrt{3}}{2}\right)$.

（1）求椭圆的方程；

（2）过点 $N\left(-\dfrac{6}{5},0\right)$ 作不与 y 轴垂直的直线 l 与椭圆相交于 P，Q 两点，A 为椭圆的左顶点，试判断 $\angle PAQ$ 的大小是否为定值，并说明理由.

解：（1）设椭圆的方程为 $\dfrac{x^2}{a^2}+\dfrac{y^2}{b^2}=1(a>b>0)$. 依题 $c=\sqrt{3}$，且椭圆过点 $M\left(1,-\dfrac{\sqrt{3}}{2}\right)$，

$$\begin{cases} a^2-b^2=3, \\ \dfrac{1}{a^2}+\dfrac{3}{4b^2}=1, \end{cases}$$ 解得 $a^2=4$，$b^2=1$，所以椭圆的方程为 $\dfrac{x^2}{4}+y^2=1$.

（2）设直线 $PQ:x=ty-\dfrac{6}{5}$，$P(x_1,y_1)$，$Q(x_2,y_2)$，

$$\begin{cases} x=ty-\dfrac{6}{5}, \\ \dfrac{x^2}{4}+y^2=1, \end{cases}$$ 化简得 $(t^2+4)y^2-\dfrac{12}{5}ty-\dfrac{64}{25}=0$，

由韦达定理，得 $y_1+y_2=\dfrac{12t}{5(t^2+4)}$，$y_1y_2=\dfrac{-64}{25(t^2+4)}$. 因为 $A(-2,0)$，

所以 $\overrightarrow{AP}\cdot\overrightarrow{AQ}=(x_1+2)(x_2+2)+y_1y_2=(t^2+1)y_1y_2+\dfrac{4}{5}t(y_1+y_2)+\dfrac{16}{25}=0$，

从而 $\angle PAQ=\dfrac{\pi}{2}$.

例 2.（2018·全国 I 卷）过椭圆 $E:\dfrac{x^2}{2}+y^2=1$ 的右焦点 F 的直线 l 与椭圆 E 相交于 A，B 两点，点 M 的坐标为 $(2,0)$.

（1）当 $l\perp x$ 轴时，求直线 AM 的方程；

（2）设 O 为坐标原点，求证：$\angle OMA=\angle OMB$.

解：（1）依题 $F(1,0)$，$l:x=1$，于是点 A 的坐标为 $\left(1,\pm\dfrac{\sqrt{2}}{2}\right)$.

所以 AM 的方程为 $y=\pm\dfrac{\sqrt{2}}{2}(x-2)$.

（2）当 l 与 x 轴重合时，$\angle OMA=\angle OMB=0°$；

当 l 与 x 轴不重合时，设 $l:x=my+1$，$A(x_1,y_1)$，$B(x_2,y_2)$，则 $x_1<\sqrt{2}$，$x_2<\sqrt{2}$.

$$\begin{cases} x=my+1, \\ \dfrac{x^2}{2}+y^2=1, \end{cases}$$ 化简得 $(m^2+2)y^2+2my+-1=0$，

由韦达定理,得 $y_1+y_2=\dfrac{-2m}{m^2+2}$,$y_1y_2=\dfrac{-1}{m^2+2}$.

直线 MA,MB 的斜率之和为 $k_{MA}+k_{MB}=\dfrac{y_1}{x_1-2}+\dfrac{y_2}{x_2-2}=\dfrac{y_1}{my_1-1}+\dfrac{y_2}{my_2-1}$

$=\dfrac{2my_1y_2-(y_1+y_2)}{(my_1-1)(my_2-1)}=0.$

由 $k_{MA}+k_{MB}=0$,得直线 MA,MB 的倾斜角互补,所以 $\angle OMA=\angle OMB$.

点拨 (1)求证角为定值,即求相应向量的数量积为0.

(2)两角相等或角平分线问题,常常是倾斜角互补,从而斜率互为相反数.

如图12.36的抛物线中,若 $\angle APQ=\angle BPQ$,则 $k_{AP}+k_{BP}=0$ 或 $\dfrac{|AP|}{|BP|}=\dfrac{|AQ|}{|BQ|}$.

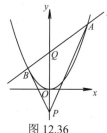

图 12.36

(3)过点 $N(t,0)$ 的直线与圆锥曲线相交于 A,B 两点,过 A,B 作两条直线,若它们的斜率互为相反数,则这两条直线的交点为定点.具体结论如下:

①如图12.37,过点 $N(t,0)$ 的直线与椭圆 $\dfrac{x^2}{a^2}+\dfrac{y^2}{b^2}=1(a>b>0)$ 交于 A,B 两点,

点 $G\left(\dfrac{a^2}{t},0\right)$,则 $\angle AGB$ 被 x 轴平分,即 $\angle AGN=\angle BGN$;

②如图12.38,过点 $N(t,0)$ 的直线与双曲线 $\dfrac{x^2}{a^2}-\dfrac{y^2}{b^2}=1(a>0,b>0)$ 交于 A,B 两

点,点 $G\left(\dfrac{a^2}{t},0\right)$,则 $\angle AGB$ 被 x 轴平分,即 $\angle AGN=\angle BGN$;

③如图12.39,过点 $N(t,0)$ 的直线与抛物线 $y^2=2px(p>0)$ 交于 A,B 两点,点 G $(-t,0)$,则 $\angle AGB$ 被 x 轴平分,即 $\angle AGN=\angle BGN$.

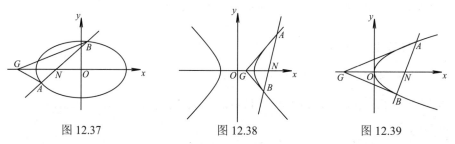

图 12.37   图 12.38   图 12.39

二十四、面积问题

例1. 已知点 $A(0,-2)$ ，椭圆 $E: \dfrac{x^2}{a^2}+\dfrac{y^2}{b^2}=1(a>b>0)$ 的离心率为 $\dfrac{\sqrt{3}}{2}$ ，F 是椭圆的右焦点，

直线 AF 的斜率为 $\dfrac{2\sqrt{3}}{3}$ ，O 为坐标原点.

（1）求椭圆 E 的方程；

（2）设过点 A 的直线 l 与椭圆 E 相交于 P,Q 两点，当 $\triangle OPQ$ 的面积最大时，求直线 l 的方程.

解：（1）设 $F(c,0)$ ，依题 $k_{AF}=\dfrac{2}{c}=\dfrac{2\sqrt{3}}{3}$ ，所以 $c=\sqrt{3}$.

又 $e=\dfrac{c}{a}=\dfrac{\sqrt{3}}{2}$ ，所以 $a=2,b=1$ ，则椭圆 $E: \dfrac{x^2}{4}+y^2=1$.

（2）由题可知，直线 l 的斜率存在，

设直线 $l: y=kx-2,P(x_1,y_1),Q(x_2,y_2)$.

则 $S_{\triangle OPQ}=\left|S_{\triangle OAP}-S_{\triangle OAQ}\right|=\dfrac{1}{2}|OA\|x_1-x_2|$.

$\begin{cases} y=kx-2,\\ \dfrac{x^2}{4}+y^2=1, \end{cases}$ 化简得 $(1+4k^2)x^2-16kx+12=0$ ，

依题 $\Delta=16(k^2-3)>0$ ，所以 $k^2>\dfrac{3}{4}$.

由韦达定理，得 $x_1+x_2=\dfrac{16k}{1+4k^2}$ ，$x_1x_2=\dfrac{12}{1+4k^2}$.

从而 $|x_1-x_2|=\sqrt{(x_1+x_2)^2-4x_1x_2}=\dfrac{4\sqrt{4k^2-3}}{1+4k^2}$.

则 $S_{\triangle OPQ}=\dfrac{1}{2}|OA\|x_1-x_2|=\dfrac{4\sqrt{4k^2-3}}{1+4k^2}$

令 $t=\sqrt{4k^2-3}\,(t>0)$ ，则 $S_{\triangle OPQ}=\dfrac{4t}{4+t^2}=\dfrac{4}{t+\dfrac{4}{t}}$ ，

因为 $t>0$ ，所以 $t+\dfrac{4}{t}>4$ ，当且仅当 $t=2$ 时，$\triangle OPQ$ 的面积取得最大值.

此时 $\sqrt{4k^2-3}=2$ ，解得 $k=\pm\dfrac{\sqrt{7}}{2}$ ，则直线 l 的方程为 $y=\pm\dfrac{\sqrt{7}}{2}x-2$.

例2. 过椭圆 $\dfrac{x^2}{4}+y^2=1$ 的右焦点作两条互相垂直的直线与椭圆分别相交于 A,B,C,D 四点.求四边形 $ABCD$ 面积 S 的最值.

解:椭圆 $\dfrac{x^2}{4}+y^2=1$ 的右焦点为 $F(\sqrt{3},0)$.

①当直线 AB 垂直于 x 轴时,

$l_{AB}:x=\sqrt{3}$, $l_{CD}:y=0$, 此时 $|AB|=1$, $|CD|=4$, 从而 $S=\dfrac{1}{2}|AB||CD|=2$.

②当直线 AB 垂直于 y 轴时,

$l_{AB}:y=0$, $l_{CD}:x=\sqrt{3}$, 此时 $|AB|=4$, $|CD|=1$, 从而 $S=\dfrac{1}{2}|AB||CD|=2$.

③当直线 AB 的斜率存在且不为0时,

设 $l_{AB}:x=my+\sqrt{3}$, 则 $l_{CD}:x=-\dfrac{1}{m}y+\sqrt{3}$.

$$\begin{cases} x=my+\sqrt{3}, \\ \dfrac{x^2}{4}+y^2=1, \end{cases} \quad 化简得 (4+m^2)y^2+2\sqrt{3}\,my-1=0,$$

由韦达定理得 $y_1+y_2=\dfrac{-2\sqrt{3}\,m}{m^2+4}$, $y_1y_2=\dfrac{-1}{m^2+4}$.

$$|AB|=\sqrt{1+m^2}\sqrt{(y_1+y_2)^2-4y_1y_2}=\dfrac{4m^2+4}{m^2+4},$$

同理可得 $|CD|=\dfrac{4m^2+4}{4m^2+1}$. 所以

$$S=\dfrac{1}{2}|AB||CD|=\dfrac{8(m^2+1)^2}{(m^2+4)(4m^2+1)}=2-\dfrac{18m^2}{4m^4+17m^2+4}=2-\dfrac{18}{4m^2+17+\dfrac{4}{m^2}}\geqslant\dfrac{32}{25},$$

当 $m^2=1$ 时,取得等号. 另外,显然 $S<2$.

综上所述,当直线 AB 垂直于坐标轴时,四边形 $ABCD$ 面积 S 取得最大值为2;

当直线 AB 的方程为 $x=\pm y+\sqrt{3}$ 时,四边形 $ABCD$ 面积 S 取得最小值为 $\dfrac{32}{25}$.

点拨 (1)如图12.40,当直线 l 过 x 轴上一定点 F 时,$|OF|$ 的长度确定.设 $A(x_1,y_1)$, $B(x_2,y_2)$, 则 $S_{\triangle AOB}=S_{\triangle AOF}+S_{\triangle BOF}=\dfrac{1}{2}|OF||y_1|+\dfrac{1}{2}|OF||y_2|=\dfrac{1}{2}|OF||y_1-y_2|$ 此时通常设直线的方程为 $x=my+n$, 消 x 得关于 y 的一元二次方程.

(2)如图12.41,当直线 l 过 y 轴上一定点 M 时,$|OM|$ 的长度确定.

设 $A(x_1,y_1)$, $B(x_2,y_2)$, 则 $S_{\triangle AOB}=S_{\triangle AOM}+S_{\triangle BOM}$

$=\dfrac{1}{2}|OM||x_1|+\dfrac{1}{2}|OM||x_2|=\dfrac{1}{2}|OM||x_1-x_2|$. 此时直线方程通常设为 $y=kx+b$, 消 y 得关于 x 的一元二次方程.

(3)如图12.42,直线 l_1, l_2 都过点 F, 且 $l_1\perp l_2$, 则 $S_{四边形ABCD}=\dfrac{1}{2}|AC||BD|$. 若直线 l_1 的斜率为 k, 且弦长 $|AC|=f(k)$, 则 $|BD|=f\left(-\dfrac{1}{k}\right)$.

(4)若点 $A(x_1,y_1)$，$B(x_2,y_2)$，$C(x_3,y_3)$，点 $M(x_0,y_0)$ 是 $\triangle ABC$ 的重心，则

① $\begin{cases} x_0=\dfrac{x_1+x_2+x_3}{3}, \\ y_0=\dfrac{y_1+y_2+y_3}{3}; \end{cases}$

② $\overrightarrow{MA}+\overrightarrow{MB}+\overrightarrow{MC}=\mathbf{0}$；

③ $S_{\triangle ABC}=3S_{\triangle AMB}$.

(5)对于同底不同高或同高不同底的三角形面积之比，往往将问题转化为求解线段之比.

(6)若 $\overrightarrow{AB}=(a,b)$，$\overrightarrow{AC}=(m,n)$，则 $S_{\triangle ABC}=\dfrac{1}{2}|an-bm|$.

(7)若三角形的边不过坐标轴上的定点，则根据弦长公式和点到直线的距离求三角形面积.

(8)若涉及三角形内的三角函数，则可用公式 $S_{\triangle ABC}=\dfrac{1}{2}mn\sin\theta$ 求三角形面积.

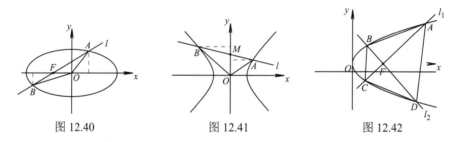

图 12.40　　　　　图 12.41　　　　　图 12.42

二十五、相切问题

1.相切

例1.已知椭圆 $\dfrac{x^2}{a^2}+\dfrac{y^2}{b^2}=1(a>b>0)$ 的左焦点为 $F_1(-1,0)$，且过点 $P(0,1)$.

(1)求椭圆的方程；

(2)设直线 l 与椭圆和抛物线 $y^2=4x$ 都相切，求直线 l 的方程.

解:(1)依题 $c=1$，$b=1$，从而 $a^2=b^2+c^2=2$，

所以椭圆的方程为 $\dfrac{x^2}{2}+y^2=1$.

(3)直线 l 的斜率显然存在，设直线 l 的方程为 $y=kx+m$，

$\begin{cases} y=kx+m, \\ \dfrac{x^2}{2}+y^2=1, \end{cases}$ 化简得 $(1+2k^2)x^2+4kmx+2m^2-2=0$，

依题 $\Delta_1 = 16k^2m^2 - 4(1+2k^2)(2m^2-2) = 0$,化简得 $2k^2-m^2+1=0$.

$\begin{cases} y=kx+m, \\ y^2=4x, \end{cases}$ 化简得 $k^2x^2+(2km-4)x+m^2=0$,

依题 $\Delta_2=(2km-4)^2-4k^2m^2=0$,化简得 $km=1$,

联立解得 $\begin{cases} k=\dfrac{\sqrt{2}}{2}, \\ m=\sqrt{2} \end{cases}$ 或 $\begin{cases} k=-\dfrac{\sqrt{2}}{2}, \\ m=-\sqrt{2} \end{cases}$,

所以直线 l 的方程为 $y=\pm(\dfrac{\sqrt{2}}{2}x+\sqrt{2})$.

例2.过直线 $x=4$ 上任意一点 P 作椭圆 $\dfrac{x^2}{4}+y^2=1$ 的两条切线,切点分别为 A,B,设这两条切线的斜率分别为 k_1,k_2,求 k_1-k_2 的取值范围.

解:显然切线的斜率存在,设过点 $P(4,t)$ 且与椭圆相切的切线为 $y=kx+b$.

$\begin{cases} y=kx+b, \\ \dfrac{x^2}{4}+y^2=1, \end{cases}$ 化简得 $(1+4k^2)x^2+8kbx+4b^2-4=0$,

依题 $\Delta=(8kb)^2-4(1+4k^2)(4b^2-4)=0$,即 $4k^2-b^2+1=0$,

因为直线 $y=kx+b$ 过点 $P(4,t)$,所以 $b=t-4k$,从而 $-12k^2+8tk-t^2+1=0$.

所以 $k_1+k_2=\dfrac{2t}{3}$,$k_1k_2=\dfrac{t^2-1}{12}$,于是 $|k_1-k_2|=\sqrt{(k_1+k_2)^2-4k_1k_2}=\dfrac{\sqrt{t^2+3}}{3}$.

因为 $t\in\mathbf{R}$,所以 $|k_1-k_2|\geqslant\dfrac{\sqrt{3}}{3}$,即 k_1-k_2 的取值范围为 $(-\infty,-\dfrac{\sqrt{3}}{3})\cup(\dfrac{\sqrt{3}}{3},+\infty)$.

2.切线方程

例1.(2021·全国乙卷)抛物线 $C:x^2=2py\ (p>0)$ 的焦点为 F,且点 F 与圆 $O:x^2+(y+4)^2=1$ 上的点的距离的最小值为4.

(1)求 p 的值;

(2)若点 P 在圆 O 上运动,过点 P 作抛物线 C 的两条切线,切点分别为 A,B,求 $\triangle PAB$ 面积的最大值.

解:(1)依题 $p=2$,抛物线 $C:x^2=4y$.

(2)证明:设点 $A(x_1,y_1)$,$B(x_2,y_2)$,切点弦 AB 的方程为 $y=kx+m$.

$\begin{cases} y=kx+m, \\ x^2=4y, \end{cases}$ 化简得 $x^2-4kx-4m=0$,

由韦达定理,得 $x_1+x_2=4k$,$x_1x_2=-4m$.

从而 $|AB|=\sqrt{1+k^2}\sqrt{(x_1+x_2)^2-4x_1x_2}=\sqrt{1+k^2}\sqrt{16m+16k^2}$

设点 $P(\cos\theta,-4+\sin\theta)$,则切点弦 AB 的方程为 $x\cos\theta=2(y+\sin\theta-4)$,

从而 $k=\dfrac{\cos \theta}{2}$，$m=4-\sin \theta$，则 $|AB|=2\sqrt{1+k^2}\sqrt{-(\sin \theta)^2-4\sin \theta+17}$，

点 P 到直线 $y=kx+m$ 的距离 $d=\dfrac{|k\cos \theta-\sin \theta+4+m|}{\sqrt{1+k^2}}=\dfrac{|-(\sin \theta)^2-4\sin \theta+17|}{2\sqrt{1+k^2}}$，

所以 $S_{\triangle PAB}=\dfrac{1}{2}|AB|d=\dfrac{1}{2}\sqrt{[-(\sin \theta)^2-4\sin \theta+17]^3}$.

综上所述，当 $\sin \theta=-1$ 时，$S_{\triangle PAB}$ 取得最大值为 $20\sqrt{5}$.

3.蒙日圆

例1.已知直线 $l:y=x+\sqrt{6}$，圆 $C:x^2+y^2=5$，椭圆 $E:\dfrac{x^2}{a^2}+\dfrac{y^2}{b^2}=1(a>b>0)$ 的离心率 $e=\dfrac{\sqrt{3}}{3}$，直线 l 被圆 C 截得的弦长与椭圆的短轴长相等.

（1）求椭圆 E 的方程；

（2）过圆 C 上任意一点 P 作椭圆 E 的两条切线，若切线都存在斜率.求证：两切线斜率之积为定值.

解：（1）设椭圆的焦距为 c，圆心 C 到 l 的距离 $d=\sqrt{3}$，则 l 被圆 C 截得的弦长为 $2\sqrt{2}$，所以 $b=\sqrt{2}$，$\dfrac{c}{a}=\dfrac{\sqrt{3}}{3}$，$a^2=b^2+c^2$，解得 $a^2=3$，$b^2=2$，$c^2=3$，所以椭圆 $E:\dfrac{x^2}{3}+\dfrac{y^2}{2}=1$.

（2）证明：设点 $P(\sqrt{5}\cos \theta,\sqrt{5}\sin \theta)$，切线 l 的方程为 $y=kx+m$.

$$\begin{cases}y=kx+m,\\ \dfrac{x^2}{3}+\dfrac{y^2}{2}=1,\end{cases}$$ 化简得 $(2k^2+3)x^2+4kmx+2m^2-6=0$.

因为直线 l 与椭圆 E 相切，所以 $\Delta=(4km)^2-4(3+2k^2)(2m^2-6)=0$，

化简得 $2k^2-m^2+3=0$.

因为直线 l 过点 $P(\sqrt{5}\cos \theta,\sqrt{5}\sin \theta)$，所以 $m=\sqrt{5}\sin \theta-\sqrt{5}k\cos \theta$，

解得 $(2-5\sin^2\theta)k^2+2k\sin 2\theta-5\cos^2\theta+3=0$.

设满足题意的两条切线的斜率分别为 k_1，k_2，则 $k_1k_2=\dfrac{-5\cos^2\theta+3}{2-5\sin^2\theta}=-1$.

所以两条切线斜率之积为常数.

4.阿基米德三角形

例1.已知 AB 是抛物线 $x^2=2py(p>0)$ 的任一弦，F 是抛物线的焦点，l 为准线.

（1）若过点 A 的抛物线的切线与 y 轴交于点 C，求证：$|AF|=|CF|$；

（2）若 AB 为焦点弦，分别过点 A，B 的抛物线的两条切线相交于点 T.求证：$AT\perp BT$，且点 T 在准线 l 上.

证：（1）设 $A\left(x_1,\dfrac{x_1^2}{2p}\right)$，由 $y=\dfrac{x^2}{2p}$ 得 $y'=\dfrac{x}{p}$，从而 $l_{AC}:y-\dfrac{x_1^2}{2p}=\dfrac{x_1}{p}(x-x_1)$.

令 $x=0$，得 $y_C=-\dfrac{x_1^2}{2p}$.

则 $|CF|=\dfrac{x_1^2}{2p}+\dfrac{p}{2}$，而 $|AF|=\dfrac{x_1^2}{2p}+\dfrac{p}{2}$，所以 $|AF|=|CF|$.

(2)设 $A\left(x_1,\dfrac{x_1^2}{2p}\right),B\left(x_2,\dfrac{x_2^2}{2p}\right),T(x_0,y_0)$.

将直线 $l_{AB}:y=kx+\dfrac{p}{2}$ 代入 $x^2=2py(p>0)$，

得 $x^2-2pkx-p^2=0$，则 $x_1x_2=-p^2$.

由于 $k_{AT}=\dfrac{x_1}{p},k_{BT}=\dfrac{x_2}{p}$，所以 $k_{AT}k_{BT}=\dfrac{x_1x_2}{p}=-1$，

所以 $AT\perp BT$.

联立直线 $l_{AT}:y=\dfrac{x_1}{p}x-\dfrac{x_1^2}{2p}$ 与直线 $l_{BT}:y=\dfrac{x_2}{p}x-\dfrac{x_2^2}{2p}$，

得 $y_0=\dfrac{x_1x_2}{2p}$，则 $y_0=-\dfrac{p}{2}$.

综上所述，点 T 在准线 l 上.

点拨 (1)直线 $l:y=kx+m$ 与圆锥曲线相切，将直线方程代入曲线方程得一元二次方程，此方程的判别式 $\Delta=0$，由此可得关于 k 与 m 的等式.

(2)如图 12.43，过曲线外一点 $P(x_0,y_0)$ 作曲线的两条切线 l_1,l_2，斜率为 k_1,k_2. 设直线为 $y=kx+m$，联立曲线方程后所得一元二次方程的判别式 $\Delta=0$，根的判别式是关于 k 的方程，两个根为 k_1,k_2.

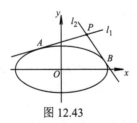

图 12.43

(3)切线方程：

① 椭圆 $\dfrac{x^2}{a^2}+\dfrac{y^2}{b^2}=1(a>0,b>0)$ 在点 (x_0,y_0) 处的切线方程为 $\dfrac{xx_0}{a^2}+\dfrac{yy_0}{b^2}=1$；

② 双曲线 $\dfrac{x^2}{a^2}-\dfrac{y^2}{b^2}=1(a>0,b>0)$ 在点 (x_0,y_0) 处的切线方程为 $\dfrac{xx_0}{a^2}-\dfrac{yy_0}{b^2}=1$；

③ 抛物线 $y^2=2px$ 在点 $(x_0,y_0)(p>0)$ 处的切线方程为 $yy_0=p(x+x_0)$.

(4)切点弦方程：

过点 $P(x_0,y_0)$ 作圆锥曲线的两条切线，切点分别为 A,B.

① 在椭圆 $\dfrac{x^2}{a^2}+\dfrac{y^2}{b^2}=1(a>b>0)$ 中，切点弦 AB 的方程为 $\dfrac{xx_0}{a^2}+\dfrac{yy_0}{b^2}=1$；

②在双曲线 $\dfrac{x^2}{a^2}-\dfrac{y^2}{b^2}=1(a>0,b>0)$ 中,切点弦 AB 的方程为 $\dfrac{xx_0}{a^2}-\dfrac{yy_0}{b^2}=1$;

③在抛物线 $y^2=2px(p>0)$ 中,切点弦 AB 的方程为 $yy_0=p(x+x_0)$.

(5)蒙日圆:

①过椭圆 $\dfrac{x^2}{a^2}+\dfrac{y^2}{b^2}=1(a>b>0)$ 外一点 P 作两条互相垂直的切线,则 P 的轨迹方程是圆,此圆称为蒙日圆,方程为 $x^2+y^2=a^2+b^2$;

②过双曲线 $\dfrac{x^2}{a^2}-\dfrac{y^2}{b^2}=1(a>0,b>0)$ 外一点 P 作两条互相垂直的切线,则 P 的轨迹方程为 $x^2+y^2=a^2-b^2$.

(6)阿基米德三角形:

如图12.44,过抛物线 C 的焦点 F 的直线 l 与 C 相交于点 A,B,过点 A,B 作抛物线的两条切线 l_1,l_2,直线 l_1,l_2 相交于点 P,$\triangle PAB$ 称为阿基米德三角形,此三角形有以下特征:

①点 P 必在抛物线的准线上.

②$PA\perp PB$.

③$PF\perp AB$.

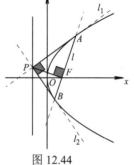

图 12.44

二十六、极点与极线

例1.(2020·全国Ⅰ卷)已知 A,B 分别为椭圆 $E:\dfrac{x^2}{9}+y^2=1$ 的左右顶点,点 P 为直线 $x=6$ 上的动点,PA 与 E 的另一个交点为 C,PB 与 E 的另一个交点为 D.证明:直线 CD 过定点.

解: 设 $l_{AP}:x=my-3$,$l_{BP}:x=ny+3$,$P(6,t)$,$C(x_1,y_1)$,$D(x_2,y_2)$.

当 $t\neq0$ 时,$\begin{cases}x=my-3,\\ \dfrac{x^2}{9}+y^2=1,\end{cases}$ 化简得 $(m^2+9)y^2-6my=0$,

于是 $y_1+0=\dfrac{6m}{m^2+9}$,所以 $x_1=\dfrac{3m^2-27}{m^2+9}$,从而 $C\left(\dfrac{3m^2-27}{m^2+9},\dfrac{6m}{m^2+9}\right)$.

$\begin{cases}x=ny-3,\\ \dfrac{x^2}{9}+y^2=1,\end{cases}$ 化简得 $(n^2+9)y^2+6ny=0$,

于是 $y_2+0=\dfrac{-6n}{n^2+9}$,所以 $x_2=\dfrac{-3n^2+27}{n^2+9}$,从而 $C\left(\dfrac{-3n^2+27}{n^2+9},\dfrac{-6n}{n^2+9}\right)$

因为直线 AP 与直线 BP 相交于点 $P(6,t)$,

所以 $6=mt-3,6=nt+3$,从而 $mt=9,nt=3$,

所以 $m=3n$,于是 $C(\dfrac{3n^2-3}{n^2+1},\dfrac{2n}{n^2+1})$,所以 $k_{CD}=\dfrac{\dfrac{2n}{n^2+1}-\dfrac{-6n}{n^2+9}}{\dfrac{3n^2-3}{n^2+1}-\dfrac{-3n^2+27}{n^2+9}}=\dfrac{4n}{3(n^2-3)}$.

从而 $l_{CD}:y-\dfrac{2n}{n^2+1}=\dfrac{4n}{3(n^2-3)}(x-\dfrac{3n^2-3}{n^2+1})$,化简得 $l_{CD}:y=\dfrac{4n}{3(n^2-3)}(x-\dfrac{3}{2})$.

当 $x=\dfrac{3}{2}$ 时,$y=0$,所以直线 CD 过定点 $(\dfrac{3}{2},0)$.

当 $t=0$ 时,$l_{CD}:y=0$,直线 CD 过定点 $(\dfrac{3}{2},0)$.综上分析,直线 CD 过定点 $(\dfrac{3}{2},0)$.

点拨 例题中,如图12.45,根据极点与极线的相关理

论,点 $P(6,t)$ 的极线为 $\dfrac{6x}{9}+ty=1$.

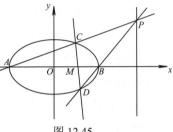

而 AB 与 CD 的交点 $M(x_0,0)$ 一定在极线上,从而

$\dfrac{6x_0}{9}+t\times0=1$,得 $x=\dfrac{3}{2}$,所以 CD 过定点 $(\dfrac{3}{2},0)$.

图 12.45

二十七、蝴蝶定理

例1. 已知椭圆 $E:\dfrac{x^2}{16}+\dfrac{y^2}{12}=1$ 的左右顶点分别为 P,Q,过椭圆右焦点的直线 l 与椭圆交

于 A,B 两点,且直线 l 的斜率不为 0,分别记直线 AP 和 BQ 的斜率为 k_1 和 k_2,问:是

否存在常数 λ,使得在直线 l 的转动过程中,有 $k_1=\lambda k_2$ 恒成立.

解: 如图12.46,设直线 $l:x=my+2(m\neq0),A(x_1,y_1),B(x_2,y_2)$,

$\begin{cases}x=my+2,\\\dfrac{x^2}{16}+\dfrac{y^2}{12}=1,\end{cases}$ 化简得 $(3m^2+4)y^2+12my-36=0$.

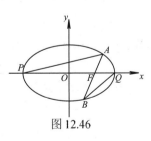

由韦达定理得 $y_1+y_2=\dfrac{-12m}{3m^2+4}$,$y_1y_2=\dfrac{-36}{3m^2+4}$,

从而 $my_1y_2=3(y_1+y_2)$,$k_1=\dfrac{y_1}{x_1+4}$,$k_2=\dfrac{y_2}{x_2-4}$.

图 12.46

$\lambda=\dfrac{k_1}{k_2}=\dfrac{y_1}{x_1+4}=\dfrac{y_1(my_2-2)}{y_2(my_1+6)}=\dfrac{my_1y_2-2y_1}{my_1y_2+6y_2}$

$=\dfrac{3(y_1+y_2)-2y_1}{3(y_1+y_2)+6y_2}=\dfrac{y_1+3y_2}{3y_1+9y_2}=\dfrac{1}{3}$,

所以存在 $\lambda=\dfrac{1}{3}$,使得 $k_1=\dfrac{1}{3}k_2$ 恒成立.

点拨　（1）蝴蝶定理：M 是圆锥曲线的弦 AB 的中点，过点 M 作两条弦 CD,EF，连接 DE,CF 交 AB 于 P,Q 两点，则 M 是线段 PQ 的中点，即 $|PM|=|MQ|$.

蝴蝶定理特殊形式：过圆锥曲线对称轴上一点的任意两条弦 CD,EF，均可构造蝴蝶定理.

（2）例题中，如图 12.47，AB,PQ 相当于是过通径 CD 的两条弦，设 $|FS|=|FT|=m$，则 $k_1=\tan\angle APF=\dfrac{SF}{PF}=\dfrac{m}{6}$，$k_2=\tan\angle BQF=\dfrac{FT}{QF}=\dfrac{m}{2}$，所以 $k_1=\dfrac{1}{3}k_2$. 蝴蝶定理主要应用于过圆锥曲线对称轴上一点的任意两条弦相关斜率问题.

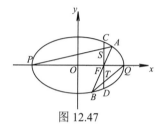

图 12.47

（3）形如 $\lambda=\dfrac{my_1y_2-2y_1}{my_1y_2+6y_2}$ 的结构，无法直接应用韦达定理，称此类问题为"非对称韦达定理问题".

处理方式如下，设 $y_1+y_2=f(\lambda)$，$y_1y_2=g(\lambda)$：

①若 $y_1=my_2+n$，则将 $y_1=my_2+n$ 代韦达定理消去 y_1，y_2 可得 λ 的等式；

②若 $y_1+y_2=ty_1y_2$，则将 y_1+y_2 替换"非对称结构"中的 y_1y_2 可得变化等式；

③在"非对称结构"中配凑韦达定理，保留 y_1，

如 $\lambda=\dfrac{my_1y_2-2y_1}{my_1y_2+6y_2}=\dfrac{my_1y_2-2y_1}{my_1y_2+6(y_1+y_2)-6y_1}=\dfrac{mf(\lambda)-2y_1}{mf(\lambda)+6g(\lambda)-6y_1}$；

④在一元二次方程中解出 y_1，y_2，再代入"非对称结构".

二十八、仿射变换

例 1. 已知点 $A(0,-2)$，椭圆 $E：\dfrac{x^2}{a^2}+\dfrac{y^2}{b^2}=1(a>b>0)$ 的离心率为 $\dfrac{\sqrt{3}}{2}$，F 是椭圆的右焦点，直线 AF 的斜率为 $\dfrac{2\sqrt{3}}{3}$，O 为坐标原点.

（1）求椭圆 E 的方程；

（2）设过点 A 的直线 l 与椭圆 E 相交于 P,Q 两点，当 $\triangle OPQ$ 的面积最大时，求直线 l 的方程.

解:(1)设 $F(c,0)$,依题 $k_{AF}=\dfrac{2}{c}=\dfrac{2\sqrt{3}}{3}$,所以 $c=\sqrt{3}$.

又 $\dfrac{c}{a}=\dfrac{\sqrt{3}}{2}$,所以 $a=2$,从而 $b=1$.

所以该椭圆的方程为 $E:\dfrac{x^2}{4}+y^2=1$.

(2)令 $\begin{cases}\dfrac{x}{2}=x', \\ y=y',\end{cases}$ 化简得 $(x')^2+(y')^2=1$,

如图 12.48,此时 $P'Q'$ 过点 $A'(0,-2)$,且 $S_{\triangle OP'Q'}=\dfrac{1}{2}S_{\triangle OPQ}$,

而 $S_{\triangle OP'Q'}=\dfrac{1}{2}|OP'||OQ'|\sin\angle P'OQ'=\dfrac{1}{2}\sin\angle P'OQ'$.

所以当 $\angle P'OQ'=\dfrac{\pi}{2}$ 时,$S_{\triangle OP'Q'}$ 取得最大值为 $\dfrac{1}{2}$,

此时点 O 到 $P'Q'$ 的距离为 $\dfrac{\sqrt{2}}{2}$,

设 $l_{P'Q'}:y'=k'x'-2$,则 $\dfrac{2}{\sqrt{1+k'^2}}=\dfrac{\sqrt{2}}{2}$,解得 $k'=\pm\sqrt{7}$,

从而直线 l 的斜率 $k=\dfrac{1}{2}k'=\pm\dfrac{\sqrt{7}}{2}$.

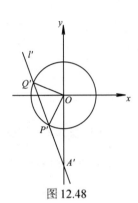

图 12.48

所以当 $\triangle OPQ$ 的面积最大为 1 时,直线 l 的方程为 $y=\pm\dfrac{\sqrt{7}}{2}x-2$.

点拨 仿射变换前后相关量的转化

① $P'(x',y')=P'\left(\dfrac{x}{a},\dfrac{y}{b}\right)$;

② $k'=\dfrac{y'}{x'}=\dfrac{\dfrac{y}{b}}{\dfrac{x}{a}}=\dfrac{a}{b}\dfrac{y}{x}=\dfrac{a}{b}k$;

③ $S'=\dfrac{1}{2}x'y'=\dfrac{1}{2}\dfrac{x}{a}\dfrac{y}{b}=\dfrac{1}{ab}\left(\dfrac{1}{2}xy\right)=\dfrac{1}{ab}S$.

第13章 概 率

DI SHISAN ZHANG

一、排列组合解题策略

1.特殊对象特殊处理

例1. 从0，1，2，3，4，5这6个数字中任取4个不同的数字组成一个4位数,则这样的4位数有多少个?

解: 数字0比较特殊,因此分类如下:

　　4位数含0时,先把0安排到后3位中的一个位置,再从余下的5个数中取3个数安排到剩下的3个位置,有 $A_3^1 \cdot A_5^3 = 180$ 个;

　　4位数不含0时,从余下的5个数中取4个数安排到4个位置,有 $A_5^4 = 120$ 个.

　　则符合题意的4位数有300个.

例2. 乒乓球的10名队员中有3名主力队员,派5名参加比赛,3名主力队员要安排在第一、三、五位置,其余7名队员选2名安排在二、四位置,那么不同的出场安排共有多少种?

解: 先安排3名主力队员,再选2名安排,共有 $A_3^3 \times A_7^2 = 252$ 种安排方法.

点拨 某些元素或位置比较特殊,影响了整体分析,可优先安排或分类处理.

2.正难则反

例1. 某班级要从5名男生、3名女生中选派4人参加某次社区服务,如果要求至少有1名女生,那么不同的选派方法有_____种.

解: 从8个人中选4个人的方法总数有 C_8^4 种,

　　1名女生都没有的方法数为 C_5^4.

　　所以至少有1名女生的方法数为 $C_8^4 - C_5^4 = 70 - 5 = 65$ 种选派方法.

例2. 把3盆不同的兰花和4盆不同的玫瑰花摆放在如图13.1所示的7个位置上,其中3盆兰花不能放在一条直线上,则不同的摆放方法有（　　）

　　A.2 680种　　　　　　B.4 320种

　　C.4 920种　　　　　　D.5 140种

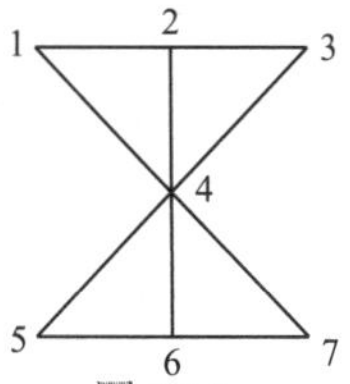

解: 有 $A_7^7 - 5 \times A_3^3 \times A_4^4 = 4\,320$ 种摆放方法.选B.

图13.1

点拨 (1)如果解题时正向考虑比较复杂,则可以反向考虑.

　　(2)出现正向考虑比较复杂的原因一般是类别比较多或者考虑的对象不工整,而反向类别比较少或者考虑的对象比较工整.

3.相邻问题捆绑

例1.有7名学生站成一排拍照,其中甲、乙、丙三名学生必须相邻,不同的站法有多少种站法?

解:第一步,将甲、乙、丙三名学生在一起,有A_3^3种方法;

第二步,将捆绑在一起的三名学生构成的整体与剩余的四名学生共计5个对象作全排列,有A_5^5种方法;

所以总共有$A_3^3 \times A_5^5 = 6 \times 120 = 720$种站法.

例2.记者要为5名志愿者和他们帮助的2位老人拍照,要求排成一排,2位老人相邻但不能排在两端,不同的排法有多少种?

解:第一步,从5名志愿者中选两名放在两端;

第二步,将2位老人捆绑在一起和剩余的三名志愿者一起做全排列;

所以总共有$A_5^2 \times A_2^2 \times A_4^4 = 960$种排法.

点拨 若某些对象必须挨在一起,则将其捆绑为一个对象,特别需要注意捆绑的整体内部的顺序问题.

4.不相邻问题插空

例1.有7个人站成一排照相,其中甲、乙、丙不能相邻,不同的站法有多少种?

解:第一步,先将除甲、乙、丙以外的四个人作全排列,有A_4^4种站法;

第二步,将甲、乙、丙插入上面四个人的空隙位置,有A_5^3种站法;

所以方法总数有$A_4^4 \times A_5^3 = 1\,440$种站法.

例2.将3个舞蹈节目和4个歌唱节目安排成一个表演单,其中相同类别的节目不能相邻,不同的方法有多少种?

解:依题,3个舞蹈节目必须在4个歌唱节目的空隙里.

第一步,4个歌唱节目作全排列,有A_4^4种排法;

第二步,3个舞蹈节目插入4个歌唱节目的空隙,有A_3^3种插法.

所以总共有$A_4^4 \times A_3^3 = 144$种方法.

例3.有2排座位,前排11个座位,后排12个座位,现安排两个人就坐,规定前排中间的3个座位不能坐,并且这两个人不能左右相邻,那么不同的排法有多少种?

解:第一类,当这两个人一前一后时,有$2 \times A_{12}^1 \times A_8^1 = 192$种排法;

第二类,当这两个人同在后排时,有$A_{11}^2 = 110$种排法;

第三类,当这两个人同在前排时,有$2 \times A_3^2 + 2 \times A_4^1 \times A_4^1 = 44$种排法.

所以总共有346种排法.

点拨 若某些对象不能挨在一起,则先将其他对象排列,再将不能挨着的对象依次插入已排列的对象的空隙,这样就保证了这些对象不相邻.

5.选派问题

例1. 现将6名学生分成三组去甲、乙、丙三个地方作社会实践活动,每个地方最少一名学生,且甲地方最少3名学生,则不同的分配方法有多少种?

解: 根据甲地方的学生人数分为两类:

甲地方3名学生:有 $C_6^3 \cdot C_3^2 \cdot C_1^1 \cdot A_2^2$ 种方法;

甲地方4名学生:有 $\dfrac{C_6^4 \cdot C_2^1 \cdot C_1^1}{A_2^2} \cdot A_2^2$ 种方法.

所以符合题意的分配方法有 $C_6^3 \cdot C_3^2 \cdot C_1^1 \cdot A_2^2 + \dfrac{C_6^4 \cdot C_2^1 \cdot C_1^1}{A_2^2} \cdot A_2^2 = 150$ 种.

例2. 将5名医生安排到 A,B,C 三个地方进行医疗服务,每个地方至少1名医生最多2名医生,医生甲不能去 A 地,则满足条件的安排方法有多少种?

解: 显然医生甲只能去 B 地或 C 地,且他去 B 地的情况与去 C 地的情况相同.

设医生甲去 B 地:若 B 地只有1人,方法数有 $\dfrac{C_4^2 \cdot C_2^2}{A_2^2} \cdot A_2^2 = 6$ 种;

若 B 地有2人,则先从剩下的四个人中选一人去 B 地,再将剩下的三人分配去 A,C 两地,方法数有 $C_4^1 \cdot C_3^2 \cdot C_1^1 \cdot A_2^2 = 24$ 种;

而医生甲去 C 地的方法数也有30种,所以共有60种方法.

例3. 将3名女医生和4名男医生安排到甲、乙两个地方进行医疗服务,每个地方男女医生都要有,则满足条件的安排方法有多少种?

解: 显然女医生一个地方1名,另一个地方2名.先安排女医生,共有 $C_3^2 \cdot C_1^1 \cdot A_2^2$ 种方法.

若男医生按3,1分配,则选择3名男医生去一个地方,另一个地方的男医生随之被确定,此时共有 $C_3^2 \cdot C_1^1 \cdot A_2^2 \cdot C_4^3 \cdot A_2^1$ 种方法.

若男医生按2,2分配,则选择2名男医生去一个地方,另一个地方的男医生随之被确定,此时共有 $C_3^2 \cdot C_1^1 \cdot A_2^2 \cdot C_4^2 \cdot A_2^1$ 种方法.所以共有120种方法.

例4. 有6名医生安排到三个地方进行医疗服务,每个地方2人,且甲、乙2名医生不能安排到同一个地方,则满足条件的安排方法有多少种?

解: 不考虑甲、乙两名医生是否被安排到同一个地方的方法有 $\dfrac{C_6^2 \cdot C_4^2 \cdot C_2^2}{A_3^3} \cdot A_3^3$ 种,

若甲、乙两名医生被安排到同一个地方,则不符合题意,此时可从三个地方选一个地方给甲、乙两名医生,然后将剩余四名医生按均匀分组后安排到另外两个地方,从而方法有 $C_3^1 \cdot \dfrac{C_4^2 \cdot C_2^2}{A_2^2} \cdot A_2^2$ 种,

所以满足条件的方法有 $\dfrac{C_6^2 \cdot C_4^2 \cdot C_2^2}{A_3^3} \cdot A_3^3 - C_3^1 \cdot \dfrac{C_4^2 \cdot C_2^2}{A_2^2} \cdot A_2^2 = 72$ 种.

点拨 (1)将某些对象进行分组时,注意均匀分组要除组数的全排列.

(2)选择或分组后派去某些位置的问题,通常是先分组再排列.

6.涂色问题

例1. 如图13.2,一个地区分为5个行政区域,现给该地区的地图涂色,要求相邻区域不使用同一种颜色,现有4种颜色可供选择,则涂色的方法共有_____种(用数字作答).

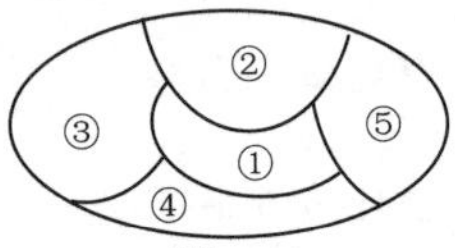

解:(1)如果使用4种颜色,则分为两类:

②④同色,①③⑤不同色,方法有 $A_4^1 \cdot A_3^3 = 24$ 种;

③⑤同色,①②④不同色,方法有 $A_4^1 \cdot A_3^3 = 24$ 种.

图 13.2

(2)如果使用3种颜色,可按如下步骤进行:

从4种颜色种选3种颜色;将选出的3种颜色涂在①③④,从而②⑤的颜色必然被确定.共有 $C_4^3 A_3^3 = 24$ 种方法.

综上分析,涂色方法总共有72种.

例2. 给如图13.3的四棱锥的五个顶点涂色,要求同一条棱的两个端点不能涂同一种颜色,现有5种颜色可供选择,则涂色的方法共有_____种(用数字作答).

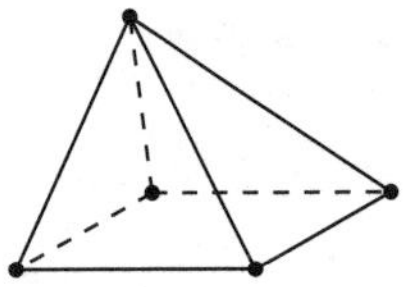

解:(1)如果使用5种颜色,涂色方法有 $A_5^5 = 120$ 种.

图 13.3

(2)如果使用4种颜色,可按如下步骤进行:

从5种颜色中选4种颜色,从选出的4种颜色中选一种涂在上顶点上,

把剩下的3种颜色涂在底面的四个点上,

则共有 $C_5^4 \cdot A_4^1 \cdot (2A_3^1 A_2^2) = 240$ 种方法.

(3)如果使用3种颜色,共有 $C_5^3 A_3^1 A_2^2 = 60$ 种方法.

综上分析,涂色的方法总共有420种.

点拨 染色问题应先确定使用颜色的种数;然后结合图形分析染色颜色的条件要求,整体把握可能出现的染色情况;最后按分布特点进行染色.

7.定序问题

例1. 有4本英语书和3本数学按一定的顺序排成一排,其中数学书保持一定的顺序不变,则有多少种不同的排列方法?

解:第一步:从七个位置中选三个位置给顺序不变的3本数学书,有 $C_7^3 = 35$ 种排列方法;

第二步:将剩下的4本英语书放在剩下的四个位置上,有 $A_4^4 = 24$.

所以共有 $C_7^3 A_4^4 = 840$ 种排列方法.

例2. 有7名同学排成一排,其中甲、乙必须相邻,丙必须在丁的前面,则有多少种不同的排列方法?

解:第一步:甲、乙捆绑有 $A_2^2 = 2$ 种排列方法;

第二步:将甲、乙捆绑后与剩下的5名同学共计6个对象作全排列,有 A_6^6 种排列方法.

丙必须在丁的前面,他们顺序固定,共有 $\dfrac{A_2^2 A_6^6}{2} = 720$ 种排列方法.

点拨 定序问题实质是保持特定顺序的对象的全排列中只取一种,所以要除以保持顺序的对象个数的全排列.

8.隔板法

例1. 在高一年级四个班里选16人参加社会实践活动,每个班最少选一人,则不同的分配方法有多少种?

解: 此问题相当于在连成一串的小球内插入3块隔板,截为4断,

所以共有 $C_{15}^3 = 455$ 种分配方法.

点拨 若将相同元素分成若干份,则可将所有元素排成一排,根据份数在空隙中插入相应数量的隔板达到分组的目的.

二、二项式定理常考题型

1.应用通项

例1. 在 $(\dfrac{x}{2} - \dfrac{1}{\sqrt[3]{x}})^n$ 的展开式中,只有第5项的二项式系数最大,则展开式中常数项是(　　)

 A.-7 B.7   C.-28 D.28

解: 由题意有 $n=8$,$T_{r+1} = C_8^r (\dfrac{x}{2})^{8-r} (-\dfrac{1}{\sqrt[3]{x}})^r = C_8^r (\dfrac{1}{2})^{8-r} (-1)^r x^{\frac{24-4r}{3}}$,

所以 $r=6$ 时,常数项为7.选B.

例2. 若 $(2x + \dfrac{a}{x})^7$ 的展开式中 $\dfrac{1}{x^3}$ 的系数是84,则 $a=$_____.

解: $T_{r+1} = C_7^r (2x)^{7-r} (\dfrac{a}{x})^r = 2^{7-r} C_7^r a^r \cdot \dfrac{1}{x^{2r-7}}$.

令 $2r-7=3$,得 $r=5$,由 $2^{7-5} C_7^5 a^5 = 84$,解得 $a=1$.

例3. 若多项式 $x(x+3)^5 = a_0 + a_1 x + a_2 x^2 + \cdots + a_6 x^6$,则 $a_3 = $_____.

解: a_3 是 x^3 的系数,也就是 $(x+3)^5$ 的展开式的 x^2 项的系数.

在 $(x+3)^5$ 的展开式中,$T_{r+1} = C_5^r x^{5-r} 3^r$,

令 $5-r=2$,得 $r=3$,所以 $a_3 = C_5^3 3^3 = 270$.

点拨 化简的基本原理是将常数置于前列,再将未知量化为最简指数式,根据题设要求取相应指数,求出 r 的值.

2.两项相乘

例1. $(x + \dfrac{1}{x})(2x - \dfrac{1}{x})^5$ 的展开式中常数项为(　　)

 A.-40 B.-20 C.20   D.40

解:$(2x-\frac{1}{x})^5$ 的展开式的通项为 $T_{r+1}=C_5^r(2x)^{5-r}(-\frac{1}{x})^r=C_5^r2^{5-r}(-1)^rx^{5-2r}$,

所以 $(x+\frac{1}{x})(2x-\frac{1}{x})^5$ 的展开式为 $xC_5^r2^{5-r}(-1)^rx^{5-2r}+\frac{1}{x}C_5^r2^{5-r}(-1)^rx^{5-2r}$

$=C_5^r2^{5-r}(-1)^rx^{6-2r}+C_5^r2^{5-r}(-1)^rx^{4-2r}$,

在 $C_5^r2^{5-r}(-1)^rx^{6-2r}$ 中,令 $6-2r=0$,得 $r=3$,此时 $C_5^32^2(-1)^3=-40$,

在 $C_5^r2^{5-r}(-1)^rx^{4-2r}$ 中,令 $4-2r=0$,得 $r=2$,此时 $C_5^22^3(-1)^2=80$.

所以展开式的常数项为40.选D.

例2.$(1+2\sqrt{x})^3(1-\sqrt[3]{x})^5$ 的展开式中 x 的系数是(　　)

  A.-4 B.-2 C.2 D.4

解:$(1+2\sqrt{x})^3$ 的展开式的通项为 $T_{r+1}=C_3^r1^{3-r}(2\sqrt{x})^r=C_3^r2^rx^{\frac{r}{2}}$,$r=0$,1,2,3,

$(1-\sqrt[3]{x})^5$ 的展开式的通项为 $T_{k+1}=C_5^k1^{5-k}(-\sqrt[3]{x})^k=C_5^k(-1)^kx^{\frac{k}{3}}$,$k=0$,1,$\cdots$,5;

所以 $(1+2\sqrt{x})^3(1-\sqrt[3]{x})^5$ 展开式的通项为 $C_3^r2^rx^{\frac{r}{2}}\cdot C_5^k(-1)^kx^{\frac{k}{3}}=C_3^rC_5^k2^r(-1)^kx^{\frac{r}{2}+\frac{k}{3}}$,

令 $\frac{r}{2}+\frac{k}{3}=1$,得 $\begin{cases}r=0,\\k=3\end{cases}$ 和 $\begin{cases}r=2,\\k=0\end{cases}$ 符合题意,

所以 x 的系数为 $C_3^0C_5^32^0(-1)^3+C_3^2C_5^02^2(-1)^0=-10+12=2$.选C.

点拨 两项相乘的二项展开式问题,先写出两个因子的通项,再将两个通项相乘得整体的通项.

3.三项式展开

例1.$(x-4\sqrt{x}+4)^7$ 的展开式中 x^6 的系数为　　　　.

解:$(x-4\sqrt{x}+4)^7=[(\sqrt{x}-2)^2]^7=(\sqrt{x}-2)^{14}$.

于是原式的展开式为 $T_{r+1}=C_{14}^r(\sqrt{x})^{14-r}(-2)^r=C_{14}^r(-2)^r\cdot x^{7-\frac{r}{2}}$.

令 $7-\frac{r}{2}=6$,得 $r=2$,所以展开式中 x^6 的系数为 $C_{14}^2(-2)^2=364$.

例2.$(x^2-y+2)^7$ 展开式中 x^4y^3 的系数为　　　　.

解:$(x^2-y+2)^7$ 的通项为 $T_{r+1}=C_7^r(x^2-y)^{7-r}2^r$,

而 $(x^2-y)^{7-r}$ 的通项为 $C_{7-r}^k(x^2)^{7-r-k}(-y)^k$,

所以 $T_{r+1}=C_7^rC_{7-r}^k(x^2)^{7-r-k}(-y)^k2^r=C_7^rC_{7-r}^k2^r(-1)^kx^{14-2r-2k}y^k$.

要求 x^4y^3 的系数,可令 $k=3$,从而得 $r=2$,

所以 x^4y^3 的系数为 $C_7^2C_5^32^2(-1)^3=-840$.

点拨 三项式展开问题有两种处理方式,一是将三项式的内部因式分解为二项式;二是将内部的两项作为一个对象,将第三项作为另一个对象按二项式定理展开.

4.赋值法

例1.在$(2x-3y)^{10}$的展开式中,求:

(1)各项系数的和;

(2)奇数项的二项式系数和与偶数项的二项式系数和;

(3)奇数项系数和与偶数项系数和.

解:(1)令$x=y=1$,则各项系数和为$(2-3)^{10}=(-1)^{10}=1$.

(2)奇数项的二项式系数和为$C_{10}^0+C_{10}^2+\cdots+C_{10}^{10}=2^9$,

偶数项的二项式系数和为$C_{10}^1+C_{10}^3+\cdots+C_{10}^9=2^9$.

(3)设$(2x-3y)^{10}=a_0x^{10}y^0+a_1x^9y^1+a_2x^8y^2+\cdots+a_{10}x^0y^{10}$,

令$x=y=1$,得$a_0+a_1+a_2+\cdots+a_{10}=1$,

令$x=1$,$y=-1$,得$a_0-a_1+a_2-\cdots+a_{10}=5^{10}$.

于是奇数项系数和$a_0+a_2+\cdots+a_{10}=\dfrac{1+5^{10}}{2}$,

偶数项系数和$a_1+a_3+\cdots+a_9=\dfrac{1-5^{10}}{2}$.

例2.若$(1-2x)^{2021}=a_0+a_1x+a_2x^2+\cdots+a_{2021}x^{2021}$,则$\dfrac{a_1}{2}+\dfrac{a_2}{2^2}+\cdots+\dfrac{a_{2021}}{2^{2021}}$的值为(　　)

　A.2　　　　　　B.0　　　　　　C.-1　　　　　　D.-2

解:在$(1-2x)^{2021}=a_0+a_1x+a_2x^2+\cdots+a_{2021}x^{2021}$中,

令$x=0$,得$(1-2\times0)^{2021}=a_0$,于是$a_0=1$,

取$x=\dfrac{1}{2}$,得$\left(1-2\times\dfrac{1}{2}\right)=a_0+\dfrac{a_1}{2}+\dfrac{a_2}{2^2}+\cdots+\dfrac{a_{2021}}{2^{2021}}$,

于是$a_0+\dfrac{a_1}{2}+\dfrac{a_2}{2^2}+\cdots+\dfrac{a_{2021}}{2^{2021}}=0$,

所以$\dfrac{a_1}{2}+\dfrac{a_2}{2^2}+\cdots+\dfrac{a_{2021}}{2^{2021}}=-1$.选C.

例3.若$(2x-1)^7=a_0+a_1(x+1)^1+a_2(x+1)^2+\cdots+a_7(x+1)^7$,则$a_1+2a_2+3a_3+\cdots+7a_7$

$=$_____.

解:在$(2x-1)^7=a_0+a_1(x+1)^1+a_2(x+1)^2+\cdots+a_7(x+1)^7$中,

令$x+1=y$,则$x=y-1$,

于是$(2y-3)^7=a_0+a_1y^1+a_2y^2+\cdots+a_7y^7$,

两边对含自变量y的代数式求导,得$7(2y-3)^6\times2=a_1+2a_2y+\cdots+7a_7y^6$,

取$y=1$,得$a_1+2a_2+3a_3+\cdots+7a_7=14$.

点拨　(1)对于二项式系数问题,通常令未知量为常数,从而得到所需系数和.

(2)若展开式含同一个代数式,则使用换元法.

(3)若出现$a_1+2a_2+3a_3+\cdots+na_n$,则求导再赋值.

5.二项式指数问题

例1. 已知 $(\sqrt{x}-\dfrac{2}{x^2})^n(n\in \mathbf{N}^*)$ 的展开式中第五项的系数与第三项的系数之比是 $10:1$.

　　(1)求展开式中含 $x^{\frac{3}{2}}$ 的项的系数;

　　(2)求展开式中系数最大的项.

解: (1)第五项系数为 $C_n^4(-2)^4$, 第三项系数为 $C_n^2(-2)^2$,

依题 $\dfrac{C_n^4(-2)^4}{C_n^2(-2)^2}=\dfrac{10}{1}$, 可解得 $n=8$ 或 $n=-3$(舍去), 所以 $n=8$.

于是二项式的通项公式为 $T_{k+1}=C_8^k(\sqrt{x})^{8-k}(-\dfrac{2}{x^2})^k=C_8^k(-2)^k x^{\frac{8-5k}{2}}$,

令 $\dfrac{8-5k}{2}=\dfrac{3}{2}$, 得 $k=1$. 故展开式中含 $x^{\frac{3}{2}}$ 的项的系数为 $C_8^1(-2)^1=-16$.

(2)在展开式中, 第 k, $k+1$, $k+2$ 项的系数的绝对值对应为 $C_8^{k-1}2^{k-1}$, $C_8^k2^k$, $C_8^{k+1}2^{k+1}$,

若第 $k+1$ 项的系数的绝对值最大, 由 $\begin{cases}C_8^{k-1}2^{k-1}\leqslant C_8^k2^k\\ C_8^{k+1}2^{k+1}\leqslant C_8^k2^k\end{cases}$, 解得 $5\leqslant k\leqslant 6$,

因为 T_6 的系数为负, 所以系数最大项为 $T_7=1\,792\cdot x^{-11}$.

三、求概率

1.列举法求概率

例1. 一个袋中装有四个形状大小完全相同的球, 球的编号分别为 $1,2,3,4$.

　　(1)从袋中随机取两个球, 求取出的球的编号之和不大于4的概率;

　　(2)先从袋中随机取一个球, 该球的编号为 m, 然后将球放回袋中, 再从袋中随机取一个球, 该球的编号为 n, 求 $n<m+2$ 的概率.

解: (1)从袋中随机取两个球的所有结果共6个:$(1,2)$, $(1,3)$, $(1,4)$, $(2,3)$, $(2,4)$, $(3,4)$.

编号之和不大于4的结果有 $(1,2)$, $(1,3)$. 所以编号之和不大于4的概率为 $\dfrac{1}{3}$.

(2)依题有序数组 (m,n) 的所有取值结果共16个:$(1,1)$, $(1,2)$, $(1,3)$, $(1,4)$, $(2,1)$, $(2,2)$, $(2,3)$, $(2,4)$ $(3,1)$, $(3,2)$, $(3,3)$, $(3,4)$, $(4,1)$, $(4,2)$, $(4,3)$, $(4,4)$,

而满足条件 $n<m+2$ 的所有结果共13个:$(1,1)$, $(1,2)$, $(2,1)$, $(2,2)$, $(2,3)$, $(3,1)$, $(3,2)$, $(3,3)$, $(3,4)$, $(4,1)$, $(4,2)$, $(4,3)$, $(4,4)$,

所以满足条件 $n<m+2$ 的概率为 $\dfrac{13}{16}$.

点拨 若基本事件个数有限且不多, 可列举出所有基本事件和符合题意的基本事件, 再计算概率.

2.排列组合求概率

例1. 某大型活动中,甲、乙等五名志愿者被随机地分到 A,B,C,D 四个不同的岗位服务,每个岗位至少有一名志愿者.

(1)求甲、乙两人同时参加 A 岗位服务的概率;

(2)求甲、乙两人不在同一个岗位服务的概率;

(3)求五名志愿者中仅有一人参加 A 岗位服务的概率.

解:(1)记"甲、乙两人同时参加 A 岗位服务"为事件 X,则 $P(X) = \dfrac{A_3^3}{C_5^2 A_4^4} = \dfrac{1}{40}$.

(2)记"甲、乙两人同时参加同一岗位服务"为事件 Y,那么 $P(Y) = \dfrac{A_4^4}{C_5^2 A_4^4} = \dfrac{1}{10}$,

所以甲、乙两人不在同一岗位服务的概率是 $P(\overline{Y}) = 1 - P(Y) = \dfrac{9}{10}$.

(3)记"有两人同时参加 A 岗位服务"为事件 M,则 $P(M) = \dfrac{C_5^2 A_3^3}{C_5^2 A_4^4} = \dfrac{1}{4}$,

所以仅有一人参加 A 岗位服务的概率 $P(\overline{M}) = 1 - P(M) = \dfrac{3}{4}$.

点拨 若基本事件个数有限但不方便列举,应用排列组合求所有基本事件和符合题设要求的基本事件,再计算概率.

3.复杂事件的概率

例1. 某单位为绿化环境,移栽了甲、乙两种大树各2株,设甲、乙两种大树移栽的成活率分别为 p 和 $\dfrac{1}{2}$,若这4株大树是否成活互不影响且这4株大树中至少有1株成活的概率为 $\dfrac{8}{9}$.

(1)求4株大树中恰有3株成活的概率;

(2)求4株大树中至多有3株成活的概率.

解:依题 $1 - (1-p)^2 \times (1 - \dfrac{1}{2})^2 = \dfrac{8}{9}$,解得 $p = \dfrac{1}{3}$.

记种植的这四株大树成活为事件 A_1,A_2,B_1,B_2.

(1)设"4株大树中恰有3株成活"为事件 E,

$P(E) = P(\overline{A_1}A_2B_1B_2) + P(A_1\overline{A_2}B_1B_2) + P(A_1A_2\overline{B_1}B_2) + P(A_1A_2B_1\overline{B_2}) = \dfrac{1}{6}$.

(2)设"4株大树中至多有1株成活"为事件 F,

则 $P(F) = 1 - P(\overline{F}) = 1 - P(A_1A_2B_1B_2) = \dfrac{35}{36}$.

例2.(2019·全国Ⅱ卷)11分制乒乓球比赛,每赢一球得1分,当某局打成10:10平后,每球交换发球权,先多得2分的一方获胜,该局比赛结束.甲、乙两位同学进行单打比赛,假设甲发球时甲得分的概率为0.5,乙发球时甲得分的概率为0.4,各球的结果相互独立.在某局双方10:10平后,甲先发球,两人又打了X个球该局比赛结束.

(1)求$P(X=2)$;

(2)求事件"$X=4$且甲获胜"的概率.

解:(1)$X=2$就是10:10平后,两人又打了2个球该局比赛结束,则这2个球均由甲得分,或者均由乙得分.因此$P(X=2)=0.5 \times 0.4+(1-0.5) \times (1-0.4)=0.5$.

(2)$X=4$且甲获胜,就是10:10平后,两人又打了4个球该局比赛结束,且这4个球的得分情况:前两球是甲、乙各得1分,后两球均为甲得分.

因此所求概率为$[0.5 \times (1-0.4)+(1-0.5) \times 0.4] \times 0.5 \times 0.4=0.1$.

点拨 (1)若A,B为互斥事件,则$P(A \bigcup B)=P(A)+P(B)$.

(2)若事件A,B相互独立,则$P(AB)=P(A) \cdot P(B)$.

(3)涉及至多或至少的基本事件发生时,可考虑A的对立事件表示为$\overline{A}$,且$P(A)+P(\overline{A})=1$.

4.伯努利事件的概率

例1.一名射击运动员射击命中的概率为$\dfrac{1}{3}$,此运动员射击4次,恰有3次命中的概率为_____.

解:此运动员射击4次,恰有3次命中的概率为$P=C_4^3(\dfrac{2}{3})^3(\dfrac{1}{3})^1=\dfrac{32}{81}$.

例2.一个不透明的箱子里有红球3个,白球2个.从中随机抽取两个球,然后放回,如此试验三次,则恰有两次抽到白球的概率为_____.

解:记"一次从箱子里抽取的两个球有白球"为事件A,则$p(A)=\dfrac{C_2^2+C_3^1C_2^1}{C_5^2}=\dfrac{7}{10}$.

所以每次抽取两个球放回后,重复抽取三次恰有两次抽到白球的概率为

$C_3^2(\dfrac{7}{10})^2(\dfrac{3}{10})^1=\dfrac{63}{1\,000}$.

点拨 (1)只包含两个可能结果的试验叫伯努利试验.

(2)将一个伯努利试验独立地重复进行n次所组成的随机试验称为n重伯努利试验.在n重伯努利试验中发生k次的概率为$P=C_n^k p^k(1-p)^{n-k}(k=0$,$1$,$2$,$\cdots$,$n)$.

5.条件概率

例1.根据多年的气象记录,甲、乙两地一年中雨天所占的比例分别为20%和18%,两地同时下雨的比例为12%.

(1)求乙地为雨天时,甲地也为雨天的概率;

(2)求甲地为雨天时,乙地也为雨天的概率.

解:记甲地雨天为事件A,乙地雨天为事件B.

$(1)P(A|B)=\dfrac{P(AB)}{P(B)}=\dfrac{12\%}{18\%}=\dfrac{2}{3}$;$(2)P(B|A)=\dfrac{P(AB)}{P(A)}=\dfrac{12\%}{20\%}=\dfrac{3}{5}$.

例2.在5道试题中有3道代数题和2道几何题,每次从中随机抽出1道题,抽出的题不再放回.求第一次抽到代数题且第二次抽到几何题的概率.

解:记第一次抽到代数题为事件A,第二次抽到几何题为事件B.

$$P(AB)=\frac{A_3^1 A_2^1}{A_5^2}=\frac{3}{10},\text{或}P(AB)=P(A)P(B|A)=\frac{3}{5}\times\frac{1}{2}=\frac{3}{10}.$$

点拨　(1)一般地,设A,B为两个随机事件,且$P(A)>0$,称$P(B|A)=\dfrac{P(AB)}{P(A)}$为在事件$A$发生条件下,事件$B$发生的条件概率,简称条件概率.

(2)如图13.4,"事件A发生的条件下"这句话说明了当前的样本空间由事件A包含的样本点构成.从而在事件A发生的条件下能使得事件B发生的所有样本点由事件A与事件B的公共样本点构成,所以$P(B|A)=\dfrac{P(AB)}{P(A)}$.从韦恩图看,事件$A$发生的条

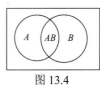

图13.4

件下事件B发生的概率可以理解为集合$A\bigcap B$的面积除以集合B的面积.

(3)根据条件概率公式可得乘法公式:$P(AB)=P(A)P(B|A)=P(B)P(A|B)$.

(4)通过韦恩图可得性质:

①若B,C互斥,则$P(B\bigcup C|A)=P(B|A)+P(C|A)$;

②$P(\bar{B}|A)=1-P(B|A)$.

6.全概率公式

例1.有3台车床加工同一型号的零件,第1台加工的次品率为6%,第2,3台加工的次品率均为5%,加工出来的零件混放在一起.已知第1,2,3台车床加工的零件数分别占总数的25%,30%,45%.

(1)任取一个零件,计算它是次品的概率;

(2)如果取到的零件是次品,计算它是第$i(i=1,2,3)$台车床加工的概率.

解:设$B=$"任取一个零件为次品",$A_i=$"零件为第$i(i=1,2,3)$台车床加工",

则$\Omega=A_1\bigcup A_2\bigcup A_3$,且$A_1$,$A_2$,$A_3$两两互斥.

依题$P(A_1)=0.25$,$P(A_2)=0.3$,$P(A_3)=0.45$,

$P(B|A_1)=0.06$,$P(B|A_2)=P(B|A_3)=0.05$.

(1)根据全概率公式,则

$$P(B)=P(A_1)P(B|A_1)+P(A_2)P(B|A_2)+P(A_3)P(B|A_3)=0.052\,5.$$

(2)$P(A_1|B)=\dfrac{P(A_1B)}{P(B)}=\dfrac{P(A_1)P(B|A_1)}{P(B)}=\dfrac{2}{7}$,

同理可得,$P(A_2|B)=\dfrac{2}{7}$,$P(A_3|B)=\dfrac{3}{7}$.

例2.在数字通信中,信号是由数字0和1组成的序列.由于随机因素的干扰,发送的信号0或1有可能被错误地接收为1或0.已知发送信号0时,接收为0和1的概率分别为0.9和0.1;发送信号1时,接收为1和0的概率分别为0.95和0.05.假设发送信号0和1是等可能的.

(1)分别求接收的信号为0和1的概率;

(2)已知接收的信号为0,求发送的信号是1的概率.

解:设 $A=$ "发送的信号为0", $B=$ "接收到的信号为0",则

$\bar{A}=$ "发送的信号为1", $\bar{B}=$ "接收到的信号为1".

依题 $P(A)=P(\bar{A})=0.5$, $P(B|A)=0.9$, $P(\bar{B}|A)=0.1$,

$P(B|\bar{A})=0.05$, $P(\bar{B}|\bar{A})=0.95$

(1)根据全概率公式,则

$P(B)=P(A)P(B|A)+P(\bar{A})P(B|\bar{A})=0.475$, $P(\bar{B})=1-P(B)=0.525$.

(2) $P(\bar{A}|B)=\dfrac{P(\bar{A}B)}{P(B)}=\dfrac{P(\bar{A})P(B|\bar{A})}{P(B)}=\dfrac{1}{19}$.

点拨 (1)一般地,设 A_1 , A_2 , $\cdots$, A_n 是一组两两互斥的事件,且 $A_1\bigcup A_2\bigcup\cdots\bigcup A_n=\Omega$,

$P(A_i)>0$, $i=1$, 2 , $\cdots$, n ,则对于任意的事件 B ,有 $P(B)=\sum\limits_{i=1}^{n}P(A_i)P(B|A_i)$,称以上

公式为全概率公式.

(2)如图13.5,全概率公式实则是在样本空间 Ω 中求任意事件 B 的概率.若将 Ω 划分成 n 个子集 A_1 , A_2 , $\cdots$, A_n 的并集,则事件 B 在图中的面积是 B 与 Ω 的各个子集 A_1 , A_2 , $\cdots$, A_n 的交集的并集,所以 $P(B)=\sum\limits_{i=1}^{n}P(A_iB)=\sum\limits_{i=1}^{n}P(A_i)P(B|A_i)$.

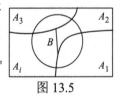

图 13.5

四、离散型随机变量

1.分布列

例1.离散型随机变量 X 的概率分布规律为 $P(X=n)=\dfrac{a}{n(n+1)}$ ($n=1$, 2 , 3 , 4),其中 a 是常数,则 $P(1\leqslant X<3)=$ _____.

解:依题 $P(X=1)+P(X=2)+P(X=3)+P(X=4)$

$=\dfrac{a}{1\times 2}+\dfrac{a}{2\times 3}+\dfrac{a}{3\times 4}+\dfrac{a}{4\times 5}=\dfrac{4a}{5}$.

由 $\dfrac{4a}{5}=1$,得 $a=\dfrac{5}{4}$,从而 $P(1\leqslant X<3)=P(X=1)+P(X=2)=\dfrac{5}{6}$.

点拨　分布列的性质

(1)$p_i > 0$，$i = 1$，2，$\cdots$，n；

(2)$\sum\limits_{i=1}^{n} p_i = 1$.

2. 期望与方差

例1.随机变量X的概率分布列如表，且$E(X) = \dfrac{1}{6}$，求$D(X)$.

X	-1	0	1
P	a	$\dfrac{1}{2}$	b

解：依题$a + \dfrac{1}{2} + b = 1$，且$E(X) = -1 \times a + 0 \times \dfrac{1}{2} + 1 \times b = \dfrac{1}{6}$，解得$a = \dfrac{1}{6}$，$b = \dfrac{1}{3}$.

从而$D(X) = (-1)^2 \times \dfrac{1}{6} + 0^2 \times \dfrac{1}{2} + 1^2 \times \dfrac{1}{3} - (\dfrac{1}{6})^2 = \dfrac{17}{36}$，所以$D(X) = \dfrac{17}{36}$.

点拨　(1)$E(X) = x_1 p_1 + x_2 p_2 + \cdots + x_i p_i + \cdots + x_n p_n$称为离散型随机变量$X$的期望；

(2)$D(X) = (x_1 - E(X))^2 p_1 + (x_2 - E(X))^2 p_2 + \cdots + (x_n - E(X))^2 p_n$称为离散型随机变量$X$的方差，并称其算术平均数$\sqrt{D(X)}$为随机变量$X$的标准差；

(3)方差的另一个计算公式为：$D(X) = x_1^2 p_1 + x_2^2 p_2 + \cdots + x_n^2 p_n - E^2(X)$.

3. 线性关系下的随机变量

例1.袋中有20个大小相同的球，其中标上0号的有10个，标上n号的有n个（$n = 1$，2，3，4）.现从袋中任取一球，X表示所取球的标号.若$Y = aX + b$，$E(Y) = 1$，$D(Y) = 11$，求a，b的值.

解：X的分布列为

X	0	1	2	3	4
P	$\dfrac{1}{2}$	$\dfrac{1}{20}$	$\dfrac{1}{10}$	$\dfrac{3}{20}$	$\dfrac{1}{5}$

$E(X) = 0 \times \dfrac{1}{2} + 1 \times \dfrac{1}{20} + 2 \times \dfrac{1}{10} + 3 \times \dfrac{3}{20} + 4 \times \dfrac{1}{5} = \dfrac{3}{2}$，

$D(X) = 0^2 \times \dfrac{1}{2} + 1^2 \times \dfrac{1}{20} + 2^2 \times \dfrac{1}{10} + 3^2 \times \dfrac{3}{20} + 4^2 \times \dfrac{1}{5} - (\dfrac{3}{2})^2 = \dfrac{11}{4}$.

由$D(Y) = a^2 D(X)$，得$a^2 \times 2.75 = 11$，所以$a = \pm 2$.

当$a = 2$时，由$E(Y) = aE(X) + b$，得$b = -2$.

当$a = -2$时，由$E(Y) = aE(X) + b$，得$b = 4$.

所以$\begin{cases} a = 2 \\ b = -2 \end{cases}$或$\begin{cases} a = -2 \\ b = 4 \end{cases}$.

点拨　对于随机变量X，Y，若$Y = aX + b$，则$E(Y) = aE(X) + b$，$D(Y) = a^2 D(X)$.

4.期望方差的实际意义

例1.投资 A，B 两种股票，每种股票收益的分布列入下表：

股票 A 收益 X(元)的分布列

X	-1	0	2
P	0.1	0.3	0.6

股票 B 收益 Y(元)的分布列

X	-1	0	2
P	0.1	0.3	0.6

问:投资哪种股票风险更小.

解: $E(X)=(-1)\times 0.1+0\times 0.3+2\times 0.6=1.1$,

$E(Y)=0\times 0.3+1\times 0.4+2\times 0.3=1$,

$D(X)=(-1)^2\times 0.1+0^2\times 0.3+2^2\times 0.6-1.1^2=1.29$,

$D(Y)=0^2\times 0.3+1^2\times 0.4+2^2\times 0.3-1^2=0.6$.

因为 $D(Y)<D(X)$,故投资 B 种股票风险更小.

点拨 (1)期望 $E(X)$ 反映了 X 的平均水平.

(2)方差 $D(X)$ 反映了 X 的稳定性,方差越小,越稳定,方差越大,越不稳定.

(3)事实上,离期望越近的 X 的概率越大,方差越小,此时 X 越稳定;若离期越远的 X 的概率越大,则方差越大,此时 X 越不稳定.

五、二项分布

例1.现有6张扑克牌分别是 J,Q,K,A 和大小王,随机洗牌均匀以后,从中抽取两张,如果这两张扑克牌中出现 A 则视为中奖.现有4人参与抽奖,随机变量 X 表示这4个人中中奖的人数.

(1)求 X 的期望与方差;

(2)若每次抽奖得花费2元钱,中奖则获得10元奖金,随机变量 Y 表示上述4个抽奖人每人花费2元钱参与抽奖以后除去本钱的最终奖金之和,求 Y 的期望值.

解: (1)中奖的概率 $p=\dfrac{C_5^1\times C_1^1}{C_6^2}=\dfrac{1}{3}$,显然 $X\sim B\left(4,\dfrac{1}{3}\right)$.

所以 $E(X)=4\times\dfrac{1}{3}=\dfrac{4}{3}$, $D(X)=4\times\dfrac{1}{3}\times\dfrac{2}{3}=\dfrac{8}{9}$.

(2)因为 $Y=10X-8$,所以 $E(Y)=10E(X)-8=10\times\dfrac{4}{3}-8=\dfrac{16}{3}$.

例2.某地区为下岗人员免费提供财会和计算机培训,以提高下岗人员的再就业能力,每名下岗人员可以选择参加一项培训、参加两项培训或不参加培训,已知参加过财会培训的有60%,参加过计算机培训的有75%,假设每个人对培训项目的选择是相互独立的,且各人的选择相互之间没有影响.

(1)任选1名下岗人员,求该人参加过培训的概率;

(2)任选3名下岗人员,记X为这3名下岗人员中参加过培训的人数,求X的分布列与期望.

解:(1)任选1名下岗人员,记此人参加过财会培训为事件A,参加过计算机培训

为事件B,则$P(A)=0.6$,$P(B)=0.75$,

此人参加过培训的概率为$1-P(\overline{A})P(\overline{B})=0.9$.

(2)显然$X \sim B(3,0.9)$,所以$P(X=k)=C_3^k 0.9^k \cdot 0.1^{3-k}(k=0,1,2,3)$,

从而$P(\xi=0)=0.001$,$P(\xi=1)=0.027$,$P(\xi=2)=0.243$,$P(\xi=3)=0.729$.

得分布列如下:

X	0	0	2	3
P	0.001	0.027	0.243	0.729

$E(\xi)=3 \times 0.9=2.7$.

点拨 (1)二项分布:一般地,在n重伯努利试验中,每次事件A发生的概率为$p(0<p<1)$,X表示事件A发生的次数,则$P(X=k)=C_n^k p^k (1-p)^{n-k}$,$k=1,2,\cdots,n$.此时称随机变量$X$服从二项分布,记作$X \sim B(n,p)$,并称$p$为成功概率.

(2)二项分布的期望与方差:若$X \sim B(n,p)$,则$E(X)=np$,$D(X)=np(1-p)$.

六、正态分布

例1.已知$X \sim N(1,1)$,则$P(3<X \leqslant 4)=$_____.

解:$P(3<X \leqslant 4)=\dfrac{0.9973-0.9545}{2}=0.0214$.

例2.某次英语考试的成绩X服从正态分布$N(116,64)$,则100 000名考生中成绩在140分以上的人数大约为_____.

解:已知$\mu=116$,$\sigma=8$,

则$P(116-3 \times 8 \leqslant X \leqslant 116+3 \times 8)=0.9973$,即$P(92 \leqslant X \leqslant 140)=0.9973$.

所以$P(X>140)=\dfrac{1-0.9973}{2}=0.00135$,

则100 000名考生中成绩在140分以上的人数大约为$0.00135 \times 100000=135$人.

例3.从某企业的某种产品中抽取500件,测量这些产品的一项质量指标值,由测量结果得频率分布直方图,如图13.6.

(1)求这500件产品质量指标值的样本平均数$\bar{x}$和样本方差s^2(同一组数据用该区间的中点值作代表);

（2）由频率分布直方图可以认为,这种产品的质量指标值 Z 服从正态分布 $N(\mu,\sigma^2)$,其中 μ 近似为样本平均数 $\bar{x}$,σ^2 近似为样本方差 s^2.

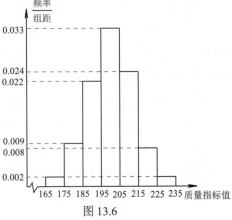

图 13.6

①利用该正态分布,求 $P(187.8 < Z < 212.2)$;

②某用户从该企业购买了 100 件这种产品,记 X 表示这 100 件产品中质量指标值位于区间 $(187.8,212.2)$ 的产品件数,利用①的结果,求 $E(X)$.

附: $\sqrt{150}\approx 12.2$;若 $Z\sim N(\mu,\sigma^2)$,则 $P(\mu-\sigma < Z < \mu+\sigma)=0.682\,6$, $P(\mu-2\sigma < Z < \mu+2\sigma)=0.954\,4$.

解:(1)抽取产品的质量指标值的样本平均数 $\bar{x}$ 和样本方差 s^2 分别为

$\bar{x}=170\times0.02+180\times0.09+190\times0.22+200\times0.33+$

$210\times0.24+220\times0.08+230\times0.02=200$,

$s^2=(-30)^2\times0.02+(-20)^2\times0.09+(-10)^2\times0.22$

$+0\times0.33+10^2\times0.24+20^2\times0.08+30^2\times0.02=150$.

（2）由上可知,$Z\sim N(200,150)$,于是

$P(187.8 < Z < 212.2)=P(200-12.2 < Z < 200+12.2)=0.682\,6$.

②由①可知,一件产品的质量指标值位于区间 $(187.8,212.2)$ 的概率为 $0.682\,6$,

依题 $X\sim B(100,0.682\,6)$,所以 $E(X)=100\times0.682\,6=68.26$.

点拨 （1）在 $X\sim N(\mu,\sigma^2)$ 中,$x=\mu$ 是正态密度曲线的对称轴.

（2）当 $x=\mu$ 左、右相差 1 个 σ、相差 2 个 σ、相差 3 个 σ 时,对应区域的面积为定值.

七、超几何分布

例1.一袋中装有 10 个大小相同的黑球和白球.已知从袋中任意摸出 2 个球,至少得到 1 个白球的概率是 $\dfrac{7}{9}$.从袋中任意摸出 3 个球,记得到白球的个数为 X,求随机变量 X 的分布列及期望.

解:设黑球个数为 x,则白球个数为 $10-x$,依题 $\dfrac{C_x^2}{C_{10}^2}=1-\dfrac{7}{9}$,解得 $x=5$.

随机变量 X 的所有取值为:0,1,2,3.

$$P(X=0)=\frac{C_5^0 C_5^3}{C_{10}^3}=\frac{1}{12} \ , \ P(X=1)=\frac{C_5^1 C_5^2}{C_{10}^3}=\frac{5}{12} \ ,$$

$$P(X=2)=\frac{C_5^2 C_5^1}{C_{10}^3}=\frac{5}{12} \ , \ P(X=3)=\frac{C_5^3 C_5^0}{C_{10}^3}=\frac{1}{12} \ ,$$

随机变量 X 的分布列如下表:

X	0	0	2	3
P	$\frac{1}{12}$	$\frac{5}{12}$	$\frac{5}{12}$	$\frac{1}{12}$

从而数学期望为 $E(X)=0\times\frac{1}{12}+1\times\frac{5}{12}+2\times\frac{5}{12}+3\times\frac{1}{12}=\frac{3}{2}$.

例2.某商场举行的"三色球"购物摸奖活动规定:在一次摸奖中,摸奖者先从装有3个红球与4个白球的袋中任意摸出3个球,再从装有1个蓝球与2个白球的袋中任意摸出1个球,根据摸出4个球中红球与蓝球的个数,奖项设置如下表:

奖级	摸出红、蓝球个数	获奖金额
一等奖	3红1蓝	200元
二等奖	3红0蓝	50元
三等奖	2红1蓝	10元

其余情况均无奖且每次摸将最多只能获得一个奖级.

(1)求一次摸奖恰好摸到1个红球的概率;

(2)求摸奖者在一次摸奖中获奖金额 X 的分布列与期望 $E(X)$.

解:(1)一次摸奖恰好摸到1个红球的概率为 $P=\frac{C_3^1 C_4^2}{C_7^3}=\frac{18}{35}$.

(2) X 的所有可能取值为 $0,10,50,200$,且有

$$P(X=200)=\frac{C_3^3}{C_7^3}\times\frac{1}{3}=\frac{1}{105},$$

$$P(X=50)=\frac{C_3^3}{C_7^3}\times\frac{2}{3}=\frac{2}{105},$$

$$P(X=10)=\frac{C_3^2 C_4^1}{C_7^3}\times\frac{1}{3}=\frac{4}{35},$$

$$P(X=0)=1-\frac{1}{105}-\frac{2}{105}-\frac{12}{105}=\frac{6}{7}.$$

机变量 X 的分布列如下表:

X	0	10	50	200
$P(X)$	$\frac{6}{7}$	$\frac{4}{35}$	$\frac{2}{105}$	$\frac{1}{105}$

从而数学期望为 $E(X)=0\times\frac{6}{7}+10\times\frac{4}{35}++50\times\frac{2}{105}+200\times\frac{1}{105}=4$.

八、概率问题

例1.在某大型活动中,甲、乙等五名志愿者被随机地分到A,B,C,D四个不同的岗位服务,每个岗位至少有一名志愿者.

(1)求甲、乙两人不在同一个岗位服务的概率;

(2)求五名志愿者中仅有一人参加A岗位服务的概率.

解:(1)记"甲、乙两人同时参加同一岗位服务"为事件E,那么$P(E)=\dfrac{A_4^4}{C_5^2 A_4^4}=\dfrac{1}{10}$,

所以甲、乙两人不在同一岗位服务的概率是$P(\overline{E})=1-P(E)=\dfrac{9}{10}$.

(2)有两人同时参加A岗位服务的概率是$P=\dfrac{C_5^2 A_3^3}{C_5^2 A_4^4}=\dfrac{1}{4}$.

所以仅有一人参加A岗位服务的概率是$\overline{P}=1-P=\dfrac{3}{4}$.

例2.(2022·新高考Ⅱ卷)在某地区进行流行病学调查,随机调查了100位某种疾病患者的年龄,得到如图13.7的样本数据的频率分布直方图:

(1)估计该地区这种疾病患者的平均年龄(同一组中的数据用该组区间的中点值为代表);

(2)估计该地区一位这种疾病患者的年龄位于区间$[20,70)$的概率;

(3)已知该地区这种疾病的患病率为0.1%,该地区年龄位于区间$[40,50)$的人口占该地区总人口的16%.从该地区中任选一人,若此人的年龄位于区间$[40,50)$,求此人患这种疾病的概率(以样本数据

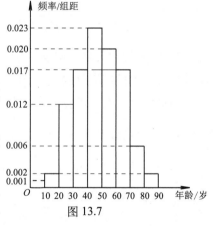

图13.7

中患者的年龄位于各区间的频率作为患者的年龄位于该区间的概率,精确到0.000 1).

解:(1)该地区这种疾病患者的平均年龄为$\bar{x}=47.9$.

(2)该地区一位这种疾病患者的年龄位于区间$[20,70)$的概率

$p=1-(0.001+0.002+0.006+0.002)\times 10=0.89$.

(3)设从该地区任选一人,年龄位于区间$[40,50)$为事件A,患这种疾病为事件B,则$P(A)=16\%$.

由频率分布直方图知患者年龄位于区间$[40,50)$的概率为$0.23\times 10=0.23$,

结合该地区这种疾病的患病率为0.1%,可得$P(AB)=0.1\%\times 0.23=0.000\ 23$.

所以从该地区任选一人,若年龄位于区间$[40,50)$,

则此人患这种疾病的概率为$P(B|A)=\dfrac{P(AB)}{P(A)}=\dfrac{0.000\ 23}{16\%}\approx 0.001\ 4$.

九、马尔科夫链问题

例1. 投掷一枚质地非均匀的硬币,已知出现正面向上的概率是 $\frac{1}{4}$.求在 n 次投掷试验中正面出现偶数次的概率.

解: 记"在 k 次投掷试验中正面出现偶数次"为事件 A_k.

则 $P(A_k) = P(A_{k-1})P(A_k|A_{k-1}) + P(\bar{A}_{k-1})P(A_k|\bar{A}_{k-1}) = \frac{3}{4}P(A_{k-1}) + \frac{1}{4}[1 - P(A_{k-1})]$.

化简得 $P(A_k) = \frac{1}{2}P(A_{k-1}) + \frac{1}{4}$,

即 $P(A_k) - \frac{1}{2} = \frac{1}{2}[P(A_{k-1}) - \frac{1}{2}]$, $k = 1, 2, \cdots, n$.

显然 $P(A_1) = \frac{3}{4}$,所以数列 $\{P(A_n) - \frac{1}{2}\}$ 是首项为 $\frac{1}{4}$,公比为 $\frac{1}{2}$ 的等比数列.

所以 $P(A_n) - \frac{1}{2} = \frac{1}{4} \times (\frac{1}{2})^{n-1}$,解得 $P(A_n) = \frac{1}{2^{n+1}} + \frac{1}{2}$.

例2. 假设明天的天气与今天相同的概率是 $\frac{1}{3}$,而新年第一天为晴天的概率是 $\frac{1}{4}$,记 $P(A_n)(n \geq 1)$ 是第 n 天为晴天的概率.

(1)证明:数列 $\{P(A_n) - \frac{1}{2}\}$ 是等比数列;

(2)试求第 n 天为晴天的概率 $P(A_n)$.

解: (1) $P(A_n) = P(A_{n-1})P(A_n|A_{n-1}) + P(\bar{A}_{n-1})P(A_n|\bar{A}_{n-1})$

$= \frac{1}{3}P(A_{n-1}) + \frac{2}{3}[1 - P(A_{n-1})] = \frac{2}{3} - \frac{1}{3}P(A_{n-1})$,

即 $P(A_n) = \frac{2}{3} - \frac{1}{3}P(A_{n-1})(n \geq 2)$.

于是 $\dfrac{P(A_n) - \frac{1}{2}}{P(A_{n-1}) - \frac{1}{2}} = \dfrac{\frac{2}{3} - \frac{1}{3}P(A_{n-1}) - \frac{1}{2}}{P(A_{n-1}) - \frac{1}{2}} = \dfrac{-\frac{1}{3}(P(A_{n-1}) - \frac{1}{2})}{P(A_{n-1}) - \frac{1}{2}} = -\frac{1}{3}$.

所以数列 $\{P(A_n) - \frac{1}{2}\}$ 是首项为 $-\frac{1}{4}$,公比为 $-\frac{1}{3}$ 的等比数列.

(2)由(1)可知 $P(A_n) - \frac{1}{2} = -\frac{1}{4} \times (-\frac{1}{3})^{n-1}$,解得 $P(A_n) = \frac{1}{2} - \frac{1}{4} \times (-\frac{1}{3})^{n-1}$.

点拨 (1)马尔科夫链问题的解题思路是应用全概率公式计算下一状态关于上一状态的概率,即 $P(A_n) = P(A_{n-1})P(A_n|A_{n-1}) + P(\bar{A}_{n-1})P(A_n|\bar{A}_{n-1})$.

(2)将 $P(\bar{A}_{n-1}) = 1 - P(A_{n-1})$ 代入上式可得 $P(A_n)$ 与 $P(A_{n-1})$ 的递推关系.

(3)若 $P(A_n) = qP(A_{n-1}) + m$ 可变形为 $P(A_n) + t = q[P(A_{n-1}) + t]$,展开对照可得 t,从而 $\{P(A_n) + t\}$ 是首项为 $P(A_1) + t$,公比为 q 的等比数列.

十、决策型问题

例1.某花店每天以每枝5元的价格从农场购进若干枝玫瑰花,然后以每枝10元的价格出售.如果当天卖不完,剩下的玫瑰花作垃圾处理.

(1)若花店一天购进16枝玫瑰花,求当天的利润y(单位:元)关于当天需求量n(单位:枝,$n \in \mathbf{N}$)的函数解析式.

(2)花店记录了100天玫瑰花的日需求量(单位:枝),整理得下表:

日需求量n	14	15	16	17	18	19	20
频数	10	20	16	16	15	13	10

以100天记录的各需求量的频率作为各需求量发生的概率.

①若花店一天购进16枝玫瑰花,X表示当天的利润(单位:元),求X的分布列,数学期望及方差;

②若花店计划一天购进16枝或17枝玫瑰花,你认为应购进16枝还是17枝?请说明理由.

解:(1)当天需求量$n \geq 16$时,利润$y = 80$;当日需求量$n < 16$时,利润$y = 10n - 80$.

所以利润y(单位:元)关于当天需求量n(单位:枝,$n \in \mathbf{N}^*$))的函数解析式为:

$$y = \begin{cases} 10n - 80, & n < 16, \\ 80, & n \geq 16, \end{cases} (n \in \mathbf{N}^*).$$

(2)①X的所有可能取值为$60, 70, 80$,且$P(X=60)=0.1$,$P(X=70)=0.2$,$P(X=90)=0.7$,所以X的分布列如下:

X	60	70	80
$P(X)$	0.1	0.2	0.7

所以$E(X) = 60 \times 0.1 + 70 \times 0.2 + 80 \times 0.7 = 76$,

$D(X) = (60-76)^2 \times 0.1 + (70-76)^2 \times 0.2 + (80-76)^2 \times 0.7 = 44$.

②花店一天应购入16枝玫瑰花,理由如下:若花店一天购入17枝玫瑰花,Y表示当天的利润(单位:元),则Y的分布列如下:

X	55	65	75	85
$P(X)$	0.1	0.2	0.16	0.54

所以$E(Y) = 55 \times 0.1 + 65 \times 0.2 + 75 \times 0.16 + 85 \times 0.54 = 76.4$,

$D(Y) = (55-76.4)^2 \times 0.1 + (65-76.4)^2 \times 0.2 +$

$(75-76.4)^2 \times 0.16 + (85-76.4)^2 \times 0.54 = 112.04$

从以上计算结果可以看出,虽然$E(Y) > E(X)$,但是相差不大.而$D(Y) > D(X)$,即花店一天购入16枝玫瑰花的波动相对较小,故花店一天应购入16枝玫瑰花.

例2.(2018·新高考Ⅰ卷)某工厂的某种产品成箱包装,每箱200件,每一箱产品在交付用户之前要对产品作检验,如检验出不合格品,则更换为合格品.检验时,先从这箱产品中任取20件作检验,再根据检验结果决定是否对余下的所有产品作检验.设每件产品为不合格品的概率都为$p(0 < p < 1)$,且各件产品是否为不合格品相互独立.

(1)记20件产品中恰有2件不合格品的概率为$f(p)$,求$f(p)$的最大值点p_0;

(2)现对一箱产品检验了20件,结果恰有2件不合格品,以(1)中确定的p_0作为p的值.已知每件产品的检验费用为2元,若有不合格品进入用户手中,则工厂要对每件不合格品支付25元的赔偿费用.

①若不对该箱余下的产品作检验,这一箱产品的检验费用与赔偿费用的和记为X,求$E(X)$;

②以检验费用与赔偿费用和的期望值为决策依据,是否该对这箱余下的所有产品作检验?

解:(1)20件产品中恰有2件不合格品的概率为$f(p)=C_{20}^2 p^2(1-p)^{18}$.

因此$f'(p)=C_{20}^2[2p(1-p)^{18}+18p^2(1-p)^{17}]=2C_{20}^2(1-p)^{17}(1-10p)$.

令$f'(p)=0$,得$p=0.1$.

当$p \in (0, 0.1)$时,$f'(p) > 0$;当$p \in (0.1, 1)$时,$f'(p) < 0$.

所以$f(p)$的最大值点为$p_0=0.1$.

(2)由(1)知$p=0.1$.

①令Y表示余下的180件产品中的不合格品件数.

依题$Y \sim B(180, 0.1)$,

因为$E(Y)=180 \times 0.1=18$,而$X=40+25Y$.

所以$E(X)=E(40+25Y)=40+25E(Y)=490$.

②如果对这箱余下的所有产品作检验,则这一箱产品所需要的检验费用为400元,由于$E(X) > 400$,所以应该对这箱余下的所有产品作检验.

第 14 章　统　计

DI SHISI ZHANG

一、用样本估计总体

1.抽样的方法

例1. 总体由编号为 01，02，03，…，50 的 50 个个体组成,利用所给随机数表选取 5 个个体.选取方法是从随机数表第 1 行的第 9 列和第 10 列数字开始由左向右读取,则选出来的第 4 个个体的编号为(　　)

66 67 40 67 14　64 05 71 95 86　11 05 65 09 68　76 83 20 37 90

57 16 00 11 66　14 90 84 45 11　75 73 88 05 90　52 83 20 37 90

A.05　　　　　　B.09　　　　　　C.11　　　　　　D.20

解: 从第 1 行第 9 列和第 10 列的 14 开始由左到右依次选出的数为 14,05,11,05(舍),09.选 B.

例2. 某高中有学生 2 000 人.为响应"阳光体育运动"的号召,学校开展了跑步和登山比赛活动.每人都参与而且只参与其中一项比赛,各年级参与比赛的人数情况如下表:

	高一年级	高二年级	高三年级
跑步	a	b	c
登山	x	y	z

其中 $a:b:c=2:3:5$,全校参与登山的人数占总人数的 $\dfrac{2}{5}$,为了了解学生对本次活动的满意程度,从中抽取一个 200 人的样本进行调查,则从高二年级参与跑步的学生中应抽取_____人.

解: 根据题意可知样本中参与跑步的人数为 $200 \times \dfrac{3}{5} = 120$(人),

所以从高二年级参与跑步的学生中应抽取的人数为 $120 \times \dfrac{3}{2+3+5} = 36$(人).

点拨　应用随机数表法时,若出现重复的数据应舍去.

2.样本的数字特征

例1. 为了了解某中学高一年级女生的身高情况,抽取了 27 位女生的身高按从小到大的顺序排列如下:

148.0 149.0 154.0 154.0 155.0 155.0 155.5 157.0 157.0 158.0 158.0 159.0

161.0 161.0 162.0 162.5 162.5 163.0 163.0 164.0 164.0 164.0 165.0 170.0

171.0 172.0 172.0

则该中学高一年级女生的下四分位数和第 80 百分位数分别为_____,_____.

解：$25\% \times 27 = 6.75$，$60\% \times 27 = 16.2$，根据上述数据可知，下四分位数和第80百分位数为第7项和第17项，分别为155.5和162.5.

例2.(2021·全国乙卷)某厂研制了一种生产高精产品的设备，为检验新设备生产产品的某项指标有无提高，用一台旧设备和一台新设备各生产了10件产品，得到各件产品该项指标数据如下：

旧设备	9.8	10.3	10.0	10.2	9.9
新设备	10.1	10.4	10.4	10.0	10.1
旧设备	9.8	10.0	10.1	10.2	9.7
新设备	10.3	10.6	10.5	10.4	10.5

旧设备和新设备生产产品的该项指标的样本平均数分别记为 $\bar{x}$，$\bar{y}$，样本方差分别记为 s_1^2，s_2^2.

(1)求 $\bar{x}$，$\bar{y}$ 和 s_1^2，s_2^2；

(2)判断新设备生产产品的该项指标的均值较旧设备是否有显著提高(如果 $\bar{y} - \bar{x} \geq 2\sqrt{\dfrac{s_1^2 + s_2^2}{10}}$，则认为新设备生产产品的该项指标的均值较旧设备有显著提高，否则不认为有显著提高).

解：(1) $\bar{x} = \dfrac{1}{10}(9.8 + 10.3 + 10.0 + 10.2 + 9.9 + 9.8 + 10.0 + 10.1 + 10.2 + 9.7) = 10.0$，

$\bar{y} = \dfrac{1}{10}(10.1 + 10.4 + 10.1 + 10.0 + 10.1 + 10.3 + 10.6 + 10.5 + 10.4 + 10.5) = 10.3$，

$s_1^2 = \dfrac{1}{10}[2 \times (9.8 - 10.0)^2 + 2 \times (10.0 - 10.0)^2) + 2 \times (10.2 - 10.0)^2 + (9.7 - 10.0)^2 + (9.9 - 10.0)^2 + (10.1 - 10.0)^2 + (10.3 - 10.0)^2] = 0.036$，

$s_2^2 = \dfrac{1}{10}[3 \times (10.1 - 10.0)^2 + 2 \times (10.4 - 10.0)^2 + 2 \times (10.5 - 10.0)^2) + (10.0 - 10.0)^2 + (10.3 - 10.0)^2 + (10.6 - 10.0)^2] = 0.04$.

(2) $\bar{y} - \bar{x} = 0.3$，$2\sqrt{\dfrac{s_1^2 + s_2^2}{10}} \approx 0.17$，显然 $\bar{y} - \bar{x} > 2\sqrt{\dfrac{s_1^2 + s_2^2}{10}}$，

所以新设备生产产品的该项指标的均值较旧设备有显著提高.

点拨　一般地，一组数据的第 p 百分位数是这样一个值，它使得这组数据中至少有 $p\%$ 的数据小于或等于这个值，即至少有 $(100-p)\%$ 的数据大于或等于这个值.

注：①中位数相当于第50百分位数；

②第25百分位数、第50百分位数、第75百分位数，把一组由小到大排列后的数据分成四等份，因此称为四分位数. 其中第25百分位数也称为第一四分位数或下四分位数，第75百分位数也称为第三四分位数或上四分位数.

3.频率分布直方图中的数字特征

例1.第24届冬奥会于2022年在北京和张家口市联合举行,冬奥会志愿者的服务工作是冬奥会成功举办的重要保障,在冬奥会志愿者的选拔工作中,某高校承担了志愿者选拔的面试工作,面试成绩满分100分,同学们面试得分的频率分布直方图如图14.1所示,则此次面试中得分的90%分位数是_____.

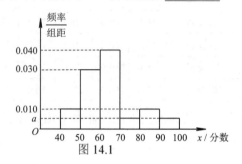

图 14.1

解:因为$2a \times 10 = 0.1$,所以$a = 0.005$.

又因为前四组的频率之和为0.85,

所以面试中得分的90%分位数x在第五组,

且$(x - 80) \times 0.01 = 0.05$,解得$x = 85$.

例2.为了解甲、乙两种离子在小鼠体内的残留程度,进行如下试验:将200只小鼠随机分成A,B两组,每组100只,其中给A组小鼠服甲离子溶液,给B组小鼠服乙离子溶液.给每只小鼠服的溶液体积相同、摩尔浓度相同.经过一段时间后用某种科学方法测算出残留在小鼠体内离子的百分比.根据试验数据分别得到如图14.2的直方图:

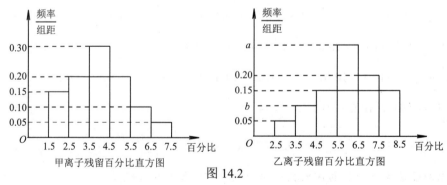

甲离子残留百分比直方图　　　乙离子残留百分比直方图

图 14.2

记C为事件:"乙离子残留在体内的百分比不低于5.5",根据直方图得到$P(C)$的估计值为0.70.

(1)求乙离子残留百分比直方图中a,b的值;

(2)分别估计甲、乙离子残留百分比的平均值(同一组中的数据用该组区间的中点值为代表).

解:(1)由已知得$a = 0.70 - (0.20 + 0.15) = 0.35$,

$b = 1 - (0.05 + 0.15 + 0.70) = 0.10$.

（2）甲离子残留百分比的平均值的估计值为

$2 \times 0.15 + 3 \times 0.20 + 4 \times 0.30 + 5 \times 0.20 + 6 \times 0.10 + 7 \times 0.05 = 4.05,$

乙离子残留百分比的平均值的估计值为

$3 \times 0.05 + 4 \times 0.10 + 5 \times 0.15 + 6 \times 0.35 + 7 \times 0.20 + 8 \times 0.15 = 6.00.$

4.其他统计图

例1.某保险公司推出了5个险种:甲,一年期短险;乙,两全保险;丙,理财类保险;丁,定期寿险;戊,重大疾病保险.现对5个险种参保客户进行抽样调查,得出如图14.3的三个统计图:

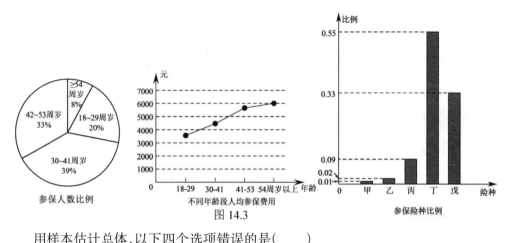

图14.3

用样本估计总体,以下四个选项错误的是(　　　)

A.30~41周岁参保人数最多

B.随着年龄的增长,人均参保费用越来越多

C.购买重大疾病保险的人主要集中在42~53周岁

D.该保险公司在30~53周岁的参保费收入占参保费总收入的72%

解:由饼状图可知A选项正确;

由折线图可知B选项正确;

结合饼状图和折线图可知D选项正确;

柱状图是购买各种保险的总体分布图,并未明确表明险种的主要购买年龄段,

C选项错误.选C.

例2.如图14.4是某市3月1日至14日的空气质量指数趋势图,空气质量指数小于100表示空气质量优良,空气质量指数大于200表示空气重度污染,某人随机选择3月1日至3月13日中的某一天到达该市,并停留2天.

（1）求此人到达当日空气重度污染的概率;

（2）设X是此人停留期间空气质量优良的天数,求X的分布列与数学期望.

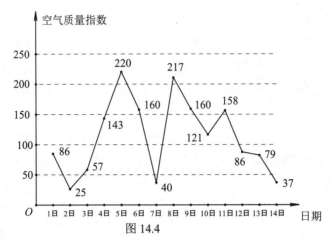

图 14.4

解:设 A_i 表示时间"此人于3月 i 日到达该市" $i=1，2，\cdots，13$.

依题 $P(A_i)=\dfrac{1}{13}$，且 $A_i\bigcap A_j=\varnothing(i\neq j)$.

(1)设 B 为事件"此人到达当日空气重度污染"，则 $B=A_5\bigcup A_8$.

所以 $P(B)=P(A_5\bigcup A_8)=\dfrac{2}{13}$.

(2) X 的所有取值为 0，1，2，且 $P(X=0)=\dfrac{5}{13}$，$P(X=1)=\dfrac{4}{13}$，$P(X=2)=\dfrac{4}{13}$，

所以 X 的分布列如下表：

X	0	1	2
$P(X)$	$\dfrac{5}{13}$	$\dfrac{4}{13}$	$\dfrac{4}{13}$

所以数学期望为 $E(X)=0\times\dfrac{5}{13}+1\times\dfrac{4}{13}+2\times\dfrac{4}{13}=\dfrac{12}{13}$.

二、经验回归方程

1.回归方程的性质

例1.已知 x 和 y 之间的一组数据如下：

x	0	1	2	3
y	m	3	5.5	7

已求得关于 y 与 x 的线性回归方程 $\hat{y}=2.1x+0.85$，则 m 的值为（　　　）

A.1 　　　　　　B.0.85 　　　　　　C.0.7 　　　　　　D.0.5

解: $\bar{x}=\dfrac{0+1+2+3}{4}=1.5$，$\bar{y}=\dfrac{m+15.5}{4}$，

因为线性回归方程 $\hat{y}=2.1x+0.85$ 过样本中心点 $(\bar{x}, \bar{y})$,

所以 $\dfrac{m+15.5}{4}=2.1 \times 1.5+0.85$,得 $m=0.5$.选 D.

例2.下列四个命题正确的是(   )

①相关系数 r 越大,两个变量的线性相关性越强;反之,线性相关性越弱;

②残差平方和越小的模型,拟合的效果越好;

③用决定系数 R^2 来刻画拟合效果,R^2 越小,说明模型的拟合效果越好;

④随机误差 e 是衡量预报精确度的一个量,它满足 $E(e)=0$.

A.①③　　　　B.②④　　　　C.①④　　　　D.②③

解:$|r|$ 越大,线性相关性越强,①错;R^2 越大,模型拟合效果越好,③错.选 B.

点拨 (1)经验回归方程过样本中心点 $(\bar{x}, \bar{y})$.

(2)相关系数 r 的绝对值越大,两个变量的线性相关性越强.

(3)决定系数 R^2 刻画了回归方程的拟合效果,R^2 越大,模型的拟合效果越好.

2.求线性回归方程

例1.如图14.5是我国2008年至2014年生活垃圾无害化处理量 y(单位:亿吨)的折线图.年份代码 $t(1$—$7)$ 分别对应年份(2008—2014).

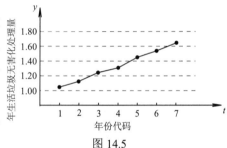

图 14.5

(1)由折线图看出,可用线性回归模型拟合 y 与 t 的关系,请用相关系数加以说明;

(2)建立 y 关于 t 的回归方程(系数精确到0.01),预测2016年我国生活垃圾无害化处理量.

参考数据:$\displaystyle\sum_{i=1}^{7}y_i=9.32$, $\displaystyle\sum_{i=1}^{7}t_iy_i=40.17$, $\sqrt{\displaystyle\sum_{i=1}^{7}(y_i-\bar{y})^2}=0.55$, $\sqrt{7}\approx2.646$.

相关系数 $r=\dfrac{\displaystyle\sum_{i=1}^{n}(t_i-\bar{t})(y_i-\bar{y})}{\sqrt{\displaystyle\sum_{i=1}^{n}(t_i-\bar{t})^2\sum_{i=1}^{n}(y_i-\bar{y})^2}}$.

最小二乘估计公式为 $\hat{b}=\dfrac{\displaystyle\sum_{i=1}^{n}(t_i-\bar{t})(y_i-\bar{y})}{\displaystyle\sum_{i=1}^{n}(t_i-\bar{t})^2}$, $\hat{a}=\bar{y}-\hat{b}\bar{t}$.

解:(1)依题 $\bar{t}=4$, $\displaystyle\sum_{i=1}^{7}(t_i-\bar{t})^2=28$, $\sqrt{\displaystyle\sum_{i=1}^{7}(y_i-\bar{y})^2}=0.55$,

$\displaystyle\sum_{i=1}^{7}(t_i-\bar{t})(y_i-\bar{y})=\sum_{i=1}^{7}t_iy_i-\bar{t}\sum_{i=1}^{7}y_i=40.17-4\times9.32=2.89$,

故 $r = \dfrac{2.89}{0.55 \times 2 \times 2.646} \approx 0.99.$

因为 y 与 t 的相关系数近似为 0.99，说明 y 与 t 的线性相关程度相当高，从而可以用线性回归模型拟合 y 与 t 的关系.

(2)由 $\bar{y} = \dfrac{9.32}{7} \approx 1.331$ 及(1)得 $\hat{b} = \dfrac{\sum\limits_{i=1}^{7}(t_i - \bar{t})(y_i - \bar{y})}{\sum\limits_{i=1}^{7}(t_i - \bar{t})^2} = \dfrac{2.89}{28} \approx 0.10,$

$\hat{a} = \bar{y} - \hat{b}\bar{t} \approx 1.331 - 0.10 \times 4 \approx 0.93$，故 y 与 t 的经验回归方程为 $\hat{y} = 0.93 + 0.10t.$

将2016年对应的 $t = 9$ 代入回归方程得 $\hat{y} = 0.93 + 0.10 \times 9 = 1.83,$

所以预测2016年我国生活垃圾无害化处理量约为 1.83 亿吨.

3.非线性回归方程

例1.(2015·全国Ⅰ卷)某公司为确定下一年度投入某种产品的宣传费,需了解年宣传费 x (单位:千元)对年销售量 y (单位:t)和年利润 z (单位:千元)的影响.对近8年的年宣传费 x_i 和年销售量 $y_i (i = 1, 2, \cdots, 8)$ 数据作了初步处理,得到如图 14.6 的散点图及一些统计量的值.

参考数据:$\bar{x} = 46.6$，$\bar{y} = 563$，$\bar{w} = 6.8$，$\sum\limits_{i=1}^{8}(x_i - \bar{x})^2 = 289.8$，$\sum\limits_{i=1}^{8}(x_i - \bar{x})(y_i - \bar{y}) = 1469$，

$\sum\limits_{i=1}^{8}(w_i - \bar{w})^2 = 1.6$，$\sum\limits_{i=1}^{8}(w_i - \bar{w})(y_i - \bar{y}) = 108.8$，其中 $w_i = \sqrt{x_i}$，$\bar{w} = \dfrac{1}{8}\sum\limits_{i=1}^{8}w_i.$

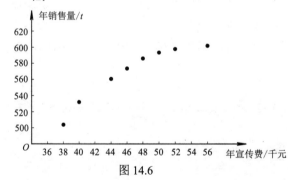

图 14.6

(1)根据散点图判断,$y = a + bx$ 与 $y = c + d\sqrt{x}$ 哪一个适宜作为年销售量 y 关于年宣传费 x 的回归方程类型?(给出判断即可,不必说明理由)

(2)根据(1)的判断结果及表中数据,建立 y 关于 x 的回归方程;

(3)已知这种产品的年利润 $\hat{z}$ 与 x，y 的关系为 $\hat{z} = 0.2y - x.$ 根据(2)的结果回答下列问题:

①年宣传费 $x = 49$ 时,年销售量及年利润的预报值是多少?

②年宣传费 x 为何值时,年利润的预报值最大?

参考公式：$\hat{\beta}=\dfrac{\sum\limits_{i=1}^{n}(u_i-\bar{u})(v_i-\bar{v})}{\sum\limits_{i=1}^{n}(u_i-\bar{u})^2}$，$\hat{a}=\bar{v}-\hat{\beta}\bar{u}$.

解：(1)由散点图可判断，$y=c+d\sqrt{x}$适宜作为年销售量y关于年宣传费用y的回归方程类型.

(2)令$w=\sqrt{x}$，先建立y关于w的线性回归方程.

由于$\hat{d}=\dfrac{\sum\limits_{i=1}^{8}(w_i-\bar{w})(y_i-\bar{y})}{\sum\limits_{i=1}^{8}(w_i-\bar{w})^2}=\dfrac{108.8}{1.6}=68$，$\hat{c}=\bar{y}-\hat{d}\bar{w}=563-68\times6.8=100.6$，

所以y关于w的线性回归方程为$\hat{y}=68w+100.6$，

因此y关于x的回归方程为$\hat{y}=68\sqrt{x}+100.6$.

(3)①当$x=49$时，年销售量y的预报值$\hat{y}=68\sqrt{49}+100.6=576.6$，

年利润z的预测值$\hat{z}=576.6\times0.2-49=66.32$.

②z的预测值$\hat{z}=0.2(100.6+68\sqrt{x})-x=-x+13.6\sqrt{x}+20.12$.

所以当$\sqrt{x}=6.8$，即$x=46.24$时，$\hat{z}$取得最大值.

所以年宣传费为46.24千元时，年利润的预报值最大.

点拨　两个变量x，y的取值如表：

x	x_1	x_2	x_3	$\cdots$	x_n
y	y_1	y_2	y_3	$\cdots$	y_n

若对应的点(x_i,y_i)的散点图并不具有较强的线性相关关系，如图14.7(1)，这时通过某函数将上述数据的横坐标(或纵坐标)整体变换，得一组新数据，使对应的点(t_i,u_i)的散点图具有较强的线性相关关系，如图14.7(2)，通过这组数据可求出$\hat{b}$与$\hat{a}$，得经验回归直线方程$\hat{u}=\hat{b}\cdot t+\hat{a}$，再根据变换函数还原即得非线性回归方程.

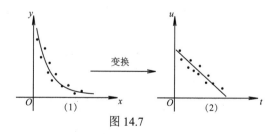

图14.7

三、独立性检验

例1. 某儿童医院用甲、乙两种疗法治疗小儿消化不良.采用有放回简单随机抽样的治疗情况进行检查,得到了如下数据:抽到接受甲种疗法的患儿67名,其中未治15名,治愈52名;抽到接受乙种疗法的患儿69名,其中未治愈6名,治愈63名.填写下面的列联表,试根据小概率值 $\alpha=0.005$ 的独立性检验,分析乙种疗法的效果是否比甲种疗法好.(单位:名)

疗法	疗效		合计
	未治愈	治愈	
甲			
乙			
合计			

附: $\chi^2=\dfrac{n(ad-bc)^2}{(a+b)(c+d)(a+c)(b+d)}$,

α	0.1	0.050	0.010	0.001
x_α	2.706	3.841	6.635	10.828

解: 零假设为 H_0:疗法与疗效独立,即两种疗法效果没有差异.

将所给数据进行整理,得到两种疗法治疗数据的列联表如下:

疗法	疗效		合计
	未治愈	治愈	
甲	15	52	67
乙	6	63	69
合计	21	115	136

根据列联表中的数据,经计算得到 $\chi^2=\dfrac{136(15\times63-52\times6)^2}{67\times69\times21\times115}\approx4.881<7.879$.

根据小概率值 $\alpha=0.005$ 的独立性检验,没有充分证据推断 H_0 不成立,因此可以认为 H_0 成立,即认为两种疗法效果没有差异.

点拨 (1)当 $\chi^2<x_\alpha$ 时,根据小概率值 α 的独立性检验, H_0 成立,即 X 与 Y 独立.

(2)当 $\chi^2\geqslant x_\alpha$ 时,根据小概率值 α 的独立性检验, H_0 不成立,因此 X 与 Y 之间不独立,所以该推断犯错的概率不超过 α,即 X 与 Y 有关联.

(3)小概率值 α 的独立性检验,有时候也表达为有多大的把握认为 X 与 Y 有关.当 $\chi^2<x_\alpha$ 时,没有把握;当 $\chi^2\geqslant x_\alpha$ 时,有把握.

致　　谢

感谢我的父母在家庭极其困难的条件下，含辛茹苦将我抚养长大。

感谢罗定伟老师在我人生最关键的时候唤醒了我拼搏的勇气。

感谢张忠群老师和杜云老师包容我的年少轻狂，在您们不厌其烦地婉言相劝下，我才能在贵州省六盘水师范学院完成学业，给您们添了不少麻烦。

感谢高孝忠老师在数学专业学习上的悉心指导，您还手把手教会我使用公式编辑器，您教学的场景历历在目。

感谢彭望舒老师的赏识，让我在大四的时候就有机会给同班同学讲解"近世代数"，也是那时我萌生了成为一名人民教师的念头，至今记忆犹新。

特别感谢黄萍老师在数学教育教学理论上的悉心指导，告诫我要懂得谦虚礼让，要以宽阔的心胸去理解和包容他人，至今仍能想起您对我的谆谆教诲。

感谢张平老师对我教学上的用心指导和工作上的关心，至今记得您那时对我的评价：你虽然只是一个实习生，但是已经拥有高级教师的教学水平了。

感谢共同编写本书的另外两位作者——程伟老师和李宇斌老师，你们不仅对本书的框架结构和理论基础提出了切合实际的建议，还一同参与编写了本书，更在工作上给予我极大的支持和帮助。

感谢王龙刚老师尽心尽力地为本书进行了校对。

感谢我的学生对我的喜爱与认可，愿你们有崇高的理想、坚韧不拔的意志和吃苦耐劳的精神，希望你们能为祖国的繁荣昌盛贡献自己的一份力量。

熊廷卫